Michael von Brück
Weltinnenraum

MICHAEL VON BRÜCK

Weltinnenraum

Rainer Maria Rilkes Duineser Elegien in Resonanz mit dem Buddha

HERDER

FREIBURG · BASEL · WIEN

MIX
Papier aus verantwortungsvollen Quellen
FSC® C083411

www.herder.de

Satz: Fotosatz Moers, Viersen
Herstellung: CPI books GmbH, Leck

Printed in Germany

ISBN 978-3-451-34217-2

Inhalt

Vorwort

»Weltinnenraum« ist Rilkes poetisches Bild für den Zusammenhang aller Dinge und Ereignisse im Universum. Weltinnenraum ist die alles durchdringende Energie, die sich selbst in jedem »Ding« manifestiert, wenn Welterfahrung ins Geistige gehoben wird durch Verdichtung in der Poesie. Hier geschieht die poetisch-spirituelle Transformation allen Erlebens in die Dimension des Unendlichen. Als poetische Fiktion der Vollendung des Menschlichen schafft Rilke dafür das Symbol des »Engels«. Er ist das Vorbild, das zum Inbild werden soll. Die Engel sind »Gelenke des Lichtes«, das den Menschen durchstrahlt, der sich zu öffnen vermag. Die »Duineser Elegien« können wir dann verstehen als die poetischen Kanäle für diese Lichtdurchflutung, die jenes transformative »Licht« in jeden Winkel der Erfahrung lenken kann. Das ist die Möglichkeit zur Vollendung, ihre Wirklichkeit steht noch aus.

Dass Rilke von der Gestalt des Buddha zutiefst berührt war, ist gewiss. Der Buddha ist nicht nur die historische Gestalt, auf die sich der Buddhismus zurückführt, sondern nach buddhistischer Vorstellung hat jedes Lebewesen die Buddha-Natur. Dieselbe zu realisieren, ist der Sinn des Lebens. Dabei kommt es zu der Erfahrung, dass hinter der alltäglichen Lebenswelt, die leidvoll und zerrissen erscheint, ein Zusammenhang erkennbar wird, der alles umfasst. Rilkes Poesie ist nicht nur in seinen Elegien, aber hier in besonderer Weise, für eine solche Erkenntnis durchlässig. Ob und wie er mit dem Buddha in Resonanz tritt, wird zu prüfen sein. Wenn heutige Menschen von einer Sehnsucht ergriffen sind, die sich auf buddhistische Erfahrungswelten richtet, ist das nicht neu. Bereits Ende des 19. Jahrhunderts und während der ersten Jahrzehnte des 20. waren vor allem Intellektuelle und Künstler in den Spuren Arthur Schopenhauers, Richard Wagners, Friedrich Nietzsches und anderer von der Faszination des Buddhismus erfasst. Davon ist Rilke geprägt. Wir werden ausloten, was das im heutigen Kontext bedeuten kann. Solche Zusammenhänge werfen zumindest ein erhellendes Licht auf die Duineser Elegien und ihre Deutung.

Dieses Buch verknüpft Wege der Analyse von Religion, Wissenschaft und Kunst, die ich während der letzten Jahrzehnte in zahlreichen Büchern und Aufsätzen erprobt habe. Dabei war und bin ich auf der Suche nach einer »Ästhetik des Wissens«, die in interkulturellen und interdisziplinären Diskursen erforderlich ist.[1] Was es bedeutet, dass die »Duineser Elegien« unter religionswissenschaftlichen Gesichtspunkten interpretiert werden, wird in der Einleitung erklärt werden. Seit Jahrzehnten übe und lehre ich Zen. Die daraus gewonnenen Einsichten haben Resonanzen erzeugt, die in die hier vorgelegten Deutungen einfließen.

Dem vorliegenden Buch liegen meine Abschiedsvorlesungen an der Ludwig-Maximilians-Universität München im Sommersemester 2014 zu Grunde. Ich wollte damit einen Bogen schlagen: Der Beginn meines Theologiestudiums in Rostock 1968 verzögerte sich durch einen Unfall, der mich für einige Monate ans Bett fesselte. Mein zukünftiger Lehrer, Dr. Peter Heidrich, sandte mir einen Brief ins Krankenhaus mit der Zehnten Duineser Elegie von Rilke (»Wir, Vergeuder der Schmerzen«) und der Interpretation von Romano Guardini. Rilke hatte ich gelesen, Guardini noch nicht. Die Elegien faszinierten und erschreckten mich wegen ihrer existentiellen Radikalität. Die Nähe zum Buddhismus erkannte ich erst viel später. So waren für mich beide, Rilke und Guardini, das intellektuelle Tor zum Eintritt in die akademische Welt. Im Respekt vor dem Lehrer Peter Heidrich, dem ich so vieles verdanke, und dem bedeutenden Religionsphilosophen Romano Guardini, dessen Denken mich nicht unerheblich geprägt hat, möchte ich diese Interpretationen präsentieren.

1 Dazu ausführlicher: Günther Rager u. Michael von Brück: Grundzüge einer modernen Anthropologie, Göttingen: Vandenhoeck & Ruprecht 2012.

Einleitung

Rilke – »Wie ist er?«

»Hast Du in München wirklich den Dichter Rilke kennengelernt? Wieso? Und wie ist er?«[2] Das fragt Anna Freud ihren Vater, der am 8. September 1913 erstmals mit Rainer Maria Rilke im Bayerischen Hof zusammentraf. Lou Andreas-Salomé hatte ihren Freund und Schützling mitgebracht, als der 4. Kongress der Psychoanalytischen Vereinigung in München tagte, wo Sigmund Freud und Carl Gustav Jung in eisigem Schweigen des Nicht-Kommunizierens miteinander stritten. Der Arzt und der Dichter verabredeten sich zu weiteren Spaziergängen im Englischen Garten. Dort traf man auf Hugo von Hofmannsthal. Denkwürdige Begegnungen, die in Rilke Spuren hinterließen. Er hatte zuvor schon Freuds Schriften studiert, die er »unsympathisch« und stellenweise »haarsträubend« findet, während er der Psychoanalyse selbst durchaus ihre »echten und starken Seiten« abgewinnen kann.[3] Er erwägt sogar – zeitlich ganz in der Nähe der ersten Inspiration zu den »Duineser Elegien« – unter dem Druck schwerer psychosomatischer Störungen, sich selbst einer Analyse zu unterziehen, wohl wissend, dass dabei eine »desinfizierte Seele« herauskommen könnte, die seinem Künstlertum keine Nahrung mehr bieten würde, und er bittet Lou um Rat. Sie rät ab und bestätigt damit seine Zurückhaltung.[4]

Ja, wie ist er? Wer ist er? Liest man seine Briefe, seine Gedichte und eben auch die »Duineser Elegien« sowie Zeugnisse über ihn,

2 Anna Freud an Sigmund Freud, Brief vom 14.9.1913, in: Ingeborg Meyer-Palmedo (Hrsg.): Sigmund Freud – Anna Freud. Briefwechsel 1904–1938, Frankfurt a.M.: S. Fischer 2006, 115.

3 Rilke an Lou Andreas-Salomé, Brief vom 20.1.1912, in: Ernst Pfeiffer (Hrsg.): Rainer Maria Rilke – Lou Andreas-Salomé. Briefwechsel, Zürich/Wiesbaden: Max Niehans/Insel Verlag 1952, 260. Dennoch lässt Rilke auch noch 1924 – über Lou – Freud grüßen. (Brief an Lou Andreas-Salomé vom 22.4.1924, ebd., 492.)

4 Rilke an Lou Andreas-Salomé im Brief vom 20.1.1912: »Mein Körperliches läuft Gefahr, die Karikatur (sic!) meiner Geistigkeit zu werden.« (Ebd., 261); Lou Andreas-Salomé an Rilke, Telegramm vom 22.1.1912 und Rilkes Brief an Lou vom 24.1.1912, wo er schreibt, wenn man sich die Teufel austreiben lasse, gingen die Engel möglicherweise mit aus. (Ebd., 263.)

Abbildung 1: Rainer Maria Rilke (1875–1926)

ergibt sich ein rätselvolles Bild. Rilke im Spiegel der jeweils anderen: Rilke und Rodin; Rilke und sein Verleger Anton Kippenberg und dessen Frau Katharina; Rilke und Clara Westhoff, seine Ehefrau, von der er die meiste Zeit getrennt lebt; Rilke und die Fürstin Marie von Thurn und Taxis; dann auch Sidonie Nádherný, Claire Goll, Nanny Wunderly-Volkart, bis hin zu Baladine Klossowska. Rilke und die Frauen überhaupt[5], seine Mäzeninnen, die ihm nie zu nahe

5 Dazu aufschlussreich: Claire Goll: »Rilke und die Frauen«, im Nachwort von: Barbara Glauert-Hesse (Hrsg.): »Ich sehne mich sehr nach Deinen blauen Briefen«. Rainer Maria Rilke – Claire Goll, Briefwechsel, Göttingen: Wallstein 2000, 83–92, bes. 86–88.

Abbildung 2: Lou Andreas-Salomé (1861–1937)

treten durften, damit »das Werk« nicht behindert würde. Rilke, der Mönch und Verführer, dessen »beschwörendste Einladung« schon »die Abwehr« enthalte,[6] der scheue Einzelgänger, der doch die Gesellschaft suchte, nicht zuletzt um sich galant aushalten zu lassen und so sein vagabundierendes Dasein führen zu können. Der Unbehauste, dauernd auf der Flucht vor dem Zusammenbruch der Kultur, dem Krieg. Flucht auch vor der Polizei, denn zeitweise sympathisierte er mit der Revolution von 1918 und stand unter Beobachtung. Später aber geht er bewusst ins Schweizer Wallis, weit weg von Deutschland, das aus den Katastrophen nichts gelernt habe.

Rilke und seine Mutter, die er zugleich sucht und flieht – »Meine Mutter reißt mich ein«, wird er später dichten.[7] Rilke und Nietzsche. Rilke und der Buddha; vor allem aber: Rilke und Lou Andreas-Salomé. Sie war ihm einst »die Thür, durch die ich zuerst ins Freie kam«, wie er schreibt,[8] seine Geliebte, seine Muse, seine Seelen-Mutter auch. Und sie wird die Trösterin sein, die ihm wenige Monate vor seinem Tode angesichts der Klagen über fürchterliche Schmerzen und Schwermut schreibt, er solle sich, wie sie schon so vielen »Mühseligen und Beladenen« empfohlen habe, die Elegien eines R. M. Rilke vornehmen, die den Weg zeigen zu dem, »was ewig-mütterlich bleibt, ob es auch von uns bewusstseinsengen Menschlein bezahlt sein muss für die uns überragenden Ekstasen«.[9]

Wer war er? Seine Dichtungen berühren tiefe Ängste und Hoffnungen, und seine Briefe zeugen von sensibelstem Einfühlungsvermögen. Aus der Ferne wirkt er wie ein Starez Sossima, ein weiser Berater in unruhigen Zeiten, als eine Epoche zu Ende ging. »Die Welt von gestern«, wie sie Stefan Zweig noch einmal beschrieben hatte, war zusammengebrochen bereits vor dem Ersten Weltkrieg im Tumult der Skandale, die eine künstlerische Avantgarde vom Zaun brachen, um eine ganz neue Epoche des europäischen Geistes einzuleiten, von Picasso und Malewitsch bis zu Schönberg und

6 So Claire Goll 1927 im Rückblick auf ihr Verhältnis zu Rilke, zit. aus dem Nachwort von: Glauert-Hesse, a. a. O., 194 f.

7 Allerdings ist Rilkes Mutterbild zutiefst ambivalent, er drückt ihr gegenüber auch tiefe Dankbarkeit aus und pflegt bis zum Ende seines Lebens eine spirituelle Freundschaft mit ihr, die an Innigkeit und Tiefe kaum zu überbieten ist, vgl. dazu Rainer Maria Rilke, Weihnachtsbriefe an die Mutter (Hg. Hella Sieber-Rilke), Frankfurt a. M./Leipzig 1995 sowie unten die Ausführungen zur Dritten Elegie.

8 Rilke an Lou Andreas-Salomé, Brief vom 28. 12. 1911, in: Pfeiffer, a. a. O., 250.

9 Lou Andreas-Salomé an Rilke, Brief vom 12. 12. 1925, ebd., 503 f.

Strawinsky. Dann der Krieg, nach 1917 neue Hoffnungen (Russland), die bald wieder zunichte wurden. Die Menschen suchen Halt und finden ihn in einzigartiger Weise auch bei Rilke. Er formt eine Sprache jenseits von Metaphysik, die ausgeht vom Boden des Erlebbaren, sich aufschwingt zu Höhenflügen – und gelegentlich im Tiefflug abstürzt. Sie zaubert Sinnwelten, die ästhetisch nacherlebbar sind und sich doch manchmal im Trivialen oder Übersteigerten verlieren kann. Rilke sucht einen Ort jenseits der alten Religion wie zuvor schon Kierkegaard. Eine säkularisierte Religion? Rilke will mehr. Schon im »Stunden-Buch«, dann in den Elegien und den »Sonetten an Orpheus« gelingt ihm eine dichterische Verdichtung des Undichten: Er komprimiert die Ängste und Sehnsüchte seiner Epoche, durchdrungen von einem »Lichtstrahl«, der ihm Wegweiser durch das Dunkle ist. Der Lichtstrahl – das ist die durch kleinste Details der sinnlichen Erfahrung sich zeigende Vollkommenheit, die nicht von, aber auch nicht jenseits dieser Welt ist, eher eine Vollkommenheit als Möglichkeit einer neuen Bewusstwerdung. Für Rilke kann dies der Ton einer Geige sein, die sich »an einem geöffneten Fenster hingibt«. Nicht, dass der Geiger hier einen vollkommenen Ton erzeugen würde – dies wäre die ästhetische Ausflucht, die seit dem Ende der Romantik, seit Gustav Mahler, Wedekind, Schnitzler nicht mehr glaubwürdig ist. Nein, es ist die Geige, die sich hingibt an etwas, das auch Rilke beschweigt. Das fasziniert ihn auch am Buddha, dieses schweigende Lächeln oder lächelnde Schweigen. Rilke, der selbst selten lächelt, findet hier Inspiration im Wort und im Schweigen, in den Zeilen und zwischen den Zeilen. Das macht ihn, wie Romano Guardini schreibt, zum »vielleicht differenziertesten deutschen Dichter der endenden Neuzeit«.[10] Ein Leben der Abbrüche und Aufbrüche, auch der Einbrüche. Wir finden die Bruchlinien wieder in den Fetzen der Emotionen, die in den Elegien einander abwechseln, bald hastig, bald gemächlich ausformuliert. Der Rhythmus wird immer wieder gebrochen wie bei Gustav Mahler.

»Wie ist er?« fragt Anna Freud. Da ist mehr als Neugierde, vielleicht Faszination, wie schon bei Lou. In ihr fragt auch die zukünftige Analytikerin. Es ist seine Sprache, seine Bilderwelt, die nicht

10 Romano Guardini: Rainer Maria Rilkes Deutung des Daseins. Eine Interpretation der Duineser Elegien, München: Kösel 1953, 13.

im Dunkeln verbleibt. Rilke ist kein Georg Trakl und auch kein Stefan George, der flimmernde Hoffnungen inszeniert. Rilke ist – meistens – still. Verletzlich. Das macht ihn anziehend, vor allem für die Frauen. Sie wollen ihn retten, wie Senta den unbehausten Holländer durch Hingabe retten will. Aber Rilke will nicht gerettet werden. Das Schwebend-Schwankende ist sein Zuhause. Es bietet ihm Heimat für dichterische Inspiration, für das, was er sieht. Er sieht – gelegentlich – abgrundtief und über den Abgrund hinaus.

Das ist das Erstaunliche: Rilke, der so scheu ist, er sehnt sich nach einem Menschen, bei dem er sein Alleinsein unterbringen kann.[11] Der Hypochonder, der oft verzärtelt schwächelnd sich zeigt, hat tiefe Stärke. Seine Hoffnungs-Rhetorik wirkt, weil sie durch diese Schwäche hindurch glaubwürdig ist. Das ist ein altes Thema seit Paulus.

Wer also ist er? Dies soll nicht der Versuch einer Biografie sein. Der Dichter ist nicht die Dichtung, und die Dichtung ist nicht der Dichter. Sie liefert kein Psychogramm, und am wenigsten trifft dies auf die Elegien zu, die er wie inspirierte Traumbilder erfuhr. Rilkes Werk entsteht unter größter Anspannung, innerem Schmerz und Verzicht auf Leben. Es geht nicht nur um die Spannung des Künstlers zwischen Leben und Werk, sondern, wie Rilke schreibt, um den Zwiespalt zwischen Hingabe an die Geliebte und Hingabe an die Liebeskraft im Dichterwort, der mitten in seiner Liebe selbst klaffe, denn seine Arbeit *sei* Liebe.[12] Neben Biographischem, der Verarbeitung von Unbewußtem und früheren Erfahrungen geht es vornehmlich um die Verbindungen des individuellen und des kollektiven Gedächtnisses. Hier werden die Möglichkeiten des Menschen zu Sprache: Bilder des alten Ägypten, der christlichen Tradition und der Moderne, Entsagungen und Neubildungen. Wenn ich Rilkes Dichtung charakterisieren soll in einem Wort, dann ist es dies: Es ist eine Dichtung des Möglichen.

11 Rilke, Brief an Lou Andreas-Salomé vom 28.12.1911, in: Pfeiffer, a. a. O., 248.

12 Rainer Maria Rilke: Das Testament, Frankfurt a. M.: Suhrkamp 1976, 31. Aufschlussreich dazu der spätere Eintrag: »Das Prinzip meiner Arbeit ist eine leidenschaftliche Unterwerfung unter den Gegenstand, der mich beschäftigt, dem, mit anderen Worten, meine Liebe gehört. / Die Umkehr dieser Unterwerfung geschieht schließlich, mir selber unerwartet, in dem plötzlich in mir aufkommenden schöpferischen Akt, in dem ich ebenso schuldlos handelnd und überwindend bin, wie ich in jener vorhergehenden Phase rein und unschuldig unterworfen war.« (Ebd., 39.)

Das jedoch nicht als politische Forderung, denn Rilke ist nicht Brecht. Und es ist auch kein ästhetischer Griff nach dem Unerreichbaren, denn Rilke ist nicht Hölderlin. Es handelt sich auch nicht um die Einladung zur Jüngerschaft wie bei George, das wäre ihm zu viel. Er will wahrgenommen werden, das ist alles. Ansonsten entzieht er sich. So müssen auch die Deutungen letztlich Möglichkeit bleiben, auch sie entziehen sich. Der Abstand, den die Sterne lehren, ist eine Metapher, die gerade auch die Duineser Elegien durchzieht wie ein roter Faden.

Anna Freud fragt aber in ihrem Brief auch: Wieso? Wieso habe ihr Vater ihn kennengelernt? Das mag Zufall sein, Zufall in Gestalt der klugen Lou Andreas-Salomé. Erinnern wir uns: Sigmund Freud und Carl Gustav Jung sind heillos zerstritten. Sie sitzen an getrennten Tischen auf dem Kongress der Psychoanalytischen Gesellschaft in München. Lou mag geahnt haben, dass es einen Paradigmenwechsel brauchte, um hier herauszukommen. Und der hieß: Rilke. Denn er steht jenseits von Ratio und Gefühl und ist doch von beiden ganz und gar erfüllt.

In ihm zeigt sich eine Religion jenseits von Metaphysik. Von Romano Guardini, dem großen katholischen Religionsphilosophen, bis zu Hannah Arendt, Günther Anders und Fritz Raddatz, dem atheistischen Schriftsteller, reicht das Spektrum der Kommentare. Alle waren und sind von ihm fasziniert, ohne die Distanz aufgeben zu müssen – als kritische Zeitgenossen, Fragende in Zeiten von Umbrüchen. So sind auch wir fasziniert. Warum?

Ein Epochenbruch in Kunst und Religion

Rilke im Kontext seiner Zeit zu lesen bedeutet vor allem, den Epochenbruch vor dem Ersten Weltkrieg wahrzunehmen, den Rilke sogar als Zivilisationsbruch empfand. Dieser zeichnet sich in der Philosophie schon bei Nietzsche ab, in der Malerei bei Kandinsky und in der Musik bei Mahler und vor allem bei Schönberg, der sich von der Tonalität verabschiedet. Die alten Wertesysteme, die Ordnungen und Hierarchien des Schönen gelten nicht mehr. Schönes als Ganzheit, als heile Welt oder zumindest heilende Hoffnung ist nicht mehr darstellbar. Mahlers musikalische Linien bleiben unvollendet. Kaum setzt er an zu einem melodischen Bogen oder einem Klang, der Dissonanzen auflösen will, wird der Fluss unterbrochen und der Schrecken, das Dunkle, die Fratze grätscht hinein. In der Dichtung Trakls ist es ähnlich. George hingegen zelebriert sich und sein Werk in neuen Ritualen des überhöht Ästhetischen. Der George-Kreis bleibt das, als was er gedacht war: ein elitärer Männerbund, der das Zeitliche verdrängt. Und Rilke? Er steht – oft vermittelt durch Lou Andreas-Salomé – in engstem Kontakt zur Münchner Avantgarde, und dazu gehört auch der Umgang mit dem Okkultismus und Spiritismus, der als Thema moderner wissenschaftlicher Fragekultur durchaus salonfähig war. Hier prägen ihn insbesondere die »Kosmiker« um Ludwig Klages und Alfred Schuler, die Lebensphilosophie Bergsons, die »das Ganze« ergreifen will, und auch die Psychophysik Gustav Theodor Fechners, der die Einheit von Leib und Seele lehrt.[13] Aber auch die Auflösung der Stabilität einer vernunftgesteuerten Seele oder überhaupt eines »Ich« beunruhigte und faszinierte zugleich. Was Ernst Mach in seinem »Empiriokritizismus« angedacht hatte, bildete sich im Impressionismus ab, der den gegenwärtigen Augenblick feierte und nichts Festes oder Statisches darüber hinaus gelten lassen wollte.[14] Der Symbolismus in der Malerei radikalisierte dieses Empfinden. Rilkes dichterisches Werk spricht genau das an, wonach in diesen Aufbrüchen gesucht wird: authentische Neugestaltung zu finden für das Untergegangene, für die Sehnsucht, die unerfüllt bleibt.

Warum vermag die Kunst das Schöne, das Gute, das Ganze nicht mehr darzustellen? Könnte das mit der Krise der Religion zusammenhängen? Das Christentum hatte das Böse integriert und – zumindest im Symbol – auf Hoffnung hin überwunden. Im Kreuz Christi lag der Brennpunkt, in dem sich das Leid der Menschheit, die Unerfülltheit und das Schreckliche bündelten: Gott selbst hatte das Böse auf sich genommen, um es aus der Welt zu tragen. Das

13 Martina Wegener-Stratmann: Über die »unerschöpfliche Schichtung unserer Natur«. Totalitätsvorstellungen der Jahrhundertwende. Die Weltbilder von Rainer Maria Rilke und C. G. Jung im Vergleich, Frankfurt a. M.: Peter Lang 2002, 56 ff. In spiritistische Kreise wurde Rilke auch durch die Fürstin Marie von Thurn und Taxis eingeführt. (Ebd., 62.)

14 Markus Fellinger, Dekadenz: Zersetzung und Auflösung als formale Konzepte in der Kunst des Symbolismus, in: Agnes Husslein-Arco/Alfred Weidinger (Hrsg.), Dekadenz. Positionen des österreichischen Symbolismus. Ausstellungskatalog, Wien: Belvedere 2013, 22.

jedenfalls sei Idee, die nicht zur Fadheit herabgesunken ist, wie Hegel in der Vorrede zur Phänomenologie bereits 1806 geschrieben hatte.[15] So konnte im Durchgang durch das Leiden die Erlösung erstrahlen, jenseits von Gut und Böse. Die mittelalterliche Kathedrale (von ihr wird in den Elegien die Rede sein), der in Stein manifeste Bau des Himmlischen Jerusalem, die Apotheose des Harmonikalen und der Proportion, die Schönheit als Ausgleich aller Widersprüche, sie war in Kreuzform gebaut. In ihr war das Böse gebannt. So auch in der Musik Bachs oder Mozarts, in der Malerei Giottos oder Raffaels, in der Kuppel Michelangelos und in seinem David, dem vollkommenen Menschen. Der in menschlicher Gestalt erschienene Gott hatte die Menschheit geadelt und zur Schönheit befreit. Doch diese Religion war brüchig geworden, vielen nicht mehr glaubhaft. Schon Schleiermacher richtete sich 1799 an die Gebildeten unter ihren Verächtern, einhundert Jahre später hatte der Zweifel weitere Schichten erfasst und insbesondere die Arbeiter wandten sich von der Religion ab. Das Kreuz wirkte nicht mehr integrierend, sondern abstoßend, ausgrenzend. Der Mythos war gestorben, und das Böse hatte keinen eingehegten Ort mehr, war entfesselt. Die Kathedralen, Symbole des kosmischen Ganzen, waren durch Kriegsgewalt zerstört, aufragende Schreie aus Stein inmitten zerbombter Städte. Die Ordnung der Welt löste sich auf, und damit der Fortschritt zur Zivilisation, den sich der Kulturprotestantismus auf die theologischen Fahnen geschrieben hatte. Karl Barths sogenannte Dialektische Theologie gab diesem Bruch wortgewaltigen Ausdruck: Christliche Botschaft und Ansprüche der Kultur, einschließlich der Religionskultur, sollten fortan strikt getrennt werden. Der Integration ins Ganze folgte Dissonanz, der Tonalität in der Musik eine neue Ordnung der zwölf Töne, die aber nicht mehr der emotionalen Beruhigung dienen konnte. Kaum noch kam es zu Farb- und Formenkompositionen, die Gegensätze ausglichen, zu keiner *coincidentia oppositorum* (Zusammenfall der Widersprüche), sondern der Widerspruch und die Dissonanz blieben unaufgelöst. Der Kunst war aufgegeben, die Scheinharmonien zu demaskieren, weil die übrige Kultur, ein-

15 Georg W. F. Hegel: Phänomenologie des Geistes, hrsg. von Johannes Hoffmeister, Leipzig: Meiner 1949, 20. Ausführlicher dazu hinten S. 194 in den Erläuterungen zur Sechsten Elegie.

schließlich der Religion, so vieles verdrängte. Die Bindekraft der Religion des Kreuzes war geschwunden.

Rilke schreibt zur Bedeutung der Elegien, dass diese eine bestimmte »Norm des Daseins« aufstellen.[16] Er will das »endgültige freie Jasagen zur Welt« jenseits der Gegensätze von Glück und Unglück, Leben und Tod. Des Künstlers Maß sei »nicht die Spanne zwischen den Gegensätzen ... Wer denkt noch, dass die Kunst das Schöne darstelle, das ein Gegenteil habe ... Sie ist die Leidenschaft zum Ganzen.«[17] Wie ist das aufrichtig möglich angesichts der zerrissenen Welt?

Aber noch etwas anderes bewegt die Musiker, Dichter, Maler, Bildhauer und Tänzer um die Jahrhundertwende und dann bis in die 20er-Jahre des 20. Jahrhunderts hinein: die Loslösung von konventionellen Begrenzungen. War schon der Aufbruch in die bürgerliche Gesellschaft um 1800 eine kulturelle Revolution, die einen Beethoven ästhetische Grenzen sprengen ließ, so ereignete sich ab 1850 und, wie ein Dammbruch, um 1900 Umwälzendes: Die Technik hatte die Welt beschleunigt, Grenzen eingerissen und damit jahrhundertealte Werte und Normen außer Kraft gesetzt. Die Perspektive schwindet, während der Horizont in weite Fernen rückt. Schnelles Reisen rund um den Globus bringt nicht nur Horizonterweiterung oder Horizontverschmelzung, sondern der Raum selbst schrumpft, ebenso die Zeit. Der Nationalismus zerreißt Europa. Die Exotik anderer Kulturen wird zur Rückzugsmöglichkeit von einer als überlebt empfundenen europäischen Kultur, und zum Reiz neuer orientalischer Klänge treten die üppigen Farben der Südsee (Gauguin), die Paradiesesträume wach werden lassen. Ob nun die Zeit zum Raum wird, wie in Wagners Parsifal, oder der Raum zur Zeit, wie vielleicht im impressionistischen Auflösungsprozess der festen Form (bei Debussy wie bei den Malern des Pointillismus [»Pixel-Malern«]) – Zeit und Raum werden relativ. Einsteins Relativitätstheorie von 1905 ist mehr als eine physikalische Theorie, sie drückt ein Lebensgefühl aus. Aufbruch im Sinne des Abrisses alter Lebensgebäude und im Gestus des vorwärtsstürmenden Dranges zu neuer Lebensgestaltung. Wenn es je

16 Rilke an Witold Hulewicz, Brief vom 13.11.1925, in: Ulrich Fülleborn u. Manfred Engel (Hrsg.): Materialien zu Rilkes Duineser Elegien, Bd. 1: Selbstzeugnisse, Frankfurt a.M.: Suhrkamp 2009, 321.

17 Rilke, Testament, a.a.O., 23.

eine Epoche der wilden Grenzüberschreitungen gab, dann waren es die ersten Jahre des 20. Jahrhunderts in Paris und Wien[18] sowie die 20er-Jahre in Paris und Berlin. Am 29. Mai 1913 wird Igor Strawinskys Ballett »*Le Sacre du Printemps*« (Das Frühlingsopfer) in Paris uraufgeführt. Die Tumulte bei der Premiere sind Legende. Man spürt Abschied und Aufbruch mit einer Vehemenz, die das Theater erschütterte: die moderne Musik war geboren. In Berlin wird auf Betreiben Max Reinhardts am 23. Dezember 1920 Arthur Schnitzlers »Der Reigen« aufgeführt, zehn erotische Dialoge. Das Stück löste einen der größten Theaterskandale des 20. Jahrhunderts aus und zog einen Gerichtsprozess nach sich. Auch hier also ein Durchbrechen von Grenzen und das Wagnis neuer Sichtweisen.

Dem entspricht Pablo Picassos Multiperspektive, Wassily Kandinskys Abstraktion, Paul Klees hintergründige Symbolik, Rudolf von Labans Choreutik, die eine neue Geometrie der menschlichen Bewegungsmuster entdeckt. Und eben Rilkes »Duineser Elegien«. Nicht die Inszenierung des Chaos steht auf dem Programm, sondern die Suche nach tieferen, weiteren, höheren Ordnungen jenseits der christlich-europäisch-bürgerlichen Konvention. Es sind neue Perspektiven auf Raum und Zeit, auf ein »Offenes« jenseits der beschränkten Wahrnehmungsformen, die in der Bildenden Kunst und der Musik jener Zeit aufgebrochen werden, etwa im Kubismus und in der atonalen Musik. Multiperspektivität ist die neue ästhetische Möglichkeit.

In diesem Kontext sei ausführlicher auf den Maler Wassily Kandinsky (1866–1944) verwiesen, weil an seiner Ästhetik gezeigt werden kann, was Rilke auf seine Weise versprachlicht bzw. »musikalisiert«. Kandinsky steht wie kaum ein anderer Künstler für die Inszenierung der Zeitlichkeit im Vorgang des konstruktiven Malens, und man wird Rilke vor diesem Hintergrund besser verstehen, vor allem in der geistigen Bewegung von außen nach innen, wie beide sagen, auch wenn Rilke alles andere als ein Epigone Kandinskys im Medium des Wortes ist. Für Kandinsky ist der gestaltende Künstler der Betrachter, der in der Betrachtung zum Beob-

18 Einen grandiosen Eindruck dieser Aufbrüche und Stimmungen vermittelt Eric Kandel, Das Zeitalter der Erkenntnis. Die Erforschung des Unbewussten in Kunst, Geist und Gehirn von der Wiener Moderne bis heute, München: Siedler 2012.

achter seiner eigenen inneren Adaptionsprozesse just während dieses Vorgangs wird. Kandinsky spricht von Verzeitlichung des Bildraums, von einer Musikalisierung der Malerei (durch Synästhesie, Verfließen der Farben, Aufgabe der Zweidimensionalität im Farbfluss, vgl. Tafel 1). Ihm sind die geometrischen Grundformen wie Dreieck, Kreis usw. wie jeweils spezifisches »geistiges Parfüm«.[19] Interessant ist hier, dass er 1910 im Vorwort zur ersten Auflage seiner Theorieschrift »Über das Geistige in der Kunst« davon spricht, dass eben jene Gedanken, die er in dieser Schrift entwickle, »Resultate von Beobachtungen und Gefühlserfahrungen«[20] seien, Produkte eines Erfahrungsprozesses also, den er selbst beobachtet. Kandinsky formuliert programmatisch, dass man einen Weg vom äußeren objektivierbaren (messenden) Erkennen nach innen gehen müsse, besonders dort, wo »Religion, Wissenschaft und Moral … gerüttelt werden«.[21] Genau das will Rilke auch, besonders in den Elegien. Das innere Erkennen, so Kandinsky weiter, werde durch Literatur, Musik und Kunst vermittelt, und zwar in einem spirituellen Sinn, der sich – so sagt er explizit – von Indien anregen lassen solle.[22] Denn in Indien würden trans-materielle psychische Phänomene ernst genommen, systematisch entwickelt und studiert. Auch werde »dem nichtmateriellen Streben und Suchen der dürstenden Seele« Raum gegeben.[23] Kandinsky, der auch von der Theosophie angeregt war, erläutert dies in einer Bemerkung über die Einheit von Materie und Geist. Er schreibt:[24]

> Es ist hier oft die Rede vom Materiellen und Nichtmateriellen und von den Zwischenzuständen, die »mehr oder weniger« materiell bezeichnet werden. *Ist alles* Materie? Ist *alles* Geist? Können die Unterschiede, die wir zwischen Materie und Geist legen, nicht nur Abstufungen der Materie sein oder nur des Geistes? Der als Produkt des »Geistes« in positiver Wissenschaft bezeichnete Gedanke ist auch Materie, die aber nicht groben, sondern

19 Wassily Kandinsky: Über das Geistige in der Kunst, Bern: Benteli 1952, 68.
20 Ebd., 17.
21 Ebd., 43.
22 Ebd., 41.
23 Ebd., 44.
24 Ebd., 34.

feinen Sinnen fühlbar ist. Was die körperliche Hand nicht betasten kann, ist das Geist?

Indien hat für diese Realitätsebene das Konzept vom subtilen Körper, *sūkshma-sharīra*, entwickelt. Kandinsky kannte nicht die Details, aber er ist, angeregt auch durch die Theosophie, Ahnungen nachgegangen, die später bis in die Naturwissenschaften hinein wirksam werden sollten. Die Medien der Inszenierung dieser Realität sind bei Kandinsky Farben, Formen, Klänge, auch Farbklänge, aber die Strukturen des schöpferischen Prozesses liegen im Erkennen, und zwar im Erkennen des Zusammenhangs, wo *ein* Element seine Identität aus dem je *anderen* gewinnt. Dieser unendliche Bezug (wie Rilke sich ausdrückt) ist, so scheint mir, dem nicht unähnlich, was in den indisch-buddhistischen Traditionen Leerheit (*shūnyatā*) genannt wird. Was heißt das? Die neue Grundeinsicht des Buddha präsentiert sich in der Formel der wechselseitigen Abhängigkeit aller Erscheinungen (*pratītyasamutpāda*), d.h., nichts ist, was es ist, durch sich selbst, sondern es kommt zur Existenz nur durch Wechselwirkung mit anderem. Identität ist ein Prozess der Kommunikation und Kommunion. Auch die Grundformen der visuellen sinnlichen Erfahrung wie Linie, Kreis, Dreieck sind nicht aus sich selbst, sondern in der jeweiligen Differenz zu anderen Optionen. Das ist die Dynamik, das musikalische Fließen der Farben, von dem Kandinsky spricht, die geistige Abstraktion vom konstruierten Konkreten. So ist es nicht ein Heiliges jenseits der konkreten Form, sondern das Wesen der Form in ihrer Gestaltungskraft. Ist es das, was Rilke mit dem »reinen Bezug« meint? Hat des Buddhas Einsicht oder Kandinskys Intuition von der feinstofflichen Energie in und hinter allem, der große Zusammenhang im wechselseitigen Entstehen und Vergehen aller Erscheinungen, bei Rilke ein dichterisches Echo hinterlassen, sodass wir viele seiner Sprach-Bilder vor diesem Hintergrund neu lesen und betrachten können? Ich möchte dies bejahen und werde die Begründung bei der Interpretation vor allem der Achten Elegie geben.

In diesem Zusammenhang will ich auf eine weiter reichende Überlegung eingehen, dass es nämlich zwei Modi von Raum-Empfinden und Raum-Interpretation gibt, die unsere Lebenshaltung prinzipiell beeinflussen: Im ersten Modus kann der Raum als Gefäß verstanden werden, in dem sich einzelne Objekte bewegen, die nachträglich miteinander kommunizieren; im zweiten Modus erscheint Raum als ein Kontinuum, in dem durch unterschiedliche Dichte verschiedene Qualitäten entstehen, die wir als Objekte erleben.[25] Im ersten Fall liegt der Fokus auf dem Einzelnen, im zweiten auf der Netzwerkstruktur. Beide Erlebensweisen ergänzen einander, aber die Systemerkennung, indem sich der Einzelne als ein Aspekt des größeren Zusammenhanges erfährt, ist in der europäischen Kultur und damit auch in der Pädagogik weniger entwickelt, und dies zum Schaden nicht nur des intellektuellen Erkennens von Zusammenhängen, sondern der gefühlsmäßig-fundamentalen oder auch intuitiven Erfahrung einer Verbundenheit, die Lust am Anderssein, an der Kreativität, am Gestaltungswillen überhaupt erst ermöglicht. Die Zeitstruktur musikalischer Bildungen repräsentiert nun genau diesen zweiten Modus der Raumerfahrung. Denn Musikpraxis übt in die gefühls- und verstandesmäßige Erfahrung der Verbundenheit ein und setzt damit Willensimpulse zu ganzheitlicher Lebenspraxis frei. Dies ist eine qualitative Veränderung, die sich heilsam und nützlich in allen Lebensvollzügen auswirkt, wie wir z. B. aus der Musiktherapie wissen.

Arnold Schönberg sprengt die Tonalität, das Gerüst, das seit Pythagoras die kosmischen Ordnungen in der menschlichen Sinnenwelt repräsentiert hatte. Schon Wagner war im »Tristan« an die Grenzen gegangen und hatte die Hierarchie der Ordnungen durchbrochen: Dissonanzen wurden nicht mehr aufgelöst, die Chromatik durchbrach die Hierarchie von Grundakkorden und abgeleiteten Figuren, mithin von Substanz und Akzidenz, um es aristotelisch auszudrücken. Jetzt wurden die Töne gleichwertig, eine Demokratisierung des Kosmos gleichsam: alle zwölf Töne in dem fürs menschliche Ohr unterscheidbaren Spektrum sollten erklingen, bevor Wiederholung zulässig sei. Es gab keine dominierenden Zielpunkte mehr auf der tonalen Leiter (Oktave, Quinte, Terz), sondern serielle Zeitlinien in Intervallschritten, die aber durchaus nicht beliebig waren. Im Gegenteil: die alte Ordnung sollte zerbrochen werden, um Freiheit zu ermöglichen; aber die neue Ordnung der Zwölftontechnik ist rigider als alles andere, sie wird mit dogmatischen Argusaugen von den Hütern der reinen Lehre aufrecht

25 Dane Rudhyar: Die Magie der Töne. Musik als Spiegel des Bewusstseins, München/Kassel: dtv/Bärenreiter 1988, 64 f.

erhalten, und Dissidenten (wie z.B. ab den 1950er-Jahren Hans Werner Henze, in Donaueschingen) werden als »Verräter« gebrandmarkt – ist das Symptom? Ist die Unfreiheit in der entzauberten Moderne gewachsen? Rilkes Unbehagen hat genau an dieser Stelle eine ihrer Wurzeln.

In der Rhythmik passierte zweierlei: Einerseits die Auflösung des Prinzips der Wiederholung, in der man sich hatte einrichten, ein Geländer für die Wahrnehmung finden können, um sich im Vertrauten heimisch zu fühlen, also Halt zu gewinnen; diese Auflösung stürzt ins Bodenlose. Oder, ganz anders, die stampfende Rhythmik archaischer oder fremdkultureller Verzauberung, die den Rausch der Entfesselung verhieß. Entzauberung der Welt im Sinne Max Webers? Von wegen. Das Exotische wird faszinierend inszeniert. Das war aber nur die eine Seite. Auf der anderen stand die Nüchternheit der Architektur, die kubistische Verräumlichung und die soziale urbanisierte Gleichförmigkeit und Ökonomisierung des Menschlichen.

Untergang und Aufbruch – Aufbruch und Zusammenbruch

Wer Gehör finden wollte, musste schrill sein. Orientierung? *Oriens* (lat. Osten) war überall, je nach Perspektive. Die Welt war relativ geworden – ein Gewinn an Freiheit, aber ein Verlust von Sinn-Heimat. Das ist Rilkes Thema. Daran war schon Nietzsche zerbrochen, und Freud hatte gezeigt, wo die Glocken zu hängen schienen, die so viele ängstlich und begeistert zugleich läuten hörten.

Man kann diese Entwicklungen religions- und geistesgeschichtlich deuten als Emanzipation neuer Formen, Techniken und Darstellungsmöglichkeiten. Man sollte diese Dynamik aber auch in den Kontext der politischen Zeitgeschichte stellen, eine Zeit des nationalistischen Furors, der sich vor genau 100 Jahren in der Katastrophe schlechthin entlud, im Ersten Weltkrieg, den viele, auch Literaten und bildende Künstler, einschließlich Rilke, mit Metaphern der Reinigung und geradezu ersatzreligiös aufgeladen zunächst begrüßten. Es wurde »Nacht über Europa«, wie Ernst Piper seine erschütternde Kulturgeschichte des Ersten Weltkriegs benennt. Nicht die ersehnte romantische Nacht der Liebe, sondern die Nacht, in der die Geisteslichter ausgingen und Millionen Menschen ihr Leben verloren, kein Neuanfang, sondern Ende. Franz Marc, der anfänglich Begeisterte, wie übrigens auch der Maler August Macke, weil er Erneuerung des Erstarrten, Reinigung des Verkommenen erhoffte, sprach vom »europäischen Bürgerkrieg«, einem »Krieg gegen den inneren, unsichtbaren Feind des europäischen Geistes.« 1916 starb der junge, hochbegabte Maler des Expressionismus an der Front, der mit seinen Freunden im »Blauen Reiter« das umzusetzen versuchte, was Rilke in den »Duineser Elegien« begonnen hatte und fortsetzte: eine Verwandlung des Geistes durch neues Sehen, durch Innenschau, eine Befreiung von den äußeren Formen und Konventionen. Doch der Reiter entpuppte sich im Krieg als apokalyptischer Reiter des millionenfachen Massentodes. Auch die Sprache war erstickt im Propagandagetrommel der Massenmedien und dichterischen Verbiegungen, die den Krieg und den Heldentod als Sinn des Lebens verkündeten. Eine Evangelisierung des Wahnsinns, selbst bei dem ganz jungen Bertolt Brecht, oder bei Thomas Mann, im Unterschied zu seinem Bruder Heinrich. Und bei Rilke in seinen (wenigen) Kriegsgedichten, deren Geist aber schon im »Cornet« (Erstfassung 1899, Drittfassung 1906) sich ankündigt mit seinen »Wunsch- und Größenphantasien«, wofür Rilke später um Entschuldigung bat.[26] Wie konnte man hier je wieder Sprache formen? Gab es nur noch das Unsagbare, das man entweder schweigend oder im sinnbefreiten Rausch ertragen lernen musste? Befreiung hatte der Geist des 19. Jahrhunderts gewollt, Sklaverei war gekommen. Der Befreite war zum Gefreiten mutiert.

Die »Duineser Elegien«

Das also ist der Raum, in den Rilke seine Elegien hinein dichtet. Rilke hatte damit 1912 auf Schloss Duino (vgl. Tafel 2) begonnen, dann wurde die Arbeit für zehn Jahre fast ganz unterbrochen. Die

26 So Martina Wagner-Egelhaaf, in: »Kultbuch und Buchkult. Die Ästhetik des Ichs in Rilkes Cornet«, in: Zeitschrift für deutsche Philologie 107, Nr. 4 1988, zit. nach Wolfgang Braungart: »Die Weise von Liebe und Tod des Cornets Christoph Rilke«, in: Manfred Engel (Hrsg.): Rilke Handbuch, Darmstadt: Wiss. Buchgesellschaft 2004, 210 ff.

Unrast, der Krieg, Zweifel ließen Rilke nicht zur Ruhe kommen. Im Februar 1922 erfasst ihn im Château de Muzot (vgl. Tafel 3) die Inspiration, er vollendet das gesamte Werk in wenigen Tagen, zeitgleich die Sonette an Orpheus. In den letzten Dezembertagen 1921 mauert sich Rilke gleichsam ein in seinem Turm von Muzot, er nimmt brieflich »Abschied« von einigen engeren Freunden und schreibt bis auf Weiteres keine Briefe mehr. Am Neujahrstag 1922 beschäftigt er sich mit dem Tod der 19-jährigen Wera, Tochter der Freundin Gerda Ouckama Knoop. Dieser Tod geht ihm nahe, und er sinnt nach über den Sinn des frühen Todes – das wird sich in den Elegien niederschlagen. Dann wartet er.

Zweimal, vor der Inspiration von 1912 und dann vor der Fortsetzung und Vollendung 1922, erlebt sich Rilke in niedergeschlagener, hilfloser Einsamkeit. Er sei nach der Vollendung des »Malte« wie leer und dürr, wie ein »Überlebender«.[27] Er fühle sich in Duino hinter den dicken Schlossmauern wie ein »Gefangener«,[28] unproduktiv »wie etwa ein Gelähmter…, der nicht einmal mehr die Hand geben kann«.[29] Dann kommt plötzlich die Inspiration über ihn wie ein Sturm. Wir wissen, dass Rilke mediale Veranlagung besaß.[30] Darüber hinaus aber kannte er tiefere spirituelle Erfahrungen, die man oft unter der nicht unumstrittenen Rubrik der »mystischen Erfahrungen« zusammenfasst, deren herausragendste und am besten dokumentierte das »Erlebnis« von 1912 in Duino ist, niedergeschrieben zuerst 1913, veröffentlicht dann fünfmal, zuerst 1919. Rilke selbst misst dieser Aufzeichnung größte Bedeutung bei und schreibt, dies sei »die intimste, die ich je aufgeschrieben habe«.[31] Wir werden darauf im Zusammenhang mit der Ersten Elegie zurückkommen. Seine Beschreibung des Ereignisses der Dich-

27 Rilke an Lou Andreas-Salomé, Brief vom 28.12.1911, in: Pfeiffer, a.a.O., 246.

28 Ebd., 250.

29 Rilke an Lou Andreas-Salomé, Brief vom 10.1.1912, ebd., 253.

30 So Guardini, der die einschlägigen Briefe zitiert, in: Guardini, Deutung, 14.

31 Rilke an Katharina Kippenberg, Brief vom 10. August 1918, in: Bettina von Bomhard (Hrsg.): Rainer Maria Rilke – Katharina Kippenberg. Briefwechsel 1910 bis 1926, Wiesbaden: Insel-Verlag 1954, 304. Rilke fügt hinzu, dass er dies wohl aus Gründen des »Schutzes« noch nicht veröffentlicht hätte, wenn er der Verlegerin einen anderen Text hätte anbieten können; zit. auch bei Hellmuth Hecker: Buddhistischer Umgang mit Rilke. Eine existenzielle Studie, Stammbach: Beyerlein & Steinschulte 2007, 230; dieser wiederum zitiert Wolfgang Leppmann: Rilke: Sein Leben, seine Welt, sein Werk, Wiesbaden 1996, 377.

tung bei der Fortsetzung und Vollendung der Elegien zehn Jahre später in Muzot in einem Brief an Lou Andreas-Salomé liest sich so: »Alles in ein paar Tagen. Es war ein Orkan, wie auf *Duino* damals: alles, was in mir Faser, Geweb war, Rahmenwerk, hat gekracht und sich gebogen.«[32]

Was ist das Thema der Elegien? Trotz der Vielschichtigkeit, der subtilen Bezüge und unendlich schillernden Metaphern lässt sich doch ein Tenor herausschälen, der freilich nicht erst in den »Duineser Elegien« vernehmlich wird, sondern schon im »Malte«, ja im »Stunden-Buch« angelegt erscheint: Es geht um die Vergeistigung der endlichen Dingwelt, in der diese ihre subtile, endgültige zeitfreie Gestalt findet. Um die Bewältigung des Endlichen und des Todes durch Integration beider Aspekte des einen Lebensprozesses, die seine Freundin Claire Goll als »leidende Vollendung« treffend charakterisiert.[33] Im unendlichen Bezug, so Rilke, in der Überwindung von Denk- und Sprachgrenzen durch eine zunächst imaginierte, dann existenziell eingeübte neue Geisteshaltung des Loslassens ins Offene, wird diese Transformation besungen. Alle Fixierung – sei sie mentaler, psychischer oder materieller Art, jede Gier nach Ego-Perspektive und Besitz soll aufgegeben werden, sodass eine poetisch-visionäre Freiheit entsteht, die das Leid durch Akzeptanz integrieren kann. Eine besitzfreie Liebe, die einen Weltinnenraum ohne Grenzen eröffnet. Diese Thematik entfaltet Rilke in immer neuen Variationen und Wiederholungen.[34] Sie prägen sich refrainartig ein. Man kann dies als Bewältigung des Umbruchs der Epoche lesen. Es ist aber mehr. Es ist *auch* der Versuch, die Gegensätze zu vereinen, die Freud in der Analyse des Unbewussten aufgezeigt hatte, die Gegensätze von Eros und Thanatos, von Sehnsucht nach Liebe und Aggression. Oder der Versuch, das

32 Rilke an Lou Andreas-Salomé, Brief vom 11.2.1922 (abends), in: Pfeiffer, a.a.O., 464.

33 Brief an R. M. Rilke vom 4.8.1923, in: Glauert-Hesse, 43.

34 Dies zeigt sich bis hin zur Thematik der »Blindheit«, der Rilke einige Gedichte widmet. Dabei geht es um die Transzendierung des äußeren Sehens der materiellen Dinge durch geistiges Sehen, eine »innere Wesensschau«, in der die Welt, wie sie wesentlich ist, zum Vorschein kommt. Dies ist ein altes Thema der Mystik, das in der Romantik weiter wirkt und von Rilke wortgewaltig aufgenommen wird, womit er nachweislich sogar auf Karl May (z.B. in dessen Surehand-Trilogie) erheblichen Einfluss genommen hat. (Thomas Kramer, Karl May. Ein biografisches Porträt, Freiburg: Herder 2011, 33–36)

menschliche Potenzial zu beschreiben, das als Aufgabe ansteht – so spannt sich ein Bogen von Nietzsches »Übermensch« zu Rilkes »Engel«. Der Versuch, die Spaltung von Immanenz und Transzendenz im Augenblick der Rühmung des Gegenwärtigen aufzuheben, denn die Rühmung des Hiesigen, die in den Sonetten an Orpheus erklingt, ist hier in den Elegien grundgelegt.

Die »Duineser Elegien« sind eine innere Pilgerreise, wie sie der junge Tote unter Führung der Klage in der abschließenden Zehnten Elegie antritt, auch das ist kein neues Motiv bei Rilke. Er selbst ist ein spiritueller Wanderer: Er zieht fort von der katholischen Frömmigkeit der Mutter, träumt sich in ein naturromantisches Durchdrungensein von Gottesbewusstsein, das er im russischen Starez und dem einfachen Leben des Bauern in Russland zu finden glaubt. Er verbindet sich mit dem Gestus des Mystikers (von Eckhart bis Angelus Silesius), der Gott in sich gebiert: »Was wirst du tun, Gott, wenn ich sterbe? Ich bin dein Krug… Ich bin dein Trank … bin dein Gewand und dein Gewerbe, mit mir verlierst du deinen Sinn.«[35] Er wird zum Kritiker aller religiösen Institutionen[36] und findet im Buddha den erhabenen Glanz aller Sonnen, das perfekte Gebilde des vervollkommneten Künstlers. Pilgerschaft also zur spirituellen Entpuppung des Urbildes, das der Künstler nach dem Vorbild Rodins aus dem menschlichen Rohmaterial herausmeißelt. In dieser unbehausten Existenz wird ihm immer wieder »bange«. Während der Zeitgeist im Fortschrittsoptimismus schwelgt und die technische Welt als Verheißung eines irdischen Paradieses feiert, erschrickt Rilke angesichts der Einsamkeit und Armut, inmitten des Lärms und der Unrast der großen Städte. Bange ist ihm immerzu. Den zweiten Teil des Stundenbuchs (1901) überschreibt er: Das Buch von der Pilgerschaft. Dort heißt es (19.9.1901):

Das kleine Dorf ist nur ein Übergang
zwischen zwei Welten, ahnungsvoll und bang,
ein Weg an Häusern hin statt eines Stegs.
Und die das Dorf verlassen, wandern lang,
und viele sterben vielleicht unterwegs.

35 Rainer Maria Rilke: Stundenbuch. Erstes Buch: Das Buch vom mönchischen Leben, 26.9.1899, in: ders.: Werke Bd.1, 226
36 Vgl. Die Zehnte Elegie und die dort angegebenen Texte.

In diesem Sinne besteht Verwandtschaft zu Dantes »Göttlicher Komödie«, in der der Dichter unter Führung Beatrices ja nicht nur eine Jenseitsreise absolviert, sondern eine Initiation durch die Höhen und Tiefen der menschlichen Möglichkeitsräume durchlebt. Im Übrigen ein transkulturelles Motiv, denn die Reise des Knaben Sudhana im Avatamsaka-Sūtra des Mahāyāna-Buddhismus ist ein ebensolcher Initiationsweg in die Nicht-Dualität jenseits der widersprüchlichen Erscheinungen des Lebens.

Rilkes gebrochener Sprachrhythmus in den Elegien entspricht diesem Inhalt: Wortgruppen werden auseinandergerissen und ganz ungewöhnlich kombiniert, die Syntax zerbricht. Sprachbilder werden multiperspektivisch ineinandergesetzt, eine Technik, die an kubistische Malerei erinnert. Und das »Wer« der ersten Elegie, das poetische Ich und das ganz distanziert distanzlose »Wir« bleiben unbestimmt. Der Engel ist die mysteriöse Figur, die ihr Angesicht verhüllt und zugleich öffnet, herrlich und schrecklich in einem, bestimmt und unbestimmt, und über die ganze Strecke der zehn Elegien hinweg facettenreich, vielsagend. Alles das will den Bezug ins »Offene« ermöglichen. Sprache, die sich selbst aufhebt. Das aber ist der Gestus des Mystikers. Kann Rilke so gedeutet werden?

Die »Duineser Elegien« sind, wie jede Dichtung, ein Klangerlebnis. Sie erschließen sich nicht nur durch Lektüre, sondern in Rezitation. Stil, Rhythmus, Metrum erzeugen ein Flair, das ein eigenes Sprachritual generiert. Das hat Katharina Kippenberg großartig nachempfunden, wenn sie Nähe und Differenz der Elegien zu den gleichzeitig entstandenen Sonetten an Orpheus beschreibt:[37]

> »Wie der Stil der Elegien bestimmt ist von dem ehrfurchtgebietenden Wesen des Engels, so ist der der Sonette von Orpheus geprägt. Ein erhabener Ernst erfüllt die Elegien. Sie schreiten feierlich einher, und kaum jemals findet sich eine Zeile, die den hochgespannten und weit ausgreifenden Rhythmus lockert. Dagegen sind manche bis zur Ekstase und fassungslosen Hingabe an den Strom der Rede gesteigert, so, als eile ein atemloser Bote, eine Nachricht zu überbringen. Zeigen sie ruhige Schwermut, so

37 Katharina Kippenberg: »Die Sonette an Orpheus«, in: Rainer Maria Rilke: Duineser Elegien. Die Sonette an Orpheus. Mit den Erläuterungen von Katharina Kippenberg, Zürich: Manesse 1951, 255.

fühlt man doch unter ihr die bereite Leidenschaft der erregten Seele. Im Metrum sind sie ziemlich einheitlich. Die Reihen sind lang, nur die fünfte Elegie trägt die Schilderung der Gauklertätigkeit kurz und lebhaft vor, und der letzte Absatz der zehnten Elegie legt sich wie ein Schloß klein und mächtig vor ein großes Tor und schließt sie ab.«

Die Metapher der Nacht – Neuschöpfung und Unendlichkeit

Das Bild der Nacht ist für Rilke zentral:[38] Zunächst in den Nacht-Gedichten von 1913/14, die die Weltraum-Weite in den Elegien vorbereiten, dann pointiert als Zeit des Windes voller Weltraum (Elegien 1 und 2), die Nacht der Sterne (besonders in Elegie 7 und 10), die Gefahren der Nacht (Elegie 3). Die Metapher der Nacht hat religionsgeschichtliche Wurzeln, und da erscheint die Nacht als (1) Latenzzustand vor der Schöpfung oder zwischen Schöpfungszeitaltern, (2) die Sternennacht der unendlichen Größe, (3) die Nacht der Liebe, (4) die Nacht der Inkubation, der gespannten Ruhe vor dem Neuanbruch des Morgenlichts (der Erkenntnis, des Tagesbewusstseins, des Zu-sich-selbst-Kommens). Religionsgeschichtlich steht die Nacht als Metapher für das Dunkle menschlicher Existenz, verbunden auch mit dem Geburtsschmerz. Sie kann als Göttin auftreten, wie in Homers Ilias, die auch Zeus, der Gott des Tages, zu respektieren hat. Im orphischen Mythos legt sie ein silbernes Ei in den Schoß der Dunkelheit. Aus diesem Ei wird Eros geboren, der das Universum in Bewegung setzt. Sie ist der kreative Urgrund. Persephone wird in die Nacht der Unterwelt geschickt, um bis zum Frühlingserwachen in den Tiefen des Hades zu trauern. Die Nacht ist der Beginn des Neuen: In der Heiligen Nacht wird der Erlöser geboren, und »Mitternacht ist Geisterstunde«. Im indischen Mythos ist *pralaya*, der Zwischenzustand zwischen einem Weltuntergang und der Entstehung eines neuen Universums, eine dunkle und kalte Nachtzeit, die gleichwohl den Keim

38 Dazu Johannes Heiner: »Rainer Maria Rilke als Mystiker«, in: Peter Lengsfeld (Hrsg.): Mystik – Spiritualität der Zukunft. Erfahrungen des Ewigen, Freiburg: Herder 2005.

des Neuen in sich trägt. Das Tagesgestirn ist die Sonne, das Nachtgestirn der Mond, und in zahlreichen Mythen wird die Hochzeit der beiden besungen, weil der Mond in den meisten Mythologien eine Metapher des Weiblichen und die Sonne des Männlichen ist.

Einer der grundlegenden Texte für die romantische Nacht-Metaphorik im gesamten 19. Jahrhundert sind die »Hymnen an die Nacht« von Novalis (1800), die wiederum in den Überlieferungen der Mystik und des Pietismus wurzeln. Es geht zunächst um die Sehnsucht nach der Reise ins Licht. Dem steht die Nacht entgegen als Ort der Einsamkeit und Leere und der gescheiterten Hoffnungen. Dann aber wird die Vision der Mutter Nacht als Raum der Geborgenheit und Neugeburt erzählt, zu der das lyrische Ich im Kindesverhältnis steht. Die Nacht erweist sich als »Weltkönigin«, deren Gesandte nun als Geliebte, als »Sonne der Nacht« angesprochen ist und mit der die Brautnacht erlebt wird. Die Nacht ist der sakrale Raum der Initiation, Sinnbild des Unendlichen und Umfassenden, Zeugenden wie Gebärenden.

Das Licht des folgenden Morgens, so die zweite Hymne, ist die Ernüchterung, durch die alles reduziert und eingeengt, Rilke würde sagen: gedeutet, erscheint. Es ist die ernüchternde Helligkeit des begrenzenden Verstandes. Im Rausch des Weines und der Erotik sowie in den Mythen aus »Goldener Zeit«, kann man jedoch der Nacht-Qualität auch mitten am Tage begegnen. Das Helle ist begrenzt, die Nacht hingegen ist raum- und zeitlos.

Die dritte Hymne besingt den Schmerz am Grab der Geliebten, an dem der Dichter die Aufhebung von Raum und Zeit erlebt. Der Schmerz und das Leid als Initiation in eine mystische Erfahrung der Nicht-Dualität. Die tote Geliebte erscheint in einer Vision, verewigt und Inbegriff einer höheren Erkenntnis der Einheit. Das Ich ist aufgelöst im zeitewigen Jetzt der Erfahrung von Unendlichkeit.

In der vierten Hymne wird diese Grabesvision mit der Auferstehung Christi verschmolzen, d. h. die Entgrenzung des Subjekts hat ihre archetypische Vorprägung in der Verwandlung von Raum und Zeit, wie sie die Auferstehungs-Erzählung beinhaltet. Die Nacht des Todes als Tor zur Ewigkeit.

Die fünfte Hymne erzählt die Metapherngeschichte der bisherigen Themen von der Antike bis zur Gegenwart: Die antiken Menschen hätten im Licht gelebt und den Ursprung von allem, die

Nacht und den Tod, verdrängt. In der Spätantike sei die Präsenz des Todes erkannt, dieser aber seines Ernstes beraubt worden, indem er als »Schlafes Bruder« gedeutet worden sei. In der Gestalt Jesu Christi nun werde der Tod in seinem Schrecken wahrgenommen, jedoch gleichzeitig als Tor zum Ewigen Leben erkannt. Diese Erfahrung sei über die Jahrhunderte hinweg abstrakt geworden, sie werde aber erfahrbar in der vergeistigten Liebe, wie sie die ersten vier Hymnen darstellen, in der Identifizierung der Geliebten mit Christus als Gestalten der vermittelnden Initiation. Das Leben im Tageslicht sei nur eine vorübergehende Trennung von der Einheit im Göttlichen, die durch das Nacht-Erlebnis wieder ins Bewusstsein rückt. Der Sänger, also der Dichter, verkündet diese frohe Botschaft. Er ist der Repräsentant des Mysteriums, zu dem jeder Mensch heranreifen soll.

In der sechsten Hymne wird scheinbar der Triumph des Sieges über den Tod, der in der vorigen Hymne das Thema war, wieder zurückgenommen – die Gewissheit der Erfahrung weicht dem Zweifel der rationalen Rückfrage. Die Gottesferne, die Empfindung der Fremdheit, ja der Entfremdung, greift Raum. Das Drama der geistigen Entwicklung ist noch nicht abgeschlossen, die Vollendung steht aus. Die Sehnsucht nach dem Ursprung, nach der Nacht, ist immer noch Gegenwart, die den Geist bewegt.

Fast alle diese Themen finden wir bei Rilke wieder, bis hin zum Sänger bzw. Dichter als Repräsentant und Herold des neuen Bewusstseins der Einheit von Tag und Nacht, von Leben und Tod, von Ewigem und Vergänglichem, und auch hier geht es um das Thema der Spiritualisierung einer verdinglichten Welt. Auch Wagner und Nietzsche, vielleicht auch Schönbergs Komposition »Verklärte Nacht«, gehören in diesen Zusammenhang.[39]

So spielt das Nacht-Motiv bei Wagner eine herausragende Rolle, hier sei nur auf die »Nacht der Liebe« in »Tristan und Isolde« (uraufgeführt 1865 in München) eingegangen. Wagner komponiert dieses Werk unter dem Eindruck seiner Faszination für den Bud-

39 Freilich ist in der ersten Hälfte des 19. Jh. die »Nacht« auch Fluchtweg oder Rückzugsort aus einer politischen Tageswelt, die dem Romantiker zu grell geworden ist. Das »Nacht-Heimweh einer allgegenwärtigen kultur-Introversion« wäre dann die Überlebensnische des »politisch mundtoten … Zensur- und Friedhofsruhenkollektivs« nach der Restauration seit 1815, so W. Held, Clara und Robert Schumann. Eine Biographie, Frankfurt a. M.: Insel 2001, 129.

dhismus, zumindest so, wie er ihn durch Schopenhauer und Eugène Burnouf kennengelernt hatte.[40] Das Mitgefühl ist der »initiale Impuls« für die Entfaltung der Macht der Liebe. Diese ereignet sich in der Nacht, als »Gegenwelt« zur taghellen Logik der Vergeltung und Rache. In der Erwartung des Todes berühren Tristan und Isolde »das Nichts«, ihnen gelingt »der Durchbruch zu sich selbst, zu ihrer eigentlichen Wirklichkeit«, indem der »Panzer des Ich« zerbricht, und dies eben in der Nacht.[41] Die Nacht entgrenzt. Es ist ein Fließen »zwischen Existenz und Nicht-Existenz, zwischen Tag und Nacht, zwischen diesem und dem anderen Ufer«.[42] Tristan und Isolde lassen radikal alles Vertraute hinter sich, vor allem die Grenze zwischen den Individuen. Das ist das Nacht-Bewusstsein, die Aufhebung jeder Dualität. Die »Nacht der Liebe« ist einerseits »Einsam wachen in der Nacht«, ein tiefer wachendes Bewusstsein, andererseits gilt aber das »Vergessen, dass ich lebe« und die Bitte »löse von der Welt mich los«.[43] Was ist diese Loslösung? Die Befreiung von den Gegensätzen bzw. abgegrenzten Identitäten, von dem »Wörtlein: und«, das zunächst Getrenntes wieder verbinden soll, ohne jedoch die Distanz wirklich aufzulösen. Tristan ist nicht mehr Tristan, sondern Isolde; Isolde ist nicht mehr Isolde, sondern Tristan. Beide fließen ineinander. Der Tod ist die endgültige Aufhebung der Dualität: »So stürben wir, / um ungetrennt, / ewig einig / ohne End', ohn' Erbangen, / namenlos / in Lieb' umfangen, / ganz uns selbst gegeben, / der Liebe nur zu leben!«

Die Sehnsucht nach vollkommener Vereinigung, die nur im Tod möglich erscheint, hat aber noch einen weiteren Aspekt. Die Einheit führt zu einem höheren Bewusstsein, zu einer Erkenntnis, wie es im 2. Aufzug, 2. Szene heißt: »Ohne Nennen, / ohne Trennen, /

40 Carl Suneson: Richard Wagner und die Indische Geisteswelt, Leiden: Brill 1989; Urs App: Richard Wagner und der Buddhismus, Konstanz 1997; Ulrike Kienzle: »Tönendes Nirvana – Von der musikalischen Aufhebung der Zeit in Wagners Tristan und Parsifal«, in: Wagner Spectrum 3 (2/2007), 35–53; dies.: »Buddhismus«, in: S. Lorenz Sorner, H. James Birx u. Nikolaus Knoepffler (Hrsg.): Wagner und Nietzsche. Kultur – Werk – Wirkung, Hamburg: Rowohlt 2008, 122–142; Ronald Perlwitz: »Richard Wagners Indien-Mythos«, in: Helmut Loos (Hrsg.): Richard Wagner. Persönlichkeit, Werk, Wirkung (Leipziger Beiträge zur Wagner-Forschung, Sonderband), Leipzig: Sax-Verlag 2013, 241–248.

41 Willy Decker: »›… er sah mir in die Augen …‹ Ein Blick bringt die Welt zum Einsturz«, in: Programmheft Tristan und Isolde, Ruhr-Triennale Bochum 2011, 11 ff.

42 Ebd., 15.

43 Tristan und Isolde, 2. Aufzug, 2. Szene.

neu Erkennen, / neu Entbrennen.« Das ist mehr als eine Regression, die die Individuation zurücknehmen will. Am Ende von 2,2 heißt es deshalb: »endlos, ewig, ein-bewußt«. Wagner scheint sich allerdings nicht sicher zu sein, denn am Schluss, in der letzten Szene, will Isolde in höchster Lust »unbewusst« sein. Vielleicht ist mit diesem Unbewussten ein Über-Bewusstsein gemeint? Ganz klar ist das bei Wagner nicht.

Aber er komponiert hier die »unendliche Melodie«, eine Entformung ins Formlose, das sich gleichwohl in Form zeigt. Ein Prozess, ein flexibles Bewegungskontinuum, in dem eins vom anderen bestimmt und nicht durch sich selbst ist, wie es die buddhistische Denkfigur von *pratītyasamutpāda* ausdrückt. Es ist das Maß im Maßlosen. Kaskadenartige chromatische Verdichtungen erzeugen ein verschwimmendes, uneindeutiges Klangbild, das Überwältigung suggeriert. Alles wird Bewegung. Die Dur-Moll-Tonalität ist zwar erhalten, wird aber von atonalen Inspirationen durchzogen. Der unbestimmbare Tristan-Akkord steht für diese unauflösbare Vieldeutigkeit, er signalisiert das Ende des »Deutbaren«, um mit Rilkes Worten zu sprechen. Eins und ungetrennt, das ist Voraussetzung für die Überwindung des »Bangens« – hier ist der Ausdruck, der dann bei Rilke eine so zentrale Rolle spielen wird. Der Tag (der Differenz) soll weichen: »Laß den Tag dem Tode weichen … Ewig währ' uns die Nacht.« Das singt Isolde, begeistert, wie es in der Regieanweisung heißt. Und am Schluss, in der endgültigen Verklärung, singt Isolde: »Soll ich schlürfen, / untertauchen? / Süß in Düften / mich verhauchen? In dem wogenden Schwall, in dem tönenden Schall, / in des Welt-Atems / wehendem All – ertrinken, / versinken – / unbewußt – höchste Lust!«

Ist in diesem Welt-Atem Rilkes Weltinnenraum vorweggenommen? Die Nacht erscheint jedenfalls als Einheit der Gegensätze (*coincidentia oppositorum*), auch der des Aktiven und Passiven (»Soll ich atmen, soll ich lauschen?«), als Transfiguration der Raum-Zeit-Ebene in eine subtilere Ebene von Realität.

Friedrich Nietzsche hat das Nacht-Motiv vor allem in seinem berühmten Mitternachts-Lied des Zarathustra aufgenommen. Zuvor schon heißt es im »Nachtlied« des zweiten Teils,[44] dass in der

44 Friedrich Nietzsche, Also sprach Zarathustra, 2. Teil, Das Nachtlied, in: Friedrich Nietzsche, Werke. Auswahl in zwei Bänden (G. Lehmann), Bd. 1, Stuttgart: Kröner 1942, 443 f.

Nacht die Lieder der Liebenden erwachen und auch »meine Seele« das »Lied eines Liebenden« sei. In der Nacht »reden lauter die springenden Brunnen«, die Tiefen-Wasser, die das Verborgene hervorsprudeln lassen. »Licht bin ich«, so klagt der Sänger, »ach, dass ich Nacht wäre«, »dass ich dunkel wäre und nächtig!«, »Wie wollte ich an den Brüsten des Lichts saugen!« Denn das Licht ist klar und unterscheidend, es ist immer nur mein eigenes, es hat sich (scheinbar) aufgeklärt, hingegen ist das Dunkel das Medium der Sehnsucht, durch die das kreativ Neue Nahrung erhält.

Im Mitternachts-Lied gegen Ende des dritten Teils des Zarathustra lässt Nietzsche die Mitternacht als Geburtsstunde eines neuen Bewusstseins auftreten:

> Ich schlief, ich schlief –,
> Aus tiefem Traum bin ich erwacht: – Die Welt ist tief,
> Und tiefer als der Tag gedacht.
> Tief ist ihr Weh –, Lust – tiefer noch als Herzeleid: Weh spricht:
> Vergeh!
> Doch alle Lust will Ewigkeit –,
> – will tiefe, tiefe Ewigkeit!

Die Interpunktion in diesem Gedicht – Doppelpunkte, die den Vorgang der Geburt eines neuen Wortes aus den vorigen andeuten; Gedankenstriche, die das Imaginäre, Schwimmende, noch Unfertige der geistigen Gestaltungen suggerieren, das Offene, in das der Gedanke sich verströmt – diese Interpunktion und die Verteilung jeder Zeile auf die zwölf Glockenschläge der Nachtstunden lassen die Neugeburt als etwas Außerordentliches erscheinen. Und worum geht es? Um die Vereinigung der Gegensätze von Weh und Lust. Eine Lust, die das Weh in sich integriert hat, will »Ewigkeit«. Wir können diesen großen Text hier nicht detailliert deuten, nur soviel sei gesagt: Die Nacht ist das Schöpferische, Raum und Zeit der Geburt einer Tiefe, einer Transformation des Bewusstseins.

Dies gilt für die Nacht-Räume Rilkes in ähnlicher Weise, und auch hier kommt – wie seit Kant über die gesamte Romantik hinweg bis hin zu Nietzsche – der gestirnte Himmel mit seiner unendlichen Tiefe und Weite hinzu. Symbolischer Raum der erhabenen Größe. Dieses Sentiment – eine Verknüpfung aufklärerischen Geistes und frühromantischer Empfindsamkeit – findet sich nicht nur bei Dichtern von Matthias Claudius bis hin zu Rainer Maria Rilke. Es ist auch Inbegriff der allgemeinen Frömmigkeitsgeschichte, die sich in amtlich bestätigten Gesangbüchern für das »Untertanen-Volk« niederschlägt. Und an der Rilke trotz allen Abstandes zum Kirchenchristentum durchaus Anteil hat. Eines der ergreifendsten Beispiele habe ich gefunden als Nr. 76 des Buches »Christliche Religions-Gesänge für die öffentliche und häusliche Gottesverehrung, gesammelt von dem geistlichen ministerio des Danziger Freistaates, gedruckt 1810 ...«[45]

1. O Sternennacht! O Silberlicht,
das durch die dunklen Wolken bricht!
O Bild, von dessen Herrlichkeit,
der jene Sterne hingestreut!

2. Ein heilger Schauer überfällt mich,
nie empfundne Ahndung schwellt
den Busen und mein Auge starrt!
Ich fühle Gottes Gegenwart.

3. Ich sehe keine Sterne mehr, nein!
Lauter Welten um mich her;
Es strebt und forscht der kühne Sinn
durch alle diese Welten hin.

4. Ich schweb im grenzenlosen Raum
der Schöpfung; als ein Lichtpunkt kaum
erscheint nun unser Erdenball
mir in dem großen Schöpfungsall.

5. Durch Millionen Welten flieht
voll Staunen jetzt mein Geist,
und sieht in jeder, wie in unsrer Welt,
von Gott Bewohner aufgestellt.

6. Und alle sind, wie wir beglückt,
und Gottes Vaterauge blickt

45 Als Druckdatum der Vorrede ist angegeben: Danzig, den 15. März 1810.

auf alle gütig, wie auf uns,
und sorgt für alle, wie für uns.

7. Gott! Wie groß erscheinst du hier
im Staube? Worte fehlen mir,
womit ich dich lobpreisen kann,
die Seele betet schweigend an!

Der »heilge Schauer« und die »Ahndung« göttlicher Gegenwart im grenzenlosen Raum verbinden sich mit der Heilsgewissheit, dass nicht nur dieser Erdenball, sondern das ganze Universum mit multiplen bewohnten Welten in Gottes gütiger Hand ruhen, und dass eine Allversöhnung nicht auf diese unsere Welt beschränkt ist. Die Relativierung der menschlichen Raum-Zeit bewirkt das Gefühl des Erhabenen, das schweigend anzubeten ist. Die Anschauung des Unendlichen erzeugt einen fühlbaren Rausch, wie er auch in Schillers »Ode an die Freude« und bei Beethoven anklingt. Und der sich äußert in der fast zeitgleichen enthusiastischen Entdeckung des bekanntesten indischen religionsphilosophischen Lehrgedichtes, der Bhagavad Gītā, durch Johann Gottfried Herder, die Brüder August Wilhelm und Friedrich Schlegel sowie Wilhelm von Humboldt.[46] Das alles schwingt bei Rilke mit. Wir werden bei den Deutungen der Ersten, der Zweiten und der Zehnten Elegie auf die Metaphern der Sterne und der kosmischen Nacht zurückkommen.

Diese Überlegungen sollen beschlossen werden mit einer Beobachtung von Katharina Kippenberg, der Frau von Rilkes Verleger und seiner Seelenfreundin, die mit dem Werden der Elegien und den Kommentaren des Dichters zu ihrer Vollendung wie kaum ein anderer Mensch vertraut war. Sie unterteilt die zehn Elegien in zwei Abteilungen, die einander ausbalancieren: Auf der einen Seite das Thema der Vergänglichkeit, des Leidens, Sterbens und des Todes und auf der anderen Seite der Durchbruch in eine Vergeis-

46 Michael von Brück (Hrsg.): Bhagavad Gītā. Der Gesang des Erhabenen, Frankfurt a. M.: Verlag der Weltreligionen 2007. Dort heißt es z. B. im 11. Gesang (ebd. 40 und 55): »Verehrung sei dir von vorne und von hinten, Verehrung dir von allen Seiten, o du Alles! Du bist unendlich stark und von unermesslicher Macht. Du umfasst alles, darum bist du alles ... Wer um meinetwillen handelt, mich als Höchsten achtet, wer mich liebend hingegeben, frei von Anhaften und ohne Feindschaft zu allen Wesen ist, der kommt zu mir, o Pandu-Sohn.« Zu Herder, den Gebrüdern Schlegel, Humboldt: ebd., 252–272.

tigung, die alle Gegensätze hinter sich gelassen hat und damit in eine überzeitliche Dimension hineinreicht. Das ausbalancierte Gleichgewicht erkennt sie in der Fünften Elegie, in der Mitte, dargestellt im Bild der Akrobaten, die eine Menschenpyramide bilden, und zwar in Gestalt einer Waage. Ob man die Verschlungenheit der ineinander greifenden Themen so deutlich gegeneinander abwägen kann, sei dahingestellt. Kippenbergs Beobachtung wirft jedenfalls ein Licht auf den hintergründigen Bauplan des Gesamttextes. Sie schreibt:[47]

> Man könnte sich in die Elegien eine unsichtbare Waage eingefügt denken, deren eine Seite beschwert wäre mit allen in den vier ersten berichteten Leiden, Verzagtheiten und Zweifeln. Mit Bedeutung in die Mitte des großen Gedichts gestellt, vom Dichter mit viel heiterer Anmut und gütiger Ironie umgeben, immer zwischen zwei Polen nach Gleichgewicht strebend, stehen die Fahrenden, steht der Gaukler der fünften Elegie. Unter seinem unruhigen Tun, mit den beiderseits darauf verteilten Gewichten des Werts und des Unwerts, des Seins und des Scheins, beginnen die Schalen zu schwanken. Da legt die sechste Elegie die echte Tat auf die eine Schale, und sie senkt sich tief auf die Seite des Lebens und findet dort schließlich einen sicheren Schwerpunkt.

Zur Methode der Deutung – religionswissenschaftliche Perspektiven

Es stellt sich nun die Frage, welche Methode zur Deutung der Elegien Rilkes, ja zur Deutung von Dichtung überhaupt, angemessen ist. Die Geschichte der Deutungen von Rilkes Werk durch Literaten, Literaturwissenschaftler, Philosophen, Religionserneuerer usw. zeigt ein breites Spektrum von Möglichkeiten.

Drei Deutungstypen können unterschieden werden:[48]

1. Die weltanschauliche Deutung, die den Versuch macht, bei Rilke eine zusammenhängende Theologie zu finden. Aber

47 Rilke, Elegien, 107 f.
48 Jacob Steiner: Rilkes Duineser Elegien, Bern/München: Francke 1969, 7 ff.

Rilke ist Dichter, nicht Kardinal oder Lehrer oder Guru. Er ist auch nicht ein Theoretiker, der historische Katastrophen politisch einordnen und beurteilen will. Ist Rilke eher als Vertreter oder Verkünder einer säkularisierten Religion oder Kunstreligion zu begreifen, wie wir sie seit der Frühromantik bis hin zu Richard Wagner kennen?

2. Die psychologische Deutung, die Rilke aus der Biografie heraus verstehen will.
3. Die symbolische Deutung, die, eher phänomenologisch in der Methode, Dichtung aus Dichtung zu erklären versucht und literaturwissenschaftlich vorgeht: private Person und Dichter werden deutlich unterschieden, die Dichtung steht für sich. Natürlich wissen wir, dass beide auch nicht völlig voneinander getrennt werden können. Zunächst aber wären bei dieser Methode die inneren Kompositionen aus den Texten selbst zu erklären und nicht lediglich auf Einflüsse von außen zu reduzieren, die natürlich immer da sind, aber in je eigener, umgeformter Gestalt.

Dichtungen sind Kunstwerke eigener Art, sie sind keine Traktate. Weder Paraphrasen noch das gelehrte Zitieren von Parallelstellen (aus Rilkes Werk oder dem Werk anderer), auch nicht die bloße Auflösung von Metaphern kann zu ihrer Deutung genügen. »Die Erbsünde der Elegien-Forschung ist die Reduktion einmaliger lyrischer Spannungen auf langweilige Umschreibungen und Anhäufungen von Parallelstellen«, urteilt einer der besten Kenner der Rilke-Forschung, Anthony Stephens.[49]

Wir werden versuchen, den dritten Deutungstyp, den symbolischen, mit einer historisch-hermeneutischen Darstellung religionsgeschichtlicher Typologie zu verknüpfen, und dies im Horizont der Zeit und des Zeitgeistes. Dieser Deutungstyp erfährt eine Zuspitzung in der *religionswissenschaftlichen Perspektive.* Sie besteht darin, dass die Funktion der Metaphern und Gedankengänge im Gesamtkomplex der Deutung von Welt untersucht wird. Dies schließt an die funktionale Deutung des Religionsbegriffs an: Religion ist nicht ein bestimmter und gegebener Inhalt, sondern das, was heutige Interpreten als Religion bezeichnen. Damit wird der Gegenstand durch bestimmte Funktionen in gesellschaftlichen

49 Anthony Stephens: »Duineser Elegien«, in: Engel, a. a. O., 365.

Diskursen bestimmt, die individualpsychologisch wie auch soziologisch, identitätsgenerativ wie ästhetikproduktiv wirken. So ist etwa Rilkes »Engel« in seinen »Inhalten« zwar auf dem Hintergrund, aber doch abgelöst von der mittelalterlichen theologischen Angelologie zu betrachten, aber seine Funktion im Gesamtsystem der Deutung von Welt, seine Zwischenstellung zwischen dem empirischen Menschen und dem poetischen Ideal einer zukünftigen Menschengestalt weist ihm eine religionsproduktive Funktion innerhalb eines post-christlichen und durch säkulare Religionskritik hindurchgegangenen Bedeutungsfeldes zu. Dabei ist zu fragen, ob und inwiefern Rilkes »Mystik« ihre religions- und institutionenkritischen Potenziale in den Bahnen der geschichtlich bekannten Mystik entfaltet, oder ob der poetische Gestaltungswille des Dichters methodisch neue Perspektiven eröffnet, die sich von historischen Vorbildern prinzipiell unterscheiden. Rilkes Dichtung ist jedenfalls als »neue Religion« wahrgenommen worden, sie hat Transzendenz anthropologisch interpretiert und folgt damit Spuren der Religionskritik Ludwig Feuerbachs und Friedrich Nietzsches, aber diese Tendenz kann selbst als religionsstiftende Dynamik wahrgenommen werden, die eben durch einen funktionalen Religionsbegriff spezifisch entfaltet werden soll. Dabei werden sparsame Vergleiche mit außereuropäischen Religionen und ihrer Metaphorik bzw. ästhetischer Darstellungswelt gezogen, wenn sie hilfreich sind, Parallelen zu erkennen, die auf allgemeinere anthropologische oder sozialgeschichtliche Entwicklungen hinweisen könnten. Solche Analysen unterliegen allerdings den Bedingungen einer *historischen Hermeneutik*, die nicht nur die gedeutete Sprache, sondern den Kontext der Deutungsmuster in ihren jeweils wechselseitigen Verflechtungen erkennt. Es kommt also auch bei der Deutung so allgemeiner menschheitsgeschichtlicher Bilder, wie sie in den »Duineser Elegien« auftauchen, auf den spezifischen historischen Kontext der Elegien an.[50]

Im August/September 1914 dichtet Rilke die umstrittenen »Fünf Gesänge«. Diese, so sahen wir, zeigen eine anfängliche Begeiste-

50 Zur spezifisch religionswissenschaftlichen Methode ausführlicher: Michael von Brück: »Religionswissenschaft und Religionsbegriff. Methoden und Programm«, in: Tobias Müller u. Thomas M. Schmidt (Hrsg.): Was ist Religion? Beiträge zur aktuellen Debatte um den Religionsbegriff, Paderborn: Schöningh 2013, 31–53.

rung für den Krieg, indem ein »unglaublicher Kriegs-Gott«, erwachsenes Handeln, das den Mann überwächst, beschrieben wird; die Bräute, die zurückbleiben, »gehen erwählter: als hätte nicht Einer sich zu ihnen entschlossen, sondern das ganze Volk sie zu fühlen bestimmt«: Kollektiver Rausch also, was gar nicht zu Rilkes zartem Sentiment zu passen scheint, der es in militärischen Diensten just aus diesem Grund nicht ausgehalten hat. Rilke stand mit seiner Kriegs-Euphorie jedoch, wie wir gesehen haben, keineswegs allein da.[51]

In eben dieser Zeit (August/September 1914) schreibt Rilke in München oder Irschenhausen sein berühmtes Gedicht vom Weltinnenraum, einem zuvor schon in den Elegien zentralen Thema: Der Weltinnenraum ist für die Elegien das, was der Goldgrund für die Ikonenmalerei ist: die durchdringende Strahlung, der Halt, auf dem sich alles Bewegte und Vordergründige ereignet. Der Weltinnenraum ist Rilkes Medium. Ich möchte aus jenem Gedicht nur die erste und die vierte Strophe anführen:[52]

Es winkt zu Fühlung fast aus allen Dingen,
aus jeder Wendung weht es her: Gedenk!
Ein Tag, an dem wir fremd vorübergingen,
entschließt im künftigen sich zum Geschenk.
…
Durch alle Wesen reicht der *eine* Raum:
Weltinnenraum. Die Vögel fliegen still
durch uns hindurch. O, der ich wachsen will,
ich seh hinaus, und *in* mir wächst der Baum.

Die Dinge, (fast) alle – eine leichte Zurücknahme, der zweifelnde Abstand, der für Rilke so typisch ist – bieten sich an zur »Fühlung«, zu einem besonderen Gespür. Das, was wir vielleicht aus

51 Dies wandelte sich bei Rilke schon nach wenigen Wochen, später kommt es zur bitteren Anklage gegen den Krieg, z. B. in seinem Aufschrei gegen die politische Instrumentalisierung und Vermarktung seines »Cornet«. (Brief an Katharina Kippenberg vom 30. März 1916, in: von Bomhard, a. a. O., 161 ff.) Später schreibt er, dass »Druck und Dauer des Krieges« fürchterlich auf ihm lasten, der Krieg sei ein »eigenmächtiges Unglück« inmitten des nun im Frühling »voll ausgebrochenen Glücks« der Natur. (Brief an Katharina Kippenberg vom 24. Mai 1917, ebd., 230.)

52 Rainer Maria Rilke, Werke in drei Bänden, hrsg. von Horst Nalewski, Bd. 1, Leipzig: Insel 1978, 731 f.

Unachtsamkeit versäumt haben, wirkt dennoch und prägt das Künftige. Alles was ist, ist Resultat seiner Vergangenheit. Karma wird dieses universale Gesetz in indischen Kulturen genannt, und obwohl Rilke damit nicht im Detail vertraut war, spürte er diesen Zusammenhängen in seiner Dichtung nach, dem Weltinnenraum: Alles fließt ineinander, »die Vögel fliegen still durch uns hindurch«, jede Erscheinung entsteht in wechselseitiger Abhängigkeit. Nochmals: In der Sprache des Buddha wird dies mit dem Begriff *pratītyasamutpāda* bezeichnet: Nichts ist aus und durch sich selbst, sondern nur im gegenseitigen Durchdrungensein; alles ist, was es ist, aus allem. Darum kann Rilke formulieren: *In* mir wächst der Baum. Der Dichter schreibt in diesem Gedicht zwei Worte kursiv: der »*eine*« Raum und »*in*« mir. Diese seine Schreibtechnik ist bedeutsam, sie wird uns in den Elegien manche schwer verstehbare Gedankenlinie erschließen. Das »*in* mir« wird möglich, weil alles in dem einen Raum ist. Natürlich ist dieses Durchdrungensein auf der grob-materiellen Ebene nicht vorstellbar, da hier die Dinge einander im Raum verdrängen. Sie sind hier *oder* dort. Anders stellt es sich auf der feinstofflichen oder subtilen Ebene von Realität dar. Hier, so sahen wir bereits, haben die Künstler um Kandinsky gelernt, mit indischen Kategorien zu operieren, Kandinsky nannte dies: »Das Geistige in der Kunst«. Ähnlich in der Intention, jedoch anders in der Metaphorik auch Rilke, wie wir bei der Interpretation der Achten Elegie ausführlicher erörtern werden.

Die ganze Welt ist – als er-*innerte* – der Weltinnenraum. Dieser ist für Rilke nicht ein abstrakter ferner Ort, sondern er ist das Ganze in vergeistigter, d.h. im Weltgedächtnis aufgehobener Gestalt: Aufgehoben hier im Sinne von Hegels Dialektik – überwunden und (gerade dadurch) bewahrt. Das ist das zentrale Thema aller zehn Elegien: Die Vergeistigung der Dinge ins Unsichtbare, wo alles in die Unvergänglichkeit oder Ewigkeit aufgehoben ist, wo der Zusammenfall der Gegensätze Wirklichkeit wird, eine poetische Eschatologie.

Dieses Gedicht entstand nach den ersten beiden Elegien (Januar/Februar 1912 auf Schloss Duino), aber die Grundthemen sind auch dort schon präsent und insbesondere in der Gestalt des Engels prägnant verdichtet. Sie werden – in der Symbolik des Weltraumes, der Vögel, der Nacht und eben des Engels – auch in den späteren Elegien wieder präsentiert.

Die Bedeutung der Nacht als Raum und Zeit für Rilkes Imagination ist bereits erörtert worden: Die Nacht lässt die klare Abgrenzung der Gegenstände zurücktreten. Sie erlaubt ein Wahrnehmen jenseits des Deutens und Definierens. So wird sie zum Raum der Stille und des Neuwerdens, zur Zeit des Anfangs. Sie ist Inkubationszeit. Die Nacht als Medium des Unsagbaren, d.h. des ursprünglich Zusammenhängenden und des Wiederverknüpfens, ist fundamental in vielen Gedichten Rilkes, so auch in den Elegien. Dabei ist, wie wir sahen, die Verwandtschaft Rilkes mit Novalis vielfach hervorgehoben worden.[53]

So ist sein »Lied vom Meer« (gedichtet auf Capri, 1907) bereits eine Vorwegnahme der Symboleinheit von Nacht-Bewegung-Wind-Raum-Tiefenbewusstsein. Die Zeitlosigkeit ist hier angedeutet durch das zweimalige »uralte Wehn« über dem »Urgestein«, Themen, die in den Elegien erneut aufgegriffen werden:

Uraltes Wehn vom Meer,
Meerwind bei Nacht:
    du kommst zu keinem her;
wenn einer wacht,
so muß er sehn, wie er
dich übersteht:
    uraltes Wehn vom Meer,
welches weht
nur wie für Ur-Gestein,
lauter Raum
reißend von weit hinein …

    O wie fühlt dich ein
treibender Feigenbaum
Oben im Mondschein.

»Treibender Feigenbaum oben im Mondschein«, ein wunderbares nächtliches, surrealistisches Bild, das an japanische Haiku-Dich-

53 Darauf macht erneut Steiner aufmerksam (a.a.O., 219) und bezieht sich auf einige Literatur: Walter Rehm: Orpheus. Der Dichter und die Toten. Selbstdeutung und Totenkult bei Novalis, Hölderlin, Rilke, Düsseldorf: Schwann 1950; Joachim Rosteutscher, Das ästhetische Idol im Werke von Winckelmann, Novalis, Hoffmann, Goethe, George und Rilke, Bern: Francke 1956 usw.

tung erinnert. Das Wehen des Windes wird angerufen: »O wie fühlt dich ein treibender Feigenbaum«? Der Mondschein und das Wehen, sie sind das Fluidum, die flüssige, die feinstoffliche Atmosphäre, in der das Feste – der Baum oder das Gestein – in Bewegung gerät, einander durchdringend. In der geistigen Verdopplung des angeschauten Bildes, also im Fühlen und auf der Ebene des Mentalen, also der Erinnerung, geschieht diese mögliche Durchdringung. Alles fließt miteinander, ineinander: *Ein* Raum. Der Mond und der Baum sind zunächst völlig getrennt, aber in unserem Bewusstsein, in dem Bild, in der Imagination durchdringen sie einander. Die äußeren, die festen, materiellen, aber vergänglichen Dinge in den Raum der Imagination zu ziehen, das ist poetische Gestaltung der Welt, das ist, wenn man so will, die Vollendung der Schöpfung im feinstofflichen, im vergeistigten Bereich.

Und auf diese Weise wird der Mensch zum Poeten, zum mitfühlenden und nachdenkenden Mit-Schöpfer des Kosmos.

Um dies zu verstehen, könnten wir die mystischen Traditionen eines Meister Eckhart, eines Heinrich Seuse, einer Juliana von Norvich oder anderer anführen. Das soll hier nicht erneut geschehen.[54] Auch die Identifikation Rilkes mit Franz von Assisi bzw. Bonaventura als *Dottor Seraphico*, wie Marie von Thurn und Taxis ihren Dichterfreund anredete,[55] ist aufschlussreich, soll hier aber nicht zur biographisch-psychologischen Interpretation herangezogen werden. Rilke selbst weist auf ein Erlebnis von Ende 1911 oder Januar 1912 (kurz vor der Inspiration zur Ersten Elegie) hin, das prägend für ihn gewesen sei. Dieses spirituelle Erlebnis im Park am Schloss unter einem Baum gibt einen tiefen Einblick in Rilkes Geistesverfassung und präfiguriert zentrale Aussagen der Elegien.[56] Die Fürstin von Thurn und Taxis berichtet darüber, ihm,

54 Dazu: Michael von Brück: »Mystische Erfahrung, religiöse Tradition und die Wahrheitsfrage, in: Reinhold Bernhardt (Hrsg.): Horizontüberschreitung. Die Pluralistische Theologie der Religionen, Gütersloh: Mohn 1991, 81–103; ders.: »Christliche Mystik und Zen. Synkretistische Zugänge«, in: Wolfgang Greive u. Raul Niemann (Hrsg.): Neu Glauben? Religionsvielfalt und neue religiöse Strömungen als Herausforderung an das Christentum, Gütersloh: Mohn 1990, 146–166; ders.: »Polyvalence and Equivalence. Object- and Meta Language Concerning the Notion of »Mysticism« in Buddhist-Christian-Hindu Discourse« (im Druck).

55 Hecker, a. a. O., 221 f.

56 Natürlich handelt es sich nicht um einen autobiographischen Bericht, sondern um Dichtung, und das Subjekt ist das lyrische Ich. (Heiner, a. a. O., 393 ff.) Allerdings weisen Rilkes Zögern, den Text zu veröffentlichen, ebenso wie die Zeitzeu-

Rilke, sei gewesen »als stünde er in einem anderen Leben ... Da war keine ›Zeit‹ mehr, kein Unterschied zwischen dem wiedergekehrten Einst und dem gestaltlos-düsteren Jetzt. Rilke war ... äußerst erregt. ›Seltsam‹, wiederholte er, ›seltsam‹.« Und sie fügt hinzu, dass er nie wieder an diese Stelle, zu jenem Baum, an den er gelehnt war, zurückgekehrt sei, und leise dazu gesagt hätte: »›Ich wußte nicht, ob ich dann zurückkehren würde.‹«[57] Katharina Kippenberg schreibt in ihren Erläuterungen:[58]

> Vielleicht würde diese Erfahrung in Indien eine erste Stufe des Joga genannt werden. Denn Rilke scheint für einen kurzen Augenblick ähnliches erreicht zu haben, was der buddhistische Adept nach seinen Übungen als dauernden inneren Besitz erringt: die Durchdringung der Sphären des Bewußten und Unbewußten, um sich dem letzten Grund der Welt zu nähern.

Rilke schreibt sein »Erlebnis« etwa ein Jahr nach dem Ereignis nieder, und zwar am 1. Februar 1913 in Ronda (Spanien), gedruckt dann erstmals im Insel-Almanach 1919.[59] Rilke berichtet in der 3. Person, wie das in der mystischen Literatur nicht selten der Fall ist, bis hin zu Paulus im 2. Brief an die Korinther. Er habe im Park von Duino an einem Baum gelehnt, die Schultern in der Baumgabel, »völlig eingelassen in die Natur«, und zwar »in beinahe unbewußtem Anschaun«. Warum beinah? Weil er sich des Vorgangs bewusst ist. Er ist völlig eingetaucht, und doch weiß er, dass er weiß (wie es verschiedentlich vom Buddha heißt, wenn von dessen Versenkungen berichtet wird). Gerade dieses feine Gespür, das im Wörtchen »beinah« liegt, macht den Bericht authentisch, wie mir scheint. Und nun heißt es weiter: »Nach und nach erwachte seine Aufmerksamkeit über einem nie gekannten Gefühl: es war, als ob aus dem Innern des Baumes fast unmerkliche Schwingungen in ihn übergingen.« Wie ein Windhauch durchweht es den Körper, so fein, wie es sonst nur die Seele wahrnimmt, feinstofflich, energe-

genberichte derer, die ihm nahe standen (in diesem Fall Marie von Thurn und Taxis wie auch Katharina Kippenberg), auf die Authentizität hin.

57 Marie von Thurn und Taxis-Hohenlohe: Erinnerungen an Rainer Maria Rilke, hrsg. von Georg H. Blokesch, Frankfurt a. M.: Insel 1966, 54 f.

58 Rilke: Elegien, 121.

59 Später mehrmals nachgedruckt. Hier zit. nach: Rainer Maria Rilke: Werke in drei Bänden, hrsg. von Horst Nalewski, Bd. 2, Leipzig: Insel 1978, 818 ff.

tisch – wie Kandinsky dies bezeichnet hatte. Eine geistige Regung wird also körperlich empfunden. Es ist ihm unvergleichlich, keine Steigerung zu sonstigen Erlebnissen, sondern von ganz anderer Qualität, auch kein »Genuß«, der sich ja am normalen Sinneserleben messen würde. Charakteristisch ist die Gleichzeitigkeit der Gegenwart mit vergangenen Ereignissen, denn dann »erkannte er alles, erinnerte es, lächelte es gleichsam mit entfernter Zuneigung an, ließ es gewähren, wie ein viel Früheres, das einmal, in abgetanen Umständen, an ihm beteiligt war«.[60] Es ist ein Gewahrsein und Beobachten, das alles im Innen und Außen zugleich erkennt. Das entspricht den Zen-Erfahrungen des vollkommenen Erwachens (*kenshō, satori*), die über die Jahrhunderte hinweg immer wieder berichtet worden sind, von Dōgen Zenji (13. Jh.) bis Yamada Kōun Rōshi,[61] dem Zeitgenossen. Rilke identifiziert sich nicht mehr mit dem Körper, es ist ein Abschied und Loslassen, ein Gefühl von Leerheit und Fülle zugleich, eine Erfahrung von der Einheit der Gegensätze, durchaus in den Kategorien, in denen sie William James beschrieben hat.[62] In Rilkes Text erscheinen Begriffe und Metaphern, die in den Elegien eine zentrale Rolle spielen werden.

1. So spricht er[63] von »Verstorbenen des Hauses«, die ihm erscheinen, von denen zwei mit Namen genannt werden: »... es war ihm vertraut, irdisch Gebildetes so flüchtig unbedingt verwendet zu sehn, der Zusammenhang ihrer Gebräuche verdrängt aus ihm jede andere Erziehung; er war sicher, unter sie bewegt, ihnen nicht aufzufallen«. So heißt es entsprechend in der Ersten Elegie von den Verstorbenen, dass sie erst lernen müssen, »die Erde nicht mehr zu bewohnen, kaum erlernte Gebräuche nicht mehr zu üben ...«
2. Er spürt[64], »wie sich alle Gegenstände ihm entfernter und zugleich irgendwie wahrer gaben, es mochte dies an seinem Blick liegen, der nicht mehr vorwärts gerichtet war und sich

60 Ebd., 820.
61 Einiges ist abgedruckt in: Philip Kapleau: The Three Pillars of Zen, Boston: Beacon Press 1967, bes. 189 ff.
62 Hecker, a. a. O., 240 ff.; William James schreibt: »Die Überwindung aller gewöhnlichen Barrieren zwischen dem Einzelnen und dem Absoluten ist das große Werk der Mystik.«(Zitiert aus William James, Die Vielfalt religiöser Erfahrung, hrsg. und übersetzt von Eilert Herms, Olten/Freiburg i.Br.: Walter 1979, 389)
63 Rilke, Werke, a. a. O., 821.
64 Ebd.

dort, im Offenen, verdünnte«. Das entspricht dem Offenen, wie es besonders in der Achten Elegie besungen wird, dem Weltinnenraum, in dem alles geistig verwandelt ist, wo der Blick nicht zielgerichtet und damit ausgrenzend sich ausrichtet, sondern alles umschließend ins Offene oder Leere geht, eine Leerheit, die wiederum alles enthält.

3. Es ist ihm ein Zustand, in dem er Ewiges und Gesetzmäßiges zu sehen weiß, und doch ist er sich bewusst, dass er vergeht wie Musik, bei der »ein unendlich gesetzmäßiger Ausgang zu erwarten sei«, nämlich dass der Anfang im Ende und das Ende im Anfang sei, wie es in der Musik-Phänomenologie von Sergiu Celibidache heißt[65], wo also der Klang in seiner Dynamik das Vergangene und das Zukünftige bereits abbildet bzw. das, was sich zeitlich entfaltet, potenziell schon impliziert im Gegenwärtigen ist.
4. Auch der Held findet hier schon Erwähnung, der dann in der Sechsten Elegie zur zentralen Metapher wird.
5. Die Leere wird erwähnt und die Freude[66], die etwas anderes ist als bloßes Glück, das im Bereich der Gegensätze und abhängig von einzelnen Erfahrungen bleibt, wie es dann in der Zehnten Elegie thematisiert wird.

Rilke vermutet selbst, dass das, was ihm hier in Duino widerfährt, »wo der Geschmack der Schöpfung in seinem Wesen war«, Vorläufer in Erlebnissen hat, die bis in die Kindheit zurück reichen.[67] Dabei bezieht er es auf ein früheres Erlebnis auf der Insel Capri[68], wo ein Vogelruf und seine Wahrnehmung desselben *ein* Bewusstsein werden, und der Kontur seines Leibes (auch der Begriff wird in die Elegien übernommen) hindert ihn nicht, die Sterne in sich zu fühlen. Alles wird in einer subtileren geistig-feinstofflichen Ebene verdichtet und ineinander verwoben erlebt.

Elegie bedeutet Klagegesang. Rilkes »Duineser Elegien« klagen, aber nicht nur das. Sie klagen über die Entfremdung des modernen Menschen von sich selbst, von der Natur, von der Einheit, aus der er herausgefallen ist. Sie beklagen die Moderne, die Anonymität

65 Michael von Brück u. Matthias Thiemel, Klang und Transzendenz: Die geistigen Quellen von Celibidaches Musikverständnis. Wissner-Verlag (im Druck)
66 Rilke, Werke, 823 f.
67 Ebd., 822.
68 Ebd., 822 ff.

der Städte, die Mechanik der modernen Arbeitswelt, die Beschleunigung des Lebens. Sie beklagen die Zweckrationalität, die Tatsache, dass der Mensch alles nach reduzierten Gesichtspunkten betrachtet – nach dem vordergründig kalkulierten Nutzen, sowohl ökonomisch als auch psychologisch, sogar sich selbst sehe der moderne Mensch so. Er instrumentalisiere und versklave sich selbst und werde daran krank, meint Rilke. Aber die Elegien gehen auch den Spuren nach, die noch sichtbar sind, Spuren einer Ganzheitlichkeit oder Einheit, die Rilke beim Kind, bei den Sterbenden oder jungen Toten, je nach Umständen auch bei den Liebenden, vermutet, und bei einigen Tieren, dort aber unbewusst. Eine Einheit, die er nostalgisch in die Vergangenheit projiziert, wo alles noch groß gewesen sei, wie er meint: die Kathedralen (namentlich Chartres), die vollendeten Statuen der Griechen, die Tempel und der Sphinx in Ägypten. Die Elegien besingen auch eine Haltung zur Wirklichkeit, die jenseits der Klage ein neues Verhältnis zu den Dingen abbildet, eine Verinnerlichung, eine Transformation vom Materiellen ins Geistige. Das ist die Bewusstseinshaltung, welche er ersehnt und die in der Dichtung schon Gestalt gewinnen kann.

Die Erste Elegie

Die Erste Duineser Elegie ist Mitte Januar 1912 entstanden. Die Fürstin Marie von Thurn und Taxis berichtet, was Rilke ihr über die Entstehung erzählt habe: [69]

> Er ahnte nichts von dem, was sich in ihm vorbereitete. Wohl machte er in einem Brief eine Anspielung: Die Nachtigall nähere sich … Hatte er da vielleicht das Kommende gefühlt? Aber sie schien von neuem zu schweigen. Eine große Traurigkeit überfiel ihn, er begann zu glauben, dass auch dieser Winter ohne Ergebnis bleiben würde …« (dann war er eines Morgens mit einem »lästigen geschäftlichen Brief« beschäftigt) … »Draußen blies eine heftige Bora, aber die Sonne schien, das Meer leuchtete blau, wie mit Silber übersponnen. Rilke stieg zu den Bastionen hinunter … Die Felsen fallen dort steil … ins Meer herab. Rilke ging ganz in Gedanken versunken auf und ab, da die Antwort auf den Brief ihn sehr beschäftigte. Da, auf einmal, mitten in seinem Grübeln, blieb er stehen, plötzlich, denn es war ihm, als ob im Brausen des Sturmes eine Stimme ihm zugerufen hätte: ›Wer, wenn ich schriee, hörte mich denn aus der Engel Ordnungen?‹ … Lauschend blieb er stehen. ›Was ist das?‹ flüsterte er halblaut … ›was ist es, was kommt?‹ Er nahm sein Notizbuch, das er stets mit sich führte, und schrieb diese Worte nieder und gleich dazu noch einige Verse, die sich ohne sein Dazutun formten. Wer kam? … Er wusste es jetzt: der Gott … Sehr ruhig stieg er wieder in sein Zimmer hinauf, legte sein Notizbuch beiseite und erledigte den Geschäftsbrief.

Rilke gebraucht im ersten Abschnitt dieser Elegie zwei Verben, die durch ihre Mehrdeutigkeit auffallen: »verhalten« und »brauchen«.

»Verhalt ich mich« – *verhalten* kann in drei unterschiedlichen Bedeutungen verstanden werden: (1) sich benehmen (das Verhalten), (2) dauern (ein Sich-Hinziehen) und (3) sich zurückhalten. Alle drei Bedeutungen kommen in den Elegien vor. Hier ist es zu-

69 Thurn und Taxis, a. a. O., 48 f.

nächst vor allem die Zurückhaltung. Der Lockruf des Gebetes (der Mitleid erregen soll) wird »verschluckt«. Ist das die Resignation des Einsamen oder eher die Ehrfurcht des Wissenden?

»Ach, wen vermögen wir denn zu brauchen?« – *brauchen* bedeutet: (1) etwas nötig haben (passiv) und (2) etwas verwenden, etwas gebrauchen (aktiv). Jacob Steiner[70] optiert für die zweite Bedeutung. Das heißt: Menschen können nicht wirklich auf das Wesen der Dinge eingehen, weil die Egozentrik dies verhindert. Die Dinge, das sind die Wesen in den drei Daseinsbereichen der Mit-Schöpfung, nämlich Engel, Menschen und Tiere. Menschen sehen alles aus ihrer Perspektive und sind daher zwar »Verbraucher«, aber nicht »Gebraucher«, die dem jeweiligen Gegenüber sein Wesen ablauschen würden und das Verhältnis zu ihm von dem anderen her bestimmt sein ließen. Die drei Kategorien von »Gegenüber« sind jeweils besonders charakterisiert: Engel sind erhaben über uns. Andere Menschen machen wir zu Objekten. Tiere sind offen in ihrem jeweiligen Rahmen. Sie tun das ihnen Bestimmte, wohingegen der Mensch deutet und in seiner Deutung immer nur sich selbst begegnet, und genau das ist das »Ego«. So erfährt er zwar relative Dauer, vor allem aber das Flüchtige. Der Baum ist das relativ Dauernde, ebenso die Straße und die Gewohnheit, die uns prägt und Eigenart verleiht. Herausgehoben wird die Nacht als Medium des Übergangs. Sie ist mit Wind voller Weltraum gefüllt, und wir müssen das oben zum Raum und zum Weltinnenraum Gesagte erinnern, um die Bedeutung der Nacht für Rilke zu ermessen. Die Nacht verspricht zunächst Liebesglück, das aber enttäuscht, weil die Trennung der Geschlechter nicht wirklich überwunden wird. Für den Einsamen ist sie ohnehin schlimm, weil er die Einsamkeit in der Nacht schlechter zudecken oder verdrängen kann, weil er nicht gelernt hat, mit der kreativen Chance der Einsamkeit umzugehen (so wie mit den Schmerzen in der Zehnten Elegie, die wir vergeuden). Jedenfalls ist dies alles Gewordenes oder Gemachtes, an das wir uns klammern, weil es etwas Sicherheit und Heimat geben soll. Es ist jedoch ein vergebliches Anhaften, weil alles vergeht.

Vielen Interpreten ist aufgefallen, dass der Sprachrhythmus hier an die späten Hymnen Hölderlins erinnert, und in der Tat gibt es,

70 Steiner, a. a. O., 19, 34 ff.

wie in der Einleitung erwähnt, eine nicht bruchlose Linie von Novalis über Hölderlin zu Rilke. Die Sprache Rilkes in den Elegien bricht immer wieder ab, Wortgruppen werden kontrastreich gegeneinander gesetzt. Die Syntax wird aufgelöst. Das erzeugt eine Dynamik, die den Hörer in Bewegung setzt, mitreißt, und oft sind es Klang- oder Wortfetzen, die einen wie ein Sturm erfassen, vielleicht wie der Wind vom Meer aus dem oben zitierten Gedicht. Das Feste wird aufgelöst, damit es in Bewegung gebracht wird und eins durch das andere hindurch erscheint, wie im Weltinnenraum. Diese Dynamik wird in einem Sprachrhythmus verdichtet, der Geschwindigkeit und Intensität so moduliert, dass zwischen zögerndem Innehalten und rauschendem Dahinfließen, sich steigernden Kaskaden und Plateaus des Höhepunktes wechselnde Spannungsbögen entstehen. Das komponiert Rilke im Sprachstil aus. Wir können sagen, dass diese Dynamik in gewisser Weise bereits Inhalt ist.

Dieser lässt sich freilich konkreter bestimmen anhand der Sprachbilder, die Rilke verwendet. Sie spiegeln die drei Grundthemen, die alle Elegien durchziehen – mit Ausnahme vielleicht der Vierten und der Achten, die Rilke selbst als »stille« bezeichnet hat, nämlich:

1. Die Vereinigung der Gegensätze von Leben und Tod, die alle Widersprüche umschließt durch eine Verwandlung ins Geistige, in der die gewöhnliche Zeitlichkeit und Räumlichkeit aufgehoben sind.
2. Die besitzlose und ego-freie Liebe, die über das geliebte Objekt hinausreicht und nichts festzuhalten versucht.
3. Die aktive Resonanz mit allem im geistigen Geschehen der Wandlung.

Die Themen werden nicht etwa nacheinander abgehandelt, sondern sind ineinander verwoben, sie spiegeln einander wie Resonanzen in einer Tripelfuge. Dabei gibt es eine Steigerung von der Ersten zur Zehnten Elegie.

Der Engel – Teil 1

Alles ist – jedenfalls in der Ersten und Zweiten Elegie – um die Figur des Engels gruppiert, bei der aber in den späteren Elegien neue Züge und Abwandlungen sichtbar werden. Doch zunächst werden wir typologisch beschreiben, was der Engel für Rilkes »Duineser Elegien« bedeutet. Aus pragmatischen Gründen unterteile ich diese Typologie in zwei Teile, die jeweils der Ersten und dann der Zweiten Elegie zugeordnet werden, damit die Nähe zum Text gewahrt bleibt.

Wer, wenn ich schriee, hörte mich denn aus der Engel
Ordnungen? und gesetzt selbst, es nähme
einer mich plötzlich ans Herz: ich verginge von seinem
stärkeren Dasein. Denn das Schöne ist nichts
als des Schrecklichen Anfang, den wir noch grade ertragen,
und wir bewundern es so, weil es gelassen verschmäht,
uns zu zerstören. Ein jeder Engel ist schrecklich.
Und so verhalt ich mich denn und verschlucke den Lockruf
dunkelen Schluchzens. Ach, wen vermögen
wir denn zu brauchen? Engel nicht, Menschen nicht,
und die findigen Tiere merken es schon,
daß wir nicht sehr verläßlich zu Haus sind
in der gedeuteten Welt. Es bleibt uns vielleicht
irgend ein Baum an dem Abhang, daß wir ihn täglich
wiedersähen; es bleibt uns die Straße von gestern
und das verzogene Treusein einer Gewohnheit,
der es bei uns gefiel, und so blieb sie und ging nicht.
O und die Nacht, die Nacht, wenn der Wind voller Weltraum
uns am Angesicht zehrt –, wem bliebe sie nicht, die ersehnte,
sanft enttäuschende, welche dem einzelnen Herzen
mühsam bevorsteht. Ist sie den Liebenden leichter?
Ach, sie verdecken sich nur mit einander ihr Los.
Weißt du's *noch* nicht? Wirf aus den Armen die Leere
zu den Räumen hinzu, die wir atmen; vielleicht daß die Vögel
die erweiterte Luft fühlen mit innigerm Flug.

Rilkes Gestalt des Engels ist eine Symbolfigur, ohne die sich der Gehalt der zehn Elegien nicht erschließen ließe. Engel, so Rilke, sind »die Vögel der Seele«, Kräfte, die aus dem Seelischen entspringen. Aber das Seelische ist mehr als die individuelle Prägung psychischer Kräfte, es ist das Potenzial kosmischer Konstellationen.

Das Seelische durchformt das Universum. Engel sind das Gesicht der hinter allem liegenden verborgenen Kräfte, die die Welt bewegen, göttliche Energien, die das Göttliche in seiner Wirkungsmacht repräsentieren, ähnlich den zehn kabbalistischen *Sefirot* oder dem Absoluten mit Eigenschaften (*saguna brahman*) der indischen Traditionen. Damit nehmen sie eine Zwischenstellung ein zwischen dem völlig formlosen absoluten Einen und Unerkennbaren der Gottheit und der menschlichen begrenzten Wahrnehmungsweise (vgl. Tafel 4).

Die frühen hebräischen Engelsgestalten, die Hierarchien um den Thron Gottes bilden, repräsentieren unzugängliche Größe und Macht. Aber sie neigen sich dem Menschen zu, sind Boten und können in Verkleidung seine Begleiter werden (wie bei Tobias, DE 2,4 ff.). Der Engel, der Maria erscheint, bringt die zutiefst menschliche Botschaft, aber er vermag mit Vollmacht das »Fürchte dich nicht« über alle menschliche Existenz zu sprechen. Im Laufe der europäischen Religionsgeschichte wird der Engel ständig weiter irdisch verkleinert, er wird zum niedlichen Schutzengel, im Barock gar zum Puttenwesen herabgewürdigt, bis er sich in der Moderne zum Werbeträger verflüchtigt.[71] Rilkes Engel nimmt die Züge des Übermenschlichen, Gewaltigen wieder an. Dies sei nun genauer ausgeführt:

Die Gestalt des Engels tritt – sehr stark vereinfacht – in den einzelnen Elegien wie folgt auf:[72]

In der *Ersten Elegie* ist von »der Engel Ordnungen« die Rede. Ordnung (gr. *taxis*) wird hier im Plural verwendet. Es geht um verborgene Taxonomien, die nicht jenseitig, sondern subtil immanent sind, deren Unbestimmtheit durch das nicht-zielgerichtet offene Fragepronomen »wer« angedeutet wird. »Wer, wenn ich schriee, hörte mich denn …?« Sodann heißt es: »Ein jeder Engel ist schrecklich«, ein Hinweis darauf, dass diese Ordnung »erhaben« ist, ein Begriff, der seit Kant, Schiller und Rudolf Otto geläufig ist und wesensverwandte Phänomene solcher Art in der Religionsgeschichte deuten soll. Dies werden wir noch zu erörtern haben. »Engel, sagt man, wüssten oft nicht, ob sie unter Lebenden gehen oder Toten.« Dieser Satz zeigt ein Bewusstsein jenseits der Gegensätze von

71 Guardini beschreibt diese Geschichte in knapper Form; ders.: Deutung, 29 ff.
72 Dazu Steiner, a. a. O., 251 ff.

Leben und Tod an. Rilkes Sprache ist hier äußerst vorsichtig und der Irrealis wird doppelt ausgedrückt durch das »sagt man« und den Konjunktiv. Aber interessant ist, dass sie gehen, sie sind in Bewegung und entfalten Dynamik.

Die *Zweite Elegie* verkündet wie eine Fanfare: »Jeder Engel ist schrecklich«. Dies nimmt die erwähnte Aussage der Ersten Elegie (DE 1,8) auf, nun aber entschiedener, denn es gibt keinen unbestimmten Artikel mehr. Jetzt sind es »die Engel«, sie werden direkt an-gesungen – kompensiert dann durch den Klageruf: »weh mir«. Die Klage bezieht sich auch auf das Entschwinden der Unmittelbarkeit des Engels (DE 2,3 ff.), d. h. die direkte Anrede ist vergeblich, sie verklingt in einem abstrakten Raum, es gibt keine Verbindung (außer dem ansingenden »ihr« in DE 2,10); sie spiegeln »einzeln« und bleiben dabei für sich. Die Engel werden nur noch in der dritten Person genannt.

In der *Dritten Elegie* spielt der Engel keine Rolle, in der *Vierten Elegie* bleibt er als Kontrast zur Puppe Repräsentant seiner Gattung, d. h. er ist nicht aktiv, es heißt nur, er sei »über uns hinaus«.

Die *Fünfte Elegie* verknüpft ihn mit dem Lächeln des Jungen (DE 5,65) und der innigen Bitte, er möge das »kleinblütige Heilkraut« pflücken und verwahren. Außerdem wird der Engel imaginär als Mitte des Bezugs angeredet (DE 5,106 ff). Die *Sechste Elegie* handelt nicht vom Engel, sondern vom engelnahen Menschen. In der *Siebenten Elegie* (DE 7,77 ff.) ist eine Gewissheit um den Engel erreicht, er ist fast Partner des Menschen, der ihm »die Dinge« zeigt. Am Ende dieser Elegie entsteht wieder ein größerer Abstand zwischen Mensch und Engel, der Engel tritt in die schreckliche Übermächtigkeit zurück.

Die *Achte Elegie* spricht statt des Engels vom »Offenen«. Das ist der in gewöhnlicher Wahrnehmung unzugängliche Bezug, das sich passiv dem Ungeheuren Aussetzen im Unterschied zur aktiven Tat des Helden, der allerdings ebenfalls über menschliches Maß hinausgeht. Die *Neunte Elegie* verschweigt die direkte Präsenz des Engels, er wird, wie in der Siebenten, in der dritten Person genannt (DE 9,58 ff.).

In der *Zehnten Elegie* stimmen die Engel dem Jubel und Ruhm zu, sie sind die erhabenen Vollendeten, und indem der Engel in Zeile 22 wieder artikellos genannt wird, repräsentiert er höchste Allgemeinheit oder eher ein Prinzip. Der Engel »zerträte« den falschen und billigen Trostmarkt der Religion, denn er ist ja im Offenen, »wo alles mit allem in Beziehung gesetzt wird und alles in einen höheren Rang der Wirklichkeit eingeht«, wie Steiner treffend formuliert.[73] Das zerbricht jedes Abgeschlossensein, jede »gedeutete Welt«. Der Konjunktiv erhebt ihn ins Imaginäre, das aber in der Vorstellungskraft des Dichters höchst wirksam ist. Es kommt dem Dichter zu, diese Imagination des Engels zu vollenden; denn der Dichter gießt die Reise durch das Leid-Land in Sprache, d. h. er macht sie bewusst. Die Klage ist die unmittelbare Führerin des Pilgers, der Dichter aber ist eine Art Pilgerführer zweiter Ordnung, nämlich die selbstbewusst gewordene Klage. So kann der Engel schließlich verschwinden, denn er hat sich erfüllt, er ist im doppelten Sinne aufgehoben.

Der Engel trägt Züge, die Rilke auch dem Buddha verleiht. Insbesondere im ersten der drei Buddha-Gedichte wird dies deutlich. Im vorletzten Abschnitt des vorletzten Kapitels dieses Buches werden wir darauf näher eingehen, hier nur so viel: Das Gedicht[74] von 1905 steht zwischen »Der Tod des Dichters« und einem Gedicht über die Kathedrale von Chartres, wo es auch um den lächelnden Engel geht:

Als ob er horchte. Stille: eine Ferne …
Wir halten ein und hören sie nicht mehr.
Und er ist Stern. Und andre große Sterne,
die wir nicht sehen, stehen um ihn her.

O er ist Alles. Wirklich, warten wir,
dass er uns sähe? Sollte er bedürfen?
Und wenn wir hier uns vor ihm niederwürfen,
er bliebe tief und träge wie ein Tier.

Denn das, was uns zu seinen Füßen reißt,
das kreist in ihm seit Millionen Jahren.
Er, der vergisst was wir erfahren
Und der erfährt was uns verweist.

73 Steiner, a. a. O., 251 ff.
74 »Buddha«, in: Rainer Maria Rilke: »Neue Gedichte«, in: ders.: Werke Bd. 2, 413.

Dieses Gedicht an den Buddha könnte ebenso an den Engel gerichtet sein: Stille, erhaben, kosmisch eingebunden, Stern in den Sternen, Stille, Ferne, in der Erfahrung voraus, nicht bedürftig, und: er hört und sieht den Menschen nicht so wie der Engel in der Ersten Elegie.

Abbildung 3: Der »lächelnde Engel« der Verkündigung im Dom zu Regensburg

Abbidung 4: Ein lächelnd-schweigender Buddha

Rilke deutet in dem berühmten Brief an seinen polnischen Übersetzer Hulewicz vom 13. November 1925 die Elegien dahingehend,[75] dass der Engel der Elegien nichts mit dem Engel des christlichen Himmels zu tun habe; ob dies zutreffend ist, sei zunächst dahingestellt.

Der Engel ist jedenfalls das Wesen, das die dem Menschen aufgegebene Verwandlung des Sichtbaren ins Unsichtbare bereits geleistet hat. Er steht zwischen dem Menschen und der vollendeten Gestalt und ist für den, der noch an den wechselnden Gestalten der Zeitlichkeit, also am Äußeren, hängt, der begehrt, um sein Ego zu stärken, schlechthin schrecklich, übermächtig; die Begegnung mit dem Engel – so heißt es in der Zweiten Elegie (DE 2,8 f.) – erschlägt das eigene Herz.

In einer Aufzeichnung vom Januar 1913 nimmt Rilke Bezug auf Gemälde von El Greco, die er in Toledo gesehen hat.[76] El Greco habe in die Malerei ein »Himmelsinneres« eingeführt, das »himmlische Spiegelbilder dieser Welt« enthalte so »wie die Spiegelungen

75 Abgedruckt bei: Fülleborn/Engel, a. a. O., Bd. 1, 319–323.
76 Rilke, Taschenbuchaufzeichnung. Ronda kurz nach dem 14. 1. 1913, ebd., 79 f.

der Gegenstände im Wasser«. Der Engel sei bei El Greco nicht mehr anthropomorph, sondern »fließender, er ist der Fluß, der durch beide Reiche geht, ja, was das Wasser auf Erden und in der Atmosphäre ist, das ist der Engel in dem größeren Umkreis des Geistes ... Niederschlag und Aufstieg ... er streckt sich sinnlich ins Übersinnliche, nur das Strecken ist unaufhörlich ... hat seinen Anfang und entgeht in die Unendlichkeit«.

Ähnlich konzipiert Rilke offensichtlich sein eigenes Bild vom Engel. Er ist der Inbegriff des Weltgesetzes, das sich um die je individuellen Belange des Menschen nicht schert, d.h. er ist erhaben im Sinne Kants. Während das Schöne begrenzt ist, einen Rahmen braucht und in definierbaren Proportionen sich äußert, ist das Erhabene formlose Unbegrenztheit. Das Formlose, das in Form ist und doch jede Form sprengt – das ist das Erhabene, das *tremendum*, wie es Rudolf Otto nennt.

Kant schreibt im § 23 der Kritik der Urteilskraft (Analytik des Erhabenen):[77] Beiden, dem Schönen und Erhabenen, sei gemeinsam, dass sie für sich selbst gefallen. Das Schöne aber betrifft die »Form des Gegenstandes, die in der Begrenzung besteht; das Erhabene ist dagegen auch an einem formlosen Gegenstande zu finden, sofern Unbegrenztheit an ihm ... und doch Totalität derselben hinzugedacht wird«. Das Schöne führe »directe ein Gefühl der Beförderung des Lebens bei sich« und sei daher »mit Reizen und einer spielenden Einbildungskraft vereinbar«, das Erhabene aber sei eine Lust, »welche nur indirecte entspringt, nämlich so, dass sie durch das Gefühl einer augenblicklichen Hemmung der Lebenskräfte und darauf sogleich folgenden desto stärkern Ergießung derselben erzeugt wird, mithin als Rührung kein Spiel, sondern Ernst in der Beschäftigung der Einbildungskraft zu sein scheint«. Dabei werde das Gemüt vom Gegenstande »nicht bloß angezogen, sondern wechselweise auch immer wieder abgestoßen«, und Kant nennt das eine die »positive Lust der Bewunderung oder Achtung«, das andere die »negative Lust«. Das Erhabene kann der Einbildungskraft »gewalttätig« erscheinen, weil es dem Verstand zweckwidrig erscheint, insofern es rational gesetzte Grenzen sprengt.

Es ist das, was Rudolf Otto, die Debatten der Spätromantik auf-

77 Immanuel Kant: Kritik der Urteilskraft. Werkausgabe Bd. X, hrsg. von Wilhelm Weischedel, Frankfurt a.M.: Suhrkamp 1974, 165.

greifend, eine Kontrastharmonie des *mysterium fascinosum* und des *mysterium tremendum* genannt hat.[78] In seinem Bestseller »Das Heilige« (1917) führt er dafür unzählige Beispiele aus der Religionsgeschichte an. Rilke kannte dies nicht im Einzelnen, aber er hat sich berauscht an der Tiefe und Weite des Sternenhimmels ebenso wie an den majestätischen Kunstwerken der Antike – am griechischen Torso, dem ägyptischen Sphinx und eben auch dem erhaben schweigend lächelnden Buddha. Abgekehrt, in sich ruhend, jenseits jeder Bedürftigkeit, die Hoheit des Vollendeten. Das ist das geistige Klima, das in der zweckorientierten Produktion der modernen Industriegesellschaft verloren geht und dem Rilke nachtrauert. Dasselbe will er in der künstlerischen Vision neu und bewusst wieder herstellen. Die Sehnsucht nach solcher Ganzheit lässt ihn die entfremdete Oberflächlichkeit der Gegenwart »überstehen« – ein anderes Lieblingswort Rilkes, das sich durch sein Gesamtwerk zieht wie ein Seufzer dauernden Unbehagens an der Kultur.

Ja, die Frühlinge brauchten dich wohl. Es muteten manche
Sterne dir zu, daß du sie spürtest. Es hob
sich eine Woge heran im Vergangenen, oder
da du vorüberkamst am geöffneten Fenster,
gab eine Geige sich hin. Das alles war Auftrag.
Aber bewältigtest du's? Warst du nicht immer
noch von Erwartung zerstreut, als kündigte alles
eine Geliebte dir an? (Wo willst du sie bergen,
da doch die großen fremden Gedanken bei dir
aus und ein gehn und öfters bleiben bei Nacht.)
Sehnt es dich aber, so singe die Liebenden; lange
noch nicht unsterblich genug ist ihr berühmtes Gefühl.
Jene, du neidest sie fast, Verlassenen, die du
so viel liebender fandst als die Gestillten. Beginn
immer von neuem die nie zu erreichende Preisung;
denk: es erhält sich der Held, selbst der Untergang war ihm
nur ein Vorwand, zu sein: seine letzte Geburt.
Aber die Liebenden nimmt die erschöpfte Natur

78 Rudolf Otto: Das Heilige. Über das Irrationale in der Idee des Göttlichen und sein Verhältnis zum Rationalen. Breslau: Trewendt & Granier 1917.

in sich zurück, als wären nicht zweimal die Kräfte,
dieses zu leisten. Hast du der Gaspara Stampa
denn genügend gedacht, daß irgend ein Mädchen,
dem der Geliebte entging, am gesteigerten Beispiel
dieser Liebenden fühlt: daß ich würde wie sie?
Sollen nicht endlich uns diese ältesten Schmerzen
fruchtbarer werden? Ist es nicht Zeit, daß wir liebend
uns vom Geliebten befrein und es bebend bestehn:
wie der Pfeil die Sehne besteht, um gesammelt im Absprung
mehr zu sein als er selbst. Denn Bleiben ist nirgends.

Was bleibt von uns, die Luft, die wir atmen und dem Raum hinzufügen? Die Rhythmen des Lebens (Frühling, Sterne, Woge, Geigenmusik), also Jahreszeiten, kosmische Bewegungen, Gezeiten/Wellenbewegung, scheinbar zufällige Ereignisse werden nun angeführt, um zu fragen, wie wir damit umgehen:

»Das alles war Auftrag« – es sind sinnvolle Bezüge, die wir nicht wahrnehmen, weil wir die Unterstruktur, die Zusammenhänge nicht kennen. Das Bild vom Pilz und dem Myzel drückt dies aus: An der Oberfläche sieht man einzelne Pilze in je individueller Gestalt, in Wirklichkeit ist der Pilz aber das Geflecht unter der Erde. Demnach besteht die Welt nicht aus einzelnen Ereignissen und Figuren, die dann sekundär miteinander in Beziehung treten, sondern die ganze Welt ist ein Beziehungsgeflecht; die lineare Kausalität ist oberflächlich, die wechselseitige Beeinflussung (Resonanz und Echo) ist das Gewebe des Lebens.

Wer »von Erwartung zerstreut«, also von Ego-Projektionen abgelenkt ist, nimmt dies nicht wahr, er kann es »nicht bewältigen« und selbst die Erwartung kann er nicht erfüllen, weil er mit seinen Gedanken nicht wirklich bei der erwarteten Geliebten ist.

In diesem Zusammenhang möchte ich das neutestamentliche Gleichnis (Mt 25) von den zehn klugen und törichten Jungfrauen zitieren: Die einen sind vorbereitet in einsgerichteter Erwartung; die anderen verpassen den Augenblick, weil sie zerstreut sind, ohne die konzentrierte Erwartung bzw. Vorbereitung, und daher versäumen sie den entscheidenden Augenblick.

Die Liebe

Rilkes Verständnis der Liebe kann missverstanden werden: Das Ablösen von der Geliebten, »dass wir liebend uns vom Geliebten befrein« bedeutet nicht, den Geliebten/die Geliebte zu verlassen, auch nicht nur das Ideal einer »besitzlosen Liebe«, sondern eine Änderung der inneren Haltung. Rilke meint damit, dass die Aktivität der Liebe nicht zu einem passiven Empfangen bzw. einer Anspruchshaltung werden darf, dass vielmehr eine *aktive Resonanz* entstehe, die keine Grenzen am jeweiligen, ja immer nur begrenzt wahrgenommenen »Du« habe.

Er warnt, dass wir »nicht der Gefangene der eigenen perspektivischen Haltung« werden[79] – Steiner zitiert dazu ein Wort aus dem »Malte«: »Schlecht leben die Geliebten und in Gefahr. Ach, dass sie überstünden und Liebende würden. Um die Liebenden ist lauter Sicherheit.«[80] Es geht Rilke um das, was man »intransitive Liebe« genannt hat, eine Liebe, die nicht ein Objekt verschlingen will, sondern die sich als Strom durch dieses Objekt (die Geliebte) hindurch in die offene Weite ausbreitet.[81] Es ist eine aktive Liebesdynamik, die in Resonanz mit dem Ganzen ist, weil sie die fokussierende Einengung, alles aus der Ich-Perspektive zu sehen, überwunden hat. Darum sei die Nicht-Erfülltheit der Liebe zwar nicht der Garant, aber eine gute Chance dafür, dass sie am Brennen bleibt. Als Beispiel dient ihm das Schicksal der Gaspara Stampa[82], die einer Mailänder Familie der Oberschicht entstammte, in Padua vermutlich 1523 geboren und 1554 jung gestorben; auch ihr früher Tod – die »jungen Toten« – wird Rilke inspiriert haben. Schon 1545 ist sie als Dichterin bekannt und tritt 1548 zu dem Adligen Collaltino di Collalto in Beziehung, der sie 1551 verlässt. In ihren Gedichten macht sie »diese ältesten Schmerzen fruchtbarer« in Sprache, und somit aus dem äußeren, vergänglichen Geschehen der Liebe eine innere, unvergängliche Erfahrung. Wie übrigens auch hundert Jahre später die Marianna Alcoforado, deren Briefe Rilke 1913 (also

79 Steiner, a. a. O., 179.
80 Ebd., 23.
81 Möglicherweise ist diese Liebes-Lehre von Lou Andreas-Salomé beeinflusst, zumindest hat er sie im engsten Austausch mit ihr entwickelt. Dazu Wegener-Stratmann, a. a. O., 98 f.
82 Steiner, a. a. O., 27. Dazu auch: Thurn und Taxis, a. a. O., 40 f.

bald nach der Ersten Elegie von 1912) aus dem Französischen übersetzt hat.

Erfüllte Liebe erschöpft sich, die unerfüllte aber bleibt offen als Sehnsucht. Die Liebe soll nicht am Objekt hängen bleiben, sondern frei werden, in Rilkes Sprache: ins Offene lieben, nicht besitzergreifend oder anhaftend. Sehnsucht muss umgesetzt werden. Deshalb ist die nicht-erfüllte Liebe unerschöpflich, unverbraucht: die Verlassenen – »du neidest sie fast« –, die du »viel liebender fandest als die Gestillten«. Es bleibt die kreative Kraft der Sehnsucht, die Bewegung schafft. »O zarte Sehnsucht, süßes Hoffen, der ersten (noch nicht erfüllten) Liebe goldne Zeit«, so heißt es bei Schiller.[83]

Bewegung bedeutet Vergänglichkeit: »wie der Pfeil«, der in Ruhe Energie sammelt, aber erst im Abschuss, im Flug weg vom Bogen, im »Loslassen« seine Bestimmung erreicht. »Bleiben ist nirgends« – so dichtet Rilke. Die Vergänglichkeit, den Wandel zu akzeptieren, ist die Aufgabe, die schwer ist, wir müssen sie »bebend bestehn« – das wird übrigens auch der Held leisten müssen, von dem später in der Sechsten Elegie die Rede ist.

Rilkes Streben ist die Verwandlung ins Innen, in ein Geistiges, dem äußeren unterscheidenden Auge Unsichtbares. Auf die Art des Sehens kommt es an, denn ohne diesen geistigen Akt besteht die Welt nicht. Der Baum, der nicht beachtet wird, ist nicht. Das Absorbiertsein in den absichtsfreien Augenblick deutet sich – zeitlich sehr begrenzt – an im »kleinen Tod« (*la petite mort*), dem Orgasmus, in dem die Erfahrung der Zweckfreiheit und der Ich-Aufgabe gemacht wird. Rilke aber will den Großen Tod (den eigenen Tod) als große Verwandlung, und hier haben wir es mit einem Ausdruck aus dem Zen-Buddhismus zu tun: eine grundlegende Ich-Integration in das Ganze, wo der Name wegfällt, wo beispielsweise die Rose Zweck in sich selbst ist und nicht gedeutet wird als Symbol für etwas anderes.

»So singe die Liebenden« – auch das Singen der Liebenden ist eine Transzendierung des Gegenstandes wie bei den verlassenen Liebenden. Denn durch den bewussten, aktiven spirituellen Vollzug entsteht eine verdoppelte Welt in künstlerischer Gestaltung (ein dialektisches Aufheben); das Singen ist aber eine Formgebung,

83 Friedrich Schiller: »Lied von der Glocke«. Dazu ausführlich die Erläuterungen zur Zweiten Elegie.

eine Rhythmisierung, die harmonikalen Gesetzen gehorcht. Damit ist eine Integration in die Ordnung des Ganzen erreicht, in die Ordnung von Raum und Zeit.

Liebe tritt in unterschiedlichen Gestalten auf und gehorcht einer Dynamik, die sich auf drei Ebenen, manchmal gleichzeitig, oft aber auch voneinander abgespalten, abspielt. Und auch hier kommt es Rilke im Kontext seiner Lehre von der poetischen Vergeistigung der Dinge auf Sublimation vom Grobstofflichen zum Transpersonalen an. Die drei können bestimmt werden als

- die *präpersonale* Ebene des physisch gesteuerten Sexualtriebs, der sich auf jedes verfügbare Objekt richten kann,
- die Ebene der *personalen* Wahl, die ein Du hervorhebt und exklusive Beziehung als Gemeinschaft setzt,
- die *transpersonale* Ebene der Offenheit, die die Fixierung auf ein Objekt überwindet und das Du in eine allumfassende Verbundenheit integriert.

Stimmen

Stimmen, Stimmen. Höre, mein Herz, wie sonst nur
Heilige hörten: daß die der riesige Ruf
aufhob vom Boden; sie aber knieten,
Unmögliche, weiter und achtetens nicht:
So waren sie hörend. Nicht, daß du *Gottes* ertrügest
die Stimme, bei weitem. Aber das Wehende höre,
die ununterbrochene Nachricht, die aus Stille sich bildet.
Es rauscht jetzt von jenen jungen Toten zu dir.
Wo immer du eintratest, redete nicht in Kirchen
zu Rom und Neapel ruhig ihr Schicksal dich an?
Oder es trug eine Inschrift sich erhaben dir auf,
wie neulich die Tafel in Santa Maria Formosa.
Was sie mir wollen? leise soll ich des Unrechts
Anschein abtun, der ihrer Geister
reine Bewegung manchmal ein wenig behindert.

Freilich ist es seltsam, die Erde nicht mehr zu bewohnen,
kaum erlernte Gebräuche nicht mehr zu üben,
Rosen, und andern eigens versprechenden Dingen

nicht die Bedeutung menschlicher Zukunft zu geben;
das, was man war in unendlich ängstlichen Händen,
nicht mehr zu sein, und selbst den eigenen Namen
wegzulassen wie ein zerbrochenes Spielzeug.
Seltsam, die Wünsche nicht weiterzuwünschen. Seltsam,
alles, was sich bezog, so lose im Raume
flattern zu sehen. Und das Totsein ist mühsam
und voller Nachholn, daß man allmählich ein wenig
Ewigkeit spürt. – Aber Lebendige machen
alle den Fehler, daß sie zu stark unterscheiden.
Engel (sagt man) wüßten oft nicht, ob sie unter
Lebenden gehn oder Toten. Die ewige Strömung
reißt durch beide Bereiche alle Alter
immer mit sich und übertönt sie in beiden.

Schließlich brauchen sie uns nicht mehr, die Früheentrückten,
man entwöhnt sich des Irdischen sanft, wie man den Brüsten
milde der Mutter entwächst. Aber wir, die so große
Geheimnisse brauchen, denen aus Trauer so oft
seliger Fortschritt entspringt –: *könnten* wir sein ohne sie?
Ist die Sage umsonst, daß einst in der Klage um Linos
wagende erste Musik dürre Erstarrung durchdrang;
daß erst im erschrockenen Raum, dem ein beinah göttlicher Jüngling
plötzlich für immer enttrat, die Leere in jene
Schwingung geriet, die uns jetzt hinreißt und tröstet und hilft.

»Stimmen, Stimmen. Höre, mein Herz…« – Was das Herz hören soll, ist nicht die Stimme Gottes, denn die wäre in ihrer Erhabenheit unerträglich, weil sie größer noch sei als die des Engels, sondern das noch erträgliche Wehen, die Geist-Präsenz, »die ununterbrochene Nachricht, die aus Stille sich bildet«. Was Rilke hier anspricht, ist die Sprache der Mystik seit Dionysius Areopagita[84]. Das Numinose ist gewaltig und nicht aussagbar, selbst die Heiligen können es weder ertragen noch adäquat ausdrücken. Guardini nennt in diesem Zusammenhang Seuse, Tauler, Ruysbroeck und

84 Dies gegen die Deutung Guardinis, der Rilke vorwirft, sein Gott sei der Unbekannte und nicht der Offenbarte (Guardini, Deutung, 59). Die Offenbarung ist für die Mystik das zutiefst Verborgene.

»die von Rilke so geliebte Angela de Foligno, Theresia von Avila«[85]. Auch Johannes vom Kreuz gehört in diese Reihe. Sie alle bedienen sich der Sprache der Liebe und sind doch gleichzeitig erfüllt von der Scheu, diese Kraft wirklich als begreifbare (hörbare) gedeutete Wirklichkeit zu fassen wie auch Heinrich Seuse in seinem »Büchlein von der Wahrheit« (1327). Sie alle sind von der Erfahrung des Numinosen – bis an die äußerste Schmerzgrenze – ergriffen. Zumindest, so Rilke, ist die »Stimme Gottes« dem unerträglich, der noch nicht vorbereitet ist, er kann nicht hören, weil er noch zu sehr am Eigenen hängt, gerade auch an den Ritualen einer verbrauchten Religion, die am Äußeren anhaftet.

Rilke nennt den Heiligen, der nun neben den Liebenden, den frühen Toten, dem Kind, dem Helden – den Engeln ohnehin – eine Spur der verlorenen Einheit wahrnimmt. Der Heilige kniet, und so wird er hörend, aber das bleibt begrenzt und eng. Aus der Anbetung, oder platonisch: dem Staunen (*thaumazein*), kann zwar die Offenheit für das Offene erwachsen, wie es später heißen wird, aber dies bleibt in der Religion zu sehr im Gewohnten verhaftet, und so ist es kein Hören.[86] Auf ein weiteres Detail macht Guardini aufmerksam: Es irritiert ihn nicht, dass ihn der Ruf »aufhob vom Boden«. Hier wird auf den Topos der Levitation angespielt, auf außergewöhnliche psychische Kräfte, die das Ego aufblähen und gerade deshalb vom Wesen der Hingabe an das Eine, an Gott, ablenken. Davor wird sowohl in der geistlichen Schulung des Christentums als auch in den indischen yogischen Traditionen, einschließlich des Buddhismus, gewarnt, wo Berichte über derartige Phänomene populär sind. Und auch Rilke spürt: Für den Heiligen sind solche »Wunder« nicht von Bedeutung; er hat jeden Rückbezug auf sich selbst aufgegeben, er sieht nur nach vorne ins Offene. Der Heilige wächst »im Knien« über sich selbst hinaus, er vergisst sich selbst und wird gerade so empfänglich.

Die Formulierung »Aber das Wehende höre« spielt an auf die in vielen Religionen geläufige Metapher des Wind-Geistes (*ruah, pneuma, prāna, rlung*), wie sie Rilke auch in dem bereits zitierten »Lied vom Meer« gebraucht. Der wehende Wind bringt in Bewegung, in Loslösung, Erweiterung und Raum.

85 Guardini, ebd.
86 Heiner, a. a. O., 401.

»Die Tafel in Santa Maria Formosa« ist eine Reminiszenz an einen Besuch in Venedig mit der Fürstin Marie von Thurn und Taxis am 3.4.1911.[87] Es ist eine Gedenktafel für einen Toten, eingelassen in die Seitenwand der Kirche. Auf Gedenksteinen wird das Zufällige des Lebens in einen anderen Bezug gestellt, in ein Allgemeines. Und so können wir hier »des Unrechts Anschein abtun«, dass der frühe Tod ein Unglück sei. Warum? Es kommt auf die Qualität des Lebens an. Unter dem Gesichtspunkt der Einheit von Leben und Tod ist die quantitative Bewertung (aus Sicht der Lebenden) töricht. Die »jungen Toten« haben das Unverbrauchte, das Offene und sind voll Möglichkeit, und darum gehen sie in die Verwandlung ein.

Die »Früheentrückten«, also die in jungen Jahren Verstorbenen, umgibt ein Hauch des Vollkommenen, der Unschuld, der unverbrauchten Kraft und eines kreativen Bezugs zu allem Sinnlichen, und dies verwandeln sie in der Frische des Erlebens in Weltinnenraum, in diese Dimension der feinstofflichen Wirklichkeit jenseits von Zeit und Raum. Frühverstorbene bzw. die »jungen Toten« werden mit der Sanftheit der Entwöhnung vom Irdischen, mit der »Vorsicht menschlicher Geste« auf attischen Stelen assoziiert (Abb. 5, S. 96), denn ihnen ist »Liebe und Abschied so leicht auf die Schultern gelegt, als wär es aus anderm Stoffe gemacht als bei uns«[88]. (DE 2,72ff.) Der »andere Stoff« meint das Feinstoffliche. Es hat ästhetische Qualität, die ihre spirituelle Aussage in sich trägt. Man denke hier z.B. an die Verkündigungsengel in der gotischen Malerei, an die mit Energie geladene Sanftheit, die zwischen der erhobenen Hand des Engels und Marias empfangender Geste spürbar wird. Das lächelnde Antlitz des Engels im Regensburger Dom (Abb. 3) drückt Ähnliches in der Plastik aus. Auch die zarten Gesten im Leidland der Zehnten Elegie und das Motiv des Orpheus, der Eurydike zurücklassen muss, reihen sich in diese Deutungen des Abschieds ein. Es ist schwer, die »Entwöhnung« vom Gewohn-

87 Dazu: Thurn und Taxis, a.a.O., 20f. Dort steht zu lesen: »Vixi aliis dum vita fuit. Post funera tandem non perii, at gelido in marmore vivo mihi; Helmanus Gulielmus eram me Flandria luget; Hadria suspirat; pauperieso vocat.« (Für andere lebte ich, so lange währte das Leben. Doch endlich, nachdem ich tot, war ich nicht ausgelöscht, sondern im kalten Marmor lebe ich für mich. Hermann Wilhelm war ich, Flandern trauert um mich, Adria seufzt nach mir, die Armen rufen mich.) Er starb am 16. September 1593.

88 Steiner, a.a.O., 33f.

ten zu erleben, aber heilsam. Denn der Tod als letztes Loslassen (der Einzeldinge) muss bewältigt sein, um frei zu werden für den offenen Bezug. Das schließt ein Aufgeben falscher Zukunftsbezogenheit ein (»Wünsche nicht weiterzuwünschen«), um das Erleben des Jetzt zu ermöglichen.

Ein weiterer Aspekt dieser dichten Verse ist die Möglichkeit des Erwachsen-Werdens in der Jenseitswelt, d.h. die Dynamik der Reifung zur Selbstständigkeit geht weiter und wird analog zum Entwachsen von der Mutterbrust gedacht. Die Toten sind in einem Doppelzustand (lebend und tot), in Analogie zu den Engeln: Nicht-Dualität, die »ewige Strömung« durchfließt und verbindet beide Formen. Sie »übertönt« die Dissonanz. Die Toten brauchen uns nicht mehr, auch nicht die Totenrituale, die sie ernähren und stärken und geleiten sollen, denn die Toten werden immer mehr den Engeln gleich, die nicht »bedürfen« und auch nicht »reagieren«. Aber wir, »*könnten* wir sein ohne sie«? Steiner formuliert prägnant:[89] »Wir haben sie nötig, weil wir in der gedeuteten Welt verkrustet, d.h. in den Denkkategorien und Weltanschauungsschemata festgefahren sind. Erst in der Erschütterung durch die Geheimnisse des Todes zerbrechen diese Krusten und wird das Mysterium des Lebens, das im Offenen ist, wieder offenbar.« Der Tod also als heilsame Erschütterung, unsere banale Gewohnheitswelt zu durchbrechen, denn er erst gibt Bedeutung, indem er das Gelebte in den universalen Bezug stellt. Der Tod ist pro-duktiv.

Das veranschaulicht Rilke an der Sage um Linos, der ein Halbgott war und im Umkreis des Gottes Apollon angesiedelt ist. Die Sage wird in verschiedenen Überlieferungen ganz divergent beschrieben, auch von seinem Tod gibt es voneinander abweichende Erzählungen. Die Trauer um ihn setzt Energie frei, denn Trauer fügt dem sinnlich Gegebenen eine geistige Dimension hinzu. Sie verleiht der persönlichen Verbindung zu einem Menschen eine Tiefendimension, die über die sinnliche Präsenz, über das Materiell-Körperliche weit hinausführt. Die Trauer ermöglicht eine Verbindung mit dem Verstorbenen im Subtil-Geistigen, die intensiver sein kann als die Verbindung, die wir in der körperlichen Realität hatten, und von der sich nun die Frühverstorbenen langsam »entwöhnen«. Die »Frühverstorbenen«, sagt Rilke, brauchen unsere

89 Steiner, a.a.O., 34.

Klagegesänge nicht, aber wir brauchen sie, um in jenen tieferen, subtilen geistigen Bezug zu kommen. Trauer setzt die Energie frei, die den leeren Raum in Schwingungen versetzt, sodass eine Musik entsteht.

Dies sei an einigen Beispielen erläutert: Im Eingangschor der Matthäuspassion von Bach tönt es: »*Kommt, ihr Töchter, helft mir klagen*«. Diese Musik ist ein Klagegesang, wie die Erste Elegie Rilkes auch, gesungen von dem sich dahin schleppenden Trauerchor der Menschheit. Doch gleichzeitig sind diese Klänge von erhabener Größe und Schönheit, die hinreißt. Trauer in Klage und Klage in Trauer sind so schön komponiert, dass die Klangkaskaden sich zu einer tröstenden Freude aufgipfeln, in der die Zeitlichkeit überwunden zu sein scheint. Ähnliches erfährt der Sänger (oder Hörer) im groß angelegten Eingangschor, dem ersten Kyrie der h-Moll-Messe von Bach, oder etwa im d-Moll-Klavierkonzert von Mozart oder im Trauermarsch der Eroica von Beethoven. In all diesen Musiken entwickelt sich erhabene Schönheit, erhaben in dem Sinne, wie wir es von Kant her gedeutet hatten und in Rilkes Engel wiederfinden.

Die Musik ist Klang gewordene Stille, eine bewegte und bewegende Einheit der Gegensätze.

Im Anfang liegt das Ende, und im Ende erfüllt sich der Anfang. Um die Struktur bzw. den Sinn des Ganzen zu erfahren, muss die Entfaltung in Teilen vorausgesetzt werden. Anfang und Ende erscheinen im Jetzt. Diese Zeitschleife verbindet Vergangenheit und Zukunft im Erlebnis des Jetzt. Aber auch räumlich wird die Dynamik der Wechselseitigkeit alles Geschehens deutlich. Der musikalische polyphone Akkord und die horizontale melodische Bewegung schwingen gleichzeitig, sie sind, was sie sind, nur durch das jeweils andere, und sie erzeugen Entsprechungen oder Korrespondenzen, die im Jetzt des musikalischen Erlebnisses konvergieren. Musik ist die Erfahrung, dass das Zeitliche in einer überzeitlichen Dimension aufgehoben ist, in einer Alleinheit, ohne dass dabei das Individuelle, die Schönheit und Tragik des Augenblicks, vergeblich oder überflüssig würden. Buddhistische Praxis strebt dies als Erwachen zu einem transzendenten Bewusstsein an, in dem jede egozentrische Perspektive »ausgeblasen« ist – denn das ist es, was *nirvāna* wörtlich bedeutet. In der Sprache der jüdisch-christlich-islamischen Traditionen erfüllt sich dies letztlich in der Schau

Gottes (*visio Dei*), die einen Zusammenfall der Gegensätze von Zeit und Ewigkeit, von Besonderem und Allgemeinem bedeutet. Für Rilke ist es das Offene, das, was Raum und Zeit ins Überzeitliche erhebt. Es ist das lebendige Totsein, wie es hier am Schluss der Ersten Elegie benannt wird, eine Über-Lebendigkeit, eine zeitintegrierende Schwingung, »die uns jetzt hinreißt und tröstet und hilft«.

Die Zweite Elegie

Die Zweite Duineser Elegie ist, ebenso wie die Erste, Ende Januar/Anfang Februar 1912 auf Schloss Duino entstanden. Sie nimmt das Thema der Ersten Elegie auf, verändert es aber und führt es weiter.

DIE ZWEITE ELEGIE

JEDER Engel ist schrecklich. Und dennoch, weh mir,
ansing ich euch, fast tödliche Vögel der Seele,
wissend um euch. Wohin sind die Tage Tobiae,
da der Strahlendsten einer stand an der einfachen Haustür,
zur Reise ein wenig verkleidet und schon nicht mehr
furchtbar;
(Jüngling dem Jüngling, wie er neugierig hinaussah).
Träte der Erzengel jetzt, der gefährliche, hinter den Sternen
eines Schrittes nur nieder und herwärts: hochauf-
schlagend erschlüg uns das eigene Herz. Wer seid ihr?

Der Engel – Teil 2

»JEDER Engel ist schrecklich.« – Mehr noch als in der Ersten Elegie ist der Engel in der Zweiten der Erhabene, eine Kategorie, die, wie wir gesehen haben, bei Immanuel Kant und Rudolf Otto, hier auch mit Bezug auf die indische Bhagavad Gītā, eine Rolle spielt. Ein weiterer Aspekt des Erhabenen und des Schönen zeigt sich in den klassisch gewordenen Bemerkungen zu diesem Thema durch Friedrich Schiller. In seinen Schriften zur Ästhetik unterscheidet Schiller zwischen dem Schönen, der Anmut und dem Wahren, aber anders als in der griechischen Antike ist für Schiller das Schöne die »Verlockung zur Wahrheit«. Das Mehr der Wahrheit gegenüber dem Schönen liegt im Erkennen und im moralischen Impuls. Das findet ein Echo bei Rudolf Otto, indem dieser das Heilige als Einheit des Numinosen (Erhabenen) und des Ethischen definiert.

Rilke besingt den erhabenen Engel als Projekt des Menschen,

damit der Mensch menschlich werde, was bedeutet, dass der Mensch sein göttliches Wesen finden kann. In der geistigen Verklärung alles Seienden wird das zeitlich-räumlich Begrenzte in einen unendlichen Raum gehoben. Indem die Dinge äußerlich unsichtbar werden, können sie als geistig geläuterte Figuren auferstehen in einen subtilen Raum des zeit-ewigen Gegenwärtigseins. Dies ist die Rühmung des Hiesigen, wie sie am Ende der Elegien, dann aber vor allem in den Sonetten an Orpheus poetische Gestalt gewinnt – Rühmung als Gesang, als in Form gebrachte Formlosigkeit. Das Erhabene gewinnt in seiner Schönheit die Anmut, von der Schiller spricht. Inwieweit Rilke die Schriften Friedrich Schillers zur Ästhetik[90] studiert hat, ist nicht ganz klar, doch zumindest indirekt knüpft er an den Weimarer Klassiker an: Für Schiller bedeutet *Anmut* bewegliche Schönheit, die dem Subjekt nicht naturhaft gegeben ist, sondern von ihm spontan hervorgebracht wird.[91] Sie beruht auf der Einheit von Sinnlichkeit und Geist und kommt daher nur dem Menschen und (den antiken) Göttern zu. *Schönheit* hingegen haftet der Sinnenwelt an, ist ein »freier Natureffekt« und nicht zweckgebunden. Das Schöne gefällt jedoch der Vernunft und wird von dieser als Vollkommenes angeschaut. Das Schöne ist »Verlockung zur Wahrheit«, denn durch Schönheit gelangt der Mensch zum Eigentlichen, zur Wahrheit. Es ist ja der Geist, der die Bewegungen bestimmt, denen Anmut zukommt, und der auch das Schöne als Vollkommenes deutet und so dem Kunstwerk Größe verleiht. Die »schöne Seele« zeichnet sich dadurch aus, dass Pflicht und Neigungen harmonieren, und Grazie ist der Ausdruck solcher Harmonie in der sinnlichen Erscheinung.

Bezeichnend bei Schiller ist der aktive Geist: Das ästhetische Subjekt wird das, was es ist, durch seine eigene Kreativität, es vergeistigt die naturhafte Erscheinung auf subtile Weise. Diese Denkform liegt auch Rilkes Verständnis vom Engel zugrunde. Der Engel ist mehr als das Schöne, er ist des Erhabenen (oder Er-Schrecklichen) Anfang, denn er übersteigt das gewöhnliche menschliche Maß.

90 Ich beziehe mich im Folgenden vor allem auf Friedrich Schiller: »Über Anmut und Würde« (1793) und »Über die ästhetische Erziehung des Menschen«, in einer Reihe von Briefen (1793–1795). Zit. nach: Schiller, Friedrich: Werke, hrsg. von Ludwig Bellermann, Bd. VIII: Philosophische Schriften, Leipzig/Wien: Bibliographisches Institut [o. Jahr], 55–118 und 170–282.
91 Schiller, »Über Anmut und Würde«, ebd., 56 ff.

In seiner Ballade »Das verschleierte Bild zu Sais«[92] von 1795 hat Schiller diesen Gedanken poetisch verdichtet und damit einen Topos aufgenommen, der sich seit der Antike großer Beliebtheit erfreute. Demnach ist Wahrheit nicht quantitativ zu fassen, sondern »eine einzge, ungeteilte«, die sich jedoch verbirgt hinter einem Schleier, den kein Sterblicher heben kann: Die Begierde nach Wissen treibt den Jüngling um Mitternacht (!) zum Tempel, wo ihn, »den Einsamen« »grauenvoll« die »lebenlose Stille« umfängt. Der Mond bescheint die Szene, und die verschleierte Gestalt erglänzt »furchtbar wie ein gegenwärtger Gott«. Gegen alle Gewissensbisse, das Verbot zu übertreten, hebt er schuldhaft den Schleier. »Besinnungslos und bleich« finden ihn die Priester am Morgen, »seines Lebens Heiterkeit dahin, ihn riß ein tiefer Gram zum frühen Grabe« – »Weh dem, der zu der Wahrheit geht durch Schuld«.

Die Begierde ist es, die das gesetzte Maß überschreitet; es ist das Motiv des Sündenfalls von Adam und Eva: dort der Apfel, hier der Schleier. In der Ästhetik des Erhabenen findet das Motiv einen Widerhall in August von Platens berühmtem Gedicht »Tristan« (1825), wo es heißt:[93]

Wer die Schönheit angeschaut mit Augen,
Ist dem Tode schon anheim gegeben,
Wird für keinen Dienst auf Erden taugen,
Und doch wird er vor dem Tode beben.

Der Neugierige bleibt hier gebunden in egozentrischer Begierde, unfrei, voller Todesfurcht und gefangen im Korsett seines Mittelmaßes. Dieses Maß zu erweitern bis ins Unendliche, um den gesamten Raum als Weltinnenraum zu fühlen, d.h. sich selbst als das Ganze wahrzunehmen – das ist die Wirklichkeit von Rilkes Engel. Er schaut nicht nur das Erhabene, sondern verkörpert es auch, und zwar nicht im begrenzten raumzeitlichen Körper der Vergänglichkeit, sondern im subtilen Körper der geistigen Gestaltung. Der Engel ist das über alles Maß hinausgehende Maß des Unendlichen.

Als klassisches Beispiel für das Erhabene hat Rudolf Otto die be-

92 Schiller, a.a.O., Bd. I: Gedichte, 121ff.
93 August von Platen: Sämtliche Werke in zwölf Bänden, hrsg. von Max Koch u. Erich Petzet, Bd. 2: Gedichte. Erster Teil, Leipzig [o. Jahr], 94f.

rühmte Theophanie im 11. Kapitel der Bhagavad Gītā angeführt.[94] Auch hier muss Prinz Arjuna zuerst ein göttliches Auge verliehen werden, damit er die gleißende kosmische Gestalt der Gottheit sehen kann, ohne sogleich zu vergehen. Von Staunen ergriffen stehen Arjuna die Haare zu Berge, da Gott von schrecklicher Gestalt und in solcher Erscheinung nicht zu fassen ist. Das ganze Universum erscheint komprimiert im Leib des Gottes der Götter. Der Glanz ist hell wie der von tausend Sonnen und verbrennt dieses All. Alle Wesen werden zwischen den schrecklichen Zähnen seiner Münder zermalmt und rasen mit zunehmender Geschwindigkeit ihrer Vernichtung in seinem Rachen entgegen (BG 11,29). Der Gott präsentiert sich selbst als »die herangereifte Zeit, die Ursache der Weltvernichtung«[95] wie auch als der »Ursprungsgott«[96] des Alls. Arjuna ruft aus: »Du umfasst alles, darum bist du alles«[97], jenseits von Raum und Zeit und doch in Raum und Zeit.

Die Verwandlung der materiellen Dinge ins Subtile der geistigen Form, die der Dichter in der Sprache vollzieht, ist jedem Menschen aufgetragen. In der geistigen Gestalt sind die »Dinge« aufgehoben im doppelten Sinn (überwunden und bewahrt), damit werden sie in den Bezug der Unendlichkeit gestellt. Der Engel hat diese Verwandlung bereits vollzogen. So schreibt Rilke am 13. November 1925 im Brief an Hulewicz:[98]

> Der Engel der Elegien ist dasjenige Geschöpf, in dem die Verwandlung des Sichtbaren in Unsichtbares, die wir leisten, schon vollzogen erscheint. Für den Engel der Elegien sind alle vergangenen Türme und Paläste existent, weil längst unsichtbar, und die noch bestehenden Türme und Brücken unseres Daseins schon unsichtbar, obwohl noch (für uns) körperhaft dauernd. Der Engel der Elegien ist dasjenige Wesen, das dafür einsteht, im Unsichtbaren einen höheren Rang der Realität zu erkennen. – Daher ›schrecklich‹ für uns, weil wir, seine Liebenden und Verwandler, doch noch am Sichtbaren hängen.

94 Vgl. von Brück: Gītā, 76 ff.
95 Bhagavad Gītā 11,32
96 Bhagavad Gītā 11,38
97 Bhagavad Gītā 11,40
98 Rilke, Brief an Witold Hulewicz, in: Fülleborn/Engel, a.a.O., Bd. 1, 319–323, hier 322.

Es geht um die Verwandlung in den subtilen Körper, auf die auch Kandinsky, inspiriert durch die indische Philosophie, hinweist, in der Raum und Zeit einander durchdringen und alles in einem überwältigenden Resonanz-Geschehen zur Ewigen Gegenwart wird. In der Tradition dominikanischer Mystik ist dies als Erfahrung der Gleichzeitigkeit bekannt, die bis hin zu Martin Luther gewirkt hat, der damit Christi Realpräsenz im Abendmahl begründet. Luther übernimmt die Lehre des Nikolaus von Kues von der *coincidentia oppositorum*, um zu zeigen, dass Gott nicht an die menschliche Erfahrung von Raum und Zeit gebunden ist. Gott kann in allem sein, »tiefer, innerlicher, gegenwärtiger denn die Kreatur ihr selbst ist, und ist doch wiederum nirgends.«[99] Für menschliche Wahrnehmung erscheint die Heilsgeschichte als Prozess, für Gott aber ist alles ewige Gegenwart. Die Zeitmomente sind für ihn gleichzeitig und der Jüngste Tag ist schon Gegenwart.[100]

Die Vorstellung vom Engel hatte bereits in der romantischen Dichtung Züge einer mythischen Verdichtung der Überwindung der Trennung von Transzendenz und Immanenz angenommen. Der Engel tritt hier also nicht nur als Mittlerwesen auf, sondern als Inbegriff der vollzogenen Vermittlung, als Urbild der Vollendung des Menschlichen, in Rilkes Sprache, als »Auftrag«. Als ein weiteres Beispiel hierfür sei Richard Wagner genannt: In Wagners romantischer Oper »Tannhäuser« werden die diametral entgegengesetzten Qualitäten des Weiblichen – Venus (alias die germanische Fruchtbarkeitsgöttin Hulda) und Maria –, also die sinnliche Verführung gegenüber der spirituellen Verklärung, in der Gestalt der Elisabeth vereint. Elisabeth tritt hier in der Funktion der vermittelnden Engelsgestalt auf und wird tatsächlich auch als Engel angesprochen, sie vereint die beiden gegensätzlichen Aspekte Sinnlichkeit und Spiritualität, Eros und Agape, das Immanente und das Transzendente. Elisabeth »verbindet die Sinnlichkeit der Frau Venus mit der keuschen Reinheit der Jungfrau Maria und bringt beides zu einer Synthese.«[101] Das, was in einem reduktionistischen Christentum

99 Luther, WA 23, 137, 33 ff.
100 Luther WA 45, 175, 1 ff. (Rörer 1537)
101 Ulrike Kienzle: »›… und sein Erbarmen ist kein Spott!‹ Religion in Leben und Werk Richard Wagners«, in: zur debatte. Themen der Katholischen Akademie in Bayern (1/2014), 2. Dazu auch: U. Kienzle: »… daß wissend würde die Welt!« Religion und Philosophie in Richard Wagners Musikdramen, Würzburg: Königshausen & Neumann 2005.

auseinandergerissen worden war, wollen die Romantiker zu einer neuen Synthese führen, der Erlöser soll aus seiner dogmatisch-institutionellen Gefangenschaft in der verfälschten Religion (der Kirche) erlöst werden, wie es am Ende von Wagners »Parsifal« heißt. Die an den Himmel projizierte Einheit (Feuerbach) soll ins menschliche Leben zurückgebracht werden und Gestalt annehmen, und Symbol dafür ist der Engel. Wagner hat dies als das Gesetz der doppelten Negation formuliert: Die Negation des egozentrisch verbogenen Sinnlichen (als Ursache des Leidens) müsse aufgehoben werden in der doppelten Negation der Befreiung zum Mit-Leiden, in dem die Einheit mit allen Lebewesen erkannt würde.[102] Aus der Verneinung werde in doppelter Negation die Bejahung, und die Erkenntnis dieser Entwicklung ist (z.B. auch präfiguriert im »Lohengrin«, noch vor der Auseinandersetzung Wagners mit dem Buddhismus[103]) die Aufhebung einer dogmatisch-abgrenzenden Religion in eine Kunstreligion der synthetisch mythischen Bilder, die jene »tiefe Unsittlichkeit unserer Zivilisation«[104] der Habgier, der Gewalt und der Ungerechtigkeit überwinden könne. Diese Vision Richard Wagners hat sich über das gesamte 19. Jh. hinweg als allgemeine Kultur- und Religionskritik der Romantiker herausgebildet und auch Rilke geprägt.

So findet Rilkes Engel auch in der Gestalt von Nietzsches Zarathustra eine Entsprechung. Darauf hat bereits Martin Heidegger aufmerksam gemacht, und er begründet dies wie folgt:[105] Sowohl im Engel als auch in der Figur des Zarathustra wird das Wagnis sichtbar, das Sein des Seienden zu denken. Und zwar als Offenes, d.h. als das, was sein Potenzial in einer gefahrvollen Entwicklung entfalten muss. Der Engel ist das Projekt, denn für ihn bestehen »kaum noch Grenzen und Unterschiede zwischen den Bezügen«. Er ist, so können wir sagen, die Verwirklichung des nicht-dualistischen Verwobenseins. Im Engel wird, als einem »Grundwort der Dichtung Rilkes«, das »Ganze des Seienden aus dem Sein« gedacht bzw. metaphorisch verdichtet. Andere Metaphern, die Heidegger

102 Jürgen Mohn: »Religion im Werden. Religionsverständnis und Buddhismusrezeption in Richard Wagners Schrift ›Kunst und Religion‹«, in: zur debatte. Themen der Katholischen Akademie in Bayern (1/2014), 8.

103 Kienzle, Erbarmen, a.a.O., 3.

104 Richard Wagner: Kunst und Religion, 149. Zit. nach Mohn, a.a.O., 8.

105 Martin Heidegger: »Wozu Dichter?«, in: ders.: Holzwege, Frankfurt a.M.: Klostermann 1963, 288.

dem Engel zur Seite stellt, sind »das Offene«, »der Bezug«, »der Abschied«, »die Natur«. Während, so Heidegger, das Tier (und die Pflanze) durch seine Instinkte in sich selbst sicher sei und der Engel »nicht mehr zum Bereich des Ungestillten« gehöre, lebe der Mensch unsicher, im Wagnis. »Der sich durchsetzende Mensch lebt von den Einsätzen seines Wollens. Er lebt wesenhaft im Risiko seines Wesens innerhalb der Vibration des Geldes und des Geltens der Werte. Der Mensch ist als dieser ständige Wechsler und Vermittler ›der Kaufmann‹. Er wiegt und erwägt ständig und kennt doch nicht das Eigengewicht der Dinge. Er weiß auch nie, was in ihm eigentlich selbst Gewicht hat und überwiegt.«[106] Der Mensch, der seine wechselnden Interessen vorsätzlich durchzusetzen versucht, ist schutzlos. Er ist hin- und hergeworfen, nein: er wirft sich selbst und scheitert an der Fluktuation, die er selbst erzeugt. Der Mensch ist voller Unruhe, er begegnet nicht »den Dingen«, sondern seinen eigenen Bewertungen der Dinge, unsicheren und flackernden Urteilen und Konstellationen, die er ständig setzt und zerbricht. Er ist von seinem Wollen, seinen Begierden nach Dauer und Macht getrieben. Seine eigene Mitte jedoch kennt er (noch) nicht, er muss sie erst finden. Er muss erst das werden, was er ist. Hingegen: »Der Engel west aus der gestillten Ruhe der ausgeglichenen Einheit beider Bereiche innerhalb des Weltinnenraumes.«[107] Der Sänger oder der Poet bringen dies schon zum Ausdruck in einem absichtslosen »Sagen«, nicht um etwas herzustellen, sondern um im Spiel der Kreativität des Geistes zu jubilieren. Dieser Gesang ist kein »Werben und kein Gewerbe«, wie Heidegger sagt[108], kein absichtsvolles Pfeifen im Walde, um sich selbst etwas Gewisses in der unsicheren Ahnungslosigkeit zu geben, keine ichbezogene Kunstproduktion, sondern ein leichtes Mit-Schwingen, eine Resonanz des Lebens, die durch den Sänger hindurchgeht. Der Engel ist der Vollendete, der »Übermensch« in Nietzsches Sprache.

Es fällt auf, dass Rilke diese Metapher Nietzsches nicht übernimmt. Er hat eine andere Ikone gefunden, um diese Vollendung jenseits der zerrüttenden Triebe, der Unruhe, des Nicht-Gewahrseins seiner selbst und der Verstrickung in eigene Gedankenkonstrukte als Vor-Bild zu fassen. Es ist der Buddha. Er ist Stille, be-

106 Ebd., 289.
107 Ebd., 289.
108 Ebd., 291.

dürfnislos und erfährt das, was uns noch zukünftig ist, wie es im ersten Buddha-Gedicht von Ende 1905 heißt. Er ist Mitte aller Mitten, Kern der Kerne, das Unendliche, das auch die Sonnen übersteht – kosmische Vollendung also, wie das Gedicht »Buddha in der Glorie« vom Sommer 1908 verkündet. Wir werden später darauf zurückkommen.

Die religionsgeschichtliche Dynamik des Engels ist mit Rilke jedoch keineswegs erschöpft. Der »Engel« – nicht nur Bote, sondern Vermittler, Zwischenwesen, Ikone des Möglichen – ist auch Thema in der gegenwärtigen Kunst, insbesondere auch im Film. Wie bei Rilke fühlen die Engel häufig nichts; sie werden Menschen, um zu fühlen, um die Schönheit der Endlichkeit zu erfahren, auch den Schmerz. Dann, und wohl nur dann, können sie beratend dem Menschen zur Seite treten. Diese inkarnatorische Geste fehlt Rilkes Engel. Er ist und bleibt abgehoben, unberührt. Er hört nicht, »wenn ich schriee« (DE 1). Er begleitet nicht (»Wohin sind die Tage Tobiae, …« (DE 2)). Engel »merken es nicht«, wenn menschliche Wandelbarkeit sie berühren sollte (DE 2). Sie wissen nicht, ob sie unter Lebenden oder Toten gehen, d. h. sie haben kein unterscheidendes Bewusstsein (DE 1). Der Engel Rilkes ist enthoben, entrückt, im Zustand der Freiheit von Berührung und Begierde.

Vögel der Seele

»Ansing ich euch« – dieses Ansingen ist zielgerichtet, inbrünstig, flehend oder rühmend, jedenfalls ausgerichtet auf die Engel als ein Gegenüber. Der Abstand ist da, soll aber durch das »Ansingen« überbrückt werden. Durch Klang, durch die Formung des Klanges wird – wie wir schon in der Ersten Elegie in der Sage um Linos gesehen haben – das Schreckliche gezähmt und es entsteht die Musik. Das Schreckliche wird wieder zum Schönen (Schiller) zurückgebunden. Das »Ansingen« ist eine eigene Form des Verbums im Unterschied zum »Aufsingen« in der Zehnten Elegie oder zur transitiven Form »singe die Liebenden« in der Ersten Elegie: ein Ansingen als Versuch der Überbrückung, um Mut zu machen.

»Fast tödliche Vögel der Seele«: Guardini stößt sich an diesem »fast«, doch Rilke setzt es ganz bewusst, denn eine unmittelbare Begegnung wäre der Tod, wie in der Ersten Elegie angedeutet. Das

»fast« ist gerechtfertigt, weil die Engel für sich sind, und wir Menschen sind ihnen gleichgültig (DE 1,1–4). Der Engel hat Flügel, ist wie der Vogel in der Luft zuhause und durchdringt die Räume. Diese Vorstellung kommt aus der iranischen Kultur und ist in die spätjüdische und die christliche Tradition übergegangen. Das »fast« bedeutet aber auch: Die Engel sind »im letzten Bezug«, die Kreaturen (noch) nicht. Es bleibt Distanz.

Der Vogel ist eine gewichtige Metapher in Rilkes gesamter Dichtung. Er durchfliegt mühelos alle Räume, die, so Rilke, in den Weltinnenraum übergehen. Der Vogel symbolisiert auch das schwerelose Gleiten auf dem Atem – wir werden auf dieses Motiv im Zusammenhang mit den Sonetten an Orpheus zurückkommen. Hier ist der Lebensatem des Weltraums gemeint als Medium des Vogels. Der Vogel symbolisiert auch die innere Weite, da er alles Schwere abgeworfen hat. Hinzu kommt, wie wir in der Vierten Elegie sehen werden, dass Zugvögel einen untrüglichen Instinkt für den Rhythmus der Zeit haben, sie folgen den Jahreszeiten und sind daher nicht entfremdet wie die Menschen. In der Siebenten Elegie (DE 7,3 ff.) heißt es, dass der Vogel beinahe vergisst, dass er »ein kümmerndes Tier« sei, weil ihn »die Jahreszeit aufhebt« und »ins Heitere wirft, in die innigen Himmel«. So gesehen symbolisiert der Vogel die Befreiung des Inneren. In der Achten Elegie (DE 8,60 f.) hat der Vogel Anteil am Inneren und Äußeren zugleich; er ist jenseits aller Dualität. In der Zehnten Elegie (DE 10,88 ff.) schließlich wird der Vogel in der Eule konkret, die als Nachtvogel völlig und ganz im Weltinnenraum ist, womit die Symbole der Nacht und des Vogels verknüpft werden.

Einst war das Verhältnis zwischen Engel und Mensch brüderlich, wie in der Utopie einer paradiesischen Vorzeit, dem Goldenen Zeitalter: »Wohin sind die Tage Tobiae, …« (DE 2,4 ff.). Rilke spielt auf die biblische Geschichte von Tobias und dem Erzengel Raphael an (vgl. Tafel 5). Dort ist der Engel als Wanderbote und -geselle ganz nah, verrät aber nicht, wer er wirklich ist. Erkenntnis entfremdet (von der Sündenfall-Geschichte bis zum Lohengrin), weil sie erkennendes Subjekt und erkanntes Objekt trennt, und hier sehen Rilke wie auch die Mystiker vieler Religionen das Grundproblem des Menschen, der als Subjekt gegenüber der Objektwelt einsam wird und sich darum ego-euphorisch zu behaupten sucht.

Schon auf Tizians berühmtem Gemälde, das Raphael zeigt, wie

er den kleinen Tobias an der Hand führt, ist der Engel gewaltig, aber mit freundlichem Jünglingsgesicht wie ein beschützender großer Bruder. Bei Rilke ist der Engel »der Strahlendsten einer«, also enthoben, gefährlich, aber nicht mehr furchtbar, es ist Vertrautheit da. Das Herz des Menschen hält diese überwältigende Kraft nicht aus, es »vergeht« vor seinem stärkeren Dasein. Engel aber bedürfen keines Anderen, weil Innen und Außen in ihnen vollkommen vermittelt sind.

»Wer seid ihr?« Das ist die Frage nach dem Leben an sich und zwar als Umkehrung der Frage des Menschen nach sich selbst: *Wer bin ich?* Diese ist in den indischen Traditionen ein Grund-Mantra, das in der ständigen Wiederholung zum Rhythmus des spirituellen Lebens überhaupt werden soll: *ko'ham*. Wer bin ich?

Gelenke des Lichtes

Nun folgt eine Reihung von »Superlativen«. Die Sprache überschlägt sich, wird zunehmend schneller, dichter und knapper, sie erfährt eine hymnische Steigerung, wie »ein einziger Dithyrambus«[109]:

> Frühe Geglückte, ihr Verwöhnten der Schöpfung,
> Höhenzüge, morgenrötliche Grate
> aller Erschaffung, – Pollen der blühenden Gottheit,
> Gelenke des Lichtes, Gänge, Treppen, Throne,
> Räume aus Wesen, Schilde aus Wonne, Tumulte
> stürmisch entzückten Gefühls und plötzlich, einzeln,
> *Spiegel*: die die entströmte eigene Schönheit
> wiederschöpfen zurück in das eigene Antlitz.

»Frühe Geglückte« – das bedeutet, sie sind dies nicht immer gewesen, sondern erst *jetzt* im Zustand der frischen Schöpfung. Sie entstammen dem Anfang der Welt, noch bevor die sichtbare Welt geschaffen wurde. So jedenfalls sieht seit Augustinus die Vorstellung himmlischer Welten aus, die in sich Engels-Hierarchien bilden, die auch von Dionysius Areopagita beschrieben werden. Die Idee, dass auch die Jenseitswelt einer Ordnung unterliegt, ent-

109 Steiner, a. a. O., 42.

stammt dem Neuplatonismus, wonach sich das Universum aus aufeinander folgenden Schichten entfaltet, vom geistigen Ursprung zu immer weniger subtilen Formen, vom Feinstofflichen zum Grobstofflichen, Materiellen. Diese Formen streben zurück zum Ursprung, für die Griechen das Werk des Eros, der die Welt zumindest im Geistigen wieder zusammenzieht. Diese neuplatonische Denkform schwingt bei Rilke mit als explizites und implizites Erbe der europäischen Religionsgeschichte.

»Verwöhnte der Schöpfung« – die Engel sind jeweils im Augenblick vollkommen – jetzt und immer und jenseits aller Zeit –, denn in ihnen ist ja die »Verwandlung des Sichtbaren in Unsichtbares« bereits vollzogen. Sie sind »Verwöhnte der Schöpfung«, weil in ihnen das schon geschehen ist, was den Menschen noch bevorsteht.

»Höhenzüge, morgenrötliche Grate« – Rilke beobachtet sehr genau. Es ist wie in einer Berglandschaft, wo Berge und Höhenzüge einander überlappende Linien von Landschaftsformen, also einen »Rhythmus« der Landschaft bilden.[110] Dieses Motiv verwendet Rilke immer wieder. Er hat, das ist biographisch gesichert,[111] Duino im Sinn, dann auch die Landschaft in Spanien und das breite Bergtal des Wallis, wo er sich niederlassen wird und wo »Spanien und die Provence so seltsam ineinander wirkten«. Diese Berglinien sind eine zeitlich-räumliche Metapher, und der Sehende sieht diesen Rhythmus deutend in die Landschaft hinein, vergleichbar den Sternbildern in der Zehnten Elegie, die ja nicht am Himmel stehen, sondern die der menschliche Geist erschafft. Es ist eine Einheit von Erkennendem und Erkanntem, die Subjekt-Objekt-Einheit.

Die Höhenzüge, die Rilke hier imaginiert, sind weder spitz noch gezackt. Auch solche Bergformen beschreibt er, meint dann aber »Hindernisse unseres eigenen Daseins wie ein Hochgebirg«. Hier hingegen bilden die Berge eine liebliche Landschaft, gerundete morgenrötliche Grate, die in ein Licht getaucht sind, in dem die Konturen noch verschwimmen. Die Wellenformen sind wie Energiewellen, ein Austausch von Licht und Schatten, eine sanfte Dynamik. Der Aufstieg zum Gipfel ist eine Metapher für die spirituelle

110 Brief an die Fürstin Marie von Thurn und Taxis vom 25. Juli 1921, zit. bei Steiner, a. a. O., 41.

111 Steiner, a. a. O., 41; dazu auch der Brief an Nora Purtscher-Wydenbruck vom 17. 8. 1921 aus Muzot, in: Fülleborn/Engel, a. a. O., Bd. 1, 211.

Reinigung. Man denke an den Sinai, den Karmel und den Zion in Israel, den Kailash in Tibet, den Fuji in Japan, den Arunachala in Südindien oder die Zen-Berge in China. Die Morgenröte ist Metapher für das erste Licht der Schöpfung, das wechselnde Farbenspiel, wenn das Licht an den Graten zerstäubt und gebrochen in die Täler gelenkt wird. Morgen- und Abendröte sind die Zeiten des Übergangs, des Zwielichts – *samdhyā* in den indischen kultischen Traditionen, wo dieser Begriff bezeichnenderweise auch für den Übergang zwischen den Welt-Perioden steht.

»Pollen der blühenden Gottheit« – Während im »Stunden-Buch« von Gott die Rede ist, spricht Rilke in den Elegien, wenn überhaupt, von der Gottheit, ein Begriff, der seit Meister Eckhart in der deutschen Sprache geläufig ist. »Gottheit« ist unpersönlicher, umgreifender, entrückter als »Gott«, meint das Geistig-Lichtvolle und an dieser Stelle auch die Kraft des Blühenden, das Fruchtbare. Im Bild von den Pollen der blühenden Gottheit durchdringen Geistiges und Vegetatives einander, wobei die Pollen überallhin verstäuben.

»Gelenke des Lichtes« – dieses ungewöhnliche Bild verdeutlicht die Beweglichkeit und Transmissionskraft: Die Engel leiten das Licht in alle Richtungen und stellen eine Verbindung zwischen oben und unten her. Majestätische Strahlung geht von ihnen aus, alles wird Licht, das die Gegenstände schließlich verschwinden lässt. Folglich gibt es kein Gegenteil und keinen Schatten, der entsteht, wenn Licht in der raum-zeitlichen Welt auf Objekte trifft, wie es in der Vierten Elegie heißt. Die Engel schwingen ihr Licht in sich selbst zurück, sie erkennen nur sich selber, und genau darum sind sie erhaben, gleich-gültig »gegenüber« dem Menschenschicksal.

»Treppen« – auch sie verbinden oben und unten. Symbolisieren sie die Möglichkeit eines Aufstiegs zu den Engeln? Auf jeden Fall eine Erhebung in die geistige Welt. Auf das Bild der Himmelsleiter, das damit evoziert wird, werden wir später eingehen.

Die »Throne« – ein vertrautes biblisches Bild – repräsentieren Sitze der Macht und des Lichtes und gleichzeitig auch die verschiedenen Engelshierarchien, wie wir sie beispielsweise aus dem Buch des Propheten Jesaja kennen. Rilke bezieht sich darauf, die »Gelenke des Lichtes«, die »Throne« und die »Treppen« bilden eine kosmische Lichtarchitektur.

Dann dichtet Rilke weiter von den »Räumen und Wesen«. Steiner deutet »Wesen« als Singular, aber auch der Plural wäre möglich. Es geht hier um die Seligkeit des Allumfassenden, um eine alles durchdringende Dynamik: So wie das Frühlicht auf den Bergen funkelt, so wird das Engel-Licht von den Schilden aus Wonne zurückgespiegelt. Diese Zeilen suggerieren also reine Beziehung, Resonanz, Echo, Wechselwirkung, Reflexion und *»Spiegel«*.

Der Spiegel ist ein paradigmatisches Symbol in Rilkes Dichtung, so auch hier in den Elegien. Er lässt an Narziss denken, und Rilke verwendet dieses Bild, aber nicht im Sinne der psychoanalytischen Deutung, sondern – ganz positiv – als Spiegelung in sich selbst, als ein Sich-selbst-Erkennen, als den Anfang des Selbst-Bewusstseins.[112]

Aufschlussreich ist in diesem Kontext das Sonett III aus dem Zweiten Teil der Sonette an Orpheus:[113]

Spiegel: noch nie hat man wissend beschrieben,
was ihr in euerem Wesen seid,
Ihr, wie mit lauter Löchern von Sieben
erfüllten Zwischenräume der Zeit.

Ihr, noch des leeren Saales Verschwender –,
wenn es dämmert, wie Wälder weit …
Und der Lüster geht wie ein Sechzehn-Ender
Durch eure Unbetretbarkeit.

Manchmal seid ihr voll Malerei,
Einige scheinen in euch gegangen –,
andere schicktet ihr scheu vorbei.

Aber die Schönste wird bleiben –, bis
Drüben in ihre enthaltenen Wangen
Eindrang der klare gelöste Narziß.

112 Möglicherweise geht die Deutung des Narziss auf Lou Andreas-Salomé zurück, deren Begriff des Narzissmus eine Rückerinnerung an einen Urzustand »vor jeder Differenzierung«, eine »ursprüngliche Heimstätte« beinhaltet. Rilkes Begriff wäre dazu die selbst-bewusste Aneignung desselben. Dazu: Wegener-Stratmann, a.a.O., 95.
113 Rilke, Werke, Bd. 1, 634.

Das zentrale und schwierig zu deutende Bild ist dies: »Ihr, wie mit lauter Löchern von Sieben / erfüllten Zwischenräume der Zeit.« Durch Zeit entsteht das Verfestigte, das in zeitlicher Struktur erfahrbar wird. Es ist entweder schon vergangen als das Faktische oder zukünftig als das Mögliche, aber nie der gegenwärtige Moment. Zeit ist vergleichbar der Netzstruktur des Siebes, die um die Löcher herum den freien Fluss dämmt und lenkt, ähnlich wie im indischen Mythos von Shiva und Gangā. Dort ist es das Haar Shivas, das die Urgewalt des Wassers der Gangā zähmt und in eine Form bringt, die erträglich ist, d.h. die Erde bewässert. Das ist auch die Funktion des Siebes, es kanalisiert, besänftigt, zähmt.

Es geht um das Ordnende, der brausende, chaotische Fluss der Zeit wird im Spiegel wie durch ein Sieb hindurchgeführt. Die Spiegel, und dazu gehören auch die Engel, stellen eine Struktur dar, die jene geballte Urkraft der Schöpfung mittels der »Gelenke des Lichtes« auf geordnetes Maß reduziert, geometrisch begrenzt und damit Leben in Raum und Zeit ermöglicht. Die Spiegel bestehen – indem sie spiegeln – aus den Zwischenräumen der Zeit, sie sind das Flüchtige selbst, nicht die Zeitstruktur. »Der Spiegel enthält in der Spiegelung nicht die Zeit, sondern den Raum.«[114] Dieser Raum aber ist unbetretbar – im Gegensatz zum Raum der Bezüge, der jenseits des De-finierten ist. »Das Faßliche entgeht, verwandelt sich, statt des Besitzes erlernt man den Bezug«, schreibt Rilke in einem Brief vom 22. Februar 1923.[115]

Rilke hat den Spiegel in mehreren Gedichten thematisiert, und auch in anderen Zusammenhängen bedient er sich dieser Metapher. In dem späten Gedicht vom November 1924 steht die Verdopplung durch den Spiegel im Zentrum:[116] Indem ich mich in mir spiegele, werde ich selbstbewusst, und dieses Sich-Wissen führt zu einer Steigerung von Bewusstheit, weshalb Rilke den Narziss positiv sieht. Fehlt jedoch die nötige Offenheit, kann sich der Mensch die Welt durch Spiegelungen auch zumauern. Weil er sich nur selbst bespiegelt, fließt die kostbare Energie ab, wohingegen die Engel, so sahen wir oben, sich nicht verlieren. Bei den Liebenden ist das an-

114 Steiner, a.a.O., 45.
115 Rainer Maria Rilke: Briefe. Zweiter Band 1914–1926, hrsg. vom Rilke-Archiv in Weimar, 1950, 395; zit. nach Steiner, ebd.
116 Rilke, Werke, Bd. 1, 810.

ders, denn sie spiegeln sich ineinander, und das führt zu Selbsterkenntnis – »auf daß du seist«, »Geliebte«. In der Selbsterkenntnis wird sie, die Geliebte, was sie (potenziell) schon immer ist. Damit wächst die Spannung in ihr selbst (»zwischen dir und dir«) und das Maß für die ausgewogene Entfaltung der geistigen Potenz ist die Bejahung der Existenz, eine Bejahung, die im Werden ist, die im Leben als Leben gestaltet werden muss. Aber Rilke sieht auch die Kehrseite: In einer solchen Fülle der Selbstbejahung (dem »Selbstempfange«) »taumelt« der Blick und »dunkelt im Vergleich« – die Situation bleibt ambivalent, solange man im Vergleich bleibt, der den spontanen Erkenntnisakt verdunkelt, da das Vergleichen mit einem Hintergedanken verbunden ist, mit einem heimlichen Absehen »wer ist besser«. Dann heißt es: »Spieglein, Spieglein an der Wand, wer ist die Schönste im ganzen Land …?«:

O schöner Glanz des scheuen Spiegelbilds!
Wie darf es glänzen, weil es nirgends dauert.
Der Frauen Dürsten nach sich selber stillts.
Wie ist die Welt mit Spiegeln zugemauert

für sie. Wir fallen in der Spiegel Glanz
wie in geheimen Abfluß unseres Wesens;
sie aber finden ihres dort: sie lesens.
Sie müssen doppelt sein, dann sind sie ganz.

Oh tritt, Geliebte, vor das klare Glas,
auf daß du seist. Daß zwischen dir und dir
die Spannung sich erneue und das Maß
für das, was unaussprechlich ist in ihr.

Gesteigert um dein Bild: wie bist du reich.
Dein Ja zu dir bejaht dir Haar und Wange;
Und überfüllt von solchem Selbstempfange,
taumelt dein Blick und dunkelt im Vergleich.

Das, was im Spiegel übrig bleibt, das, was dem Spiegel entströmt und wieder zu ihm zurückkehrt, ist letztlich das eigene Antlitz, der Mensch, wie er sich zum einen in der Spiegelung in seinem So-Sein im Augenblick empfindet, zum anderen aber auch als hintergründiges Spiegelbild der gesamten Schöpfung erkennt. Spiegelung ist demnach mehr als Selbstbezug, nämlich auch eine Wechselschwingung, die Raum schafft in einer zeitfreien Gegenwart: »Zum Raum wird hier die Zeit« – wie wir Wagners »Parsifal« an anderer Stelle schon zitiert haben. Ein Raum der Zwischenräume, die sich in der Spiegelung des Ich in jedem möglichen Du und umgekehrt konstituieren. Dabei werden die »Dinge«, von denen Rilke so viel spricht, in der Begegnung zum Spiegel-Du.

Das Bild des Spiegels oder, akustisch erfahren, der Resonanz, begegnet uns in vielen mystischen Traditionen, besonders markant im chinesisch-japanischen Buddhismus und hier wiederum im Zen. Dort bedeutet Spiegelung die ständige Erkenntnis des wechselseitigen Verbundenseins mit allem. Zen-Meister Dōgen (13. Jh.) nennt es »kosmische Resonanz« (*kannō dōkō*) (s. S 126). Doch schon Meister Fa-tsang (7./8. Jh.) hatte auf die Frage der Kaiserin Wu nach dem Wesen des Buddhismus einen Raum vollkommen verspiegeln lassen und eine Buddha-Figur nebst einer Lichtquelle ins Zentrum gestellt. Was war zu sehen? Spiegelungen in Spiegelungen in Spiegelungen … Alle Erscheinungen reflektieren einander, und zwar bereits in der Tatsache ihres bloßen Seins, auf einer zweiten Ebene zusätzlich, indem sie erkannt werden. Das meint die poetische Metapher der Engel-Ordnungen. Und Rilke überhöht diese Vorstellung noch, indem er das hierbei ausgelöste ekstatische Erleben verdichtet:

»Tumulte stürmisch entzückten Gefühls« – diese Engel sind eine alldurchdringende Energie des Kosmos. Aber dort, wo diese Energien vereinzelt erscheinen, wenn sie in ihrer jeweils individuellen Gestalt und Struktur erkannt werden, sind sie Spiegel: »plötzlich, einzeln«.

Wie schon in der Ersten Elegie, so scheint auch hier Rilkes Anschauung der Liebe durch: In der Liebe, die auf einen Anderen fixiert bleibt und nicht dem Geschehen der Liebe gilt, verflüchtigen wir uns, atmen uns aus, verlieren uns, weil wir objekt-orientiert bleiben im instinktiven Begehren, das mit der Zeit abnimmt. Die objekt-bezogene begehrende Liebe bleibt, so Rilke, am Vergänglichen haften und muss deshalb enttäuscht werden.

Die eigentliche Liebe hingegen soll »intransitiv« werden, d.h. das Sein des ursprünglichen Verbundenseins erkennen, das nicht ein bestimmtes Objekt zum »Haben« aussondert, sondern sich dem »Sein« der Verbundenheit als solche hingibt.

Wir atmen uns aus

Denn wir, wo wir fühlen, verflüchtigen; ach wir
atmen uns aus und dahin; von Holzglut zu Holzglut
geben wir schwächern Geruch. Da sagt uns wohl einer:
ja, du gehst mir ins Blut, dieses Zimmer, der Frühling
füllt sich mit dir … Was hilfts, er kann uns nicht halten,
wir schwinden in ihm und um ihn. Und jene, die schön sind,
o wer hält sie zurück? Unaufhörlich steht Anschein
auf in ihrem Gesicht und geht fort. Wie Tau von dem
Frühgras
hebt sich das Unsre von uns, wie die Hitze von einem
heißen Gericht. O Lächeln, wohin? O Aufschaun:
neue, warme, entgehende Welle des Herzens –;
weh mir: wir *sinds* doch. Schmeckt denn der Weltraum,
in den wir uns lösen, nach uns? Fangen die Engel
wirklich nur Ihriges auf, ihnen Entströmtes,
oder ist manchmal, wie aus Versehen, ein wenig
unseres Wesens dabei? Sind wir in ihre
Züge so viel nur gemischt wie das Vage in die Gesichter
schwangerer Frauen? Sie merken es nicht in dem Wirbel
ihrer Rückkehr zu sich. (Wie sollten sie's merken.)

»Denn wir, wo wir fühlen, verflüchtigen« – Das Leben, die Kraft des Gefühls, schwindet mit der Zeit. Die Engel nehmen ihre Schönheit, ihre Ausstrahlung zurück, denn sie befinden sich in der Balance des Ein- und Ausatmens, während sich der Mensch ständig ausatmet und dadurch erschöpft wie Holzglut, die immer weniger duftet.

Andere Bilder, mit denen Rilke etwa in der Neunten Elegie das Schwinden der Kraft im Menschen, seine radikale Vergänglichkeit beschreibt, sind das Schwinden des Frühlings, das Altern, das Verdunsten und – so hier in der Zweiten Elegie – das Erkalten eines Gerichts.

»Aufschaun« – die verehrende Haltung des Menschen adelt den Verehrenden selbst. Sie ist voller Gefühl, das Einwände der Vernunft zunichte macht, spürbar im puren Lebendigsein, »warme Welle des Herzens«. Aber: »Schmeckt denn der Weltraum, in den wir uns lösen, nach uns?« – »Ist manchmal, wie aus Versehen, ein wenig unseres Wesens dabei?« – Diese Hoffnung wird mit Skepsis betrachtet als ein Sich-selbst-hinüberretten-Wollen. Denn wenn, wie es die Metaphern sagen, alles erkaltet, ertönt der Klageruf und dem Menschen wird bange, er löst sich auf wie Salz im Wasser. Bleibt wirklich gar nichts? In der Ersten Elegie hat Rilke noch mit einem zögerlichen »vielleicht« geantwortet. Jetzt bleibt die Frage offen. Im Unterschied zu den Engeln, die in sich zurückschöpfen und ihre Energie nie aufbrauchen, verbraucht sich der Mensch. Gibt es eine Ausnahme, die Liebenden?

> Liebende könnten, verstünden sie's, in der Nachtluft
> wunderlich reden. Denn es scheint, daß uns alles
> verheimlicht. Siehe, die Bäume *sind*; die Häuser,
> die wir bewohnen, bestehn noch. Wir nur
> ziehen allem vorbei wie ein luftiger Austausch.
> Und alles ist einig, uns zu verschweigen, halb als
> Schande vielleicht und halb als unsägliche Hoffnung.

»Liebende« – sind die Liebenden anders? Schon in der Ersten Elegie sind sie verbunden mit der Nacht, weil nachts die Gegenständlichkeit im Dunkel verschwindet. Liebende fließen ineinander: Nicht mehr ich, sondern du; du in mir, ich in dir – so klingt die Sprache der Liebenden. Es ist der Versuch der Sprache, die immer noch spürbare Trennung zu überwinden, die zumindest in der wollenden Sehnsucht der Liebenden bereits überwunden ist.

»Und alles ist einig, uns zu verschweigen, halb als Schande vielleicht und halb als unsägliche Hoffnung.« – Der Mensch lebt sein Leben zwischen zwei Extremen, *grandeur et misère*, Größe und Elend, wie es bei Pascal heißt. Dieses Motiv kommt bei Rilke häufig vor, es scheint mir – biographisch – den Menschen Rilke in seinem Selbstverständnis zu zeigen. Der Mensch ist zum einen der »erste ›Freigelassene‹ der Schöpfung«, wie Herder in seiner Geschichtsphilosophie formuliert, also mit Freiheit begabt, auch mit der Freiheit, seinen eigenen Untergang herbeizuführen, zum anderen mit dem Wissen um seine Vergänglichkeit, was ihn von den anderen Kreaturen unterscheidet. Dieses Wissen ist aber auch Basis für die Kreativität der Vergeistigung durch künstlerische Gestaltungskraft, die es erlaubt, dass der

Mensch seine »Widersinne ... in ein Sinnbild fasst«, wie Rilke dichtet.[117]

»Hoffnung« – die Hoffnung ist für Rilke in aller Klage und eingedenk des Flüchtigen der Existenz die ursprüngliche Kraft, durch die sich das Geistige zu entfalten vermag. Denn der Mensch kann alles, was ihm begegnet, in seinem Bewusstsein er-innern. Er-innern, so heißt es in den Elegien wiederholt, ist ein Nach-innen-Ziehen aller vergänglichen Dinge, und in dieser Innerlichkeit, d. h. in der Bewusstseinsgestaltung, werden sie bleibend. Erinnerung ist also nicht nur Gedächtnis im Sinne des Gedenkens an das Vergangene, sondern indem etwas er-innert wird, ist es Gegenwart, und zwar unabhängig davon, ob der erinnerte Inhalt ein in der physikalischen Zeit Faktisches ist oder etwas Mögliches, also ein Gedanke, dessen Präsenz wir zukünftig erwarten. Das Er-innern ist das reine Gegenwärtigsein, und da Gegenwart keiner zeitlichen Ausdehnung unterliegt, das Ewige.

An dieser Stelle möchte ich die klassisch gewordenen Gedanken Herders zitieren, die er in seinen »Ideen zur Philosophie der Geschichte der Menschheit« (1784–91) äußert:[118]

> ... lasst uns bedenken, was in den großen Gaben *Vernunft* und *Freiheit* liegt und wieviel die Natur gleichsam wagte, da sie dieselbe einer so schwachen, vielfach gemischten Erdorganisation, als der Mensch ist, anvertraute. Das Tier ist nur ein gebückter Sklave, wenngleich einige edlere derselben ihr Haupt emporheben oder wenigstens mit vorgerecktem Halse sich nach Freiheit sehnen. Ihre noch nicht zur Vernunft gereifte Seele muß notdürftigen Trieben dienen und in diesem Dienst sich erst zum eignen Gebrauch der Sinne und Neigungen von fern bereiten. Der Mensch ist der erste ›*Freigelassene*‹ der Schöpfung; er steht aufrecht. Die Waage des Guten und Bösen, des Falschen und Wahren hängt in ihm: er kann forschen, er soll wählen. Wie die Natur ihm zwo freie Hände zu Werkzeugen gab und ein überblickendes Auge, seinen Gang zu leiten, so hat er auch in sich die

117 Rainer Maria Rilke: »Das Stunden-Buch. Erstes Buch. Das Buch vom mönchischen Leben (1899)«, in: ders.: Werke, Bd. 1, 215.

118 Johann Gottfried Herder: »Der Mensch ist zu feinern Trieben, mithin zur Freiheit organisiert«, in: ders.: Ideen zur Philosophie der Geschichte der Menschheit, Erster Teil, 4. Buch, IV, Darmstadt: Joseph Melzer 1966, 117–121. Zitat: 119–120.

> Macht, nicht nur die Gewichte zu stellen, sondern auch, wenn ich so sagen darf, ›*selbst Gewicht zu sein*‹ auf der Waage. Er kann dem trüglichsten Irrtum Schein geben und ein freiwillig Betrogener werden; er kann die Ketten, die ihn, seiner Natur entgegen, fesseln, mit der Zeit lieben lernen und sie mit mancherlei Blumen bekränzen. Wie es also mit der getäuschten Vernunft ging, geht's auch mit der mißbrauchten oder gefesselten Freiheit; sie ist bei den meisten das Verhältnis der Kräfte und Triebe, wie Bequemlichkeit oder Gewohnheit sie festgestellt haben. Selten blickt der Mensch über diese hinaus und kann oft, wenn niedrige Triebe ihn fesseln und abscheuliche Gewohnheiten ihn binden, ärger als ein Tier werden.
>
> Indessen ist er, auch seiner Freiheit nach, und selbst im ärgsten Mißbrauch derselben, ein König. Er darf doch wählen, wenn er auch das Schlechteste wählte; er kann über sich gebieten, wenn er sich auch zum Niedrigsten aus eigner Wahl bestimmte. Vor dem Allsehenden, der diese Kräfte in ihn legte, ist freilich sowohl seine Vernunft als Freiheit begrenzt; und sie ist glücklich begrenzt, weil, der die Quelle schuf, auch jeden Ausfluß derselben kennen, vorhersehen und so zu lenken wissen mußte, daß der ausschweifendste Bach seinen Händen nimmer entrann; in der Sache selbst aber und in der Natur des Menschen wird dadurch nichts geändert. Er ist und bleibt für sich ein freies Geschöpf, obwohl die all umfassende Güte ihn auch in seinen Torheiten umfasset und diese zu seinem und dem allgemeinen Besten lenket.

Dieses lange Zitat Herders umfasst genau das Sentiment, von dem Rilke erfasst ist, wenn er den Menschen zwischen der Unfreiheit und der Möglichkeit zur Freiheit der geistigen Gestaltung, die im Erinnern geschieht, ansiedelt. Eine solche Ambivalenz hat Rilke zeitdiagnostisch, aber auch in sich selbst bis zur Zerreißprobe empfunden – »halb als Schande vielleicht und halb als unsägliche Hoffnung«.

Liebende: euch frag ich nach uns

Liebende, euch, ihr in einander Genügten,
frag ich nach uns. Ihr greift euch. Habt ihr Beweise?
Seht, mir geschiehts, daß meine Hände einander

inne werden oder daß mein gebrauchtes
Gesicht in ihnen sich schont. Das giebt mir ein wenig
Empfindung. Doch wer wagte darum schon zu *sein*?
Ihr aber, die ihr im Entzücken des anderen
zunehmt, bis er euch überwältigt
anfleht: nicht *mehr* –; die ihr unter den Händen
euch reichlicher werdet wie Traubenjahre;
die ihr manchmal vergeht, nur weil der andre
ganz überhand nimmt: euch frag ich nach uns. Ich weiß,
ihr berührt euch so selig, weil die Liebkosung verhält,
weil die Stelle nicht schwindet, die ihr, Zärtliche,
zudeckt; weil ihr darunter das reine
Dauern verspürt. So versprecht ihr euch Ewigkeit fast
von der Umarmung. Und doch, wenn ihr der ersten
Blicke Schrecken besteht und die Sehnsucht am Fenster,
und den ersten gemeinsamen Gang, *ein* Mal durch den
  Garten:
Liebende, *seid* ihrs dann noch? Wenn ihr einer dem andern
euch an den Mund hebt und ansetzt –: Getränk an Getränk:
o wie entgeht dann der Trinkende seltsam der Handlung.

»Liebende« – finden die Liebenden mehr? Das »einander Genügen« besagt, dass das Begehren nicht mehr nach außen geht, sondern sich in sich selbst erfüllt und das unruhige Greifen zur Ruhe kommt. Aber ist das nachweislich der Fall? Die Frage steht im Raum. Rilke fügt, poetisch dicht, eine Beschreibung des Liebeserlebens an. Die Liebenden werden sich unter den Händen reichlicher, gefüllter, wörtlich-physiologisch: die Durchblutung steigt – »wie Traubenjahre«. Hier verschmelzen wieder aktive und passive Elemente, in Traubenjahren wächst die Süße, die Traube wird prall, das ist Rilkes zartes und doch ganz naturhaft gefundenes Bild für die Liebesekstase. Rilkes Liebeslyrik ist hier »erfüllt von der Versunkenheit, der wechselseitigen Betörung weltvergessener Menschen«, wie Katharina Kippenberg formuliert.[119]

Rilke fragt dann aber: Ist das für Dauer, hält die ersehnte Ewigkeit der Erfahrung stand? Wer ist überhaupt gemeint, wenn Liebende »Du« sagen? Und er wiederholt: »euch frag ich nach uns.« –

119 In: Rilke, Elegien, 78.

Die Wiederholung zeigt an, dass dies die entscheidende Frage ist: Ist die Liebe die Lösung des Rätsels Mensch?

Rilke schreibt, kommentierend zu dieser Stelle (DE 2,55–65) an die Fürstin von Thurn und Taxis[120] hinsichtlich der Übersetzung ins Italienische:[121]

> Dies ist so durchaus wörtlich gemeint, dass die Stelle, auf die der Liebende seine Hand legt, dem Hingehen, dem Altern, allem, was schon immer fast Ver-Wesung ist unseres Wesentlichen, dadurch entzogen sei, – einfach unter seiner Hand dauere, sei, –: es müsste möglich sein, es ebenso wörtlich italienisch verständlich zu machen, durch jede Umschreibung geht es einfach verloren. Nichtwahr? Und ich hänge an diesen Zeilen mit einer besonderen Freude, sie haben formen zu können.

Die Hand »verhält« – deckt zu und gibt Dauer. Rilke versucht mit diesem Sprachspiel, das Vergehen, das Altern, die Ver-Wesung tiefgründiger zu deuten. Denn Ver-Wesung ist ein Vergehen der äußeren Form, aber gleichzeitig ein Eintreten in das Wesen. Indem die zeitlich bedingte Form vergeht, er-innert wird, wird sie aufgehoben – wieder im dialektischen Sinne Hegels.

Liebe ist Gegenwart, weil die Sinnesempfindung der Liebkosung im Bewusstsein eine intensivere Achtsamkeit entstehen lässt, ein Gefühl des angehaltenen, gedehnten Augenblicks – es offenbart sich »Ewigkeit fast« in der Berührung. In diesem »fast« schwingt allerdings eine skeptische Zurücknahme mit, weil dieser Zustand kein großer Tod ist, sondern *la petite mort*, wie die Liebesekstase im Französischen genannt wird. Es geschieht hier noch nicht die vollkommene Transformation oder Hingabe des vergänglichen individuellen Ich, denn die Liebenden lassen einander wieder los. Die Liebesekstase beschert mithin nur eine scheinbare Zeitlosigkeit, der Glückszustand ist abhängig von Umständen und darum nicht dauerhaft. Um diese Differenz zwischen Glückszustand und Glück auszudrücken, unterscheidet Rilke zwischen Glück und Freude. Im Sanskrit wäre das *ānanda*, Freude, im Unterschied zu *sukha*, augenblickgebundenem Glück. Wir werden

120 Brief vom 16. Dezember 1913, in: von Bomhard, a.a.O., 335.
121 Zit. bei Steiner, a.a.O., 50.

sehen, dass diese Unterscheidung in der Zehnten Elegie weiter präzisiert wird.

»Und doch, ...« – Der Einschnitt wird noch gesteigert durch das Komma, das geradezu eine Generalpause setzt: es ist nur Schein. Und dieser Schein zeigt sich schon im Zaudern, der Scheu, dem Schrecken bei der ersten Liebesbegegnung.

Schiller beschreibt dies in seinem »Lied von der Glocke« noch ganz behutsam:[122]

O zarte Sehnsucht, süßes Hoffen,
der ersten Liebe goldne Zeit!
Das Auge sieht den Himmel offen,
es schwelgt das Herz in Seligkeit.
O daß sie ewig grünen bliebe,
die schöne Zeit der jungen Liebe!

Auch hier die Ahnung, dass die erste Liebe vergeht. Bei Rilke ist dies schon im Erschrecken oder der Scheu vor der ersten Begegnung miterlebt, denn sie stellt eine Entblößung der eigenen Endlichkeit dar. Auch in der Sehnsucht am Fenster zeigt sich die Ahnung des Vergänglichen. Im Kuss verschwindet das Subjekt – der »Trinkende entgeht der Handlung«. Das wird einerseits sehnsüchtig erhofft, gleichzeitig aber als Schrecken erlebt, denn der Abstand schwindet.

Das »Fenster«, die Sehnsucht – das Offene. Es gibt kein zweites Mal. Rilke setzt kursiv: »*ein* Mal«; das deutet die Unwiederbringlichkeit des erfüllten Augenblicks an, ein großes Thema auch in der Neunten Elegie, wo dieses »*ein* Mal, jedes nur *ein* Mal. *Ein* Mal und nichtmehr« sechs Mal hintereinander wiederholt wird. Gerade in der Liebe, wo die Berührung mit dem Unendlichen vollkommen zu sein scheint, ist die Vergänglichkeit, die Gewohnheit, das Ende als fade Folge spürbar. Auch hier variiert Rilke wieder das Thema der vergeistigten Freude: Freude ist etwas anderes als die Erfüllung eines ersehnten kurzen Glücks.

122 Schiller, Friedrich: Werke, hrsg. von Ludwig Bellermann, Bd. 1, Leipzig/Wien: Bibliographisches Institut [o. Jahr], 245 ff.

Du musst dein Leben ändern

Erstaunte euch nicht auf attischen Stelen die Vorsicht
menschlicher Geste? war nicht Liebe und Abschied
so leicht auf die Schultern gelegt, als wär es aus anderm
Stoffe gemacht als bei uns? Gedenkt euch der Hände,
wie sie drucklos beruhen, obwohl in den Torsen die Kraft
steht.

Abbildung 5: Attische Grabstele

Diese Beherrschten wußten damit: so weit sind wirs,
dieses ist unser, uns *so* zu berühren; stärker
stemmen die Götter uns an. Doch dies ist Sache der Götter.

Fänden auch wir ein reines, verhaltenes, schmales
Menschliches, einen unseren Streifen Fruchtlands
zwischen Strom und Gestein. Denn das eigene Herz übersteigt uns
noch immer wie jene. Und wir können ihm nicht mehr
nachschaun in Bilder, die es besänftigen, noch in
göttliche Körper, in denen es größer sich mäßigt.

Am Ende der Elegie verweist der Dichter, wie auch am Schluss der Ersten Elegie, auf die Antike, und zwar auf attische Stelen und Torsi. Rilke schreibt am 10. Januar 1912, also etwa zehn Tage vor der Niederschrift der Zweiten Elegie, an Lou Andreas-Salomé, dass er in Neapel solche Grabsteine gesehen habe. Ihn beeindruckt die zurückhaltende Gebärde der dargestellten Figuren, wo Zuwendung und Abschied eins zu sein scheinen. Es ist das Motiv von Orpheus, der sich Eurydike zuwendet, die genau darum schon entschwinden muss, für Rilke ein Sinnbild der Einheit von Leben und Tod, denn nur im Abschied gibt es kreative Bewegung, das heißt: Leben.

Antike Statuen sind voller Kraft im Torso, aus der Leibesmitte, und gerade darum in den Gliedern so leicht-beweglich. Je mehr die Konzentration in der Leibesmitte ruht – das weiß jeder Yogi oder Tänzer –, je mehr der Atem sich hier sammelt, umso leichter und anmutiger ist die Bewegung in den Gliedmaßen. Man lese dies auch auf dem Hintergrund des berühmten Gedichts aus »Der neuen Gedichte anderer Teil« (1908):

ARCHAISCHER TORSO APOLLS

Wir kannten nicht sein unerhörtes Haupt,
darin die Augenäpfel reiften. Aber
sein Torso glüht noch wie ein Kandelaber,
in dem sein Schauen, nur zurückgeschraubt,

sich hält und glänzt. Sonst könnte nicht der Bug
der Brust dich blenden, und im leisen Drehen

der Lenden könnte nicht ein Lächeln gehen
zu jener Mitte, die die Zeugung trug.

Sonst stünde dieser Stein entstellt und kurz
unter der Schultern durchsichtigem Sturz
und flimmerte nicht so wie Raubtierfelle;

und bräche nicht aus allen seinen Rändern
aus wie ein Stern: denn da ist keine Stelle,
die dich nicht sieht. Du mußt dein Leben ändern.

Die Elegie endet mit dem Bild vom schmalen Streifen kultivierbaren Landes zwischen Wasser und Wüste. Rilke weist damit nochmals auf die Zerbrechlichkeit des Menschen hin, der zwischen Tragik und Würde in der Schwebe lebt, wobei die Balance stets neu errungen werden muss, was die Möglichkeit zur Kreativität eröffnet, zum Sich-selbst-Übersteigen, wie Rilke häufig formuliert. Das Bild vom Fruchtland »zwischen Strom und Gestein«, zwischen dem Festen und dem Bewegten, geht auf Rilkes Erfahrung in Ägypten zurück. Dort erlebt er, wie das Wasser des Nils und die Wüste nur durch einen schmalen Streifen bewässerten grünen Landes voneinander getrennt sind. Dieser schmale Streifen ist des Menschen Lebensraum. Er genügt, aber er ist gefährdet, denn der Leben spendende Fluss kann jederzeit alles überschwemmen. Das heißt, dass der Mensch das Maß finden muss, das in diesem Grat zwischen Fluss und Wüste, zwischen Dynamik und Statik, zwischen Einatmen und Ausatmen liegt. Das schmale Dazwischen ist die Balance, das »Gegengewicht, in dem ich mich rhythmisch ereigne«, wie Rilke in den Sonetten an Orpheus dichtet.[123] Wie auch immer: Du musst dein Leben ändern.

Im antiken Griechenland gaben die Gestalten des Mythos Orientierung, die entweder ihr Maß fanden oder im Übermut der Hybris scheiterten. Die Menschen konnten damit Wohl und Wehe ihres eigenen Schicksals durch Ein-bildung erkennen. Heutige Menschen, so klagt Rilke, kennen das nicht mehr. Steiner formuliert treffend: »Entweder ziehen wir flüchtig an allem vorbei oder

123 Die Sonette an Orpheus. Zweiter Teil, I, in: Rilke, Werke, Bd. 1, 633.

erstarren in unserer Deutung der Welt.«[124] In der Siebenten Elegie bezeichnet Rilke den modernen Menschen als Enterbten, denn er hat das Frühere nicht mehr und das Kommende noch nicht, er lebt also in einem prekären Zwischenzustand. Hier am Schluss der Zweiten Elegie bleibt es beim *Enterbt-Sein.* Rilke kann darin noch keine Hoffnung sehen, spürt dem in den folgenden Elegien aber weiter nach. Erst in der Achten Elegie wird er eine Lösung anbieten, wo die »warme Vertrautheit« greifbar wird, die sich erfüllt im achtsamen Augenblick. Die Vertrautheit mit den Pendelbewegungen des Lebens ist die Balance, ein Drittes zwischen den Extremen des »nicht mehr« und »noch nicht« oder auch des Greifens nach dem Geliebten und des Loslassens, des Willkommens und Abschieds. Auch das ist für Rilke der Gestus der gelingenden Liebe. Was das konkret heißt, deutet Rilke immer wieder an, wenn er Liebe als »intransitiv« begreift, also nicht auf das Begehren eines bestimmten Objektes gerichtet, wie im dritten Abschnitt der Erläuterungen zur Ersten Elegie dargelegt wurde.

124 Steiner, a.a.O., 53.

Die Dritte Elegie

Die Dritte Elegie, begonnen 1912 in Duino und vollendet im Spätherbst 1913 in Paris, ist ein dunkler Text. Dunkel, was die Form der Darstellung angeht, und dunkel auch, wie die Konstitution des Menschen beschrieben wird. Vielleicht gilt die Elegie aus diesem Grunde als groß. Diese Dichtung wird oft als Rilkes Auseinandersetzung mit der Psychoanalyse gedeutet. Der Philosoph Otto Friedrich Bollnow geht in seinem Urteil gar so weit, dass es sich hier um »nichts anderes als eine Art psychoanalytisches Lehrgedicht« handle.[125] Wie in der Einleitung erwähnt, hatte Rilke Sigmund Freud im September 1913 kennengelernt. Es war aber vor allem Lou Andreas-Salomé, die ihn detailliert in diese neue Wissenschaft und Praxis eingeführt hatte, und zwar bereits vor 1913. Es ist also durchaus möglich, dass Rilke mehr oder weniger gezielt auch psychoanalytisches Gedankengut aufgenommen hat. Dennoch wäre es unangebracht, diese Elegie als eine systematische Abhandlung über das Bewusstwerden von Unbewusstem, über den Eros- und den Thanatos-Trieb, über Träume und spontane Fehlleistungen zu deuten. Der Schemel des Dichters ist nicht die Couch des Analytikers. Rilke gibt sich – sehr kontrolliert übrigens – seinen Intuitionen hin, er schreitet voran, schwankt, zieht Konsequenzen aus einem Bild, nimmt diese zurück, ordnet ein und sprengt Bezüge. Die Dichtung entfaltet ihre eigene Ordnung und folgt nicht einer psychologisch-analytischen Kontextualisierung und Systematisierung von seelischen Zuständen.[126]

Natürlich ist auch diese Elegie Spiegelung von Rilkes eigenem Leben und Erleben. Sie ist auch Resultat seiner Auseinandersetzung mit der Kindheit, vor allem mit der Mutter, die seine Entfaltung aufdeckte und zudeckte, die er als fördernd, aber auch als

125 Otto F. Bollnow, zit. nach Steiner, a. a. O., 54.

126 Dieser prinzipielle Einwand bedeutet nicht, dass psychoanalytische Perspektiven keine erhellenden Erkenntnisse zur Deutung der Dichtung und des Dichters beitragen könnten, man sollte aber die poetische Logik nicht auf analytische Kausalität reduzieren. Unter diesem Vorbehalt tragen besonders folgende Titel zur Deutung gerade dieser Elegie bei: Peter Dettmering: Dichtung und Psychoanalyse, Bd. 1. Thomas Mann, Rainer Maria Rilke, Richard Wagner, München: Nymphenburger Verlagsbuchhandlung 1969; Wegener-Stratmann, a. a. O.

übergriffig und dominant erlebt hat (»Ach wehe, meine Mutter reißt mich ein«, Gedicht vom 14.10.1915).[127] Und sie ist Verarbeitung seiner zahlreichen Lieben und Verliebtheiten, der schmerzhaften Empfindungen wie der lustvollen. Die schmerzhaften sind zuerst zu nennen, weil sie für Rilkes poetische Logik prägender waren. Auch Lektüre-Erfahrungen spielen hinein. Rilkes Bestreben, Bilder des Mythos im Erfahrungshorizont des modernen Menschen neu zu deuten, Grunderfahrungen des Menschlichen herauszufiltern, um sie poetisch verdichtet als seine Anschauung über die Liebe zu präsentieren, hat bei vielen Zeitgenossen ein unvergleichliches Echo gefunden. Davon zeugt Rilkes Korrespondenz.

Diese Elegie ist – mehr noch vielleicht als die anderen – der Versuch, die tiefer liegenden Motivationen und Antriebe menschlichen geistigen Lebens und sozialen Handelns zu beschreiben. Woher kommt das Leben, wohin geht es, in welchen Bahnen entfaltet es sich aus dem tiefsten Ursprung? Worin besteht die Differenz der Geschlechter? Warum ist der Eros so überwältigend, dass Menschen darüber buchstäblich den Verstand verlieren? Die Metaphern der Elegie suggerieren aber noch mehr: eine Gesamtdeutung menschlichen Lebens. Gibt es einen freien Willen? Die Elegie beschreibt in einer Bildergeschichte die Verstrickungen eines einzelnen Lebens, und zwar in die je eigene Vergangenheit wie auch in kollektive Zusammenhänge über die Generationen hinweg. Damit liest sie sich wie eine Deutung von Geschichte, wie ein Kommentar zu dem, was heute im Deutschen (damals so noch nicht) kein Fremdwort mehr ist: eine Beschreibung der Wirkungsweise von Karma, inszeniert auf der Bühne dichterischer Imagination mit Bühnenbildern mythischer Fragmente. Das Drama besteht aus Gefangenschaft und Befreiungsversuchen, die immer wieder kläglich scheitern – das Thema der großen Mythen weltweit: die Helden, die Liebenden, der Tod. Diese Urbilder verorten das Leben in einem umfassenderen Horizont und geben ihm Be-Deutung. Alle zehn Elegien präsentieren immer neue Facetten dieser Aufgabe.

127 Rilke, Werke, Bd. 1, 740. Dazu erschütternde Belege bei Wegener-Stratmann, a. a. O., 27–28, 44–45 und 184. Rilkes vor ihm geborene Schwester Sophie war verstorben. So musste Rilke als Ersatz nicht nur Mädchenkleidung tragen, sondern an die Zimmertür der Mutter klopfend auf die Frage »Wer da?« antworten mit: »Sophie« (ebd., 27).

Wir dürfen also nicht erwarten, dass Rilke die Aussagen der Dritten Elegie für endgültig hält, denn alles erschließt sich erst aus dem Mittext (nicht nur Kontext) aller Elegien und wohl seiner gesamten Dichtung. Und die Sonette an Orpheus ergänzen und übersteigen (ein Ausdruck Rilkes) das hier Angedeutete.

Die Dritte Elegie zeigt, wie sich das Individuelle in Abhängigkeit von den unausweichlichen Rhythmen, denen es unterworfen ist, formt: den Rhythmen der naturhaften Triebe wie den Prägungen durch die Geschichte und den Versuchen, dieser Geschichte zu entrinnen und Eigenes hinzuzufügen. Diese Prägung, das Versklavtsein durch das »Nicht-anders-können«, der leidvolle Versuch, auszubrechen und zu einem Ich, zu einer Individuation zu finden, das ist das Thema.

Dabei entwickelt die Dritte Elegie keine zielgerichtete Dramaturgie. Ist der Stein gehoben und zeigt sich darunter eine verborgene Struktur, fällt er wieder zurück und der Dichter beginnt von Neuem wie Sisyphos. Und doch öffnen sich Ausblicke, Horizonte, die vorsichtig andere Lebensmöglichkeiten vor die Seele stellen. Deshalb wird Rilke vielen zum Guru einer neuen Lebens- und Liebeskunst, wird er von ungezählten Entwurzelten als Wurzelkundiger, als Beichtvater und Priester einer existentiellen Religion jenseits des priesterlichen Christentums wahrgenommen.

Der Fluss-Gott des Bluts

DIE DRITTE ELEGIE

Eines ist, die Geliebte zu singen. Ein anderes, wehe,
jenen verborgenen schuldigen Fluß-Gott des Bluts.
Den sie von weitem erkennt, ihren Jüngling, was weiß er
selbst von dem Herren der Lust, der aus dem Einsamen oft,
ehe das Mädchen noch linderte, oft auch als wäre sie nicht,
ach, von welchem Unkenntlichen triefend, das Gotthaupt
aufhob, aufrufend die Nacht zu unendlichem Aufruhr.
O des Blutes Neptun, o sein furchtbarer Dreizack,
o der dunkele Wind seiner Brust aus gewundener Muschel.
Horch, wie die Nacht sich muldet und höhlt. Ihr Sterne,
stammt nicht von euch des Liebenden Lust zu dem Antlitz

seiner Geliebten? Hat er die innige Einsicht
in ihr reines Gesicht nicht aus dem reinen Gestirn?

»Das Singen der Geliebten« hatte Rilke empfohlen. Es führt die Tradition des Minnesangs fort, die mit den Troubadouren verbunden ist, die zwar eine konkrete oder auch imaginierte Dame adligen Geblüts »ansingen«, aber nicht wirklich *diese* Frau in ihrer Individualität meinen. Die Frau ist hier vielmehr Katalysator für das Entfachen einer Phantasie im Dichter, die ansonsten latent bliebe, und die Erfüllung der Sehnsucht findet gerade nicht in der physischen Realität, sondern in der Poesie statt. Allerdings bricht bei den Troubadouren im 12. und 13. Jahrhundert wohl erstmals die ungeheure Kraft eines individuell gestalteten und verantworteten Liebes-Gefühls hervor. Damit wird der Eros nicht mehr spiritualisiert oder gebunden an den erlaubten Rahmen, den die Religion (die Kirche) gesetzt hat, er ist auch nicht mehr nur Instrument zur geschlechtlichen Kontinuität der Generationen, das sozialen und ökonomischen Interessen zu gehorchen hatte, sondern er wird bejubelt als schöpferische Kraft zur Entwicklung zarter Empfindungen und poetischer Bilder für dieselben, eine kulturelle Leistung eigener Art, die das Menschliche des Menschen nicht nur fördern, sondern geradezu generieren soll. Damit entwickelt sich auch der Mut zur Individualität: Das je eigene Gefühl wird zur Richtschnur des Denkbaren. Das bedeutet Selbstverantwortung. Wenn aber die »Entfesselung« des Eros nicht nur erlaubt, sondern geboten ist, wie wird er dann kanalisiert, kultiviert, in psychisch und sozial verträgliche Form gefasst?

Rilke verfolgt die Spuren dieses Aufbruchs, der mit den Troubadouren begann, nicht nur in dieser Dritten Duineser Elegie. Er will die Geliebte singen und damit die Ästhetisierung der Geliebten proklamieren. Er singt nicht für sie, nicht auf Grund der Inspiration durch sie, sondern er singt *sie*. Die Geliebte wird zum Gedicht. Aber – und das ist der Einwand der Dritten Elegie gegenüber dem in der Ersten und Zweiten zum Thema Gesagten – dem übermächtigen Trieb der Eros-Natur tatsächlich wehrlos ausgesetzt zu sein, ist eine ganz andere Erfahrung. Rilke benutzt das archaische Bild des Blutes, der chthonischen Kraft auch des Blutrausches. Hier besitzt der Eros sexuelle Kraft, die sich in der ganzen Naturwelt Bahn bricht, die alles vorantreibt und hinweg reißt, wie der Fluss, der vom dunklen Wind in der Nacht, die keine Orientierung erlaubt, gepeitscht wird, wie der Fluss-Gott Neptun, der das chaotische Meer regiert, dessen Sturmfluten das Kulturland überschwemmen. So überschwemmt sturmflutartig der verborgene Trieb als »Herr der Lust« den Jüngling – und macht ihn schuldig. Den Trieb als vor-bewusste Kraft des Mannes kennt der Jüngling selbst nicht und weiß ihn darum auch nicht zu bändigen. Er brodelt, aufsteigend wie ein Unwetter, in ihm, ganz unabhängig davon, ob das Mädchen ihn erregt hat oder nicht, ob sie anwesend ist oder abwesend. Er verursacht unendlichen Aufruhr in der Nacht.[128] Der Trieb ist die Nachtseite des taghellen Geistes, der Mensch ist ihm hilflos ausgesetzt und wird von ihm versklavt.

Die Geschlechterdifferenz bleibt hier klar konturiert durch Muster, die in der europäischen Geschichte seit alters festgelegt sind: der Mann als das triebhafte ungezügelte Wesen gegenüber der Frau als dem lindernden und bezähmenden Wesen – oder was Rilke hier allerdings nicht im Sinn hat, als Verführerin, greifbar in dem standardisierten Doppelbild von »Hure und Heilige«, als Eva-Maria-Doppelheit an den Portalen gotischer Dome oder als Kundry-Figur bei Wagner, um nur zwei Beispiele zu nennen.[129] Im indischen Mythos findet sich zu Rilkes Deutungen, wie sie in der Dritten Elegie vorgelegt werden, eine spiegelverkehrte Erzählung: das Narrativ von Shiva und Gangā. Bei Rilke ist der Fluss-Gott männlich; in Indien sind die Flüsse fast ausnahmslos weiblich. Sie garantieren Fruchtbarkeit, können aber auch Zerstörung bringen, wie etwa die Fluten der Himalaya-Ströme, wenn sie die nordindischen Tiefebenen nach der Schneeschmelze oder im Monsun überschwemmen. Gangā oder Yamunā, die beiden größten Flüsse Nordindiens, von deren lebensspendender Kraft das Leben von

128 Ob Rilke hier auf Masturbations-Erfahrungen und die damit verbundenen Schuldgefühle (er ist streng katholisch erzogen, aber im pietistisch-protestantischen Milieu wäre dies nicht anders gewesen) anspielt, ist völlig sekundär.

129 Das Drama vom Sündenfall beginnt mit der Verführung durch die Schlange, die zuerst Eva, dann auch Adam in Sünde fallen lässt. Im Spätmittelalter und der Frühen Neuzeit, also im 15. Jh. und im Übergang zum 16. Jh. wird die Schlange immer mehr mit Eva identifiziert, d.h. das Bild des Weiblichen bzw. der Frau entwickelt sich negativ. Dazu Belege aus der Bildenden Kunst bei Kathrin Baumstark, »Der Tod und das Mädchen«. Erotik, Sexualität und Sterben im deutschsprachigen Raum zwischen Spätmittelalter und Früher Neuzeit, Dissertation an der Universität München, 2015.

Hunderten Millionen Menschen abhängt, repräsentieren die ungezügelte weibliche Energie, die durch Shiva gebremst werden muss. Er lässt den Strom der Gangā durch sein Haar fließen, filtert das Zerstörerische und lenkt es in Bahnen. Hier sind die Rollen gerade umgekehrt. In beiden Fällen jedoch muss die Ursprungsenergie durch den jeweiligen Gegenpol kanalisiert, also kultiviert werden. Natur und Kultur gehen zusammen.

Bei Rilke erkennt das Mädchen den Jüngling, und zwar »von weitem«, als »ihren«. Indem sie ihn »von weitem« erkennt, bedarf sie nicht des analysierenden Nahblicks. Ihre Intuition wird gesteuert von der lindernden Zuwendung. Sie erkennt ihn als »ihren« nicht aus Begehren sondern als Folge des barmherzigen Mitgefühls. Sie ist die Sophia, die Weisheit, die intuitiv weiß, weil sie ihrem Herzen folgt. Dieses Erkennen ist sublimiertes Begehren, ein Einverständnis aus tieferen Wurzeln, das sich aus anderen Quellen speist, als es beim plötzlichen Aufflammen von Lust im Nahkontakt der Fall ist; sie realisiert eine überzeitliche Verbundenheit, eine seins-entsprechende Nähe, die noch vor dem körperlichen Kontakt gegeben ist. Gewiss beinhaltet das »Erkennen« die geistige und die sinnlich-erotische Dimension (wie wir aus dem biblisch-hebräischen Verbum *yada* oder aus der griechischen Wortwurzel **gen* wissen), aber weisheitliche Sophia geht darüber hinaus: Sie vergegenwärtigt eine ontologische Realisierung der Verbundenheit. Hier klingen alle drei Ebenen der Liebe an, die bereits im Zusammenhang mit der Deutung der Ersten Elegie erläutert wurden.

Der »Herr der Lust« hebt das »Gotthaupt empor«, vom »Unkenntlichen triefend«. Dieses Wort ist explizit sexuell interpretiert worden[130] als Erektion und Samenerguss, zumal Rilke in den »Sieben Gedichten« – von Siegfried Unseld gedeutet auf dem Hintergrund von Goethes Tagebucheintragungen – ähnliche, auch für die Lyrik zu Beginn des 20. Jahrhunderts noch ungewöhnliche explizite phallische Anspielungen macht.[131] Diese Worte sind jedoch umfassender bzw. grundsätzlicher zu verstehen. Wer das Haupt emporhebt, drückt einen Machtanspruch aus. Besinnungslose,

130 Steiner, a. a. O., 56.
131 Siegfried Unseld (Hrsg.): Das »Tagebuch« Goethes und Rilkes »Sieben Gedichte«, Frankfurt a. M.: Insel 1978.

ziellose Gier nach Macht, sie trieft von rücksichtsloser Durchsetzungskraft und unterwirft sich keiner Begrenzung. Hierin sieht Rilke das Dilemma des Mannes. Es ist die Nachtseite der Seele. Gewiss, die Nacht, die »sich muldet und höhlt«, ist ein weibliches Symbol, es ist aber auch die kosmische Nacht, die zerrissen wird vom Sturm der kosmischen Energien. Alles ist hier Entsprechung: die Polarität der Zeiten, der männlichen und weiblichen Energien, die Eruptionen der Welten, die Sterne gebären, wie die Eruptionen des männlichen Geschlechts. Das Leben selbst lebt sich aus, strömt durch den Menschen hindurch wie durch ein Instrument. Es geht um die Urgewalt der Schöpfungskräfte, bevor irgendein Logos auf den Plan tritt. Und das, so Rilke, nicht nur am Anfang des Universums, sondern auch als schöpferisch-ambivalente Kraft in jeder erotischen Leidenschaft.

Auf ein Detail sei noch hingewiesen: Neptun führt den dreifach-phallischen Dreizack als Waffe, mit ihm verbunden wird aber auch die Muschel in der Brust, ein eindeutig weibliches Symbol. Neptun, der Fluss-Gott, hat androgynen Charakter, indem er als männlich stürmende Macht gezeichnet wird, die durch das Weibliche gelindert werden soll. Da das Symbol der Muschel in der Brust des Neptun (nach griechischer Anthropologie der Sitz der Leidenschaft und des Mutes) verankert wird, hat auch das Weibliche mit dieser Sturmkraft des Eros zu tun, sie bleibt nicht auf das männliche Prinzip beschränkt. Die Androgynität ist Merkmal zahlreicher mythischer Gottheiten, entweder ikonographisch unmittelbar dargestellt wie beim indischen Gott Shiva (*ardhanarīshvara*), oder in mythischen Verwandlungen, wie beim indischen Gott Vishnu, der auch als Mohinī erscheinen kann, oder in metaphorisch hinzugefügten Epitheta, wie beim ursprünglich männlichen Kriegs- und Gewittergott Jahwe, dem später auch mütterliche Züge zukommen – »Ich will euch trösten, wie einen seine Mutter tröstet« (Jes. 66,13).

Das »Horch, wie die Nacht sich muldet und höhlt« ist zu Recht als synästhetische Erweiterung gedeutet worden, die den visuellen und haptischen Erfahrungen als akustische Wahrnehmung hinzugefügt wird. Rilke lässt spüren, wie der ganze Mensch in all seinen Sinnen ergriffen hin- und hergerissen wird und, unter dem Ansturm der nicht gebändigten Kräfte, buchstäblich den Verstand verliert.

Abbildung 6: Der indische Gott Shiva als Ardhanarīshvara (androgyn)

Nun aber werden – als Gegensatz zu den neptunischen Gefilden – die Sterne angerufen. Sie sind in den Elegien zweifach präsent: als Sternbilder, die eine kosmische Ordnung repräsentieren in der Zehnten Elegie, und als »Maß des Abstands« in der Vierten Elegie. Himmels- und Erdkonstellationen sind spätestens seit der babylonischen, der chinesischen und der indischen Astrologie mit menschlichem Schicksal in Korrelation gesetzt worden, ein kultureller Versuch, dem undurchschaubar Zufälligen natur-eruptiver Ereignisse Deutung, Sinn, eben Ordnung zu verleihen, um Halt, Hoffnung und Lebensmut zu finden.[132] Das ist eine der Wurzeln von Religion überhaupt. Dass die Urwasser chaotisch sind, der geistige Bereich des Himmels hingegen Ordnungsmacht darstellt, wird auch im Schöpfungsbericht der Genesis angedeutet. Rilke dichtet, dass »des Liebenden Lust zu dem Antlitz seiner Geliebten« aus der Ordnung der Sterne käme. Entspricht nicht »die innige Einsicht in ihr reines Gesicht« dem »reinen Gestirn«? Entsprechung und Steigerung der naturhaften Lust zu ästhetischer Qualität der Liebe werden hier besungen. »Antlitz« meint das geistig durchwirkte einmalige Gesicht, vom Antlitz geht archetypischer Glanz aus, heilende Berührung in beruhigender Schönheit. Das Gesicht ist das unverwechselbar Einmalige, das, was gesehen wird und das, was sieht, die aktiv-passive Kommunion, die Berührungsmembran zum jeweiligen Du. Im Gesicht kann das schicksalhaft Eingeprägte, das sich zum individuell gelebten Leben verdichtet, abgelesen werden. Jede Falte ist Spur, Prägung eines Ausdrucks, der zum Antlitz sich öffnet, wenn er in Kommunion mit geistiger Berührung gelangt. Das Gesicht bildet die reflektierte und reflektierende Landschaft der Persönlichkeit ab, beeinflusst auch von den Sternen, einer Ordnung vor und außerhalb jedes menschlichen Einflusses. Manchmal sei diese Ordnung erfühlbar, glaubt Rilke, und das erscheint zunächst als konträre Aussage: Einerseits ist mit den Sternen die Nähe des Menschen zum Weltgeist gesetzt – denn es ist das menschliche Maß, das menschliche Bewusstsein, das die Sternbilder in den Himmel weit voneinander entfernter Gestirne hineinsieht und hineinliest –, andererseits signalisieren die Sterne Abstand, Ferne, endliche Punkte im unendlichen Raum. Der räumliche Abstand ist Voraussetzung dafür, dass das Auge eine Form erkennen kann, denn zu nahe am Objekt sieht es nur verschwommene Teilaspekte. So ist auch der Abstand der Menschen voneinander die Voraussetzung dafür, dass sie einander erkennen können, liebend, rein, innig, wie Rilke hier ausführt. Und dann vermag das Mädchen den Jüngling durch die personale

132 Besonders im flackernden Erfahrungsbereich der Liebe sollen Horoskope eine gewisse Sicherheit oder Entscheidungshilfe bieten, und das ist bis heute so auch in scheinbar rational-aufgeklärten Gesellschaften.

Begegnung in Liebe zu »lindern«. Das wäre die Sublimierung, die Kultivierung und in manchem auch Ästhetisierung der Gewalt und der zerstörenden Kräfte überhaupt.

Ältere Schrecken

Du nicht hast ihm, wehe, nicht seine Mutter
hat ihm die Bogen der Braun so zur Erwartung gespannt.
Nicht an dir, ihn fühlendes Mädchen, an dir nicht
bog seine Lippe sich zum fruchtbarern Ausdruck.
Meinst du wirklich, ihn hätte dein leichter Auftritt
also erschüttert, du, die wandelt wie Frühwind?
Zwar du erschrakst ihm das Herz; doch ältere Schrecken
stürzten in ihn bei dem berührenden Anstoß.
Ruf ihn … du rufst ihn nicht ganz aus dunkelem Umgang.
Freilich, er *will*, er entspringt; erleichtert gewöhnt er
sich in dein heimliches Herz und nimmt und beginnt sich.
Aber begann er sich je?
Mutter, *du* machtest ihn klein, du warsts, die ihn anfing;
dir war er neu, du beugtest über die neuen
Augen die freundliche Welt und wehrtest der fremden.
Wo, ach, hin sind die Jahre, da du ihm einfach
mit der schlanken Gestalt wallendes Chaos vertratst?
Vieles verbargst du ihm so; das nächtlich-verdächtige Zimmer
machtest du harmlos, aus deinem Herzen voll Zuflucht
mischtest du menschlichern Raum seinem Nacht-Raum
hinzu.
Nicht in die Finsternis, nein, in dein näheres Dasein
hast du das Nachtlicht gestellt, und es schien wie aus
Freundschaft.
Nirgends ein Knistern, das du nicht lächelnd erklärtest,
so als wüßtest du längst, *wann* sich die Diele benimmt …
Und er horchte und linderte sich. So vieles vermochte
zärtlich dein Aufstehn; hinter den Schrank trat
hoch im Mantel sein Schicksal, und in die Falten des
Vorhangs
paßte, die leicht sich verschob, seine unruhige Zukunft.

Hier werden die Verstrickungen geschildert, die sich im Dunkel der früheren Generationen verlieren, bis hin zum Ursprung, dem Fluss-Gott. Das Begehren des Jünglings beginnt nicht mit dem leicht-schwebenden, vielleicht auch leichtgewichtigen Auftritt des Mädchens, sie ist nur Anlass, dass »ältere Schrecken« auf ihn »einstürzen«. Auch die Prägungen durch die Mutter, die analytisch bewusst gemacht werden könnten, sind nur eine der Ursachen. Sie werden wirksam in den Projektionen auf alle neuen Begegnungen, indem alles durch die gewohnten Raster gesehen wird. Das Mädchen weckt ihn auf, sie erschrickt ihm das Herz und stürzt ihn in den Tumult der ersten Liebe. Die Mutter verbarg (»vertrat«) ihm mit ihrer schlanken Gestalt das Chaos, stellte sich schützend davor und inszenierte eine bürgerlich heile Welt, um Belastendes von ihm fernzuhalten. Ein interessantes Detail offenbaren die »Bogen der Braun«, also die Augenbrauen, die hier in Erwartung gespannt sind zwischen dem sinnlich-sehenden Auge und der denkend-abwägenden Stirn. Sie entwerfen Möglichkeiten und Planspiele, um Begierden zu stillen oder über diese hinauszuwachsen. Die Augenbrauen als Metapher finden sich bei Rilke auch an anderer, prominenter Stelle, nämlich im zweiten Buddha-Gedicht von 1906. Dort ist von der »Hoheit dieser Augenbraun« die Rede. Sie überstrahlen das geistige Lächeln des Buddha und wölben sich wie Torbögen zu einem Raum, der sich hinter dem glitzernden Gold religiöser Rituale auftut, wenn man bereit ist, hindurchzuschauen. In beiden Fällen sind die Augenbrauen Symbol der gespannten Erwartung: einmal zurück gewandt und gezeichnet von den Impulsen des naturhaften Triebes, der auf Entladung drängt, einmal nach vorn gerichtet und gespeist aus der Hoffnung der geistigen Erkenntnis, die Erfüllung sucht. Das Heraustreten aus der als fast zwanghaft geschilderten Bestimmung und Prägung durch die Macht des Fluss-Gottes ist möglich, da der Jüngling »*will*«. Dieses Wort steht kursiv. Er »entspringt« und gewöhnt sich erleichtert an das, was hier als ein Schritt zur Befreiung vorgestellt wird. Das Wollen ist in ihm, sein Geist ist nicht total versklavt. Im Willen liegt der Keim für die Überwindung, zum »Überstehen«, wie Rilke es oft formuliert, und zur Verwandlung. Das erleichterte »Sich-Gewöhnen« hat zwei Seiten. Es lässt einerseits Vertrautheit wachsen, eine gewisse Sicherheit, ohne die der Jüngling nach den schrecklichen Nachtgesichten gar nicht wieder zu einer Normalität finden könnte. Andererseits aber führt Gewöhnung zu Trägheit, sie lässt die Einmaligkeit eines jeden Augenblicks verblassen und hat etwas Dumpfes, eine lähmende Bindung an Vorprägungen, und zwar um so mehr, je länger sie andauert. Sie verhindert, dass etwas beginnt. Zum Leben gehören auch automatisierte oder in der Gewohnheit eingeübte Schablonen des Wahrnehmens und Handelns. Wenn dieselben nicht mehr aufgebrochen werden können, geht das Lebendigsein verloren. Lebendigsein aber ist Aufbruch: Aufbruch von Krusten, wie es in der Neunten Elegie heißt, aus verkrusteten Gewohnheiten, Aufbruch zu neuen Ufern. Auch hier ist es wohl die Balance, die Rilke im Auge hat und die jeder schöpferischen kulturellen Gestaltung zugrunde liegt.

Der Jüngling, der so *will*, »beginnt sich« in dieser neuen Dimension. Diese überraschend reflexive Form des Verbums, »sich beginnen« zeigt, dass er selbst aufgrund seines Willens den Neuanfang ermöglicht. Rilke legt damit den Akzent auf die eigene Aktivität und Selbstverantwortung für die spirituelle Reifung, doch gleichzeitig ist diese nur durch das Du möglich, durch das Antlitz des Mädchens, das lindert, ihn zieht, ihn ermutigt. Das Sich-Hingeben an das Andere, das Sich-Öffnen und die Passivität gehören ebenso zum Weg der spirituellen Reifung. Die aktive Passivität und die passive Aktivität markieren eine Haltung, die mit der Dichotomie von Selbsterlösung und Fremderlösung, wie sie in einigen Religionen formuliert wurde, nicht hinreichend erfasst ist. Vielmehr ist es auch hier eine *coincidentia oppositorum*, allerdings in einem existentiellen Ringen, das *communio* voraussetzt.

Diese aber ist im Abhängigkeitsverhältnis zur Mutter nicht gegeben. Der emphatische Wechsel in die direkte klagende Anrede macht es deutlich: »Mutter, *du* machtest ihn klein«. Es war ein Niederhalten eigener Entwicklungsmöglichkeiten, Abhängigkeit und Unterdrückung. Die Mutter, die ihm Mädchenkleidung verordnete und die er als bigott erlebte. Rilkes Erfahrung mit der eigenen Mutter war allerdings keineswegs nur repressiv. In einem bemerkenswerten (späten) Brief zum Weihnachtsfest 1923 schreibt er[133] an die

133 Brief an Sophia Rilke, vor Weihnachten 1923, in: Rainer Maria Rilke, Weihnachtsbriefe an die Mutter (Hrsg. Hella Sieber-Rilke), Frankfurt a.M./Leipzig: Insel 1995, 77–79. Überhaupt sind diese Weihnachtsbriefe ein bewegendes Zeugnis von Rilkes spiritueller Verbindung zur Mutter, eine Weihnachtsfrömmigkeit des Vertrauens in die erneuernde Kraft des göttlichen Kindes, das (durchaus im Sinne

»liebe gute Mama«, dass er vielleicht deshalb »ein solcher Rühmer der Freude« geworden sei, weil sie und »der Papa« es »mittels der Vorbereitungen und Überraschungen« zum Fest verstanden hätten, die »engelhaften Wehen der Vor-Freude« in ihm zu wecken und wachzuhalten. Das war – für Mutter und Kind – auch ein Beginn, ein Neues, die Kinderaugen konnten nun die »freundliche Welt« im Gesicht der Mutter erblicken, eine Verheißung gewiss, in der sich die zuvor imaginierte Begegnung mit dem Mädchen in anderer Tonlage widerspiegelt. Die Mutter war es, die »menschlichen Raum« seinem »Nacht-Raum« hinzumischte, die also die dunklen Ängste erhellte und durch ihre Präsenz »Zuflucht« möglich machte. Und auch hier »linderte er sich«. Ein feiner Unterschied fällt auf: Das Mädchen war die, die linderte, hier ist die Mutter die Präsenz, durch die er sich selbst lindern kann. Im Mädchen ist sein Personales stärker absorbiert, wohingegen die Mutter ihn einlädt in einen Raum, in dem er selbst werden kann. Das relativiert ihre Dominanz, die ihn »klein« gemacht hat. Doch die Linderung durch die Mutter war brüchig. Sie konnte nur das äußere Knistern im Dunkeln wegerklären, aber die Fluten, die aus dem Inneren bedrohlich aufstiegen, nicht bändigen, da diese angstbesetzten Wahrnehmungen »verstrickt« sind ins innere Geschehen karmischer Muster.

Fluten der Herkunft

Und er selbst, wie er lag, der Erleichterte, unter
schläfernden Lidern deiner leichten Gestaltung
Süße lösend in den gekosteten Vorschlaf –:
schien ein Gehüteter ... Aber *innen*: wer wehrte,
hinderte innen in ihm die Fluten der Herkunft?
Ach, da *war* keine Vorsicht im Schlafenden; schlafend,

des Meister Eckhart) stets neu in der empfindsamen, schweigenden Seele geboren wird. Rilke und seine Mutter schrieben von 1900 bis 1925 ohne Unterbrechung einander, wo immer sich auch der Dichter befand, und die Briefe (nebst dem Päckchen) wurden zur fest verabredeten Zeit, am Heiligabend 6 Uhr nämlich, geöffnet, um zwar in äußerlicher Distanz, aber in tiefster innerer Verbindung »das heilige Christkind im bereitesten Herzen aufzunehmen« (Brief von 1915, a. a. O., 54). Die Briefe reichen, so die Herausgeberin Hella Sieber-Rilke, an das Tiefste heran, was Rilke in den Elegien, im Traktat über Gott oder im Brief des jungen Arbeiters über Religion gesagt hat. (Nachwort, a. a. O., 97)

aber träumend, aber in Fiebern: wie er sich ein-ließ.
Er, der Neue, Scheuende, wie er verstrickt war,
mit des innern Geschehens weiterschlagenden Ranken
schon zu Mustern verschlungen, zu würgendem Wachstum, zu tierhaft
jagenden Formen. Wie er sich hingab –. Liebte.
Liebte sein Inneres, seines Inneren Wildnis,
diesen Urwald in ihm, auf dessen stummem Gestürztsein
lichtgrün sein Herz stand. Liebte. Verließ es, ging die
eigenen Wurzeln hinaus in gewaltigen Ursprung,
wo seine kleine Geburt schon überlebt war. Liebend
stieg er hinab in das ältere Blut, in die Schluchten,
wo das Furchtbare lag, noch satt von den Vätern. Und jedes
Schreckliche kannte ihn, blinzelte, war wie verständigt.
Ja, das Entsetzliche lächelte … Selten
hast du so zärtlich gelächelt, Mutter. Wie sollte
er es nicht lieben, da es ihm lächelte. *Vor* dir
hat ers geliebt, denn, da du ihn trugst schon,
war es im Wasser gelöst, das den Keimenden leicht macht.

Siehe, wir lieben nicht, wie die Blumen, aus einem
einzigen Jahr; uns steigt, wo wir lieben,
unvordenklicher Saft in die Arme. O Mädchen,
dies: daß wir liebten *in* uns, nicht Eines, ein Künftiges, sondern
das zahllos Brauende; nicht ein einzelnes Kind,
sondern die Väter, die wie Trümmer Gebirgs
uns im Grunde beruhn; sondern das trockene Flußbett
einstiger Mütter –; sondern die ganze
lautlose Landschaft unter dem wolkigen oder
reinen Verhängnis –: *dies* kam dir, Mädchen, zuvor.

Rilkes Bildersprache gelangt hier zu einer Dichte, die ihresgleichen sucht. Es ist ein Aufbäumen der Sprache wider das naturhafte Überwuchern durch die Ranken, urwaldartig, »würgend«, dann zu »tierhaft jagenden Formen« gesteigert. Die Geschwindigkeit der Bewegung nimmt zu. Die Ranken sind Schlingpflanzen, die umschlingen und fesseln, sie stehen für das innere Zwanghafte, das unfrei macht, ein organisches Bild für dasselbe, was Rilke auch mit den »Trümmern Gebirgs« im Sinn hat: Sie sind die Bürde, die den Fortgang behindert, die »Struktur«, nach der wir zu handeln gezwungen sind. Es ist kein Zufall, dass im Jugendstil die Ranken beliebt sind als eingrenzende Rahmen und Formen, die den Blick zwar bündeln, aber doch auf die Suche schicken nach einem Zentrum der Aufmerksamkeit. Die Ranken etwa bei Gustav Klimt und Edvard Munch sind auch sexuell interpretiert worden (bei Munch sind sie aus Spermien gebildet, vgl. Tafel 6), sie sind das Umgebende und Ermöglichende, gleichzeitig aber auch das Beengende. Der Urwald, den Rilke hier vor dem inneren Auge entstehen lässt, ist der dunkle Untergrund, auf dem Pflanzen zarten Grüns emporwachsen, ein Hinweis, wie sich auf dem Humus der Fluss-Gott-Welt bzw. des Unbewussten das hoffnungsvolle zarte Grün der Neugeburt bildet. In beiden Fällen – der Begegnung mit der Mutter wie mit der Geliebten – befreit die Begegnung, das Du, aus den Verstrickungen in die Muster der Vergangenheit, in die karmische Bindung. Und es ist ein Du, das keine neuen Abhängigkeiten schafft, sondern die Selbstheilungskräfte, den Willen, aufweckt.

Es sei an dieser Stelle auch auf das in Asien gebräuchliche Symbol für diese Einsicht verwiesen: So wie die makellos schöne Lotosblume im schlammigen Tümpel wächst und erblüht, wobei kein Wassertropfen oder Schmutz an ihr anhaften kann, so geschieht die geistige Entfaltung des Menschen auf dem Untergrund seiner triebhaften, noch unklaren Natur. Die Lotosblüte erhebt sich übrigens in erheblichem Abstand über dem Wasser!

Rilke lässt das Herz des Jünglings aus dem Modern des Dunkels des Urwalds erwachsen, und zwar in der Farbe »lichtgrün«, also im zarthellen ersten Grün des Frühlings. Jacob Steiner macht darauf aufmerksam,[134] dass »Grün« die Farbe ist, die in den Elegien am häufigsten vorkommt, und er verweist auf die Saltimbanques in der Fünften Elegie, wo die wachsenden Brüste des Mädchens von grüner metallener Seide bedeckt werden, und auf die Neunte Elegie, wo das Grün als Farbe des Vegetativen schlechthin fungiert, und zwar in Schattierungen, die den Weg der Reifung anzeigen, und schließlich auf die Zehnte Elegie, wo die Schmerzen als das dunkle »Sinngrün« (dunkel, weil durchgereift) unseres Lebens vorgestellt werden.

In jeder neuen Begegnung werden alte, unbewusste Prägungen

134 Steiner, a. a. O., 62.

wieder wach. Der Jüngling steigt hinab in Schluchten, in das ältere Blut, in seine Seelenlandschaften. Die Schlucht stellt das Unheimliche dar, auch den mütterlichen Schoß, der verschlingt, die Öffnung ins Innere – der Erde, der Mutter, der Geliebten. Diese Bilder suggerieren den Raum der Väter und Mütter als karmische Struktur des bindenden, aber auch gestaltenden Zusammenhangs. Gestaltet-Sein und Gestaltet-Werden stehen in Spannung. Der Abstieg in die Schluchten ist ein Hinab-Steigen zum Grund, ein Weg, ein mutiger Wille, den eigenen Ursprung zu erforschen. Das »ältere Blut«, die Kette der vorangegangenen Generationen, ist »satt von den Vätern«, voll des Furchtbaren. Dieses schreckliche Erinnern »blinzelte« (ähnlich wie auch Nietzsche das Blinzeln als Ausdruck kennt, vor allem im Zarathustra), ein höhnisches Blinzeln, das dem aufbruchsbereiten Jüngling den Mut nehmen will und ein Einvernehmen in der Schmach suggeriert, um ihn hinabzuziehen. Hier tut sich ein Schlund höllischer Verstrickungen der geplagten Menschheit auf. Der Mythos beschreibt dies im Bild des schlafenden Ur-Drachens, der die Jungfrauen – Symbol der Reinheit und des Neuen – verschlingt. Es ist die unbewusste Welt des Blutes, der reine und rücksichtslose Daseinstrieb. Rücksichtslos ist das, was keinen Kontakt haben kann, was sich blindwütig und um jeden Preis durchsetzt, die totale Unfähigkeit zur Empathie. Es ist das Entsetzliche,– das lächelt. Auch hier begegnet wieder die Kontrastharmonie des Schönen und des Schrecklichen, wie wir sie kennen aus apokalyptischen Visionen, aus der Epiphanie der kosmischen Gottesgestalt der Bhagavad Gītā, in Kants Begriff des Erhabenen, bei Schiller und August von Platen, in Rilkes Gestalt des Engels und im Numinosen, wie Rudolf Otto es bestimmt. Dieses Erhabene ist das Schöpferisch-Zerstörerische im Drang, sich zu äußern, wie der ambivalente indische Gott Shiva, der die Welt zuerst ins Sein, dann in die Vernichtung und erneut wieder ins Sein tanzt.

In diesen Versen verbinden sich kosmische Visionen, in mythische Bilder gegossen, mit persönlichen Erfahrungen. Erschütternd, wie Rilke, als ihm die Formulierung »das Entsetzliche lächelte« in die Feder fließt, sofort assoziiert: »… Selten / hast du so zärtlich gelächelt, Mutter«. Ist es das entsetzlich Dunkle, das sich hinter dem Lächeln der Mutter verbirgt, das Beengende, ja Verschlingende?

Hier wartet die gesamte tragische Menschheitsgeschichte darauf, in solchen nur scheinbar ganz persönlichen, einmaligen und unverwechselbaren Erfahrungen präsent zu werden. In einem gegenwärtigen Ereignis regt sich überwältigend die Vorzeit: eifersüchtige Frauen, kriegerische Männer, getötete Kinder, ein Trümmergebirge menschlicher Leidenschaften oder ausgetrocknete Flussbetten, also ein Trümmergebirge weiblicher Lebenshoffnungen. »Lautlose Landschaft unter dem wolkigen oder reinen Verhängnis«. Diese Stille ist nicht erfüllt, sondern das Lautlose bezeichnet eine Unentrinnbarkeit, das entsetzte Verstummen, den Inbegriff erstarrter Gewohnheitsmuster menschlichen Empfindens und Verhaltens, das von Generation zu Generation weitergegeben wird als Verhängnis. Immer schon sind wir geprägt, lange bevor wir bewusst werden und etwas wollen können: von den Vätern und Müttern der Vorzeit, von den eigenen frühkindlichen Erfahrungen. Wie können wir der Geliebten projektionsfrei, eben frei, begegnen?

Viermal stellt Rilke ein »sondern« der Fixierung der Liebe auf ein Einzelnes entgegen: »daß wir liebten *in* uns, nicht Eines, ein Künftiges, sondern …« Wir lieben nicht ins Offene, – wie die Blumen, von denen noch die Rede sein wird – sondern selbstverstrickt »*in* uns«, das »in« hervorgehoben durch Kursivschrift. Das Eigensinnige, das klammernd Festgehaltene, karmisch verstrickt in Muster, die uns nicht bewusst sind. »Fluten der Herkunft« reißen uns hinweg, vielleicht auch Erwartungen für die Zukunft, die sich aus den Formen der Trümmer des Vergangenen gebildet haben. Wir lieben auch nicht das Mädchen aus Liebe zu dem je besonderen Kind, das wir mit ihr vielleicht zeugen werden, sondern rücksichtslos getrieben. Ein düsteres Bild der Egozentrizität.

Ist das Rilkes Menschenbild? Gewiss nicht ausschließlich, es gibt ein Dennoch. Rilke schaut, besonders in dieser Elegie, mit schonungsloser Konsequenz in die Tiefen menschlicher Abgründe, darin Nietzsche in nichts nachstehend. Menschen handeln unter einem Verhängnis, das »rein oder wolkig« ist. Selbst erfahrene Interpreten wie Steiner scheitern an dieser Stelle. Er urteilt: »Was das genau zu bedeuten hat und ob es überhaupt über das Bildliche hinaus etwas meint, ist nicht zu sagen.«[135] Wenn aber das Verhängnis, die lastende Vergangenheit, als Karma interpretiert wird, ergibt

135 Steiner, a. a. O., 69.

diese widersprüchliche Charakterisierung durchaus einen Sinn. Es gibt karmische Prägung, die das Licht verdunkelt, die »wolkig« ist und jede Erkenntnis blockiert, und es gibt karmische Prägung, die den Handelnden ins Offene stellen kann, die »rein« ist oder zumindest die Sehnsucht wachhält. Wir leben, das scheint Rilke hier offenhalten zu wollen, mit diesem doppelten Erbe. Und mit dieser doppelten Möglichkeit.

Doch in dieser Elegie überwiegt – bisher zumindest – das Bedrückende. Dass dies nicht unausweichlich ist, auch nicht für Rilke in seiner Zeit, zeigt ein Gegenmodell, das auf Schopenhauer zurückgeführt werden kann. Er begründet seine Ethik des Mitleidens mit der angeborenen Fähigkeit zur Empathie. Nach Schopenhauer verfügt der Mensch über eine ursprüngliche Intuition der Einheit aller Lebewesen, der Verbundenheit und des Einsseins, derer er sich in Krisensituationen spontan bewusst wird. Die Hinwendung zu anderen Lebewesen im Augenblick der Krise beruht auf einer spontanen metaphysischen Erkenntnis. Auch diese Möglichkeit fasst Rilke im Rahmen des Ethos seiner künstlerischen Berufung ins Auge. Es ist ein »Dennoch«, das Rilke selbst zumindest implizit formuliert: Wenn die Welt erschreckend ist, so sind es doch *unsere* Schrecken, denn die Dinge erscheinen uns so, wie wir sie anschauen. Es ist letztlich eine Frage der Bewusstseinshaltung, und die kann geändert werden. Ob sich die Landschaft der Seele als Steinwüste oder als Meer von Blumen zeigt, ist nicht unabänderliches Schicksal, sondern Folge unseres Umgangs mit den Möglichkeiten, die vor uns ausgebreitet sind, auch und gerade weil sie abhängen von dem, was seit Anfang der Welt hinter uns liegt. Es kommt auf das Gehen an, auf den bewusst gewordenen Weg. Rilkes Dichtung ist Dichtung des Möglichen.

Der Garten

Und du selber, was weißt du –, du locktest
Vorzeit empor in dem Liebenden. Welche Gefühle
wühlten herauf aus entwandelten Wesen. Welche
Frauen haßten dich da. Was für finstere Männer
regtest du auf im Geäder des Jünglings? Tote
Kinder wollten zu dir … O leise, leise,

tu ein liebes vor ihm, ein verläßliches Tagwerk, – führ ihn
nah an den Garten heran, gieb ihm der Nächte
Übergewicht . . . . . .
Verhalt ihn . . . . . .

Rilke schließt mit einem Ausblick: »ein verläßliches Tagwerk«, die einfache Tat, als »ein liebes«, unmittelbar in schenkender Absicht, ein Bewusst-Werden im Augenblick, eine kleine neue Schöpfung. Dieser Verweis auf das Einfache wird als tragende Aussage in der Siebenten und Neunten Elegie erneut aufgenommen. Das Gewahrwerden der alltäglichen Selbstverständlichkeiten spielt in der Geistesschulung der Mystik eine Rolle, wie die Auslegung Meister Eckharts zur Maria- und Martha-Perikope zeigt (Lk 10,38–42): Maria habe das bessere Teil erwählt, weil sie zu Jesu Füßen sitzt und seinen Worten lauscht, während Martha als Gastgeberin sich im Haus zu schaffen macht. Eckhart hingegen dreht die Wertung um: Martha hat die Präsenz Jesu verinnerlicht, er ist in ihr gegenwärtig, gerade indem sie mit alltäglichen Dingen beschäftigt ist; sie muss dem Spirituellen nicht mehr einen ausgegrenzten Raum bzw. eine abgehobene Zeit einräumen.[136] Jedes Ding – so ein wiederkehrendes Motiv bei Rilke – kann zum Träger von unendlicher Bedeutung werden, wenn es »überstiegen«, d. h. in den Raum »offenen Bezugs« gestellt wird, wenn wir in ihm der transparenten schöpferischen Kraft des Entstehens-Vergehens-Neuwerdens ansichtig werden. Gerade im Kleinsten kann sich das Bewusstsein so sammeln, dass es Hintergründiges wahrnimmt, das Staunen neu lernt und sich selbst genügt. So wird für die Mystiker *jede* Verrichtung zum Gebet. Dies ist im Zen-Buddhismus eine zentrale Praxis: »Zurück auf den Marktplatz« heißt die letzte der zehn Stufen auf dem Weg zum geistigen Erwachen, dargestellt in der Serie der Ochsen-Bilder. Auch die Heldinnen in den Märchen werden beim Verrichten alltäglicher Tätigkeiten in einen Verwandlungsprozess initiiert, man denke an »Dornröschen« oder »Goldmarie« bei »Frau Holle«. Im Falle des Helden sind es Mutproben, das Bestehen von Gefahren auf Reisen oder eben auch die kluge Verrichtung großer alltäg-

136 Auf die Parallele dieser Deutung Eckharts zum Zen-Buddhismus weist Ueda Shizuteru hin. Vgl. ders.: Die Gottesgeburt in der Seele und der Durchbruch zur Gottheit. Die mystische Anthropologie Meister Eckharts und ihre Konfrontation mit der Mystik des Zen-Buddhismus. Gütersloh: Mohn 1965.

licher Aufgaben wie bei Herakles, der den Augias-Stall auszumisten hat. In der Regieanweisung zur Inszenierung von Goethes »Faust« ist Gretchen, die auf Faust wartet, mit »verlässlichem Tagwerk« beschäftigt, nicht anders als Senta in Richard Wagners Oper »Der fliegende Holländer«, während sie von ihrem Helden träumt.

Im Unterschied zum wuchernden Urwald oder der sich selbst organisierenden Wiese ist der Garten eine Vegetation, der ordnender Geist die Form gegeben hat. Die Metapher des Gartens steht für blühende Vielfalt, die gleichwohl nicht zufällig ist, sondern nach einem von Menschen erdachten und bevorzugten Muster gestaltet wurde. Der Garten ist eine Schnittstelle von Natur und Kultur, er verlangt dem Menschen Können und Geduld ab. Im Garten gibt es keine Zweckrationalität, die einen absehbaren Nutzen kalkuliert (das wäre die Plantage), sondern hier entstehen und wachsen, wechselseitig aufeinander bezogen, in unerschöpflicher Kreativität Formen und Gestalten, die als »schön« empfunden werden. Der Gärtner muss die natürlichen Prozesse durch seine Pflege fördern, sonst verwuchert das Gelände. Er sollte dabei allerdings die Einheit des Ganzen wie die Einzigartigkeit eines jeden Gewächses im Blick haben. Und er muss wissen, dass nicht jede Pflanze an jedem Ort gedeiht. Blumen sind zart, sie haben reinen Raum, in den sie »unendlich aufgehn«, wie es in der Achten Elegie heißt. Sie sind sich keiner Zeit bewusst, sondern blühen, weil sie blühen, während uns Menschen – schmerzlich – das Vergehen bewusst ist, wie in der Sechsten Elegie, wo der »gärtnernde Tod« angesprochen wird, die Kehrseite des Blühens also vor das innere Auge gestellt ist. Blumen aber sind im Jetzt, sie lieben »aus einem einzigen Jahr«, sie füllen den Raum und haben keine Vergangenheit oder Zukunft. Sie projizieren sich nicht in etwas, das nicht ist. Darum, so Rilke, haben sie – wie die Tiere – den eigenen Untergang stets hinter sich. Wie es zu Beginn der Achten Elegie heißt:

> Mit allen Augen sieht die Kreatur
> das Offene. Nur unsre Augen sind
> wie umgekehrt und ganz um sie gestellt
> als Fallen, rings um ihren freien Ausgang.
> Was draußen *ist*, wir wissens aus des Tiers
> Antlitz allein; denn schon das frühe Kind
> wenden wir um und zwingens, daß es rückwärts

Gestaltung sehe, nicht das Offne, das
im Tiergesicht so tief ist. Frei von Tod.

Oder in dem wundervollen Gedicht aus den Sonetten an Orpheus, wo sich die Anemone der Morgensonne öffnet: »Blumenmuskel, der der Anemone / Wiesenmorgen nach und nach erschließt…« Der Schluss lautet: »Wir, Gewaltsamen, wir währen länger. / Aber *wann*, in welchem aller Leben, / sind wir endlich offen und Empfänger?«[137]

Dies ist der Ruf nach einem Bewusstseinswandel, der die gesamte Geschichte der Mystik durchzieht: »offen werden«, »bereit werden zu empfangen«. Angedeutet ist dies bereits in der Engelsverkündigung an Maria, die durch die gesamte Christentums-Geschichte hindurch im Angelus-Mittagsgebet liturgisch erinnert wird, dann aufgenommen von Meister Eckhart und seinen Schülern Tauler und Seuse (und Luther), von Angelus Silesius und dem protestantischen Dichter Gerhard Tersteegen. Letzterer hat in seinem Lied »Gott ist gegenwärtig« den Inbegriff von Rilkes Sehnsucht nach dem Offenen großartig vorweggenommen:[138]

Wie die zarten Blumen willig sich entfalten
Und der Sonne stille halten
Laß mich so, still und froh,
deine Strahlen fassen
und dich wirken lassen.

»Gieb ihm der Nächte Übergewicht« heißt wohl: erfülle du sie ihm, damit der Albtraum der kollektiven Verstrickung verschwinden kann. Aber was das genau ist, bleibt offen – Rilke setzt hier Auslassungspunkte, und dann noch einmal, als er einen letzten, fast gehauchten Imperativ hinzufügt: »Verhalt ihn.« Halte ihn zurück

137 Die Sonette an Orpheus. Zweiter Teil, V, in: Rilke, Werke, Bd. 2, 635. – Der hochempfindsame Rilke identifiziert sich 1914 in einem Brief an Lou Andreas-Salomé mit der Anemone: »Ich bin wie die kleine Anemone, die ich einmal in Rom im Garten gesehen habe, sie war tagsüber so weit aufgegangen, dass sie sich zur Nacht nicht mehr schließen konnte. Es war furchtbar sie zu sehen in der dunklen Wiese, weitoffen, immer noch aufnehmend in den wie rasend aufgerissenen Kelch, mit der vielzuvielen Nacht über sich, die nicht alle wurde.« Brief an Lou Andreas-Salomé vom 26. 6. 1914, in: Fülleborn/Engel, a. a. O., Bd. 1, 109.
138 Evangelisches Gesangbuch 165.

und halte ihn so wie das »Sich verhalten« schon in der Ersten Elegie in dem Doppelsinn des Tuns und des Sich-Zurückhaltens gebraucht wurde. Die Elegie endet mit Auslassungspunkten. Ein Verhauchen ins Ungewisse.

Wann werden Menschen ins Offene blicken können? Wie ist Freiheit möglich angesichts der Verstrickungen, in denen sich Herz und Bewusstsein ständig verfangen, nur um in neue fatale Muster zu verfallen, die keiner Freiheit folgen, sondern projektiven Zwängen, die unausweichlich zu sein scheinen? Diese Frage stellt Rilke in der Dritten Elegie erschütternd offen. Die Antwort deutet sich an in einer Richtung, die Rilke hier noch nicht formuliert, die sich aber aus einer geistesverwandten Radikalität ergibt, der Rilke nicht *verbis expressis*, wohl aber im Geiste der radikalen Umkehr folgt. Es ist ein Weg, den Friedrich Nietzsche in den drei Umwandlungen des Geistes bereits beschrieben hat. Zu Beginn der Reden des Zarathustra werden diese drei Stufen der Entwicklung bildhaft beschrieben, sie drücken aus, was Rilke in der Dritten Elegie thematisiert, aber sie kennzeichnen auch eine Weiterentwicklung, die Inbegriff der spirituellen Befreiung sein könnte, die auch Rilke ahnt.[139]

> »Drei Verwandlungen nenne ich euch des Geistes: wie der Geist zum Kamele wird,
> und zum Löwen das Kamel, und zum Kinde zuletzt der Löwe.«

Kamel, Löwe und Kind – drei Bilder eines Geistes, der zur Befreiung gelangt. Das Kamel ist die Metapher für den »tragsamen Geist«, der niederkniet und beladen werden will. Er will sich erniedrigen, um darin seine Stärke in der Duldung zu erproben, »seine Torheit leuchten lassen, um seiner Weisheit zu spotten«. Er ist selbst-erniedrigend, geduldig, gehorsam, er verbleibt in Heteronomie, in seiner eigenen Wüste. Doch dort mutiert er zum Löwen und begehrt auf. »Freiheit will er sich erbeuten.« Er wird Feind, zuletzt auch »seinem letzten Gotte, um Sieg will er mit dem großen Drachen ringen«, dem »Du sollst«. Der Löwe hingegen brüllt sein »Ich will«. Es ist der Durchbruch zur Autonomie, zu einem Ich, das

139 Friedrich Nietzsche: Also sprach Zarathustra. Erster Teil. Die Reden Zarathustras. Von den drei Verwandlungen, in: Friedrich Nietzsche, Werke. Auswahl in zwei Bänden. Erster Band, Stuttgart: Kröner 1942, 372 ff.

sich durchzusetzen weiß gegen alle Schwachheit und Fremdbestimmung. Der Löwe schafft sich zwar Freiheit, aber noch keine neuen Werte. Er verharrt im Widerspruch, ohne Neues zu wagen. Das bleibt der dritten Verwandlung vorbehalten: der Verwandlung in das Kind. »Unschuld ist das Kind und Vergessen, ein Neubeginnen, ein Spiel, ein aus sich rollendes Rad, eine erste Bewegung, ein heiliges Ja-sagen.«[140] Warum ein Vergessen? Weil damit die Muster, in denen zwanghaft das Schicksalsgestrickte wiederholt wird, durchbrochen werden. Warum Unschuld? Weil die reflektierende, wertende, abgrenzende Deutung aufgebrochen und als »gedeutete Welt« entlarvt wird. Erst dann ist ein neuer Blick, ein Anfang möglich. Und dann das wunderbare Bild der Freiheit: »ein aus sich rollendes Rad«. Es rollt, weil es rollt, in eigener natürlicher Balance und sich selbst stabilisierendem Gleichgewicht. Die Lebensenergie wird durch nichts eingeschränkt, Rilke nennt es die Dynamik des Offenen, eine anstrengungsfreie Anstrengung, ein Sich-Zeigen der verborgenen, bleibenden, inneren Gestalt. Hier entfaltet sich der Geist aus seiner ihm innewohnenden Dynamik ohne die Fremdbestimmung durch verkrustete Formen. Ein Geist des Maßes, gewiss, aber das Maß kommt aus ihm selbst. Da ist kein Zwang mehr.

Diese glasklar formulierte Antwort hat Nietzsche auf die Problematik, die Rilke in der Dritten Elegie anspricht. Nietzsche sieht diesen Weg, aber er zerbricht daran. Rilke wird in den nächsten Elegien die Möglichkeiten durchspielen und in der Achten und Neunten Elegie seine Lösung vortragen, die sich schon andeutet im Stunden-Buch, in den Buddha-Gedichten, in der Gestalt des Engels der Ersten und Zweiten Elegie. Sowohl für Nietzsche als auch für Rilke aber gilt: Die Vollendung steht noch aus.

140 Nietzsche, Zarathustra, a.a.O., 373

Die Vierte Elegie

Diese Elegie führt das Thema der Dritten Elegie weiter. Sie fragt, wie authentisches, selbstbestimmtes, d.h. freies Leben möglich werden kann angesichts der »Zerrissenheit« (Eugen Fink) von Jetzt und Transzendenz, von Natur und Geist, angesichts der »Entzweiung«, die der Mensch als Zuschauer seines eigenen Lebens-Schauspiels erlebt, der fassungslos auf seine eigene Vergangenheit und Zukunft blickt, ohne das Hier und Jetzt wirklich gestalten zu können.[141] Sie entwirft das Bild einer Weltbühne, auf der die Menschen gleichzeitig Zuschauer und Mitspieler sind, einer Puppenbühne und, wie wir sehen werden, eines Marionettentheaters. Dies aber steht – von Rilke explizit so ausformuliert – für die Bühne des eigenen Herzens, auf der die Marionetten tanzen. Doch was ist das Theater? Die Frage ist hier identisch mit der Frage, was das Leben sei.

Die Symbolik und Metaphorik ist nicht neu. Schiller bereits hatte die Welt als Theater und Theater als Welt im Sinn einer Schaubühne der moralischen Erziehung betrachtet, und Rilke nimmt diesen Gedanken auf: Das Metier der Künste sei es, »Anlässe zur Veränderung rein und groß und frei hinzustellen«.[142] »Welttheater« ist ein mythisches Bild, das in Ritualen auf die »Bühne« gebracht wird, eine Bühne, die Menschen betrachten (und auf der sie Mitspieler sind), um eigene Potenziale zu entdecken. Die Phantasie bringt Bilder, Figuren und Konstellationen dieser Figuren hervor, die nach außen projizierte Bewusstseinskräfte sind, die der Mensch schaut und anschaut (beides Rilke'sche Begriffe in dieser Elegie), um sich selbst darin zu erkennen, zu lernen und sein Leben entsprechend zu gestalten. Das ist auch der Kern des mythischen Narrativs, das die Religionen in Ritualen re-präsentieren. Das ist das »Wesen« von Religion.

Die Mythen in den Religionen verstehen die Welt als ein Bezie-

141 Hans Rainer Sepp: »Seinsarmut. Eugen Finks Übersetzung der Duineser Elegien in philosophische Reflexion«, in: Trigon 8, Kunst, Wissenschaft und Glaube im Dialog (2009), 159–168, hier 164.

142 Rilke, Brief an Thankmar Freiherrn von Münchhausen vom 28.6.1915, in: Fülleborn/Engel, a.a.O., Bd. 1, 126.

hungsspiel.[143] Der Rhythmus des Spiels (inszeniert durch Musik, Tanz und wiederholte Gebärde) erzeugt die Gesetzmäßigkeit, nach der das Universum »abläuft«. In jeder Ordnung lauert ja gefährliche Unordnung, und darum muss diese Ordnung rituell stets neu re-präsentiert werden. In der Gebärde und Bewegung des Tanzes entsteht performativ die Einheit der Gegensätze, d.h. im kultischen Tanz vereinen sich Götter und Menschen, Engel und Dämonen. Weil nur der Mensch dieses Spiel durchschaut, kommt ihm Verantwortung zu, nicht nur gegenüber den Göttern, sondern für das Leben und Wohlergehen der Götter. Das ist ein Leitmotiv im indischen Mythos. Im Ritual spielt der Mensch die Harmonisierung der Energien durch, die schließlich das Ganze formen sollen – als Projekt, das nie abgeschlossen ist. So erscheinen mythische Gestalten – Gnome und Riesen, Menschen und Götter – getrieben in ihren Verstrickungen vom rhythmischen Impuls ihrer Energien. Hier wandelt sich der Mensch, bis er zum Gott geworden ist; hier wandelt sich der Gott, bis er zum Menschen geworden ist. Im Ritual wird der Mythos gespielt und dabei entsteht die Zeit als Ort der kreativen Entwicklung. So wird die Gegenwart des Ursprungs präsent im Augenblick der ewigen Kreativität, die Zukunft ermöglicht.

Die griechisch-christliche Geistesgeschichte hat diese Dynamik, das Beziehungsgeflecht von Göttlichem und Menschlichem, im Bild der Trinität betrachtet: Vater, Sohn und Geist sind die drei Elemente des Seins im Reigentanz (*perichoresis*), in dem sich die Gottheit rhythmisch ereignet.[144] Meister Eckhart verdichtet dies in dem berühmten Bildwort: »Das Auge, mit dem mich Gott schaut, ist dasselbe Auge, mit dem ich Gott schaue.« Subjekt und Objekt werden durch Resonanz eins, so wie auch im indischen Tanz die anbetende Tänzerin und der Gott, den sie tanzt, eins werden. Erstaunlicherweise bezeichnet auch in Japan Zen-Meister Dōgen (13. Jh.) das Große Erwachen mit dem metaphorischen Ausdruck »kosmische Resonanz« (*kannō-dōkō*).

143 Dazu ausführlich (mit Bezug auf das indische Tanztheater): Michael von Brück: »Mythos als Resonanz«, in: Hans Werner Henze (Hrsg.): Musik und Mythos. Neue Aspekte der musikalischen Ästhetik, Bd. 5, Frankfurt a.M.: Fischer 1999, 31–44.

144 Dazu: Michael von Brück: Einheit der Wirklichkeit. Gott, Gotteserfahrung und Meditation im hinduistisch-christlichen Dialog, München: Chr. Kaiser 1987, 137–144.

Das, was das indische Tanz-Ritual ausmacht, bildet sich auch ab in Rilkes Theater-Metapher. In der Vierten Elegie treten drei »Protagonisten« auf: die Puppe, der Mensch und der Engel. Sie können als drei voneinander geschiedene Figuren betrachtet werden, sie sind aber auch – wie bei jedem Theater, von der antiken Tragödie bis zum japanischen Nō – »Seelenanteile« jedes Menschen, die miteinander ringen. Die Puppe hat ein »Gesicht aus Aussehn«, der Mensch hat »Gesicht«, der Engel hat »Antlitz«. Dem Menschen kommt eine Mittelstellung zu.

Engel haben ein *Antlitz* (DE 2,19) – das bedeutet, sie sind in sich spiegelnd, sie können das, was sie an Energie aus sich herausstrahlen, in Gänze wieder in sich zurücknehmen. Sie schwingen in einem ununterbrochenen Rhythmus, bei dem nichts verloren geht.

Menschen hingegen haben ein *Gesicht* – es ist geprägt durch die Aktivität des eigenen Sehens. Das Sehen ist ein geschichtlicher Prozess, in dem Lebensenergie unwiderruflich verbraucht wird (DE 2,28).

Puppen haben ein *Gesicht aus Aussehn* (DE 4,31) – d. h. es ist äußerlich und festgelegt. Die Puppe – eine Marionette, wie wir sehen werden – verändert sich nicht. Es ist die Projektion einer inneren, festgelegten Gestalt auf das Äußere des Gesichts.

Durch das Zusammenspiel von Puppe und Engel wird das Schauspiel auf der Bühne in Szene gesetzt. Was bedeutet das für den Menschen bzw. für authentisches Menschsein, das nicht maskenhaft ist und verkleidet, nicht uneigentlich, wie es später heißen wird? In mancher Hinsicht ist die Antwort Rilkes eine überraschend buddhistische.

Der Baum

Die Vierte Elegie hebt an mit einer Beschwörung des Baumes als Symbol, und zwar in typisch Rilke'scher Sprachdichte. »Bäume Lebens« sind weder Lebensbäume noch Bäume, die durch einen Genitiv zusätzlich näher bestimmt würden, also »Bäume des Lebens« oder des »ewigen Lebens«. Die Sprachform suggeriert vielmehr: Im Leben ist Baum und Baum ist im Leben, Baum wird empfunden *als* Leben, und Leben wird gedeutet *als* Baum. Diese Differenz erschließt sich erst aus dem Folgenden: Baum ist nicht Symbol *für* etwas anderes, sondern die Empfindung des Menschen liegt in der unmittelbaren, konkreten Begegnung und Wahrnehmung: *das* ist Leben. Es könnte aber auch etwas anderes als der Baum sein, die Bestimmung *als* Baum ist eine sekundäre mentale Operation, nicht Empfindung, sondern Deutung. Diese unterliegt selbstredend der Ego-Perspektive. Darum mein Differenzierungsvorschlag: Baum wird *empfunden* als Leben, und Leben wird *gedeutet* als Baum. Der Anruf: »O Bäume Lebens« ist damit mehr als die Evokation eines standardisierten Symbols, sondern ein ritueller Akt, in dem »Baum« in seiner Hintergründigkeit beschworen wird. Durch den Sprechakt also, durch die aktive Imagination des Dichters wird eine Bühne errichtet, auf der der Baum als Akteur erscheinen kann. Wo? Im Bewusstsein des Dichters.

Genau das ist die Szenerie, die in der Elegie etwas später benannt wird: die Bühne des Herzens bzw. des Geistes. Der Baum, der zuerst ein sinnlich erfahrbarer Gegenstand ist, den man sehen, berühren, riechen, schmecken, auch im Rauschen der Blätter hören kann, wird als inneres Bild »feinstofflich«. Damit wird er als dieser Gegenstand in den Rilke'schen Weltinnenraum transponiert, wird eins mit allen anderen Bäumen und Gegenständen und dem Bewusstsein, das ihn wahrnimmt. So erhält er seine überzeitliche Gestalt. Er ist damit aus der objektivierten Distanz in die nicht-duale Transpersonalität aufgehoben. Das ist für den Rilke der Elegien *pars pro toto,* denn es ist Beispiel für alle nur möglichen Bewusstseinsinhalte, die Verwandlung der Welt vom Sichtbaren ins Unsichtbare, vom Vorpersonalen und Personalen ins Transpersonale, von der Zeitlichkeit in den überzeitlichen Einheitsraum.

Der Baum ist phallisches Lebenssymbol. Er dient der Orientierung in weiter Landschaft, trotzt dem Lauf der Zeit und folgt dem Rhythmus der Jahreszeiten, besser noch, er markiert diesen Rhythmus, denn am Baum sind die Jahreszeiten ablesbar: Frühling, Sommer, Herbst und Winter. Mehr noch, der Baum wächst auf dem Humus der Toten[145] und wird damit zum Sinnbild für die Erneuerung des Menschen, der ja, so ein Hauptthema der Elegien, lernen soll, dass Leben und Tod eins sind.

Die Symbolsprache Rilkes suggeriert aber noch viel umfassen-

145 Vgl. Die Sonette an Orpheus. Erster Teil, XIV; auch die Dritte Duineser Elegie, wo aus den umgestürzten Bäumen des Urwalds neues, lichtgrünes Leben erwächst.

dere Deutungen. Bereits im »Stunden-Buch«, in einem Gedicht vom 22. September 1899,[146] steht der Baum als Symbol für die Erfüllung des Traumes, den der Knabe einst geträumt hat – die Vollendung, die sich über dem Grab als ein neues, starkes Leben zeigt, das seine Kraft aus den abgelebten Vergangenheiten, Traurigkeiten ebenso zieht wie aus Gesängen. Der Baum über dem Grab kommt »einem zweiten zeitlos breiten Leben« gleich, das seine Gestalt aus dem Gedächtnis der eigenen Vergangenheit gewinnt, eine metaphorisch angedeutete, sehr vorsichtig nur vage ins Wesen verlegte personale Identität über den Tod hinaus, aber nur im vegetativ gesteuerten vorpersonalen Lebenskontinuum. Hier steht noch der Baum *für* etwas, im Sprachgebrauch, den ich soeben vorgeschlagen hatte.

> Ich liebe meines Wesens Dunkelstunden,
> in welchen meine Sinne sich vertiefen;
> in ihnen hab ich, wie in alten Briefen,
> mein täglich Leben schon gelebt gefunden
> und wie Legende weit und überwunden.
>
> Aus ihnen kommt mir Wissen, dass ich Raum
> zu einem zweiten zeitlos breiten Leben habe.
> Und manchmal bin ich wie der Baum,
> der, reif und rauschend, über einem Grabe
> *den* Traum erfüllt, den der vergangne Knabe
> (um den sich seine warmen Wurzeln drängen)
> verlor in Traurigkeiten und Gesängen.

Das verändert sich in der Vierten Elegie. Jacob Steiner macht darauf aufmerksam, dass Rilke etwa Mitte Februar 1922, also zwischen der Zehnten und der Fünften Elegie, den »Brief des jungen Arbeiters« schreibt.[147] Dort interpretiert Rilke das Kreuz Christi als den »neue(n) Baum in Gott«, ein »höherer Baum«, »an dem wir besser reifen können«. Rilke greift auf alte Symbolik zurück, die ihm aus der Ikonographie gotischer Kirchen (z. B. Chartres) vertraut war: der Baum des Lebens als Kreuzesstamm, an dem es grünt. Der Ge-

146 Rilke, Werke, Bd. 1, 208–209.
147 Ebd., Bd. 2, 891–909, hier: 891–906.

kreuzigte repräsentiert das neue Leben, das »höhere«, wie Rilke urteilt. Dieses Kreuz sollte uns aber nicht bleiben und stetig als »Brandmal« aufgedrückt werden, sondern durch seine eigene Wirkkraft »aufgelöst sein«. Wir sollten Früchte sein, mit dem Kreuzbaum als Basis, aber wir sollten darüber hinauswachsen. Und er fügt hinzu:[148]

> Dieser Baum, scheint mir, sollte mit uns so eines geworden sein, oder wir mit ihm, an ihm, dass wir nicht immerfort uns mit ihm beschäftigen müssten, sondern einfach ruhig mit Gott… Wenn ich sage: Gott, so ist das eine große, nie erlernte Überzeugung in mir. Die ganze Kreatur kommt mir vor, sagt dieses Wort, ohne Überlegung, wenn auch oft aus tiefer Nachdenklichkeit. Wenn dieser Christus uns dazu geholfen hat, es mit hellerer Stimme, voller, gültiger zu sagen, um so besser, aber laßt ihn doch endlich aus dem Spiel. Zwingt uns nicht immer zu dem Rückfall in die Mühe und Trübsal, die es ihn gekostet hat, uns, wie ihr sagt, zu ›erlösen‹. Laßt uns endlich dieses Erlöstsein antreten.

Rilke nennt das Alte Testament und den Koran »Zeigefinger«, die auf Gott hinweisen, indem diese Texte in eine Richtung weisen, in der »Gott am Ende« steht. Die Menschen heute (also die Kirchenchristen) hätten die Geste missverstanden, wie ein Hund, der nicht in die gewiesene Richtung läuft, sondern nach der Hand schnappt.[149] Statt also der Richtung zu folgen, habe sich die »Christlichkeit« eingerichtet in den Erzählungen, Bildern und Symbolen und ihren Wegcharakter nicht erkannt. Der Hinweis ist zum Verehrungsobjekt geworden, die Dynamik ist substanzialisiert, das Symbol ist zum angebeteten Objekt, zum Idol geworden. Damit wirft Rilke der Kirchenreligion Idolatrie, also Götzendienst, vor. Diese dynamische Interpretation der Religionsgeschichte kehrt in der Elegie wieder und wird dort ganz knapp beleuchtet als Dynamik von Heilsgeschichte. Im Unterschied zu Nietzsche aber, an den die Sprache Rilkes (nicht nur) an dieser Stelle erinnert, und der in seinem berühmten skeptischen, wohl auch verbitterten Diktum fordert, die Christen müssten ihm erlöster aussehen, damit er an

148 Ebd., 892–893.

149 Im Zen-Buddhismus gibt es eine ähnliche Metapher: Man solle nicht den Finger, der auf den Mond zeigt, mit dem Mond selbst verwechseln.

ihren Erlöser glauben könne, lädt Rilke hier ein: Sie, die Menschen, sollten das Erlöstsein *antreten*. Er fordert zur Praxis des Überschreitens der selbst gezogenen und selbst verschuldeten Grenzen auf, zu einer neuen Erkenntnis (denn durch Christus ist es »heller« geworden), er versteht sein eigenes Sprechen somit als mystagogisch.

DIE VIERTE ELEGIE

O Bäume Lebens, o wann winterlich?
Wir sind nicht einig. Sind nicht wie die Zug-
vögel verständigt. Überholt und spät,
so drängen wir uns plötzlich Winden auf
und fallen ein auf teilnahmslosen Teich.
Blühn und verdorrn ist uns zugleich bewußt.
Und irgendwo gehn Löwen noch und wissen,
solang sie herrlich sind, von keiner Ohnmacht.

Der Baum also, mit dem wir eins geworden sind bzw. sein sollten, er soll sein »winterlich«. Was heißt das? Ist es der Hinweis auf den Tod oder eine Beschreibung der Unbewusstheit der Bäume, die ihre Jahreszeit nicht wissen und gerade in dem, was Menschen als abgestorben deuten, ganz Überwinternde, also Überlebende sind? Oder heißt es – in Guardinis Deutung – dass ein jedes seine Zeit habe und wir gerade auch das Winterliche, den Rückzug des Lebens in die Latenz, zu respektieren haben? Rilkes Anrufung des Winterlichen scheint zunächst kontra-intuitiv zu sein. Wo Leben, neues Leben, ins Bewusstsein gerufen wird, geschieht dies meist im Motiv des Frühlings oder des reifenden Sommers, vielleicht auch der Früchte des Herbstes. Das ist es, was Menschen ersehnen – genau so beschreibt Rilke die *conditio humana* in den nächsten Zeilen und auch an anderen Orten in seiner Dichtung und den Briefen. Es komme nun aber darauf an, auch den Tod als Bedingung des Lebens zu akzeptieren, eben als winterliche Phase der Ruhe, der Erneuerung und – in Rilkes Worten – Steigerung. Winter bedeutet Rückzug, wie auch die Nacht die Inkubationsphase für den Morgen ist. In den folgenden Worten wird dies deutlich: »Wir sind nicht einig.« Wir zerreißen, leben im Widerspruch.

Zunächst werden als Gegenmodell die Zugvögel genannt. Sie

folgen ihrer Intuition und spüren, wann es Zeit zum Aufbruch wird, da der Winter naht. Menschen hingegen verweilen und kleben fest, beurteilen die Vergangenheit voller Sehnsucht oder Angst. Angst, die sich aus Erfahrungen der Vergangenheit speist, und Hoffnung auf die Zukunft verhindern, dass Gegenwart ist, *jeweilige* Gegenwart. Wir leben nicht im Jetzt, sondern sind zu spät, so entwickeln wir Unruhe und »drängen uns auf« und »fallen ein« in die Natur wie eine Horde von Kriegern, aus Angst, wir hätten etwas versäumt. Es ist die Verspätung, die aus dem Denken kommt (das immer hinterher ist), die uns nicht »da« sein lässt. Es fehlt die Achtsamkeit für das Jetzt, weil das projizierende Denken stets woanders ist. Denken und Antizipieren sind Folgen des Abstrahierens: »Blühn und verdorrn« sind uns zwar zugleich bewusst, und man könnte meinen, dass gerade dadurch die Fixierung auf das eine *oder* das andere überwunden sei, dass damit die Fesselung an Vergangenes bzw. die Flucht in Zukünftiges ausgeschlossen wäre. Rilke aber spürt, dass auch dies als Ausflucht aus dem Jetzt benutzt wird. Denn es ist eine konstruierte Abwehr der Rhythmen, die von der Natur vorgegeben sind. Warum? Weil in diesem Gedankengespinst die Einheit nicht *erlebt* und gelebt, sondern nur als zusammengekittete Struktur zerrissener Zeiten gedacht wird. Wir missachten die Rhythmen Einatmen und Ausatmen erleben wir nicht als *einen* Vorgang, Systole und Diastole behandeln wir als getrennt voneinander. Daraus folgt, dass wir gierig im Einatmen und gehemmt im Ausatmen werden und daran ersticken. Diese Gier zur Selbstbestätigung führt zum tödlichen Verharren und nicht zum Sterben in eine neue, höhere Einheit. Für diese steht auch der Löwe: Er ist ganz er selbst, voller Kraft, er zweifelt nicht an sich und nimmt nicht die Ohnmacht vorweg.

Weite, Jagd, Heimat

Uns aber, wo wir Eines meinen, ganz,
ist schon des andern Aufwand fühlbar. Feindschaft
ist uns das Nächste. Treten Liebende
nicht immerfort an Ränder, eins im andern,
die sich versprachen Weite, Jagd und Heimat.
    Da wird für eines Augenblickes Zeichnung

ein Grund von Gegenteil bereitet, mühsam,
daß wir sie sähen; denn man ist sehr deutlich
mit uns. Wir kennen den Kontur
des Fühlens nicht: nur, was ihn formt von außen.
Wer saß nicht bang vor seines Herzens Vorhang?
Der schlug sich auf: die Szenerie war Abschied.
Leicht zu verstehen. Der bekannte Garten,
und schwankte leise: dann erst kam der Tänzer.
Nicht *der*. Genug! Und wenn er auch so leicht tut,
er ist verkleidet und er wird ein Bürger
und geht durch seine Küche in die Wohnung.
Ich will nicht diese halbgefüllten Masken,
lieber die Puppe. Die ist voll. Ich will
den Balg aushalten und den Draht und ihr
Gesicht und Aussehn. Hier. Ich bin davor.
Wenn auch die Lampen ausgehn, wenn mir auch
gesagt wird: Nichts mehr –, wenn auch von der Bühne
das Leere herkommt mit dem grauen Luftzug,
wenn auch von meinen stillen Vorfahrn keiner
mehr mit mir dasitzt, keine Frau, sogar
der Knabe nicht mehr mit dem braunen Schielaug:
Ich bleibe dennoch. Es giebt immer Zuschaun.

Der Mensch deutet etwas als ein Etwas aufgrund des jeweiligen Gegenteils, isoliert das eine auf Kosten des anderen, will etwas besitzen durch Ausgrenzung des anderen. Er sieht ab, berechnet und verrechnet. Durch die so erzeugte Trennung entfremden wir uns allerdings nicht nur die Dinge – sondern uns selbst. Ent-fremdung ist noch gedämpft gesprochen, Rilke fasst es schärfer und spricht von »Feindschaft«: »Feindschaft ist uns das Nächste«. Das Andere können wir nicht gelten lassen, sondern wollen es entweder einverleiben oder vernichten, weil es bedrohlich erscheint.

Dies sind zunächst die Strukturen der Wahrnehmung. So funktionieren Denken, Bewerten, die Art der nicht-intuitiven Deutung der Dinge, zumindest beim Erwachsenen. Rilke nennt nun aber auch Gegenbeispiele: die Liebenden, den Helden (DE 6), die Kinder (DE 4). Der Held tut, was seinem Wesen entspricht. Die Liebenden folgen ihrem eigenen Augenblick, ohne Vor- und Rücksicht, sie versprechen einander »Weite, Jagd und Heimat«. Sie treten über den Rand der Konvention hinaus, und das bedeutet Weite. Dies ist sicher nicht moralisch gedacht oder als Übertretung des sozial Schicklichen zu verstehen, vielleicht auch das, aber zunächst ist ein Horizont der Wahrnehmung und des Denkens gemeint. Denn es wird das wahrgenommen, was die (begrenzten) Sinnesorgane und die erlernten »Filtersysteme« kultureller Gewohnheiten erlauben. Liebe macht blind für diese Einengung, um ein bekanntes Sprichwort etwas anders zu deuten. Gleichzeitig gilt: »Man sieht nur mit dem Herzen gut« (Antoine de Saint-Exupéry). Und das meint Rilke: die Kraft der Liebenden schafft Abstand zur Gewohnheit, erzeugt eine Kreativität, die neu sehen lehrt. Liebe sprengt Grenzen. »Jagd« drückt die Dynamik des Suchens und Findens aus, den immer neuen Aufbruch. Sicher ist nicht die rastlose und zugleich vorprogrammierte Treibjagd gemeint, die das, was erjagt wird, schon kennt, mehr noch, schon im Netz der eigenen Erwartungen gefangen hat. Jagd steht hier eher für die spielerische Suche, die Lust am Sich-Entziehen und Finden, so, wie auch das Liebesspiel sich entfaltet. Aber wenn die Jagd ein Ziel hat, dann ist in dem Moment, da die Jagd ihr Ziel erreicht hat, die Jagd zu Ende. Es bleibt die Erinnerung, aber die Dynamik ist tot. Darum kann Jagd, die lebendig bleiben will, kein Ziel haben. So wie die Liebe, die lebendig bleiben will, nicht zur Erfüllung gelangen darf. Wir erinnern uns an die verlassene Geliebte der Ersten Elegie, an Gaspara Stampa, die dort als Ikone der Nicht-Vollendung im Rahmen von Raum und Zeit genannt ist.

Auch hier ist Distanz, Abstand. Das Ganze kann für Rilke nur dann in Erscheinung treten, wenn das jeweils Einzelne »überstiegen« wird, und das heißt für Rilke: unerfüllt bleibt. Ist damit das Unmittelbar-Menschliche ausgeschlossen, die Empfindung, die »Du« sagt, ausgelöscht? Diese zentrale Frage der Elegien nach dem Ich, nach Bindung und Freiheit von Bindung, ist auch das große Thema des Buddhismus: Begierdefrei, den Willen überwindend, die Leidenschaft für das Einzelne als Trug erkannt habend – was ist dann die Nicht-Dualität? Ein Auslöschen des Besonderen bzw. Individuellen oder eine Integration im Ganzen? Und wenn Letzteres, was heißt das?

Wir kommen der Lösung näher, wenn wir betrachten, was die Liebenden einander noch versprechen, nämlich Heimat. Damit kann nicht Rückzug gemeint sein, auch nicht die Wendung nach rückwärts, sondern es muss Heimat sein, die Weite ist und in Bewegung bleibt, eben Offenheit, in der der Engel schon steht, wie es in der Ersten und Zweiten Elegie zur Sprache kommt. Heimat deshalb, weil die Liebenden einander nicht anstarren als Besitz, über den man verfügen dürfte, sondern weil sie miteinander in die gleiche Richtung gehen, ins Offene, den Besitz verweigernd, nicht festgelegt, sondern im Aufbruch zum Abenteuer der Entdeckung. In der Zehnten Elegie wird das Thema der Heimat wieder aufgenommen und wesentlich vertieft.

Doch Menschen halten fest. Sie verraten damit das Versprechen, das die Liebenden einander gegeben haben. Eine Jagd endet, wenn die Beute gefangen ist. Der Besitz, das »Ich« und »mein« wird wieder zum Rahmen, der zwar Verlässlichkeit zu bieten scheint, aber eben in einer gedeuteten, erstarrten Welt. Der Griff nach Besitz und der Begriff, der ein Verbundenes analysierend zerteilt und damit reduziert, sie sind das Gleiche. Darin liegt die Tragik unserer Erkenntnisstruktur, dass wir in Gegensätzen erkennen, zumindest im üblichen Modus des Bewusstseins. Es ist das Schicksal des Menschen, hier sprachlich als »man« tituliert: »man ist sehr deutlich mit uns«. Wir können nicht die Liebe als Empfindung sein lassen. »Wir kennen den Kontur des Fühlens nicht«, sagt Rilke, sondern »nur, was ihn formt von außen«. Das heißt, wir sind nicht bei *dieser* Sache, sondern schon beim anderen oder nächsten Moment, von dem aus wir dann das Vorige beurteilen, und umgekehrt. Wir erkennen nicht das Ganze, sondern nur den Gegensatz. Dieses, buddhistisch gesprochen, »vernetzte Gewebe« zu erkennen bzw., in Rilkes Sprache, den reinen Bezug im Offenen, hieße, die Natur des Bewusstseins zu erkennen. Das ist das achtsame Gewahrsein, bei dem der Gegensatz von innen und außen verschwindet, es ist das Erkennen des Unbegrenzten, des Unendlichen. Man kann diesen bewussten Zustand vielleicht in folgendem Bild darstellen: Die einzelnen Gegenstände erscheinen hier wie auf einem spiegelartigen Empfangsschirm, sie sind ganz sie selbst, räumlich und zeitlich nur das, was sie gerade sind, aber doch als Einheit in dem einen Spiegelbild verbunden. Das, so könnte man sagen, ist auch der Inbegriff der Geisteshaltung im Zen-Buddhismus. Denn auch hier geht es um Zügelung bzw. Vereinheitlichung der Aufmerksamkeit, die in diesem Moment ungeteilt präsent und nicht schon bei der nächsten Sache sein soll. Dazu eine berühmte Anekdote:

Ein Zen-Meister wird gefragt, was Zen sei. Antwort: Wenn ich sitze, sitze ich, wenn ich gehe, gehe ich. Gegenrede: Aber das tun wir doch alle, was ist Besonderes dabei? Antwort: Nein, wenn ihr sitzt, geht ihr schon, wenn ihr geht, sitzt ihr schon wieder.

Rilke würde sagen: Der Zen-Meister fühlt Kontur. Er ist ganz gegenwärtig, d. h. er nimmt jeden Augenblick als einmalige Konstellation wahr. Er ist Beobachter in diesem Augenblick, sonst nichts. Aber das, was er beobachtet, ist er selbst. Was aber ist »er selbst«? Spiel des Bewusstseins. Hier wird die Sprache schwierig: seines eigenen Bewusstseins? Wer wäre dann der Eigentümer? Der entsteht ja gerade erst in dem Kontur-Sein, in eben jener bewusst sich entwickelnden Konstellation. Die Reflexivität, zu wissen also, dass er das ist, ist das, was man »Ich« nennen könnte. Aber das verändert sich ständig. Es ist ein Beobachten der Beobachtung in der Beobachtung. Doch dieser Vorgang verändert das Beobachtete ebenso wie den Beobachtenden.

Das Marionettentheater

Rilkes Bild der Theaterbühne als Bühne des Herzens suggeriert Dynamik, Performanz, Umbau des Vorigen zu neuen Konstellationen. Wer seinem eigenen Inneren gegenübertritt, sieht sein Schicksal. So heißt es in der Achten Elegie: »Dieses heißt Schicksal: gegenüber sein / und nichts als das und immer gegenüber.« Schicksal, das geformt wurde aus den Trümmern der Vergangenheit, wie die Dritte Elegie es darstellt, und Schicksal, wie es sich bildet aus Erwartungen, die wir in die Zukunft projizieren, sodass eine Dynamik in uns entfacht wird, die dann genau das bewirkt, was im Erwartungsraum liegt: *»self-fulfilling prophecy«*. Das eben ist Karma. Dabei ist »wir« nun eben nicht die Vereinzelung von Schicksalen, die sich gegeneinander behaupten würden, sondern in dem »wir«, das Rilke so oft gebraucht, liegt die unausweichliche Verknüpfung aller derer, die jetzt leben, aber auch derer, die gewesen sind und kommen werden. Das Netz vergangener und künftiger Generationen prägt das Gegenwärtige. »Wir« sind nicht völlig unfrei darin, denn wir können zur Offenheit reifen, aber wir sind geprägt.

Wie diese Prägungen funktionieren, wird nun auf der Bühne

dargestellt, die von drei Akteuren bespielt wird: der Puppe, dem Engel und eben auch dem Zuschauer, dem Beobachter, dessen Inneres nun auf der Bühne erscheint. Wir sitzen vor dem Vorhang, bange, denn die Enthüllung der inneren Kräfte spiegelt mehr als die geordnete, rational gedeutete Welt. Der Vorhang öffnet sich, und die Szenerie ist: Abschied. Abschied ist mit Angst besetzt. Das Vertraute muss aufgegeben werden. Aber der Abschied ist die Voraussetzung für den Aufbruch. Abschied erscheint als die Kehrseite oder die Nachtseite, die herbst-winterliche Phase, der Tod, die Seite also, die gemeinhin der Verdrängung unterliegt. Rilke wird dann in der Zehnten Elegie eine eindrückliche Verdichtung des Abschieds als Voraussetzung des Eingangs ins Wesentliche präsentieren. Doch schon seit Goethes Klassiker »Willkommen und Abschied« in der frühen Fassung von 1771 ist es der Held, auch hier dieser Typus, der bei Rilke paradigmatisch ist, der durch den Abschied »bedrängt« und »trübe« hindurch muss, so dass »Wonne und Schmerz« ganz nahe beieinander liegen, um das Lieben und das Geliebtwerden bewusst auskosten und preisen zu können: »Und doch, welch Glück, geliebt zu werden, / Und lieben, Götter, welch ein Glück!«

Dieser Gedanke kehrt in der deutschen Literatur immer wieder. Später (1941) wird auch Hermann Hesses Gedicht »Stufen« Abschied und Neubeginn nebeneinander setzen, denn jedem »Anfang wohnt ein Zauber inne«, der nur durch Tapferkeit zuvor, »ohne Trauern«, im Abschied fühlbar werden kann. Wir sollen »Raum um Raum durchschreiten«, denn »der Weltgeist will uns nicht fesseln und engen«, sondern Stufe um Stufe erheben, weiten. Raum, Stufe, Weite – Metaphern, die denen Rilkes ganz ähnlich sind, zumal Hesse fortfährt, dass uns auch die Todesstunde – vielleicht – »neuen Räumen jung entgegensenden« werde. Und wenn dann die vielzitierte Schlusszeile lautet: »Wohlan denn, Herz, nimm Abschied und gesunde«, dann ist der Abschied hier wie eine Entschlackung, eine Reinigung gedacht. Und das meint auch Rilkes Bühne. In fast ironischem Ton wird die Abschiedsszenerie entworfen, sie ist »leicht zu verstehen«, Abschied von Altbekanntem. Ab-scheiden ist Trennung. Abschied kann es daher nur in dem Bereich relativen Unterscheidens geben, in der Oberflächlichkeit des Trivialen. Im Wesentlichen, auf tieferer geistiger Ebene, ist hingegen intensive Gegenwart.

Dazu eine Anekdote, die ich anlässlich eines Besuches bei dem hochbetagten berühmten japanischen Religionsphilosophen Nishitani Keiji in seinem Haus in Kyoto im November 1990 aufgezeichnet habe. Nishitani war hinfällig und während des Gesprächs gelegentlich abwesend. Also sagte ich schließlich, dass ich Ab-

Abbildung 7: Nishitani Keiji (1900–1990)

schied nehmen wolle. »Abschied?«, fragte er und richtete sich kerzengerade auf. »Was ist das?« Vom Standpunkt des Zen gebe es keinen Abschied, denn alles sei im Raum der Präsenz versammelt, es sei nur eine Sache der intensiven Aufmerksamkeit. Abschied sei Gefühl und Ausdruck der Dualität, die es zu überwinden gelte. Dann versank er wieder in einen gelösten Dämmerzustand.

Zurück zu Rilke: »Leicht zu verstehen. Der bekannte Garten, / und schwankte leise: dann erst kam der Tänzer.« Nicht mit dem großen Garten des üppigen und nie auslotbaren Lebens haben wir es hier zu tun, wie am Ende der Dritten Elegie, sondern mit einem spießbürgerlichen Kleingarten, sauber getrimmt und beschnitten, eben das Abbild einer kleinlich gedeuteten Welt. Und dann schwankt auch noch das Bühnenbild, eine ironische Bemerkung zum ungekonnten und noch nicht fertigen Arrangement der Bühnenbildner, die in ihrer Hast etwas Lächerliches aufgebaut haben. Aber das Schwanken könnte auch hintergründig gemeint sein. Unsere zusammengezimmerte Welt schwankt, und eingebildete Sicherheiten brechen ein. Nun aber tritt der Tänzer auf. Der Zuschauer fühlt sogleich: »Nicht *der*. Genug!« Vielleicht ein Geck, einer, der bestenfalls sein Handwerk erlernt hat, die Rolle aber nicht ausfüllen kann, eine »halbgefüllte Maske«, wie Rilke abschätzig urteilt. Er ist nur verkleidet, lebt in einer kleinbürgerlichen Wohnung, die man durch die Küche betritt. Spott und auch eine Spur Verachtung gießt der Dichter hier über eine scheinkünstlerische Welt aus, die sich spreizt und etwas darstellen will, aber im oberflächlichen Getue stecken bleibt, ähnlich dem Spott über den Religionsbetrieb in der Zehnten Elegie, wo die Kirche geschlossen und irrelevant ist »wie ein Postamt am Sonntag«. Und auch hier gibt es, wenn auch im Ton zurückhaltender, Parallelen zu Nietzsche, der im »Zarathustra« den Spießer ätzend geißelt.

Nicht, dass Rilke dem Tänzer prinzipiell misstrauen würde. In den »Sonetten an Orpheus«[150] findet sich ein wunderbares Gedicht, in dem eine Tänzerin beschrieben wird, die ihr Inneres vollkommen in die Tanzbewegung umzusetzen vermag. Sie tanzt den Rhythmus der Welt, sie verwandelt das Vergehen in Gehen, weil sie der bewegte Weltinnenraum *ist*. Im indischen Ritual, so sahen wir

150 Zweiter Teil, XVIII; 17.–19. Februar 1922, also im Zeitraum des Abschlusses der Elegien geschrieben.

bereits, werden der Gott und die Tänzerin, die den Gott tanzt, eins; und im Sonett nun ist die Tänzerin nichts als »Baum aus Bewegung«, d.h. die Manifestation der Natur; sie *ist* der »Baum der Ekstase«, im Unterschied zum in der Elegie verächtlich erwähnten Tänzer, der im Kunst- oder Vergnügungsbetrieb etwas darstellt, was er nicht ist.

Lieber als diese unauthentische Pose des Menschen ist Rilke die Puppe. Die ist, was sie ist, eben voll, und wird ihrer Bestimmung gerecht. Draht wird erwähnt und der Balg, der hochgerissen wird, es handelt sich also um eine Marionette. Rilke hat sich nachweislich spätestens seit 1913 mit Kleists Schrift »Über das Marionettentheater« von 1810 intensiv auseinandergesetzt. Er lobt den Kleist-Text als »ein Meisterwerk, das ich immer wieder anstaune«.[151] Die Vierte Elegie, die ja im November 1915 in München entstanden ist, wurde auch durch dieses Lektüre-Erlebnis beeinflusst. Die Forschungsliteratur beschäftigt sich eingehend mit Kleists und Rilkes Deutung der Marionette als Symbol, wobei neben Ähnlichkeiten auch erhebliche Differenzen aufgezeigt werden konnten,[152] was hier nicht unser Thema sein kann. Rilke sieht in der Puppe das Gegenteil des Menschen. Der Mensch ziert sich und spielt Rollen, die er nicht auszufüllen vermag, wir könnten sagen: Er ist Selbstdarsteller, ohne zu wissen, was sein Selbst ist. Die Puppe hingegen wird gespielt und bewegt sich dabei aus ihrem Schwerpunkt heraus, wie Kleist herausgearbeitet hat. Sie geht völlig in diesem Spiel auf, ist dabei nichts anderes als sie selbst. Doch sie hat, so Kleist, keine Tiefe, die sie allerdings bei Rilke im Zusammenspiel mit dem Engel gewinnt. Indem dieser nämlich auf der Bühne mit der Puppe spielt, spielt er sie, bestimmt und erfüllt ihre Bewegungen. Er, der im Offenen und Unendlichen steht, erhebt dadurch die Puppe, die in sich völlig leer ist. Sie hat kein Bewusstsein, ist aber in der Lage, sich vom Bewusstsein des Engels führen zu lassen. Engel und Puppe in Symboleinheit sind das vollendete Schauspiel, während der Mensch als Zuschauer, beschwert in seinem selbstreflexiven Ich, neidisch

151 Rilke hatte die Kleist-Ausgabe im Insel Verlag bei seinem Verleger Anton Kippenberg bestellt und Ende November/Anfang Dezember 1913 als Geschenk von diesem erhalten. Das Zitat, das Begeisterung signalisiert, stammt aus einem Brief an die Fürstin von Thurn und Taxis vom 16. Dezember 1913. Details in Fußnote 376 bei Steiner, a.a.O.; zum Text: ebd. 88.

152 Dazu Steiner, a.a.O., 88.

vergleichend das Spiel nicht wirklich genießen kann. Das Kind hingegen kann dies noch, es unterscheidet ja nicht zwischen dem, was auf der Bühne geschieht, und seiner Lebenswelt. Der Erwachsene ist aus dieser »Unschuld« herausgefallen, gehemmt durch die Bürde seiner Vergangenheit, sein Karma. Er ist nicht frei für das Spiel und damit auch nicht für das Gegenwärtige. Er ist gefangen in der Diastase zwischen Vergangenheit und Zukunft, muss erst eine »neue Unschuld« erlangen, womit Kleist seinen als Dialog konzipierten Aufsatz enden lässt:[153]

> Mithin, sagte ich ein wenig zerstreut, müssten wir wieder von dem Baum der Erkenntnis essen, um in den Stand der Unschuld zurückzufallen? Allerdings, antwortete er; das ist das letzte Kapitel von der Geschichte der Welt.

Das erneute Essen vom Baum der Erkenntnis ist das, was Rilke mit dem Bewusstseinssprung ins Offene, ins Ganze, ins Verbundene meint. Er wird in den Elegien konkret werden lassen, was Kleist einfordert. Er fragt, wie dieses letzte Kapitel der Geschichte der Welt, genauer der Geschichte des Bewusstseins, aufgeschlagen werden kann und entwirft von der Ersten bis zur Zehnten Elegie einen Weg, nicht systematisch fortschreitend, sondern kreisend, erwägend, zurücknehmend, empfehlend, fordernd. Jacob Steiner verortet diesen Dreitakt geschichtlicher Anschauung von Ganzheit – Entzweiung – Wiedergewinnung der Ganzheit in der Goethezeit. Das ist allerdings viel zu kurz gegriffen, denn hier liegt ein Geschichtsschema vor, das bis in die Zeit der Hebräer zurückreicht, eine Zukunftserwartung, die sich schon bei den Propheten ausgeprägt hat und dann vom Christentum übernommen wurde. Geschichte wird hier als Heilsgeschichte interpretiert, die einen ursprünglichen Fall (Sündenfall) wieder aufhebt. Das Dreierschema: Paradies – Sündenfall – *Eschaton* entspricht dem Dreischritt Einheit – Zerfall – höhere Einheit. Das ist neuplatonisch gedacht. Selbst die Gottesvorstellung des Christentums, Gott als trinitarische Einheit, ist auf dieses Schema bezogen, am ausgeprägtesten vielleicht in der franziskanischen Theologie des 13. Jahrhunderts,

153 Heinrich von Kleist: Über das Marionettentheater, in: Helmut Brandt (Hrsg.): Kleists Werke in Zwei Bänden, Bd. 1, Berlin/Weimar: Aufbau 1971, 332.

namentlich bei Joachim von Fiore. Er unterscheidet ein Zeitalter des Vaters (das Gesetz des Alten Testaments), dem das Zeitalter des Sohnes folgt (die Kirche, die die Einheit bereits in den Sakramenten repräsentiert), welches vom Zeitalter des Geistes abgelöst werden wird, in dem das Bewusstsein direkt verwandelt wird, sodass es keiner Vermittlung mehr bedarf. Dies ist die neue Unschuld, das erneute Essen vom Baum der Erkenntnis. Während der jetzige Mensch in seinem Deuten, in der Entzweiung und Entfremdung nur halbwissend ist, insofern er im rationalen Denken stets nur Teilaspekte herausgreift und verabsolutiert, wobei ihm die jeweilige andere Hälfte zur »Feindschaft« wird, wie es bei Rilke heißt, während also der Mensch mit sich uneins bleiben muss, ist der Abschied von diesem Unfertigen, Halben, Unauthentischen, symbolisiert im geckenhaften Tänzer, das, was nun auf Rilkes Bühne geschehen soll. Es ist ein Sinnbild für den Bewusstseinsprozess, den der Mensch vollziehen und bestehen soll. Das Schema des Joachim von Fiore hat übrigens bis zu Hegel gewirkt, dessen Geschichtsphilosophie davon beeinflusst ist.

Man könnte es auch die drei Formen der Utopie nennen:[154] die räumliche Utopie, die zeitliche Utopie und die Bewusstseinsutopie. Alle drei gehen aus von einem Zustand der Zerrissenheit, einem Empfinden von Ungenügen oder Dekadenz. Die *räumliche* Utopie verlegt das Heil in ein anderes, fremdes, oft schwer zugängliches Land, z. B. Atlantis, »das Land, wo Milch und Honig fließt«, Shambhala, El Dorado. Man muss mit dem Helden den beschwerlichen Weg dorthin zurücklegen, der in Wahrheit ein Weg innerer Reifung ist, wie auch in den Märchen. Das Heil ist Gegenwart, nur noch fern. Die *zeitliche* Utopie verweist auf einen Zustand vor der Geschichte, das Paradies oder das Goldene Zeitalter, also vor der Entzweiung in Möglichkeit und Wirklichkeit, einen Einheitsraum ohne Zeit. Dieser Zustand wird am Ende der Zeiten wieder hergestellt, das Himmlische Jerusalem, das Zeitalter des Geistes, die Kommunistische Gesellschaft usw. Allerdings kommt dieser Endzeit etwas zu, was im Anfang noch nicht war: die durch die Geschichte gereifte Erfahrung. Da die Welt inzwischen vermessen und kartographiert ist bis in den letzten Winkel der Erde und nur

154 Michael von Brück: Wie können wir leben? Religion und Spiritualität in einer Welt ohne Maß, München: C. H. Beck 2002, 112–132.

noch extraterrestrische Räume, *terra incognita*, sind, werden heute die räumlichen Utopien in den stellaren Bereich verlagert, Science-fiction-Literatur sowie zahlreiche Filme präsentieren diesen Mythos. Die zeitliche Utopie ist nie eingetreten; die *Parusie* (die Wiederkunft Christi) ist Erwartung geblieben und ins Unbestimmte aufgeschoben worden. Allein die dritte Form der Utopie, die *Bewusstseinsutopie*, die Umkehr der Herzen, steht noch auf der Agenda. Sie wurde von so unterschiedlichen Menschen wie Jeremia, Gautama Shakyamuni, Jesus von Nazareth, Franz von Assisi, Gandhi ganz unterschiedlich angekündigt und gelebt – ein letztes großes Versprechen der Religionen, das noch nicht wirklich eingelöst wurde, eine Utopie, auf die Kleist anspielt, der Rilke nachspürt, die jedoch schon immer der Hintergrund des mystischen Bewusstseins gewesen ist und heute unter den Stichworten Bewusstseinssprung, Bewusstseinsveränderung, mystische Ganzheitlichkeit usw. verhandelt wird.

Rilke deutet an, mehr nicht. Klar ist: Die Puppe bewegt sich nicht autonom, sondern wird von einer anderen Kraft bestimmt. Bei Kleist erhält sie dadurch ihre Anmut. Das erlaubt ihr, einfach der Schwerkraft zu folgen und nicht zu versuchen, die Schwerkraft, also ein Gesetz der Natur, zu überwinden und nach eigenem Gutdünken zu agieren. Die Künstlichkeit steht der Kunst gegenüber, und die Kunst besteht darin, sich der Gesetzmäßigkeit zu überlassen. Bei Kleist heißt es unmissverständlich: »Ich sagte, dass ich gar wohl wüsste, welche Unordnungen, in der natürlichen Grazie des Menschen, das Bewusstsein anrichtet.«[155] Dann erzählt er von dem Knaben, der durch seinen Willen, durch egozentrische Selbstbespiegelung in der Imitation jede Grazie verliert. Er hat das Spontane verloren, darum gelingt ihm nichts mehr. Rilke könnte diese Sätze ähnlich formulieren, doch hat für ihn Narziss einen anderen Stellenwert. Während für Kleist der Narziss Ausdruck des gespaltenen, sich selbst nachäffenden Bewusstseins ist, sodass er schließlich nur noch eine hässliche Fratze sehen kann, hält Rilke, in deutlichem Unterschied zu Kleist, die spiegelnde Selbsterkenntnis im Narziss für möglich. Indem er im Spiegelbild sich selbst sieht, beginnt er, die Entzweiung zu überwinden, bis hin zum reinen Schauen. So ist für Rilke Narziss der Anfang des Schauens in

155 Kleist, a.a.O., 329.

die reinen Bezüge, es ist das Einswerden von Bild, Abbild und der Schau. Im Alleinsein, im Rückzug von den Ablenkungen durch das Du, in einer beinahe autistischen Bewegung zu sich selbst zurück, liegt dieses Potenzial.

Dann ist die Theater-Vorstellung zu Ende, die Figuren sind verschwunden, und die Bühne ist leer. Die Leere weht ihn an. Die Lampen sind gelöscht, es ist also Nacht, die Zeit tieferer Erkenntnis, wie wir gesehen hatten, im grauen Luftzug, in der Nacht also, »wo alle Katzen grau« sind, wo die deutliche Trennung der Objekte, unterstrichen durch den Kontrast der Farbgebung, aufgehoben ist. Wie Rilke es auch zu Anfang dieser Elegie formuliert, wo »für eines Augenblickes Zeichnung ein Grund von Gegenteil bereitet« wird, wo also der Kontrast des Blattes zum gezeichneten Bild Kontur und Unterscheidung setzt, mühsam das Ding auf dem Blatt herausstellt, das doch in Wirklichkeit als hineingestellt in den Zusammenhang erkannt werden sollte.

Den »Knaben mit braunem Schielaug« kennt man aus dem »Malte«,[156] hier ist er der Zuschauer, der am längsten im Theater sitzengeblieben ist, weil er auf das Finale, auf das eigentliche, wesentliche Schauspiel wartet. Für das Kind ist Theater nicht ein »als ob«, eben nur Theater bzw. Abbildung von Vergangenem oder Erwartung zukünftiger Ereignisse, sondern Gegenwart, *die* Realität, von der sich das Kind innerlich nicht distanziert. Die Figuren sind ihm authentisch. Das Kind ist, so zumindest die romantische Sicht auf das Gemüt des Kindes, so offen, dass es im dauernden Gegenwartsmoment vergnügt und zeitfrei anwesend ist ohne in die Zukunft zu entweichen. Das Kind steht im »Zwischenraum«, zwischen den Dingen, wie sie sind, und der gedeuteten Welt der Erwachsenen. Es hält nicht fest. Damit steht es – in Rilkes Symbolsprache zumindest – im selben Bezug wie die Toten, die »Ewigkeit spüren«, wie es am Ende der Ersten Elegie heißt. Das Kind hat also etwas von der Unschuld, die Rilke uns aufträgt, neu zu erwerben – »Wenn ihr nicht werdet wie die Kinder…«. Es sei dahingestellt, dass kindliches Bewusstsein auch anders verstanden werden kann: Sowohl das Zeitbewusstsein des Kindes entfaltet sich in komplexeren Strukturen (Piagets Studien), und auch sein Verhältnis zum

156 Rainer Maria Rilke: Die Aufzeichnungen des Malte Laurids Brigge (1904–1910), in: ders.: Werke, Bd. 3, 625–853.

Besitz ist nicht »unschuldig«, denn das Kind kann durchaus an »seinem Spielzeug« anhaften und kämpft erbittert darum, wenn es ihm von Konkurrenten streitig gemacht wird. Der Knabe »Schielaug« steht aber auch für die Gespaltenheit, die Dualität, denn die Augen sehen jeweils Verschiedenes. Er sieht mit beiden Augen, aber nicht kongruent, er sieht nicht das Eine als eins. Genau diese Einheit in der (scheinbaren) Differenz zu erkennen, wird in asiatischen Religionen symbolisiert im dritten Auge *(ājñā cakra)* zwischen den Brauen, es vereint die Dualität. Hier bleibt es beim Gegenteil.

Auch hierzu eine Anekdote: Mein Lehrer in der Religionswissenschaft während des Studiums in Rostock, Peter Heidrich, pflegte zu sagen: Das Elfte Gebot sollte lauten – »Du sollst nicht schielen.« Du sollst nicht das Andere zu deinem Maßstab machen, sondern zu dir kommen und deine in dir angelegte Möglichkeit entwickeln. Rilke würde sagen: den dir eigenen Kontur erkennen und ihm folgen.

Die Vorstellung ist aus, die Zuschauer sind gegangen, schließlich auch der Knabe und die Vorfahren, die vielleicht assoziativ während des Spiels präsent waren, auch eine Phantasie-Frau als Objekt des Begehrens oder als schmerzhafte Erinnerung des Abschieds fehlt. Es ist Stille in der Nacht. Und doch, aus einer noch tieferen Schicht, tauchen Erinnerungen auf, ergänzend zu den Erscheinungen in der Dritten Elegie. Dort war es das Bild der Mutter, hier zunächst das Bild des Vaters. Erinnerung ist nicht Abbild eines Ereignisses aus der Vergangenheit, sondern repräsentiert das Inbild, das sich aus der Verarbeitung eines Ereignisses in uns geformt und geprägt hat. Sie ist das Resultat unserer Bearbeitung. Sie setzt sich zusammen aus eigener Wahrnehmung und Wahrnehmungsverarbeitung, gefüllt also mit unserem eigenen Anteil. Das so genannte Eigene hat sich überhaupt erst geformt durch die kreative Bearbeitung von Ereignissen, die sich jetzt zeigen – als Erinnerung. Unser Gedächtnis ist in permanentem aktivem Umbau, die Bilder werden ständig übermalt mit den Farben der gegenwärtigen Interessen und Interessenverschiebungen.

Engel und Puppe

Hab ich nicht recht? Du, der um mich so bitter
das Leben schmeckte, meines kostend, Vater,
den ersten trüben Aufguß meines Müssens,
da ich heranwuchs, immer wieder kostend
und, mit dem Nachgeschmack so fremder Zukunft
beschäftigt, prüftest mein beschlagnes Aufschaun, –
der du, mein Vater, seit du tot bist, oft
in meiner Hoffnung, innen in mir, Angst hast,
und Gleichmut, wie ihn Tote haben, Reiche
von Gleichmut, aufgiebst für mein bißchen Schicksal,
hab ich nicht recht? Und ihr, hab ich nicht recht,
die ihr mich liebtet für den kleinen Anfang
Liebe zu euch, von dem ich immer abkam,
weil mir der Raum in eurem Angesicht,
da ich ihn liebte, überging in Weltraum,
in dem ihr nicht mehr wart …: wenn mir zumut ist,
zu warten vor der Puppenbühne, nein,
so völlig hinzuschaun, daß, um mein Schauen
am Ende aufzuwiegen, dort als Spieler
ein Engel hinmuß, der die Bälge hochreißt.
Engel und Puppe: dann ist endlich Schauspiel.
Dann kommt zusammen, was wir immerfort
entzwein, indem wir da sind. Dann entsteht
aus unsern Jahreszeiten erst der Umkreis
des ganzen Wandelns. Über uns hinüber
spielt dann der Engel. Sieh, die Sterbenden,
sollten sie nicht vermuten, wie voll Vorwand
das alles ist, was wir hier leisten. Alles
ist nicht es selbst. O Stunden in der Kindheit,
da hinter den Figuren mehr als nur
Vergangnes war und vor uns nicht die Zukunft.
Wir wuchsen freilich und wir drängten manchmal,
bald groß zu werden, denen halb zulieb,
die andres nicht mehr hatten, als das Großsein.
Und waren doch, in unserem Alleingehn,
mit Dauerndem vergnügt und standen da
im Zwischenraume zwischen Welt und Spielzeug,

an einer Stelle, die seit Anbeginn
gegründet war für einen reinen Vorgang.

Zwei Bildkomplexe tauchen nun auf: der tote Vater und (erneut) die Liebenden, beide in einer (scheinbaren) Rückblende auf Kindheit und Jugend.

Der Vater steht für das Fordern, »den ersten trüben Aufguß meines Müssens«. »Aufguß«, der noch unklar ist, eine trübe Brühe aus Imperativen, die keinen klaren Weg beschreiben, sondern nur Anforderung und – wahrscheinlich – auch Überforderung markieren, weil es nicht mit dem eigenen Impuls übereinstimmt, den der Sohn in sich spürt. Die Fremdbestimmung ist gerade darum so schmerzhaft, weil der Fremde, der Vater, nicht wirklich fremd ist, sondern eben der Vater, von dem sich der Sohn herkommend erfährt und der er doch nicht sein kann. Rilke beschreibt meisterhaft, wie Erwartungen des Vaters an sich selbst auf den Sohn projiziert werden, wie »fremde Zukunft« als Erfüllung des Eigenen erhofft und zunichte wird, wie umgekehrt seitens des Sohnes Distanz gesucht, aber nicht erreicht werden kann, wie Forderungen internalisiert und als das Eigene interpretiert werden. Das Inbild des toten Vaters lebt im Sohn weiter – die Versagensängste des Sohnes erscheinen als die Urängste des Vaters vor Versagen, beide sind nicht zu trennen. Auch die Hoffnung auf bessere Zukunft wird aus Angst genährt, und die Angst verstärkt sich aus den Bildern der Hoffnung, die brüchig und zweifelhaft bleiben. Hoffnung und Angst werden so lange zwei Seiten einer Medaille bleiben, bis sie im Licht der ungeteilten Aufmerksamkeit in der Gegenwart aufgelöst sind. Und erst dann wären Frieden und Zufriedenheit erreicht. Noch aber ruht der Vater nicht die Ruhe der Toten, sondern gibt die Ruhe auf »für mein bisschen Schicksal«, eine Symbiose, die schmerzt, und beide, Vater und Sohn, nicht ruhen lässt. Das ganze Drama der Projektion, Ablösung und Verstrickung zwischen den Generationen wird hier beschworen. Wie bei einer chinesischen Tuschzeichnung gelingt es Rilke, mit wenigen Pinselstrichen die widersprüchliche Landschaft der Bindungen und Entbindungen zwischen Vater und Sohn zu zeichnen. Markant und doch fließend in den einander überlappenden Konturen.

Dann erfolgt der Versuch einer Ablösung in den ersten Liebeserfahrungen, die über »den Rand« der Ursprungsfamilie hinausreichen, also vielleicht Befreiung und Neues versprechen. Doch die seelischen Empfindungs-Strukturen sind festgezurrt, das karmische Netz breitet sich über jede Begegnung aus, mag sie auch noch so vielversprechend und neu am Anfang erscheinen. Aufbruch wird so nicht. Und nun kommt etwas Entscheidendes im Unterschied zur Ersten Elegie: Diese Lieben scheitern, »weil mir der Raum in eurem Angesicht … überging in Weltraum, in dem ihr nicht mehr wart«, weil also die personale Liebe die Sehnsucht nicht erfüllen kann, sodass sich das Ich dieser Verse – mit Sicherheit beschreibt Rilke hier eigene Erfahrungen – rettet in die transpersonale Liebe. Löst sich wirklich alles auf im Einen? Ihr, die Geliebten, seid dort nicht mehr, sagt er. Das klingt eher nach Verdrängung als nach Transformation in den unendlichen Bezug, missglückte Spiritualität, missglückte Aufhebung ins Unendliche, missglückte Transpersonalität. Denn wenn das Individuelle, das einzigartige »Angesicht« sich verflüchtigt, ist die Aufhebung nicht vollzogen, zumindest nicht im dialektischen Sinne Hegels: als Überwindung und Aufbewahrung zugleich. Dann hat das Transpersonale das Personale verdrängt und eine neue Dualität ist entstanden. Das Endliche ist verworfen zugunsten des Unendlichen – und das ist nicht der offene Bezug, von dem Rilke reden möchte, den er sich ersehnt. Er wird dann das Thema vor allem in der Siebenten Elegie und natürlich in der Zehnten wieder aufnehmen.

Die Auslassungspunkte, die Rilke nicht zufällig setzt, zeigen an, dass das innere Nachsinnen abbricht, wie eine Atempause, die noch durch einen Doppelpunkt gekrönt wird, aus der schließlich doch ein Resultat erwächst. Noch einmal der Ansatz bei der Kindheit, um die karmische Ausfaltung wieder einzurollen, neu zu beginnen. Und es ist ein Neubeginn. Denn jetzt wartet er nicht nur vor der Bühne auf das, was dargeboten werden soll, sondern es geht ihm darum, »so völlig hinzuschaun«. Das »Nein«, die aktive Überwindung der passiven Rolle, ist bemerkenswert und markant. In diesem »Nein« steckt, so scheint mir, die ganze *metanoia* der Elegien, die spirituelle Umkehr, die Mitte des Weges. Statt passiven Wartens kommt es zu aktivem Hinschauen, zur Konzentration im Augenblick, die jedes Einzelne, das dem Bewusstsein erscheint, transparent für den offenen Bezug werden lässt. Im Hinschauen wird auch das Leidvolle und Unerfüllte in den Bezug des Ganzen gehoben, milde versöhnt, »in ein Sinnbild« gefasst – wie er in seinem großen Gedicht im »Stunden-Buch« vom 22. September 1899 gedichtet hat:[157]

> Wer seines Lebens viele Widersinne
> Versöhnt und dankbar in ein Sinnbild fasst,
> der drängt
> die Lärmenden aus dem Palast,
> wird *anders* festlich, und du bist der Gast,
> den er an sanften Abenden empfängt.

Im »Stunden-Buch« ist dieser Gast »Gott«, im folgenden Vers sogar als Gegenüber angesprochen, als »der Zweite seiner Einsamkeit«, aber auch dort schon wird Gott als das Potenzial der einen Geisteskraft verstanden, die in jedem Menschen wirksam ist. In dieser Elegie können wir diesen Gast im Engel erblicken, der nun als alleiniger Akteur auftritt, um die Puppe zu spielen. Die Puppe ist Werkzeug, die nicht »auseinanderfällt« wie der unauthentische Tänzer zu Beginn der Elegie. Hier schwingt die Marionette aus der Schwerkraft, die dem universalen Weltgesetz entströmt, und das ist, symbolisch verdichtet, der Engel. »Engel und Puppe. Dann ist endlich Schauspiel. / Dann kommt zusammen, was wir immerfort entzwein,« und zwar nicht, weil wir nicht wollten, sondern weil wir nicht können, »indem wir da sind« ruft Rilke lapidar aus. Existenz bedeutet das Herausfallen aus der Essenz, könnte man existenzialistisch sagen. Existenz ist Uneigentlichkeit. »Alles ist nicht es selbst.« Ein klassisch gewordener Satz, der aber nicht so klar ist, wie es scheint. Denn was wäre denn gemeint mit »es selbst«? Eine Dimension im unendlichen Bezug, gerade nicht ein »das«, abgegrenzt und selbstidentisch, sondern, um eine musikalische Metapher zu gebrauchen, ein Klang in der Harmonie des sinfonischen Bezugs. Es geht um die selbstvergessene Präsenz des je Besonderen im Ganzen, wodurch es die Schwingung des Ganzen je einmalig repräsentiert. Erst dann ist auch jeder Augenblick unserer Lebenszeit im »Umkreis des ganzen Wandelns« aufgehoben, integriert. Das knüpft an das Bild zu Beginn dieser Elegien an und löst es auf. Und nochmals versetzt er sich in die Kindheitsmuster zurück und findet sich wieder »im Zwischenraume zwischen Welt und Spiel-

157 Rilke, Werke, Bd. 1, 215.

zeug« – das hatten wir schon erörtert – an einer »Stelle, die seit Anbeginn / gegründet war für einen reinen Vorgang«. Wieder eine großartig dichte Formulierung, die ohne Pathos, sondern eher mit nüchterner Präzision das aussagt, was wir eben umschrieben haben. Buddhistisch gesprochen *pratītyasamutpāda*: Entstehen in wechselseitiger Abhängigkeit. Nichts ist Substanz, nichts ist abgegrenztes Ding, das dann sekundär mit anderen in Kontakt treten würde, sondern alles ist reiner Vorgang, Dynamik, Prozess, der sich ergibt aus Interaktionsmustern, die nicht bestimmbar sind, sondern offen, die vor jeder Definition, Abgrenzung, Ausgrenzung, Eindeutigkeit liegen. Wirklichkeit ist das Wirkende, sie ist nicht festgelegt, sondern offen, schöpferisch, das Sich-Entfalten und Zurücknehmen des Möglichen. Eine Poesie des Möglichen.

Wer zeigt ein Kind, so wie es steht? Wer stellt
es ins Gestirn und giebt das Maß des Abstands
ihm in die Hand? Wer macht den Kindertod
aus grauem Brot, das hart wird, – oder läßt
ihn drin im runden Mund, so wie den Gröps
von einem schönen Apfel? . . . . . . Mörder sind
leicht einzusehen. Aber dies: den Tod,
den ganzen Tod, noch *vor* dem Leben so
sanft zu enthalten und nicht bös zu sein,
ist unbeschreiblich.

Rilke dichtet sich nicht in einen Rausch euphorischer Leichtigkeit. Das Widersinnige schlechthin, der frühzeitige Tod eines Kindes, das Fragezeichen angesichts eines ungelebten Lebens, bleibt. Wen sollte man dafür verantwortlich machen? Wer kennt die letztgültige Ordnung und damit, vielleicht, den verborgenen Zusammenhang? Wer verantwortet das Abgebrochene, das Gescheiterte, das gescheitert ist, weil es sein Maß nicht kannte oder gar nicht kennen konnte? Die uralte Frage des *unde malum* (woher das Böse kommt) wird hier nicht an Gott gerichtet – den klammert Rilke in den Elegien weitgehend aus –, sondern an die Weltordnung schlechthin, an den Sinn oder Unsinn dieses Schauspiels des Welt-Theaters. Der »Kindertod / aus grauem Brot« – vielleicht ein Symbol des Mangels, der bitteren Armut, des grauen Elends in den Arbeitervorstädten? Oder das Gegenteil: die Übersättigung, der »Gröps / von einem schönen Apfel«. Einerseits an Schneewittchen erinnernd, andererseits – der Apfel ist auch noch »schön« – die Übersättigung derer im Wohlstand, die auch zugrunde gehen an der Maßlosigkeit. Angesichts dieses Todes »*vor* dem Leben« nicht verbittert zu sein – Rilke dichtet raffiniert naiv, um so die erschütternde Wirkung zu erhöhen –, sich des Urteils »sanft zu enthalten und nicht bös zu sein, / ist unbeschreiblich.« Es ist ein Einverständnis, das, wenn es nicht der Weisheit entspringt, zynisch wäre, das aber, wenn es durchlitten ist, Inbegriff der Weisheit ist, der dem Engel gemäßen umfassenden Bezogenheit. Denn im letztgültigen Bezug ist auch dieser Tod »aufgehoben«.

Solches Erschrecken und Fragen aber wird zugedeckt mit dem Getriebe des Alltags, mit dem Amüsement der oberflächlichen Zerstreuung. Davon handelt die nächste, die Fünfte Elegie.

Die Fünfte Elegie

Die Fahrenden

Die Fünfte Elegie nimmt in mancher Hinsicht eine Sonderstellung ein. Sie wurde wesentlich inspiriert von einem Bild Picassos, das fahrende Gaukler bzw. Akrobaten zeigt (Saltimbanques, vgl. Tafel 8). Es ist die zweitlängste Elegie, ihre Entstehungszeit erstreckt sich über den Zeitraum vom Sommer 1912 in Venedig bis zum 9. Februar 1922 auf Muzot, kurz vor Vollendung des gesamten Zyklus. Rilke hat sie der Dichterin Hertha Koenig gewidmet, die ihm ihre Wohnung in München (Widenmayerstraße 32) für den Sommer 1915 zur Verfügung gestellt hatte, und dort hing das Bild Pablo Picassos: *La famille des saltimbanques* aus dem Jahre 1905, von dem Rilke nachhaltig angetan war, zumal er die Eigentümerin zum Kauf dieses Picasso gedrängt hatte.[158] Hinzu kommt, dass Rilke in Paris im Jahre 1907 eine Akrobatengruppe um Père Rollin erlebt hatte, auch die Erinnerung an dieses Ereignis fließt in die Elegie ein.

DIE FÜNFTE ELEGIE
Frau Hertha Koenig zugeeignet

Wer aber *sind* sie, sag mir, die Fahrenden, diese ein wenig
Flüchtigern noch als wir selbst, die dringend von früh an
wringt ein *wem, wem* zu Liebe
niemals zufriedener Wille? Sondern er wringt sie,
biegt sie, schlingt sie und schwingt sie,
wirft sie und fängt sie zurück; wie aus geölter,
glatterer Luft kommen sie nieder
auf dem verzehrten, von ihrem ewigen
Aufsprung dünneren Teppich, diesem verlorenen
Teppich im Weltall.
Aufgelegt wie ein Pflaster, als hätte der Vorstadt-

158 Brief an Hertha Koenig vom 4.11.1914, in: Fülleborn/Engel, a.a.O., Bd. 1, 119. Rilke hat sich für die Dichterin Hertha König eingesetzt, vgl. die Briefe an Katharina Kippenberg vom 11.12.1916 und 11.6. und 31.8.1917, in: von Bomhard, a.a.O., 166ff., 234ff. und 240ff.

Himmel der Erde dort wehe getan. Und kaum dort,
aufrecht, da und gezeigt: des Dastehns
großer Anfangsbuchstab …, schon auch, die stärksten
Männer, rollt sie wieder, zum Scherz, der immer
kommende Griff, wie August der Starke bei Tisch
einen zinnenen Teller.

Die Akrobaten, die Fahrenden, wie Rilke dichtet, werden ihm zum Symbol des rastlosen, geltungssüchtigen Menschen, der durch sportliche Leistung sich selbst zu bestätigen sucht und dabei nur Hohles bzw. Tünche über der Belanglosigkeit ausbreitet. Das rastlose Getriebensein kann die innere Leere lediglich zudecken, im Tingeltangel des circensischen Habitus betäubt sich der von Angst und Sinnlosigkeit getriebene moderne Mensch der Großstadt, der ausgebeutete und ermüdete Zeitgenosse der Siedlungssilos der Vorstädte.

Dort spielt die erste Szene. Der Vorstadt-Himmel liegt wie ein Pflaster über der verwundeten Erde der Stadt, die, aufgerissen und öde, traurige menschliche Schicksale hervorbringt. Wie wir gesehen haben, hat Rilke Paris höchst ambivalent erlebt und beschrieben: Auf Paris, die kulturelle Hauptstadt seiner Zeit, richtet sich seine Sehnsucht, wenn er in der Ferne ist, auf sein »unentbehrliches Paris«.[159] Auch das Picasso-Bild in München erinnert ihn an Paris und lässt ihn den Schmerz der Gegenwart vergessen, wie er an Thankmar von Münchhausen schreibt.[160] Andererseits ist Paris »Ort der Verdammnis«,[161] voller Krankheit, Siechtum, Tod, Brutalität und Raffgier, voll auch des Amüsements, um genau diese leidvollen Seiten zu verdrängen. Das thematisiert Rilke hier. Den Vorstadt-Himmel muss man sich grau vorstellen, rußgeschwärzt, stickig vielleicht. Es ist nicht ein Himmel offener Weite, sondern ohne Verheißung und krank machend. Der dünne Teppich, zerschlissen schon vom Gebrauch, der unter den Akrobaten ausgebreitet ist, wird Rilke zum »verlorenen Teppich im Weltall«. Das bedeutet, die Akrobaten stehen für die verlorene Menschheit am Rande des Universums, die sich müde dahinschleppt oder – wie

159 Brief an Leopold von Schlözer vom 21.1.1920, in: Fülleborn/Engel, a.a.O., Bd. 1, 172.
160 Brief vom 28.6.1915, ebd., 126.
161 Brief vom 27.12.1913 an Marie von Thurn und Taxis, ebd., 89.

hier – in gezierten künstlichen Sprüngen die Zeit vertreibt, dabei aber keinen Halt findet. Der Teppich, der Schönheit und dem Fuß sicheren Tritt bieten sollte – das wird uns noch als Kontrast-Bild am Ende dieser Elegie begegnen – ist hier »dünn« und »verloren«, kein Halt, nirgends.

Die Fahrenden, in ihrer Zirkus-Existenz noch heimatloser als die meisten – nicht umsonst gibt es seit Jahrzehnten eine Zirkus-Mission der Kirchen –, sind getrieben von der Suche nach Anerkennung, nach Einkommen auch, von einem stählernen Willen, da sie sonst die immense Leistung des Körpers, die Anspannung der Glieder und die für diese Künstlichkeit nötige Konzentration nicht aufbringen könnten, und doch sind sie fremdbestimmt von der Sensationslust des Publikums, das nach Zerstreuung, nach Neuem, nach dem Nervenkitzel schreit. »*Wem* zu Liebe« tun sie das? Rilke wiederholt das »*wem*«, wem bloß? Das ist nicht Liebe, sondern bloßes Gefallenwollen, der Drang nach Anerkennung eben. Der Gaukler steht für den *homo faber* in seiner extremen Ausprägung. Und nachdem Rilke in dieser Elegie schonungslos den Spiegel vorhält, wartet er am Schluss mit einer Antwort auf.

Rilkes Sprache wird hier unnachahmlich dicht, die Verben winden sich wie die Knäuel ineinander verhakelter Körper bei einer akrobatischen Gruppenshow: Es »wringt« und »biegt« und »schlingt« und »schwingt« sie, ein Werfen und Fangen »wie aus geölter, / glatterer Luft«, von früh an geübt, verbogene Körper von Kindheit an. Rilkes einzigartige Sprachkunst ahmt das Gewaltsame durch eine Hast im Binnenreim, im Sprechtakt und Rhythmus nach. Antrieb ist nicht die Freude an der Bewegung, die den natürlichen Formgebungen des menschlichen Körpers folgt, sondern die Lust an der Verbiegung, die das Unmögliche erzwingt, die das Naturgesetz der Schwerkraft scheinbar außer Kraft setzt, Hybris also. Des »Dastehns / großer Anfangsbuchstab«, vermutlich handelt es sich um ein »D«, wie einige Interpreten[162] bemerkt haben, denn die Figurenverteilung in Picassos Gemälde beschreibe die Form eines D, und vielleicht hat Rilke dies hier aufgegriffen. Das eigene Dastehen, die Entlassung des Kindes in die Selbststän-

162 Steiner, a. a. O., 106, verweist auf Eudo C. Mason: Lebenshaltung und Symbolik bei Rainer Maria Rilke. Weimar: [o. Verlag] 1939, sowie Werner Wolf: R. M. Rilkes Duineser Elegien. Heidelberg: [o. Verlag] 1937.

digkeit, die Reifung zu einem freieren Menschen also, war als Begriff schon in der Vierten Elegie als »Alleingehn« und als Stehen (»Wer zeigt ein Kind, so wie es steht?«) bezeichnet worden. Das »Dastehn« kennzeichnet die Existenzweise des ausgereiften Menschen, und der Anfang – nicht nur als erster Buchstabe, sondern als Prinzip dieser Kraft – ist das »D«. Doch das scheinbar felsenfeste, turmartige Selbstbewusstsein der sich aufpflanzenden »stärksten Männer« wird dahin gefegt. Zum »Scherz« und Ergötzen der Mächtigen wird die mühsam erlernte menschliche Stärke gebrochen, ausgelöscht. Wie bei den Gladiatorenkämpfen der Römer werden Menschen zu Spielbällen, verbiegen sich zum Amüsement der Mächtigen, im eisernen Griff des Fürsten, der – wie der Legende nach Kurfürst August der Starke von Sachsen – bei Tische Zinnteller in einer Hand mit Leichtigkeit zerdrückt haben soll. (Andere Legenden attestieren ihm nicht nur die Potenz, Hunderte von Nachkommen gezeugt, sondern auch die Kraft, mit dem rechten Daumen eine Delle ins Eisengeländer der Dresdner Brühlschen Terrasse gedrückt zu haben, die auch heute noch Väter ihren staunenden Kindern zeigen.) Protz der Potenz und schauerliche Gewalt der Macht.

Ach und um diese
Mitte, die Rose des Zuschauns:
blüht und entblättert. Um diesen
Stampfer, den Stempel, den von dem eignen
blühenden Staub getroffnen, zur Scheinfrucht
wieder der Unlust befrucheten, ihrer
niemals bewußten, – glänzend mit dünnster
Oberfläche leicht scheinlächelnden Unlust.

Die nächste Strophe nimmt die Zuschauer in den Blick. Sie formen einen Kreis rings um die Artistenarena, die mittels des Teppichs dürftig markiert und gesichert ist. Die Zuschauer – Rilke beobachtet sehr genau – hängen nicht wie eine Traube am Geschehen, sondern sie formen eine Rose, ineinander geschachtelt wie Rosenblätter, mehrere Ringe um die Mitte bildend, konzentrische Kreise, die einander berühren. Rilke spricht aber nicht von den Zuschauern, sondern bildet das substantivierte Verb »das Zuschaun«. Für den Artisten ist der Zuschauer nicht als Person, sondern in seiner

Funktion des Zuschauens wichtig, das allein gibt ihm Bedeutung, und zwar Zuschauen im Gegensatz zum Hinschauen, von dem in der Vierten Elegie die Rede war, das dort die geistige Haltung der Vertiefung, des Durchbruchs zu einer Synthese im Gegenwärtigsein, andeuten sollte. Zuschauen hingegen drückt eine passive Haltung aus, vielleicht auch nur gelangweiltes Desinteresse.[163] Denn nachdem diese »Rose des Zuschauns« zunächst aufgeht, ist sie auch schnell wieder »entblättert«, d.h. die Zuschauer wenden sich flüchtig ab und verlassen den Ring, bis die Artisten frustriert allein zurückbleiben. Da in dieser Elegie die Artisten unser eigenstes Seelenleben zur Schau stellen, seine Hohlheit und Angestrengtheit, bedeutet das bloße Zuschauen ein Armutszeugnis für unseren Zustand, die Unfähigkeit, das eigene Leben selbst zu gestalten, bei den Artisten ebenso wie bei denen, die darum herumstehen und zuschauen. Der Mensch gibt sich zufrieden als bloßer Zuschauer gegenüber seinen Trieben, Phantasien und unreflektierten Impulsen. Der »blühende Staub« blüht dann auch nicht wirklich, sondern bringt Scheinfrucht hervor, Scheinlächeln und Unlust. Das Lächeln, die Lust, das Fruchtbringen werden in den Elegien wiederholt thematisiert, hier in der Fünften besonders markant. Noch ist alles Schein und Oberfläche, nichts Authentisches, so wie beim Tänzer zu Beginn der Vierten Elegie. Stampfer und Stempel bilden die Mitte, die Artisten im Zentrum der Zuschauerrose sind der Stempel dieser Rose, das Befruchtungsorgan, das durch den Blütenstaub zu seiner Fülle und Frucht kommen sollte. Das Bild von den Blütenpollen erweist sich als hintergründig und vielschichtig. Denn in der Zweiten Elegie wurden die Engel als »Pollen der blühenden Gottheit« gepriesen, als fruchtbar in durchgeistigter Form, so kraftvoll, dass kurz darauf von »Tumulten« der Engel die Rede ist. Die Engel sind über-bewusst, während die Gaukler und die herumstehenden Zuschauer »niemals bewußt« sind. So werden die Artisten, im schärfsten Kontrast zur Wirklichkeit der Engel in der Zweiten Elegie, als lärmende, geistferne Horde, die Blütenpollen als aufgewirbelter Staub, die Blume als entblättert und die Frucht als Scheinfrucht der Unlust demaskiert. Der schöpferische Tumult ist in Wahrheit nur stumpfes Trommeln. Romano Guar-

163 Meine Deutung widerspricht der Parallelisierung zwischen der Vierten und Fünften Elegie, die der Differenz von Hinschauen und Zuschauen meines Erachtens nicht gerecht wird (gegen Steiner, a.a.O., 107).

dini hat den verschroben-verschachtelten Sprachstil und die Gebärdenmuster der Akrobaten großartig aufeinander bezogen, wenn er schreibt:[164]

> Die Art, wie die Untersätze und einzelnen Worte des Satzes ineinander geschoben sind; wie lauter Abstrakta auftauchen, hinter denen der Träger zerrinnt, bildet selbst den Ausdruck für das Gemeinte: ein kompliziertes Geschehen, das aus viel Mühsal hervorgeht, von keiner Person getragen ist und nichts ergibt.

Wortgebilde wie die Pyramide der Akrobaten, unpersönlich und instabil, dazu niemals bewusst, denn wären die Gaukler sich ihres Tuns bewusst, würde alles wie ein Kartenhaus zusammenfallen.

Da: der welke, faltige Stemmer,
der alte, der nur noch trommelt,
eingegangen in seiner gewaltigen Haut, als hätte sie früher
zwei Männer enthalten, und einer
läge nun schon auf dem Kirchhof, und er überlebte den andern,
taub und manchmal ein wenig
wirr, in der verwitweten Haut.

Aber der junge, der Mann, als wär er der Sohn eines Nackens
und einer Nonne: prall und strammig erfüllt
mit Muskeln und Einfalt.

Bei diesen Sprachbildern spielt Rilkes oben schon erwähnte Erinnerung an die Gruppe von Père Rollin eine Rolle.[165] Den Trommler, der in der Mitte den Rhythmus »stampft« und den Takt für die Bewegung vorgibt, hat er gesehen, welk und faltig, gespenstisch fast die Beobachtung, dass in die eingefallene verdorrte Haut einst zwei Männer gepasst hätten: er und ein Doppelgänger, der schon auf dem Friedhof liegt. Taub ist der alte Trommler, verwitwet in Bezug auf den zweiten, der mit in ihm steckte, wirr. Vielleicht symbolisiert der bereits Verstorbene die abgestorbene Kreativität, die Fä-

164 Guardini, Deutung, 194.
165 Rilkes Bericht über dieses Erlebnis (Paris, 14.7.1907) ist abgedruckt bei Fülleborn/Engel, a. a. O., Bd. 1, 25–27.

higkeit zum Austausch und zur gemeinsamen Gestaltung, zur Liebe also, das alter Ego – er aber ist allein zurückgeblieben, ungelebt, unerfüllt, taub. Nur noch mechanisch trommelt er den Rhythmus weiter, den er sein Leben lang getrommelt hat, eine monotone Wiederholung des immer Gleichen. Auch wenn sich die Welt um ihn verändert, hält er an dem fest, was er kennt, und das auf Gedeih und Verderb. Ein Sinnbild bzw. Un-Sinnbild für geistige Trägheit und abgestumpfte Seelenlandschaft? Vielleicht geht diese Deutung zu weit, aber sie liegt im Duktus Rilke'schen Empfindens.

Der Blick wandert weiter auf dem Picasso-Bild. Da ist der junge Mann mit einem Stiernacken und der Naivität einer Nonne: prall und stramm von Muskeln, der Geist aber naiv und einfältig, ein sarkastisches Urteil über den Männerkult der Zeit angesichts der vaterländischen Kriegsplakate, ein Urteil, das ans Politische rührt, wenngleich Rilke in den Elegien nirgends direkt das Zeitgeschehen kommentiert.

Und dennoch … das Lächeln

Oh ihr,
die ein Leid, das noch klein war,
einst als Spielzeug bekam, in einer seiner
langen Genesungen …

Du, der mit dem Aufschlag,
wie nur Früchte ihn kennen, unreif,
täglich hundertmal abfällt vom Baum der gemeinsam
erbauten Bewegung (der, rascher als Wasser, in wenig
Minuten Lenz, Sommer und Herbst hat) –
abfällt und anprallt ans Grab:
manchmal, in halber Pause, will dir ein liebes
Antlitz entstehn hinüber zu deiner selten
zärtlichen Mutter; doch an deinen Körper verliert sich,
der es flächig verbraucht, das schüchtern
kaum versuchte Gesicht … Und wieder
klatscht der Mann in die Hand zu dem Ansprung, und eh dir
jemals ein Schmerz deutlicher wird in der Nähe des immer

trabenden Herzens, kommt das Brennen der Fußsohln
ihm, seinem Ursprung, zuvor mit ein paar dir
rasch in die Augen gejagten leiblichen Tränen.
Und dennoch, blindlings,
das Lächeln .....

Es folgt, ganz unvermittelt, wieder eine Rückblende in die Kindheit. Wen Rilke mit dem »O ihr« anspricht, bleibt offen; sind Kinder gemeint, die ein nicht so gravierendes Leid verspürten? Das passt allerdings grammatikalisch nicht, denn wenn »ihr« die Kinder wären, dann müsste es »bekamt« heißen und nicht »bekam«. Oder sind die Angeredeten das Spielzeug, welches das kleine Leid bekam? Könnte Rilke vielleicht als krankes Kind (= kleines Leid) eine Akrobatengruppe aus Holz oder Blech als Spielzeug bekommen haben, und die Anrede »O ihr« richtete sich dann an die Akrobaten? Das ist spekulativ, würde aber grammatikalisch besser passen.[166] Eltern jedenfalls versuchen den Kummer ihrer Kleinen mit dem Versprechen eines Spielzeugs zu lindern, so wie der Buddha ein Spielzeug in Aussicht stellte, um die unwissenden Kinder aus dem brennenden Haus zu locken, damit sie gerettet würden. Merkwürdig ist diese Parallele, zwar ohne jede historische Verbindung, aber erspürt in der genauen Beobachtung des zutiefst Menschlichen über Kulturen und Generationen hinweg. Hier soll das Spielzeug trösten, dort die Gauklertruppe als billiger Trostmarkt dienen, wie es in der Zehnten Elegie heißt. Die Religion oder das akrobatische sportliche Treiben – sind das nur Ablenkungen, um dem Leid nicht ins Auge schauen zu müssen, also Strategien, um die *conditio humana* zu beschönigen? Dort, in der Religion, der Pomp von Ritualen und wortgewaltigen Versprechungen, hier, im Sport, der Abzug der Aufmerksamkeit auf das Äußerliche und Artistische. Rilke sieht es so, er hat es so erlebt. Der Bezug zur Zehnten Elegie ist offenkundig: das Leid des kleinen, ausgelieferten Kindes mit einem Spielzeug auf dem Krankenbett wird in der Zehnten Elegie zur mythischen jungen Klage und schließlich zur alten Klage heranwachsen. Und auch dort taucht das Motiv der Gaukler auf dem Jahrmarkt wieder auf. In der Zehnten Elegie wird das

166 Die Anregung zu dieser Interpretation verdanke ich meiner Mitarbeiterin Elke Dünisch.

Durchleben bzw. Durchleiden der Schmerzen – also das wissende und bejahende Annehmen des Krankseins – fruchtbar werden für die Reifung des Menschen, möglich geworden, weil die »niemals bewußte« Geisteshaltung, wie sie in der Fünften Elegie beschrieben wird, in ein hohes bzw. tiefes Bewusstsein umgeschlagen ist und das menschliche Schicksal in die Dimension des Mythos gehoben wird, als ein Weg, der durch das Leidland in die Freiheit der Akzeptanz dieses Lebens führt. So spannt sich der Bogen von der Freiheit des Engels in der Zweiten Elegie über die nicht-bewusste und vergeblich-mühsame Selbstdarstellung des Menschen in der Fünften Elegie zur befreienden Einsicht in der Zehnten Elegie, die das Leid und den Schmerz integriert und in den Bezug des Ganzen hebt.

Rilke kehrt zurück zum Spektakel der Artisten-Vorstellung und beschreibt den Jungen, der wie eine unreife Frucht, die vom Baum fällt, von der Spitze der Menschenpyramide herunterstürzt und wieder aufspringt, täglich hundert Mal. Er fällt ab vom »Baum der gemeinsam / erbauten Bewegung«. Der Baum zeigt symbolische Ambivalenz, er wird zum Symbol für das Dauernde und auch für die Bewegung, die Inbegriff des Flüchtigen ist. Der Natur-Baum, der in Rilkes Dichtung eine herausragende Rolle spielt, wird hier dem Kunst-Baum gegenübergestellt. Jener steht für Dauer und die harmonische Bewegung des organischen Wachstums, dieser steht für die schnelle, hastige Pose, die zerfällt und zerschlagen wird. Jener hat seine Würde in der majestätischen Vollendung, dieser bleibt unvollendet und fragil. Auftürmen, herabfallen, zerfallen, zerschlagen – Metaphern-Verben, die Rilke schon seit der Zeit des »Stunden-Buchs« verwendet, um die Endlichkeit und Vergeblichkeit, die Eitelkeit der noch so großen kulturellen Gebilde des Menschen zu betrauern. Denn den Kunst-Baum türmt der Mensch nicht nur als Akrobaten-Pyramide auf, sondern auch in Türmen, Hochhäusern, Domen, in allen phallischen Selbstinszenierungen, die brüchig sind und bleiben. Schon in einem Gedicht des »Stunden-Buchs« vom 22. September 1899 greift Rilke das Thema auf:[167]

167 Rilke, Werke, Bd. 1, 214–215.

Wir bauen an dir mit zitternden Händen
und wir türmen Atom auf Atom.
Aber wer kann dich vollenden,
du Dom.

Was ist Rom?
Es zerfällt.
Was ist die Welt?
Sie wird zerschlagen
eh deine Türme Kuppeln tragen,
eh aus Meilen von Mosaik
deine strahlende Stirne stieg.

Aber manchmal im Traum
kann ich deinen Raum
überschaun,
tief vom Beginne
bis zu des Daches goldenem Grate.

Und ich seh: meine Sinne
bilden und baun
die letzten Zierate.

In diesem Gedicht wird im Traum bereits das Ganze geschaut, es sind die – geläuterten – Sinne, die es »bilden und baun«. In den Elegien, mehr als 20 Jahre danach, ist Rilke vorsichtiger, vielleicht auch eine Folge des Weltkriegs, der alle Träume zerplatzen ließ? Zwar kann das Ganze im Traum oder in einer Vision erscheinen, aber erst eine Transformation des Bewusstseins macht den realen Bau möglich, eines Bewusstseins des reinen Bezugs, wie es dem Engel zu eigen ist, aber rückbezogen auf die Erde, auf das Hiesige. Das muss durchlitten sein, wie es die Zehnte Elegie beschreibt. Die Affirmation, die Rilke meint, ist 1899 eine andere als 1922. Seit der Zeit der »Neuen Gedichte« erhält das Hiesige eine neue Bedeutung, insofern das Ganze in jedem Detail der zeitlichen Entfaltungen präsent und nicht jenseitig ist.

Hier signalisieren die Bilder Vergänglichkeit, flüchtiges Vorbeiziehen. Der Baum der Bewegung ist rascher als Wasser, er existiert im Zeitraffer, so wie das Wasser, das sich zur Fontäne erhebt und gleich wieder in sich zusammenfällt. Oder der Knabe, der auf- und abspringt, an die Erde anprallt wie an ein Grab. Ein doppeldeutiges Bild. Die Sprünge sind gewagt, jeder Aufprall könnte der letzte sein; der Artistensprung ist todesmutig, ein Anprall ans Grab eben. Aber die Erde, an die er im Sprung anprallt, ist auch Schoß, sie ist Mutter und Grab des Lebens zugleich. Schon jetzt ist die Bewegung also, unbewusst für den Knaben zwar, eine *ars moriendi*, eine Einübung ins Sterben. Noch prallt der Knabe von seinem künftigen Grab ab. Hier schließt nach dem Doppelpunkt der Satz an das Du an: »Du ... / manchmal ... will dir ein liebes / Antlitz entstehn.« Wir hatten festgestellt, dass Rilke für die Vierte Elegie eine klare Begriffsunterscheidung vornimmt: Dort hat die Puppe ein »Gesicht aus Aussehn«, der Mensch hat »Gesicht« und der Engel hat »Antlitz«. Es ist anzunehmen, dass Rilke auch in der Fünften Elegie den ästhetisch hervorgehobenen Ausdruck »Antlitz« in diesem Sinne verstehen will. Dann aber käme einem Menschen »Antlitz« zu, dem Knaben nämlich, obwohl dieser auf dem Teppich der Artisten, in der Künstlichkeit des Springens seine eigene Entfremdung zelebriert. Gesicht meint die Prägung durch äußere Ereignisse, die Falten, die ein Schicksal eingefroren haben und nun unverwechselbar abbilden. Gesicht bildet die eigene Geschichte ab, das Karma. Im Antlitz hingegen leuchtet ein Strahlen von innen auf, wenn die beeengenden Prägungen durchbrochen werden und der ursprüngliche Glanz sichtbar wird, der dem Engel Wesensnatur ist. Wie ist es möglich, dass dieser heranwachsende Jüngling ein Antlitz hat? Rilke fährt fort, das Antlitz entstehe »hinüber zu deiner selten / zärtlichen Mutter«. Wahrscheinlich steht die Mutter im Kreis der Zuschauer und lächelt ihrem Sohn zustimmend, stolz, vermutlich auch bange, ein zärtliches Lächeln zu. Dies dürfte eine Wiedererinnerung (*anamnesis*) wachrufen, deren ursprünglicher Hintergrund in der Drittten Elegie benannt wurde: »... Selten / hast du so zärtlich gelächelt, Mutter«.

Auch hier haben wir es mit dem für Rilke bedeutungsvollen Motiv des Lächelns zu tun. In der Zweiten Elegie wurde gefragt: »O Lächeln, wohin?« Romano Guardini[168] kommentiert, dass dieses Lächeln »die von innen aufsteigende Strömung« ist, ein Impuls des Herzens, der sein Ziel sucht: wohin? Jacob Steiner hat gezeigt, wie

168 Guardini, Deutung, 86.

intensiv sich Rilke mit dem Phänomen des Lächelns beschäftigt und im November 1920 sogar ein Gedicht begonnen hat, das den mythischen Ursprung des Lächelns beschreiben sollte, dann aber Fragment geblieben ist. Rilke verbindet Lächeln und Blüte, beide strahlen ein befruchtendes Neuwerden aus, das aus Fülle sich entfaltet:[169]

> Ist dort nicht Lächeln? Siehe, steht dort nicht
> in Feldern, die von Fülle übergingen,
> was wir zu einem kleinen Aufblühn bringen,
> wenn wirs bemühn in unser Angesicht?

So dichtet er in einem Fragment, das im Umfeld der *Gedichte an die Nacht* (November 1913) entstanden ist. Angesicht, so möchte ich dies weiter deuten, das durch das Lächeln, das dann aber nicht mehr bemüht, sondern spontan wäre, sich zu einem Antlitz formen würde, wenn wir es denn bewusst zuließen. Und in einem späteren Fragment (September 1924) aus der Zeit nach den Elegien, in dem er den Zusammenhang von Engel, Antlitz und Lächeln wieder aufgreift, erscheint das Lächeln als Frucht der zarten liebenden Begegnung, das ein »geneigtes Auge«, also der empathische Blick eines Anderen, im Antlitz des Gegenübers erntet, ein Wechselspiel tieferer Bezüge also, denn das Antlitz ist ja die Gesichts-Gebärde des Engels:[170]

> Lächeln, Lächeln du hast es gekonnt; mehrmals
> haben es dir geneigte
> Augen vom Antlitz gepflückt.

Das Lächeln ist abhängig von Umständen, flüchtig und fragil, auch wenn es immer wieder, meist unabsehbar, sich zeigt. Aus diesem Grund wird es in den Buddha-Gedichten nicht thematisiert, obwohl Rilke von den Buddha-Figuren in Rodins Garten mit ihrem »sprichwörtlichen Lächeln« beeindruckt war. Rilke lenkt stattdessen die Aufmerksamkeit auf die Augenbrauen Buddhas, die erhaben sind und, so können wir vielleicht sagen, das Lächeln in eine

169 Zit. nach Steiner, a. a. O., 114–115.
170 Zit. nach Steiner, a. a. O., 115.

überzeitliche Dimension transponieren. Denn die unaussprechliche (»unsägliche«) »Blüte des Lächelns« ist so überwältigend, dass man vergeht und sterben muss, wie angesichts der Schönheit und des Engels, wie wir in der Ersten und Zweiten Elegie gesehen haben. Dreimal in Folge wird das »Sterben an« hervorgehoben, dass das weiblich anmutige, über sich hinausweisende Lächeln dem groben Blick des begehrenden Körpers nicht erträglich ist. So heißt es in Versen, die 1914 in Paris entstanden sind:[171]

›Man muß sterben weil man sie kennt.‹ Sterben
an der unsäglichen Blüte des Lächelns. Sterben
an ihren leichten Händen. Sterben
an Frauen.

In der Dritten Elegie erscheint ein Lächeln mitten im Auftritt des Schrecklichen, sodass Rilke die Formulierung wagt: »Ja, das Entsetzliche lächelte…«, um dann drei Auslassungspunkte zu setzen und die Sprachlosigkeit anzudeuten, die eine solche »Kontrastharmonie« (Rudolf Otto) erzwingt.

Inwieweit bei Rilkes poetischer Gestaltung der Mutterfigur biographisch Erlebtes und mythisch Erdichtetes ineinanderfließen, wissen wir nicht genau. Eine Psychologisierung würde auch nicht weiterführen, weil der Dichter zwar an Erlebtes anknüpft, die Bilder aber literarisch umformt und neu verschränkt. Die Erinnerung an die Zärtlichkeit der Mutter, an das Kindsein vor der Überforderung, bevor, so der Anfang der Fünften Elegie, die Fahrenden »dringend von früh an« gewrungen und gebogen wurden, diese Erinnerung an unbeschwerte Kindheit wird in der Präsenz der Mutter lebendig. Es gibt ein Anknüpfen, das unschuldige Wesen vor allem Zwang ist nicht völlig verschüttet. Die Engel-Natur, die Qualität des Transzendenten, ist damit nicht etwas, das *totaliter aliter* wäre, wie die Dialektische Theologie Karl Barths zeitgleich zu diesen Elegien proklamierte, sondern in der Seele, als Keim zumindest, angelegt ist, auch wenn sich das liebe, flüchtig gezeigte und »kaum versuchte« Antlitz sofort wieder verliert an den verspannten Körper, in ihm »flächig verbraucht« wird. Großartig, wie Rilke die Anspannung, die gleichzeitig eine einzige Ermüdung ist,

171 Gedichte 1906–1926, in: Rilke, Werke, Bd. 1, 724.

mit dieser Formulierung des »flächig verbrauchten« Impulses einfängt. Das Lächeln breitet sich kurz über die Haut aus, kann aber nicht in die Tiefe des Körpers zurückgestrahlt werden, es bleibt oberflächlich, weil die Muße fehlt. Lächeln braucht konzentrierte Präsenz, denn wo der Blick sich mitten im Kontakt schon wieder abwendet, findet keine Begegnung statt, die unter die Haut geht. So sind die Attribute, die Rilke hier verwendet, aus genauer Beobachtung abgeleitet, und diese flüchtige Nicht-Begegnung, die schmerzen kann, ist wohl jedem aus dem gehetzten Alltagsleben bekannt. Möglicherweise ist es auch eine schüchterne Flüchtigkeit, ein Wollen und doch nicht Wagen. Der Antreiber klatscht in die Hände, es fehlte nur noch, dass man eine Peitsche sausen hörte, und wieder muss der Junge zum Ansprung abheben. Immer neu. Sisyphus. Und der Schmerz »des immer / trabenden Herzens«, der sich einstellt, ist wohl vor allem ein seelischer.

Jeder kennt durch die Medien Bilder von Kinderarbeit, den unendlich traurigen Blick der Ausgebeuteten weltweit, die eher ahnen als wissen, was hier gespielt wird. Aber auch der physische Schmerz, das Brennen in den Fußsohlen fehlt nicht, so stark, dass sogar diesem gnadenlos Trainierten die Tränen in die Augen steigen. »Und dennoch, blindlings, / das Lächeln …« Und wieder stehen fünf Auslassungspunkte, die eine Stille des Nachsinnens aufkommen lassen. Der herzzerreißenden Beschreibung der Ausbeutung, der Vergewaltigung, der Qual des Kindes folgt ein »… dennoch«. Ist es überzogene Deutung, wenn wir diesen Schrecken, den Menschen Kindern zufügen, und den Schrecken, den die Natur – nach menschlichem Ermessen – dem früh sterbenden Kind zumutet, einander im Kontrast gegenüberstellen? Die früh Verstorbenen werden von Rilke in die Nähe der Liebenden und Engel gerückt, weil sie den Tod integrieren, ohne zuvor alles auseinandergerissen zu haben. Gewiss ist dies eine Verklärung des Schicksals, die aber realen Reifungsprozessen entspricht, die man in Kinderkrankenhäusern antreffen kann. Die ausbeuterische Misshandlung des Kindes, die Qual, die ihm aus gedankenlosem oder berechnendem Eigennutz – beides klingt in dieser Elegie an – zugefügt wird, kann nur überwunden werden durch ein Anknüpfen an das Lächeln der Mutter *jenseits* der alltäglichen Schmach. Ein »Dennoch« aus dem Lächeln, aus der Anamnesis?

Engel! o nimms, pflücks, das kleinblütige Heilkraut.
Schaff eine Vase, verwahrs! Stells unter jene, uns *noch* nicht
offenen Freuden; in lieblicher Urne
rühms mit blumiger schwungiger Aufschrift: ›*Subrisio Saltat.*‹.
Du dann, Liebliche,
du, von den reizendsten Freuden
stumm Übersprungne. Vielleicht sind
deine Fransen glücklich für dich –,
oder über den jungen
prallen Brüsten die grüne metallene Seide
fühlt sich unendlich verwöhnt und entbehrt nichts.
Du,
immerfort anders auf alle des Gleichgewichts schwankende Waagen
hingelegte Marktfrucht des Gleichmuts,
öffentlich unter den Schultern.

Es überrascht nicht, dass die nächste Strophe mit dem Ruf an den Engel einsetzt, war er doch schon gegenwärtig in dieser flüchtigen Verwandlung. Das kleinblütige, unscheinbare Heilkraut soll er pflücken und eine Vase dafür schaffen, ein Mittel gegen die Schmerzen der überdehnten und verletzten Glieder. Fast homöopathisch kleinblütig, also unscheinbar und in seiner ganzen Heilkraft nicht sofort erkennbar wie die verschwenderisch volle Blüte, dürfte das Kraut aber auch jenes Lächeln stärken helfen, also die Seelenkräfte beleben. Heilung geschieht immer psychophysisch, psychosomatisch, Heil und Heilung, wie bei Jesus oder dem Medizinbuddha. Unter dem Begriff der »Salutogenese«[172] (Klaus Jork) wird dies als ein Prozess gedacht, der durch das Bild der Vase in origineller Weise veranschaulicht wird. Die Vase enthält – so in der griechischen wie auch in der indo-tibetischen Ikonographie – den Nektar der Unsterblichkeit, ist also das Gefäß für belebende Substanzen, auch wenn sie als Symbol der weiblichen Fruchtbarkeit erscheint. In der griechisch-römischen Sepulkralkunst begegnet sie im Motiv der Toten-Vase und dient als Urne für die materiellen Überreste der Toten. Und sie symbolisiert den gebärenden Schoß,

172 Klaus Jork: Salutogenese und positive Psychotherapie, Bern: Huber 2003.

die Möglichkeit zur Neugeburt, gerade auch weil sie ein Kulturprodukt ist. Kultur ist – so auch in Rilkes Verständnis –Transformation von Natur durch Vergeistigung, Selbstausdruck der schöpferischen Potenzen im Menschen, die sich ausprägen, indem sie zum Ausdruck gebracht werden, eben Dichtung des Möglichen. Das, was noch nicht offen ist, wird sich dann öffentlich zeigen: die »offenen Freuden«, von denen Rilke in diesem dichten Vers spricht.

Diese Deutung ergibt sich auch aus dem Vergleich mit dem Tänzerin-Gedicht, dem 18. der Sonette an Orpheus (Zweiter Teil).[173] Dort sind Krug und Vase die Früchte, die der »Baum der Bewegung« trägt, der dann in gesteigerter Wiederholung als »Baum der Ekstase« identifiziert wird. Die ekstatische Pirouette der Tänzerin, die hier besungen wird, lässt ein Bewegungsmuster entstehen, das einer Vase ähnelt, als käme die wirbelnde Bewegung in dieser Form zur Ruhe. Auch hier also Einheit der Gegensätze, ausgehend von dem Zusammenfall von Bewegung und Ruhe wie in einer musikalisch-klanggebenden Figur. Die Ekstase integriert auch die Gegensätze von Blüte und Urne, von Leben und Sterben. Merkwürdigerweise erfasst der letzte Blick auf diese bewegt-ruhende Tanzfigur die Augenbrauen, die in die bewegte Wendung des Gesichts hineingeschrieben sind, also in das Medium der Schrift transponiert werden, die dem flüchtigen Moment Dauer oder besser Überzeitlichkeit verleiht. Ob Rilke hier bewusst an das zweite Buddha-Gedicht anknüpft, wo von der »Hoheit dieser Augenbraun« die Rede ist, bleibt offen. Ebenso offen bleibt, ob die Tänzerin des »Sonetts an Orpheus« als eine Buddha-Figur betrachtet werden könnte, die das »Vergehen in Gang« verwandelt, also aus der Vergänglichkeit eine produktive Bewegung schafft, und die »unzählige Bewegung« aus ihrem Innern freisetzt, die das dahinfließende Jahr durchströmt und damit in den kosmischen Bezug zur Sonne hebt, von dem bei Rilke so oft die Rede ist, besonders in der Zehnten Elegie, die das Gefüge von Sternbildern als eine kosmische Ordnung aufruft, die aus menschlicher Bewusstseinskraft gebildet wird. Das Gedicht vom 17./19. Februar 1922 entstand genau in den Tagen der Abfassung der Fünften Elegie und der Vollendung des gesamten Elegienzyklus:[174]

173 Zur Deutung des Tanzes vgl. auch meine Ausführungen zu Beginn der Interpretation der Vierten Duineser Elegie.

174 Die Sonette an Orpheus. Zweiter Teil, XVIII, in: Rilke, Werke, Bd. 1, 643–643.

Tänzerin: o du Verlegung
alles Vergehens in Gang: wie brachtest du's dar.
Und der Wirbel am Schluß, dieser Baum aus Bewegung,
nahm er nicht ganz in Besitz das erschwungene Jahr?

Blühte nicht, daß ihn dein Schwingen von vorhin
umschwärme,
plötzlich sein Wipfel von Stille? Und über ihr,
war sie nicht Sonne, war sie nicht Sommer, die Wärme,
diese unzählige Wärme aus dir?

Aber er trug auch, er trug, dein Baum der Ekstase.
Sie sind nicht seine ruhigen Früchte: der Krug,
reifend gestreift, und die gereiftere Vase?

Und in den Bildern: ist nicht die Zeichnung geblieben,
die deiner Braue dunkler Zug
rasch an die Wandung der eigenen Wendung geschrieben?

Rilke sieht eine schwungvolle Inschrift auf der Vase und wählt eine mittellateinische Wortschöpfung, *subrisio*, die, so behauptet Steiner,[175] als *saltat.* mit Abkürzungs-Punkt zu lesen ist, also für die Abkürzung von *saltatoris* (oder *-orum*) »Lächeln des Springers« steht. Man stelle sich vor: Eine alte Apotheke. Auf den Regalen stehen Fläschchen, Krüge und Vasen aus Porzellan, geschmückt mit jugendstilartigen Rankenmustern und Aufschriften wie »Fingerhut«, »Knabenkraut« und eben auch »Springerlächeln«. Wir könnten den Genitiv sowohl als *genitivus subjectivus* als auch als *genitivus objectivus* lesen, dann wäre der Inhalt nicht nur ein Heilkraut für den Tänzer bzw. Springer, sondern auch, und das im tiefgründig metaphorischen Sinn, die Essenz der tänzerischen Kraft, ein psychosomatisches Stärkungsmittel in hoher Potenz. Ob Rilke das wirklich im Sinn hatte, sei dahingestellt. Das Arzneigefäß soll unter die »*noch* nicht« offenen Freuden gestellt werden, offenbar um diese Öffnung irgendwann zu unterstützen. Da das »*noch*« kursiv geschrieben ist, deutet Rilke die unerschütterliche Gewiss-

175 Steiner, a.a.O., 116. Vgl. auch Heinrich Kreutz: Rilkes Duineser Elegien, München: Beck 1950, 83; Guardini, a.a.O., 207.

heit an, dass diese offene Freude bzw. die Freude der Offenheit Wirklichkeit, also wirkende Kraft werden wird. Der immer wieder vorsichtige, zweifelnde, auch zagende Rilke, hier findet er, vielleicht angeregt durch das Bild des Springers und des Lächelns, zu vertrauender Gewissheit. »Glaube« ist dafür das traditionelle Wort. Wie könnten wir diesen Sprung verallgemeinernd beschreiben? *Es ist eine ästhetische Erfahrung, die sich unter der achtsamen Konzentration auf den Augenblick so verdichtet, dass sie einen spirituellen Durchbruch in die Nicht-Dualität bewirkt.*

Dann wandert der Blick, der das Bild Picassos abtastet, weiter zu dem jungen Mädchen, der »Lieblichen«. Picasso hat sie in der Rückenansicht gemalt, doch Rilke dreht sie um. Sie kennt noch keine Freuden, denn sie ist von Kindheit an eine vom Rausch des Lebendigen »stumm Übersprungene«, auch hier wieder das Bild des Springens, aber in anderer Bedeutung, eine Vergessene also, die zu einer mechanisch funktionierenden Artistin abgerichtet und degradiert worden ist. Armselig, gerade indem ihr vielleicht die Fransen im Haar ein wenig Freude bescheren sollen, oder das Stück Stoff, das sich über ihren Brüsten spannt, zur Weiblichkeit erwachend, ohne dass sich diese entfalten dürfte. Seide kann als Stoff der theatralischen Präsentation von Glitter und Glamour gelten, zum einen metallen glänzend, äußerlich und kalt; zum anderen aber grün, und diese Farbe ist ja nicht nur bei Rilke Symbol der vegetativen Kraft, Inbegriff des Lebendigseins. Auch hier wieder Kontrasteinheit, denn das Mädchen entbehrt der Freude, aber sie trägt ein Grün, das sie vielleicht in die Freude wachsen lassen kann. Sie ist Objekt des Begehrens auf dem Markt der Verlustierung eines ansonsten gelangweilten Publikums, »Marktfrucht«, wie Rilke sagt, auf die Waage des Basars hingelegt. Die Waage verbildlicht gleichzeitig auch die Figurengruppe der Artisten in horizontaler Ausrichtung, feilgeboten, verkauft und geilen Blicken präsentiert. Rilke bezeichnet sie als »Marktfrucht des Gleichmuts«. Einerseits bedeutet Gleichmut die Gleichgültigkeit den eigenen Gefühlen gegenüber, das erzwungene Abgestumpftsein, weil sie sonst das unerträgliche Leben als Marktobjekt gar nicht ertragen könnte. Andererseits meint Gleichmut die auf Weisheit gründende Haltung der inneren Freiheit, der Überwindung von Wünschen, die Zufriedenheit im Augenblick, aus der Erkenntnis heraus, dass auch dieser unrühmliche Augenblick einen Bezug im Ganzen hat und dort aufgehoben ist, die Einwilligung in das Leiden also. Das junge Mädchen könnte Trägerin eines Gleichmuts in letzterer Bedeutung sein, denn unter aller Abstumpfung nach außen hat sie sich vielleicht doch die kindliche Freiheit nach innen bewahrt. Die Einwilligung geschieht ja nicht aufgrund einer rationalen Erwägung, die ein Erwachsensein voraussetzen würde, also eine Position in der »gedeuteten Welt« einnähme, sondern diese Einwilligung geht darüber hinaus: der Wille, der zwischen widersprüchlichem Begehren schwankt, ist hier *ein-willig* geworden. Die Einswerdung des Willens erwächst aus einem Empfinden für das Ganze, wie Rilke es im Engel symbolisiert, und dies ist bei ihm auch verbunden mit Kindheit, den Liebenden, den in der Liebe Verlassenen. Aber es bleibt dabei, der Text ist deutungsoffen, Rilkes Intention bleibt uneindeutig.

Wo ist der Ort?

Wo, o *wo* ist der Ort – ich trag ihn im Herzen –,
wo sie noch lange nicht *konnten*, noch voneinander
abfieln, wie sich bespringende, nicht recht
paarige Tiere; –
wo die Gewichte noch schwer sind;
wo noch von ihren vergeblich
wirbelnden Stäben die Teller
torkeln .....

Und plötzlich in diesem mühsamen Nirgends, plötzlich
die unsägliche Stelle, wo sich das reine Zuwenig
unbegreiflich verwandelt –, umspringt
in jenes leere Zuviel.
Wo die vielstellige Rechnung
zahlenlos aufgeht.

Hier sehnt sich Rilke zurück in die Zeit der Übung, als die Artisten noch Anfänger waren und ihre Figuren noch nicht beherrschten. Zweimal fragt er das »wo«, wo dieser Ort des Unfertigen sei, an dem die mechanistische Perfektion die menschliche Unvollkommenheit und damit die Entwicklungsfähigkeit, vielleicht auch die

Unbekümmertheit des Anfängers, noch nicht verdrängt hat? Diese Sehnsucht hat regressive Züge. Rilke trägt diesen Ort zwar im Herzen, wie er sagt, aber als nostalgische Rückblende, als Phantasie, die unklar bleibt, bis plötzlich etwas geschieht, indem aus dem »mühsamen Nirgends« eine Erkenntnis aufdämmert. Er kann nicht sagen, woher sie kommt, die »unsägliche« Stelle, aber der Inhalt dieser Erkenntnis zeichnet sich glasklar ab: das »reine Zuwenig« springt plötzlich um in ein »leeres Zuviel«. Ein nur scheinbar schwieriges Bild, wenn wir es im Zusammenhang mit dem Konzept der wechselseitigen Verbundenheit aller Erscheinungen deuten, wie sie dem buddhistischen Denken nahesteht: Zunächst wird der Zustand des Sich-Hineinträumens an einen Ort des Unfertigen, der Regression, als »mühsames Nirgends« charakterisiert. Dieser Zustand war konturlos, nebelhaft, verstellt durch projizierte Sehnsüchte, aber eben »kein Ort – nirgends«. Und plötzlich kristallisiert sich in diesem eher wabernden Gemisch von konturlosen Empfindungen eine Ahnung heraus. Rilke benutzt die räumliche Metapher der »Stelle«, die nicht benennbar ist. Etwas wird klar erkennbar bzw. durch Benennung im abstrakten Begriff erfassbar, dass nämlich aus reinem Zuwenig ein leeres Zuviel wird. Anders ausgedrückt, die Mangelempfindung füllt sich zu einem Übermaß, das überwältigt, das aber »leer« ist. Das Zuwenig, die Empfindung des Mangels, ist von Sehnsucht oder Hoffnung auf Erfüllung begleitet. Voraussetzung jeder Intentionalität ist die Empfindung eines Zustands, dem ein anderer, besserer, imaginär entgegengesetzt wird. Erst aus dem Vergleich ergibt sich die Wahrnehmung von Differenz, die eine Intention generiert, zu diesem als besser imaginierten Zustand zu gelangen.

Diese Struktur ist allen Lebewesen eigen, jedes Tier, das sich an einen anderen Ort begibt, um bessere Lebensbedingungen zu finden, verhält sich entsprechend, und auch Pflanzen bewegen sich zum Besseren hin, indem sie sich zur Sonne drehen. Letztlich liegt diese Struktur nach meinem Urteil auch jeder Religion zugrunde, die ein imaginiertes Besseres zum Gegenstand hat, das auf einem vorbestimmten Weg erlangt werden soll. Durch die Empfindung des Zuwenig wird der Mensch zum Akteur eines *reinen* Zuwenig, weil es noch nicht gefüllt ist durch eine klare Vorstellung des Inhalts, sondern in der Empfindung von unbestimmtem Mangel verbleibt. Rilke denkt räumlich, wenn er an diesem Ort die Erkenntnis auftauchen lässt, dass das Zuwenig schon erfüllt ist, ein Zuviel, das nun aber leer ist. Das bedeutet, dass es nicht um einen *Zustand* im Unterschied zu einem anderen geht, sondern dass es sich um den *Vorgang* des Transzendierens von Zuwenig und Zuviel handelt. Dieser Vorgang ist das reine Gewahrwerden der Dinge, wie sie sind, ohne dass es etwas zu manipulieren, zu erfüllen und zu tun gäbe, ein Verweilen in der Aufmerksamkeit der Gegenwart, ein Zusammenfall von Plus und Minus, die spannungsfreie Ausgeglichenheit oder Homöostase, womit freilich auch der Drang zu weiterer Lebensdynamik entfällt. Es ist ein Zustand des Todes, in dem alles erfüllt und aufgehoben ist. Deshalb geht, wie Rilke sagt, die vielstellige Rechnung zahlenlos auf, d. h. alles ist reduziert auf diesen einen Gegenwartsmoment, der in sich leer bzw. bestimmungslos sei, weil er *alles* ist, d. h. definitionsfrei bleibt.

Das wäre eine Deutung dieser Zeilen, die sich buddhistischer Denkformen bedient. Ob sie Rilke gerecht wird und ob es überhaupt eine als adäquat geltende Interpretation dieser Zeilen geben kann, sollte zunächst offen bleiben.

Plätze, o Platz in Paris, unendlicher Schauplatz,
wo die Modistin, *Madame Lamort*,
die ruhlosen Wege der Erde, endlose Bänder,
schlingt und windet und neue aus ihnen
Schleifen erfindet, Rüschen, Blumen, Kokarden, künstliche
Früchte –, alle
unwahr gefärbt, – für die billigen
Winterhüte des Schicksals.
. . . .

Die nun folgenden Verse stützen meines Erachtens das eben Gesagte. Denn der Dichter nimmt die räumliche Metapher des Ortes als »Platz« auf und verweist auf zwei ganz unterschiedliche Plätze, nämlich den Platz der Stadt Paris und den Platz des Engels. Und nun wird noch einmal dem Entsetzen über die Entfremdung des menschlichen Lebens in der modernen Großstadt, in der zweckrational organisierten Zivilisation überhaupt, wortgewaltig Ausdruck verliehen. Das Thema lässt Rilke vom »Stunden-Buch« (1899/1905) über den »Malte« (1910) bis zu den »Duineser Elegien« nicht los, das Massenelend der Städte, das ihn zutiefst beunruhigt.

Rilkes grundsätzliche Tendenz zur Modernitätsverweigerung geht hier mit der scharfen Zunge ätzender Sozialkritik Hand in Hand. Diese kritische Verweigerung steigert sich angesichts des Weltkrieges.[176] Rilke reagiert entsetzt auf die Gräuel des Krieges, in seinen Briefen direkt, in der Dichtung metaphorisch. Der Krieg, den er in den ersten Tagen als großes Schicksal empfunden hatte, wird in einer »vergeschäfteten« Welt immer brutaler ausgenutzt und entlarvt als »Menschenmache«,[177] als Monstrum, »Ausdünstung aus dem Menschensumpf«.[178] Rilke zweifelt an der Moderne, sieht die Hybris und geistlose Ichbezogenheit, die sich im nationalistisch aufgeladenen Kriegsgeschehen gewalttätig entlädt. Sozialkritisch beschreibt er die Armen, Kranken, Obdachlosen, die Kinder, die nicht Kinder sein dürfen, Jungfrauen, die sich nach Liebe sehnen und nur Gewalt finden, allenfalls eine enttäuschte Mutterschaft erleben. Hier existieren weder Weite noch Glück und Wind, sondern Sterbebetten, die im Dunkeln warten. Viele der Themen und Bilder klingen auch in der Fünften Elegie an, sie beschäftigen Rilke aber schon seit dem »Stunden-Buch«, dort so ins Allgemeine gehoben, dass die Parallele zum »Kohelet« (»Der Prediger Salomo«), einem der Weisheitsbücher der Hebräischen Bibel, nicht zu übersehen ist, wo es Kap. 4,1 heißt:

> Wiederum sah ich alles Unrecht, das unter der Sonne geschieht, und siehe, da waren Tränen derer, die Unrecht litten und keinen Tröster hatten. Und die ihnen Gewalt antaten, waren zu mächtig, so dass sie keinen Tröster hatten.

Zwei Gedichte vom 14. und 15. April 1903 zeigen in erschütternder Dichte den Kontrast zum Ringen um Lösung und Erlösung in den Elegien. Hier offenbart sich Rilkes Sensibilität, seine Verletztheit als Mensch und als Ästhet in einer von ihrer Mitte entfremdeten Welt:[179]

176 Stephens, a.a.O., 368 und 379.
177 Brief vom 12.7.1915 an Helene von Nostitz, in: Fülleborn/Engel, a.a.O., 127.
178 Brief vom 15.10.1915 an Marianne von Goldschmidt-Rothschild, in: Fülleborn/Engel, a.a.O., 132.
179 Rilke, Werke, Bd. 1, 283–284.

Denn, Herr, die großen Städte sind
verlorene und aufgelöste;
wie Flucht vor Flammen ist die größte, –
und ist kein Trost, daß er sie tröste,
und ihre kleine Zeit verrinnt.

Da leben Menschen, leben schlecht und schwer,
in tiefen Zimmern, bange von Gebärde
geängsteter denn eine Erstlingsherde;
und draußen wacht und atmet deine Erde,
sie aber sind und wissen es nicht mehr.

Da wachsen Kinder auf an Fensterstufen,
die immer in demselben Schatten sind,
und wissen nicht, daß draußen Blumen rufen
zu einem Tag voll Weite, Glück und Wind, –
und müssen Kind sein und sind traurig Kind.

Da blühen Jungfraun auf zum Unbekannten
und sehnen sich nach ihrer Kindheit Ruh;
das aber ist nicht da, wofür sie brannten,
und zitternd schließen sie sich wieder zu.
Und haben in verhüllten Hinterzimmern
die Tage der enttäuschten Mutterschaft,
der langen Nächte willenloses Wimmern
und kalte Jahre ohne Kampf und Kraft.
Und ganz im Dunkel stehn die Sterbebetten,
und langsam sehnen sie sich dazu hin;
und sterben lange, sterben wie in Ketten
und gehen aus wie eine Bettlerin.

Da leben Menschen, weißerblühte, blasse,
und sterben staunend an der schweren Welt.
Und keiner sieht die klaffende Grimasse,
zu der das Lächeln einer zarten Rasse
in namenlosen Nächten sich entstellt.

Sie gehen umher, entwürdigt durch die Müh,
sinnlosen Dingen ohne Mut zu dienen,

und ihre Kleider werden welk an ihnen,
und ihre schönen Hände altern früh.

Die Menge drängt und denkt nicht sie zu schonen,
obwohl sie etwas zögernd sind und schwach, –
nur scheue Hunde, welche nirgends wohnen,
gehen ihnen leise eine Weile nach.

Sie sind gegeben unter hundert Quäler,
und, angeschrien von jeder Stunde Schlag,
kreisen sie einsam um die Hospitäler
und warten angstvoll auf den Einlaßtag.

Dort ist der Tod. Nicht jener, dessen Grüße
sie in der Kindheit wundersam gestreift, –
der kleine Tod, wie man ihn dort begreift;
ihr eigener hängt grün und ohne Süße
wie eine Frucht in ihnen, die nicht reift.

Zurück zum Text der Fünften Elegie: Das Artistenspektakel auf dem zerschlissenen Teppich findet auf einem öffentlichen Platz statt, irgendwo in einer Pariser Vorstadt. Die ganze Stadt ist ein »unendlicher Schauplatz«, wo die Modistin Madame Lamort buntgemischten Tingeltangel herstellt und verkauft, um die innere Öde etwas aufzuhübschen, wie es andernorts heißt. *Nomen est omen:* die Dame heißt *la mort*, der Tod. Sie schlingt und windet bunte Bänder zu modischen Schleifen, Rüschen, Blumen, Kokarden, künstlichen Früchten sogar, so wie auch die Artisten zu Beginn der Fünften Elegie sich biegen, schwingen und schlingen. Die Wiederholung der Verben, die ein verschlungenes Sich-Winden andeuten, ist gewollt, denn beiden Zerstreuungen ist gemeinsam, dass sich alles als »unwahr gefärbt« erweist und letztlich nur »billige Winterhüte des Schicksals« produziert werden – ein hintergründig großes und doppeldeutiges Sprachbild! Wir sahen zu Beginn der Vierten Elegie, wie der *Winter* in Parallele zur Nacht das Dunkle, das Lebensferne symbolisiert, und gleichzeitig aber auch den Beginn des neuen Jahres, des neuen Lebenstages und Erblühens markiert. Die *Hüte* gewähren Schutz in dieser schweren Zeit des Rückzugs, im Alleinsein der dunklen Jahreszeit. Doch dieser Schutz ist billig und löchrig, er hält nicht, was er verspricht, ein unwahrer Trostmarkt. Und unter dieses Verdikt fällt auch die verfälschte und verfälschende Religion, wie wir in der Zehnten Elegie hören werden. Doppeldeutig am Bild der Winterhüte ist nun aber, dass es einerseits Winterhüte sind, die vor dem Schicksal behüten sollen, andererseits könnten die Winterhüte aber auch aus dem Material des winterlichen Schicksals selbst gefertigt sein, eines Schicksals, das uns bewahren kann oder auch nicht, das sich aus den Konstellationen der Vergangenheit und den Verstrickungen über die Generationen hinweg ergibt, wie es Thema der Dritten Elegie ist.

Türme aus Lust

Rilke setzt nach dieser beißenden Kritik am modisch-modistischen Betrieb der Zeitvertreib- und Spaßkultur eine Zäsur und verlässt die urbane Welt, die Stadt als Platz der spießigen oder lärmenden Lügen- und Verdrängungsindustrie.

> Engel: Es wäre ein Platz, den wir nicht wissen, und dorten,
> auf unsäglichem Teppich, zeigten die Liebenden, die's hier
> bis zum Können nie bringen, ihre kühnen
> hohen Figuren des Herzschwungs,
> ihre Türme aus Lust, ihre
> längst, wo Boden nie war, nur an einander
> lehnenden Leitern, bebend, – und *könntens*,
> vor den Zuschauern rings, unzähligen lautlosen Toten:
> Würfen die dann ihre letzten, immer ersparten,
> immer verborgenen, die wir nicht kennen, ewig
> gültigen Münzen des Glücks vor das endlich
> wahrhaft lächelnde Paar auf gestilltem
> Teppich?

In der letzten Strophe ist es wieder der Auftritt des Engels, der eine mögliche Alternative andeutet. Seinen Ort wissen wir nicht, es ist jedenfalls ein Gegen-Ort zum trostlosen Platz der Gaukler, denn dort auf »unsäglichem Teppich« zeigen die Liebenden ihre Herzschwünge, eine sinnlich-spirituelle Bewegung, die Offenheit und Lust miteinander verbindet. Die Liebenden bauen »Türme aus

Lust«, eine erotische Metapher Rilkes, die auch in den berühmten Sieben Gedichten vom Spätherbst 1915 vorkommt.[180] Dort wird im zweiten Gedicht die Höhle des weiblichen Schoßes als Gegen-Himmel zum Nachthimmel besungen, in den der zum Baum aufgezogene Samen »wirklich bäumt und wirklich ragt«.[181] Hier soll die Geliebte »mit dem wunderbaren Raum« in ihr »einen Turm gewahren«, den sie aufgerichtet hat »mit Blick und Wink und Wendung«.[182] Und doch symbolisiert der Turm mehr als den Phallus. Der Turm ist die zentrierende Senkrechte in einer waagerecht ausgebreiteten Landschaft, er stellt die Verbindung von oben und unten her. Er ist, wie Rilke in einem Brief mitteilt, der Kirchglockenturm von Frauenchiemsee, der »Zeit und Schicksal hinausläutet über den See, als ob er die Sichtbarkeit aller hier aufgegebenen Leben in sich zusammenfasste und immer wieder ihr Vergängliches unsichtbar, in der sonoren Verwandlung der Töne, in den Raum hinübergäbe.«[183]

So ist der Turm einerseits Symbol der Liebesvereinigung, der Lebenskraft schlechthin, andererseits aber auch Zeichen der göttlichen Präsenz, denn die Glocke vom Turm will die Aufmerksamkeit auf den Bereich des Engels, das Jenseitige oder Dahinterliegende lenken, auf den Klang der Einheit von Diesseits und Jenseits. Der Turm ist männlich, die Glocke weiblich. Im tantrischen Tibetischen Buddhismus kennzeichnet die rituelle Vereinigung beider (*vajra* und *ganthā*) den spirituellen Umschlag (Rilkes »Umsprung«) ins Transzendente, in dem alle Polaritäten des Lebens zu ihrer ausgeglichenen Einheit gelangen, auch die Wechselwirkung von Weg (Methode) und Ziel (Weisheit), von Barmherzigkeit (*karunā*) und Erkenntnis (*prajñā*) wird auf diese Weise im Buddhismus symbolisiert. Bei Rilke entspricht dies der oben genannten Sprachfigur »vom reinen Zuwenig in das leere Zuviel«, dem Eintauchen in den Weltinnenraum, in die Dimension, die nicht Dinge isoliert, sondern Bezüge bzw. die wechselseitige Durchdringung der Gegen-

180 Siegfried Unseld rückt sie in die Nähe von Goethes Tagebuch. Unseld, Siegfried (Hrsg.): Das ›Tagebuch‹ Goethes und Rilkes ›Sieben Gedichte‹, Frankfurt a. M.: Insel-Verlag 1978.

181 Rainer Maria Rilke: Sieben Gedichte, II, in: ebd., 25.

182 Rilke, Sieben Gedichte, IV, ebd., 26.

183 Brief vom 26. Juni 1917, in: Rilke: Briefe aus den Jahren 1914–1921, hrsg. von Ruth Sieber-Rilke und Carl Sieber, Leipzig [o. Verlag] 1933, 142; zit. nach Steiner, a. a. O., 125.

Abbildung 8: Vajra und Ganthā (Diamantszepter und Glocke), tibet. Buddhismus

sätze aufdeckt. Dem Turm kommt somit die Funktion des Engels in den Elegien zu, besonders in der Ersten und Zweiten, nämlich die Funktion der Verwandlung des Sichtbaren ins Unsichtbare. Die »höchste Lust«, von der die Rede ist, kann somit auch als Gegensatz zur schein-lächelnden Unlust der Gaukler verstanden werden, als Einheit von Wollust und transzendiertem Eros, ein überzeitliches Glück also, wie es in der Einheit von Steigen und Fallen am Ende der Zehnten Elegie benannt wird – dort übrigens ja auch die Metaphorik von Bewegung nach oben und Bewegung nach unten aufnehmend, wie wir sie hier in der Artistendynamik antreffen.

Fast schon zum Abschluss erscheint das Bild der aneinander gelegten Leitern, die sich gegenseitig im Gleichgewicht halten. So stützen die Liebenden einander, der eine steht, wie er steht, durch das Gegengewicht, durch die Lebenskraft des anderen in einer genau austarierten Balance. Ohne diese Balance könnte auch die Tanzfigur nicht gelingen. Es ist ein Bild für die wechselseitige Bezogenheit. Die Liebenden schweben und überwinden in ihrer Dynamik die Schwerkraft, denn von Anfang an (»längst«) stehen die Leitern nicht auf dem Boden, sie stützen einander gleichsam in der Horizontale wie in der Vertikale. Sie gehören dem Bereich des Engels an, der über den Gesetzmäßigkeiten materieller Schwere hinaus ein Beben, die Schwingung, die Vibration ermöglicht, durch die Schwerkraft und Sprungkraft einander ausgleichen, so dass die Leitern der Liebenden in der Luft zu stehen scheinen. Die ausbalancierte Dynamik schafft Ruhe aus dem Gleichgewicht, das in sich wiederum dynamisch ist, auch hier also Einheit der Gegensätze, Ausgleich von Ruhe und Dynamik. Das Bild der »Leitern« lässt sogleich auch an die Himmelsleiter denken, die Jakob im Traum schaut, auf der die Engel auf- und absteigen, um das Oben und das Unten, Himmel und Erde, miteinander zu verbinden – und ganz oben steht Gott, Inbegriff der Ganzheit allen Seins. Diese Vision könnte sich auf die Stufen beziehen, die zum vorderorientalischen Tempel (Zikkurat) hinaufführen, der wiederum in damaliger Zeit den zentralen Platz der Stadt markierte. Die Stufen-Leiter der Pyramide, zu der sich die Akrobaten auf dem Platz in Paris auftürmten, und die Leiter des Tempels, wären dann eine Parallelvision, die sich in der Doppelleiter der Liebenden erfüllt. Im Judentum wie auch im Christentum ist dies die Treppe zum Paradies (*scala paradisi*). Aus christlicher Perspektive könnte das nach oben strebende Kreuz im Sinne dieser alles verbindenden Leiter interpretiert werden, wie Jesus im Gespräch mit Nathanael formuliert: »Ihr werdet den Himmel offen sehen und die Engel Gottes hinauf und herab fahren auf des Menschen Sohn.« (Joh 1,51) Die Leiter als ein zentrales Motiv der europäischen Kunstgeschichte bis hin zu Chagall symbolisiert die Inkarnation als Herabsteigen, Kreuz und Auferstehung als Aufsteigen, eine Liebes-Vereinigung von Himmel und Erde. Dass nun – wie auf unserem Bild (vgl. Tafel 7) – die Leiter am Kirchturm stehend abgebildet wird, stellt eine Verbindung der Symbole von Leiter und Turm her, wie es Rilke hier in der Fünften Elegie auch vorschwebt: Der Turm der Liebenden und die Leitern der Liebenden symbolisieren ihr ursprunghaftes Bezogensein, in dem alles wechselseitig miteinander verbunden ist.

Während von den Liebenden zuvor gesagt wurde, dass sie es »bis zum Können nie bringen«, heißt es nun nach dem Doppelbild von Turm und Leitern, wiederum nach einem innehaltenden Gedankenstrich » – und *könntens*«. Die kursive Schreibweise unterstreicht die Erleichterung angesichts des endlich Erreichten, konjunktivisch, im Modus der Hoffnung. Hier ist der Augenblick der Balance, der Moment der »unsäglichen Stelle«, »wo weder das

Nochnicht des reinen Zuwenig noch das Nichtmehr des leeren Zuviel herrscht; da befinden sich die Liebenden im allgegenwärtigen Hic et Nunc der immerwährenden Erfülltheit«.[184] Es ist der Inbegriff der mystischen Erfahrung, wie sie Rilke vorschwebt. Als Zuschauer dieses Könnens nennt Rilke die »unzähligen lautlosen Toten«, wieder im Unterschied zu den sich zu- und abwendenden Pariser Flaneuren, die im Kreis um die Gaukler stehen. Jene aber können weder kommen noch gehen, sie sind ja die vergeistigte Präsenz jenseits der zeitlichen Vergänglichkeit. Rilke entwirft eine trans-temporale Metapher: Zeit wird Raum, Weltinnenraum, in dem alles gleichzeitig gesammelt ist. Denn in der Zeit ist das Vergehen, im Raum aber die unendliche Weite.

Rilke beendet diese Elegie mit einem Fragezeichen. Würden die entzeitlichten, ins Transpersonale erhobenen Zuschauer mit »ewig / gültigen Münzen des Glücks« zahlen? Es bleibt bei der Frage. Rilke spürt wohl, dass die Metaphorik sich hier zu weit vorwagen könnte. Denn selbst die kühnsten Aussagen über diesen Zustand müssen Makulatur bleiben angesichts der wirklichen Erfahrung. Die mutige Spekulation könnte kitschig werden, sei sie auch noch so vorsichtig in poetische Metaphern verpackt. Es ist und bleibt doch eine Währung, die verborgen bleibt, »die wir nicht kennen«.

Die letzten Worte schließen den Kreis der Elegie und führen das Bild zum Anfang zurück. Dort war – gleich zweifach den Begriff wiederholend – vom zerschlissenen »dünneren Teppich, diesem verlorenen / Teppich im Weltall« die Rede. Ein kümmerlicher Ort für die vergeblich-eitlen Darbietungen der Gaukler. Hier aber, am Ende der Elegie, ist der Teppich »gestillt«, in sich stimmig, wie er ist. Auf ihm lehnt aneinander geschmiegt, in gegenseitiger Balancegebung, »das endlich / wahrhaft lächelnde Paar«. Dieses Lächeln bezeugt eine Freude, die deshalb unantastbar ist, weil in ihr Sichtbares in Unsichtbares bereits verwandelt wurde.

184 Treffend formuliert von Steiner, a. a. O., 126–127.

Die Sechste Elegie

Die Sechste Elegie hat eine lange und komplizierte, pan-europäische Entstehungsgeschichte. Erste Entwürfe datieren vom Frühjahr 1912 aus Duino. Die Verse 1–31 entstehen in Ronda im Januar/Februar 1913, die Verse 42–44 sind wohl in Paris im Spätherbst 1913 hinzugefügt worden, während Rilke erst am 9. Februar 1922, kurz vor dem Abschluss des gesamten Zyklus, den Text im Wallis beenden wird (Verse 32–41). Diese Elegie bedeutet gegenüber der Fünften zunächst einen dramaturgischen Abbruch und Szenenwechsel, nämlich von den Plätzen der Vorstädte, von der Künstlichkeit menschlichen Amüsierbetriebs zurück zur Natur. Erstes Thema ist der Feigenbaum, der, so scheint es, Früchte vor der entsprechenden Blüte trägt. Das zweite Thema ist das Hauptthema: der Held, der – anders als die Gaukler in der Fünften Elegie – eine geglückte Möglichkeit menschlichen Daseins verkörpert.

Der Held

Der Held gilt als klassische Figur der Literatur, des Romans, des Dramas, der Poesie, besonders auch des Märchens und des Mythos. Auch die Musik kennt das »Heldenleben« (Richard Strauss). An der Deutung des Helden-Mythos hat sich die Religionswissenschaft fundamentale Kategorien ihrer vergleichenden Methodik erarbeitet, denn gerade am »Archetyp« des Helden lassen sich Typologien zeigen, die Ähnlichkeiten und Unterschiede erkennen lassen, sodass überhaupt erst das Vergleichen in begrifflich kontrollierter Stringenz möglich wird. Das trifft zu für die eher phänomenologisch argumentierende Methode eines Joseph Campbell wie auch für die strukturalistische Mythendeutung eines Claude Lévi-Strauss. Beide erschließen das Thema »Held« in je eigener Weise. Dass auch die soziologische Perspektive Wesentliches beizutragen hat, wird schon an Max Webers und Ernst Troeltschs Beschreibung des »Charismatikers« deutlich, der eine bestimmte Ausprägung des Helden-Typus repräsentiert. Im 19. Jahrhundert wurde der Heldenmythos auf der Bühne in Szene gesetzt, man denke nur an Richard Wagner, vom »Lohengrin« über »Siegfried« bis zum »Parsifal«, und auch die Märchenforschungen der Brüder Grimm sowie die Mythologieforschung eines Edward Burnett Tylor oder James George Frazer haben erheblich dazu beigetragen, das selbstbewusste bürgerliche Individuum durch Heldenfiguren zu legitimieren, die seit der späten Goethezeit in Literatur und Musik (etwa bei Beethoven) in einen die Menschheit umspannenden Rahmen gestellt werden. Im Ersten Weltkrieg wird die Helden-Thematik nationalistisch instrumentalisiert und militärisch konkretisiert – der »gestählte Mann« stirbt den Heldentod fürs Vaterland. Die mit einer heldischen Trotzdem-Pose und nicht selten auch einer Trotzhaltung schon immer verknüpfte Auflehnung des Helden gegen das scheinbar unabwendbare Schicksal, bis hin zur Besiegung des Todes, ist allerdings ein altes mythisches Motiv. Es wendet menschliche Urängste in den Aufruf zu aktiver Selbstbestimmung, gerade angesichts des Todes. In der Kriegs-Rhetorik aber wird das Bestehen des Schicksals angesichts der Endlichkeit umgedeutet in eine Aufopferung für den politisch-vaterländischen Zweck, das Heldische als der Hingabewille des Individuums an einen höheren Sinn wird für politische Interessen instrumentalisiert. Auf diesem Hintergrund und angesichts des Ersten Weltkriegs greift die Soziologie gerade zu Beginn des 20. Jahrhunderts dieses Thema auf, doch schon in der zweiten Hälfte des 19. Jahrhunderts war der naiv verklärende Heldenmythos infrage gestellt worden, entweder durch Entlarvung der Heuchelei, indem der Held auf menschlich-allzumenschliches Maß reduziert wird, wie bei Heinrich Heine und später dann analytisch bei Sigmund Freud, oder durch eine soziologisch-politische Deutung des Akteurs in der Geschichte, indem der Fokus vom Helden auf die Massen verlagert wird, wie bei Marx und Engels, die im Proletariat den eigentlichen Akteur ausmachen. Seit dem *fin du siècle* wird das Pathos des Helden brüchig, man denke an Nestroy und Schnitzler, an Gustav Mahler, Schiele, Kokoschka u. a., aber auch an Dostojewski und Tolstoi, um nur einige Beispiele zu nennen. Dort, wo der charismatische Held sich selbst im Ritual neu inszeniert, wie etwa Stefan George in seinem Kreis, bleibt das Unternehmen esoterisch begrenzt; tritt ein neuer Held in verfremdetem kulturellen Gewand als »Befreier« von außen auf – wie Hermann Hesses literarische Figur des Siddhartha oder Rabindranath Tagore, der als »Weiser aus dem Osten« bei seinen Reisen in Europa stürmisch als Heilsbringer gefeiert wird –, bleibt das Unternehmen in Projektionen stecken. Rilkes Helden-Symbolik kann im Rahmen dieser Umdeutungen und Kritiken der Heldenmythen interpretiert werden. Findet Rilke zu Deutungen, die durch diese Kritik hindurchgegangen sind und den Helden in neuer Weise sehen lehren?

Zunächst einige grundsätzliche Erwägungen aus religionswissenschaftlicher Sicht. Helden sind einerseits Charaktere, die anthropologische Universalia repräsentieren, d.h. über die Verschiedenheit von Kulturen hinweg Ähnlichkeiten aufweisen, andererseits sind die kulturellen Spezifika markant, d.h. der Charakter des Helden, seine Taten und auch die entsprechenden Rituale der kollektiven Erinnerungskultur sind historisch bedingt, abhängig vom Ort, dem jeweiligen Zeitgeist, den Umweltbedingungen, politischen Konstellationen sowie dem Stand kultureller Entwicklungen (einschließlich der Medien). Um das jeweils Besondere einer Heldenfigur in den Blick zu bekommen, wird man stets beide Aspekte zu berücksichtigen haben. Der Held durchbricht Grenzen, die von der Natur vorgegeben oder durch die Kultur aufgerichtet sind, und vollbringt damit das nach normalem Maß Unmögliche.

Dies kann sich schon in der physischen Erscheinung zeigen: Er ist von besonderer Größe, unvorstellbar stark, hat androgyne Züge oder eine sagenhafte Potenz. Seine mentalen Fähigkeiten befähigen ihn zu übermenschlicher Ausdauer und Konzentrationskraft, oft verfügt er schon im frühen Kindesalter über Weisheit oder kann in überdurchschnittlichem Heroismus Schmerzen ertragen. Hinsichtlich seiner Herkunft und Bestimmung wird von übernatürlichen Umständen bei der Geburt berichtet, und nicht selten besitzt er zumindest ein göttliches Elternteil, auch stirbt er nicht, sondern wird entrückt. Im Helden wird das menschliche Schicksal wie durch ein Brennglas fokussiert, auf seiner Heldenreise gerät er in ausweglose Situationen und Prüfungen, die er meistern muss, um zu reifen und die verrückte Ordnung der Welt neu zusammenzufügen. Im Mythos steht der Held zwischen der göttlichen und der menschlichen Sphäre oder ist selbst ein halbgöttlich–halbmenschliches Wesen und fungiert als Mittler zwischen den Welten. So gilt als Mutter des babylonischen Helden Gilgamesch die Göttin Ninsuna, Herakles wird geboren aus der Verbindung von Zeus und der Jungfrau Alkmene, Perseus ist Sohn des Zeus und der Menschenfrau Danae, und im modernen Mythos zeugen »Aliens« Nachkommen mit Menschenfrauen, die heldenhafte Funktionen erfüllen sollen. Im indischen Mythos des Mahābhārata gilt der Held Karna als Sohn des Sonnengottes und einer sterblichen Braut. Hier können Helden auch direkte Inkarnationen einer Gottheit sein, wie etwa der indische Kriegsheld Krishna als Inkarnation des Gottes Vishnu. Sie können aber auch Menschen sein, die durch einen Akt göttlicher Beauftragung, Erwählung und Kraftübertragung für ihre Aufgabe bestimmt werden, wie dies im Judentum, Christentum und Islam der Fall ist, weil diese Religionen zwischen Gott und allem Menschlichen strengere Trennungen setzen als etwa der griechische, der indische oder der chinesische Mythos. Oder der Held wird aus eigener Kraft, durch außergewöhnliche moralische, sportliche, künstlerische oder politische Leistungen in »göttliche Sphären« erhoben. Wenn wir heute von »Stars« sprechen und damit Filmstars ebenso wie Sportler, Nobelpreisträger oder Politpromis bezeichnen, dann enthält dies noch eine deutliche, wenn auch kaum bewusste Anspielung auf die Astralmythen, wo Helden entweder *post mortem* an den Himmel versetzt wurden oder die Konstellation der Sterne darüber entschied, ob sich ein Heldenschicksal auf Erden entfalten konnte oder nicht.

Helden werden verehrt, sie sind Modell für ein gelingendes Leben, zum Teil auch mit dem Anspruch auf Nachfolge. Hier nun zeigt sich die religionskulturelle Differenz deutlich, denn wie ein Heldenbild ausgestaltet wird, ist abhängig von den jeweiligen Kulturstandards, die auch epochenvariabel sind. Der Held hat »tausend Gesichter«, wie es im Titel des Bestsellers aus der Feder des Religionswissenschaftlers Joseph Campbell heißt.[185]

Der Held kann im Mythos verankert sein oder historische Wurzeln haben, und oft verfließen beide Dimensionen ineinander, wie ja auch im Heldenleben das Zeitliche und das Überzeitliche ineinandergeschoben sind. Helden haben auch eine soziale Funktion, nämlich durch Memorialriten und pädagogische Setzung von Standards eine Kultur zusammenzuhalten. Der Einzelne soll sich an dem Helden orientieren, damit ganze Gruppen im Gleichschritt marschieren, damit die Herrschaft von Menschen über Menschen legitimiert und akzeptiert wird, oder aber damit ein bestimmtes

185 Joseph Campbell: The Hero with a Thousand Faces, Princeton 1949.

Produkt von möglichst vielen konsumiert wird. Helden(vor)bild und Werbung für Ideen oder Konsumgüter aller Art hängen eng miteinander zusammen, wobei der Mechanismus der Übertragung zum Zug kommt, der in den Ritualen der Heldenverehrung in den Religionen ebenso wirksam ist wie in der Werbung moderner Konsumgesellschaften.

Der Held überschreitet Ordnungen und fügt sie neu zusammen, so sagten wir. Er integriert das, was zunächst widersprüchlich ist – z.B. Stärke und Zärtlichkeit. Oft siegt der Held mit äußerster Kraftanstrengung und Brutalität, um dann die schönste und zarteste Prinzessin zu gewinnen; nicht selten erhält er als Krieger den Auftrag, weibliche Qualitäten zu integrieren, indem er in eine Frauenrolle schlüpft und deren Aufgaben erfüllt. Wie etwa Parsifal ist er keineswegs makellos am Beginn seines Heldenlebens, wird aber als lernfähig auf dem Weg zu einem bestimmten Ziel gezeigt. Nicht selten besiegt er einen Drachen, also das mythische Ungeheuer des Chaos, um gleichsam den Schöpfungsakt zu wiederholen, d.h. im Raum der Geschichte eine neue Schöpfung zu bewerkstelligen, wobei diese Sprachmetapher – »Raum der Geschichte« – das Räumliche und Zeitliche zu einem Feld der aktiven menschlichen Gestaltung verbindet. Er kann auch einen Gegner militärisch besiegen, der den inwendigen Widersacher in Gestalt des Zweifels, der Verzagtheit oder Schwachheit symbolisieren kann.

Heldinnen sind in der Mythologie seltener, sie werden meist mit den Tugenden der Treue, der Geduld und der Hingabe sowie der Genauigkeit bei täglichen Verrichtungen assoziiert. So spiegeln sich im Bild der Helden und Heldinnen klar wie sonst kaum gesellschaftliche Rollenerwartungen an die Geschlechter wider, und das ist nicht nur im Mythos, sondern auch im heutigen Starkult der Fall.

Der Held also verbindet. Er verbindet Himmel und Erde; er prägt die Potenziale aus, die bei den meisten Menschen (noch) nicht ausgeprägt sind. Er ist Vorreiter, und auch diese Metapher entstammt ja der Heldenmythologie, somit ist er Inbegriff der Überwindung von Widersprüchen und Dualitäten, letztlich – und das ist Rilkes zentrales Thema – der Dualität von Leben und Tod. Die Helden in der Religionsgeschichte überwinden diese Dualität, indem sie ein spirituell erfülltes Sterben vorleben, und genau um diese Paradoxie geht es in den Religionen – »ein *Sterben* vor-*leben*«: Osiris, Dionysos, Elia, Jesus als der Christus. Auch in Indien spielt dieses Thema in Heiligenlegenden eine Rolle, wo die spirituelle Präsenz nach dem Tode anhält, wie bei Caitanya (1486–1533), der mit der Figur des von ihm verehrten Gottes eins geworden und darin feinstofflich gegenwärtig sein soll. Oder Ramana Maharishi (1879–1950), der nach seinem Tode in der Meditationshalle des Aschrams in Tiruvannamalai als feinstofflich anwesend geglaubt wird. In anderer Weise vielleicht auch der deutsche Kaiser Barbarossa (um 1122–1190), der im Kyffhäuser nur schlafen und wieder zum Leben erwachen soll, wenn die Not groß und sein Eingreifen in die Geschichte vonnöten ist.

Rilke grenzt das Bild des Helden scharf ab von den Gauklern in der Fünften Elegie, die zwar eine außergewöhnliche menschliche Anstrengung vollbringen, die aber ins Leere läuft. Der Held in der Sechsten Elegie hingegen zeigt sich äußerst gesammelt, fast nicht von dieser Welt: »Wunderlich nah ist der Held doch den jugendlich Toten.« Gewöhnlich sind Menschen träge und resistent gegen Veränderung, von ihm hingegen heißt es: »Dauern / ficht ihn nicht an.« Er ist im Aufbruch, oder wie Rilke sagt: »Sein Aufgang ist Dasein«, in jedem Augenblick neu, frisch wie am ersten Schöpfungsmorgen der Welt. In ihm existieren alle Möglichkeiten zur vollkommenen Entfaltung ganz unverbraucht. Tod und Vergänglichkeit beeinträchtigen ihn nicht, da er im Hier und Jetzt gegenwärtig ist.

Feigenbaum

Aber zunächst beginnt Rilke mit einem anderen Bild, dem Feigenbaum. Dessen symbolische Bedeutung kreist in vorderorientalischen Kulturen seit Jahrtausenden um Fruchtbarkeit und Schönheit des Lebens. Hier aber interessiert Rilke eine botanische Beobachtung, die er metaphernbildend einsetzt.

DIE SECHSTE ELEGIE

Feigenbaum, seit wie lange schon ists mir bedeutend,
wie du die Blüte beinah ganz überschlägst

und hinein in die zeitig entschlossene Frucht,
ungerühmt, drängst dein reines Geheimnis.
Wie der Fontäne Rohr treibt dein gebognes Gezweig
abwärts den Saft und hinan: und er springt aus dem Schlaf,
fast nicht erwachend, ins Glück seiner süßesten Leistung.
Sieh: wie der Gott in den Schwan....... Wir aber verweilen,
ach, uns rühmt es zu blühn, und ins verspätete Innre
unserer endlichen Frucht gehn wir verraten hinein.
Wenigen steigt so stark der Andrang des Handelns,
daß sie schon anstehn und glühn in der Fülle des Herzens,
wenn die Verführung zum Blühn wie gelinderte Nachtluft
ihnen die Jugend des Munds, ihnen die Lider berührt:
Helden vielleicht und den frühe Hinüberbestimmten,
denen der gärtnernde Tod anders die Adern verbiegt.
Diese stürzen dahin: dem eigenen Lächeln
sind sie voran, wie das Rossegespann in den milden
muldigen Bildern von Karnak dem siegenden König.

Wieder beobachtet Rilke akribisch, setzt präzise sinnlich Wahrgenommenes um in strukturelle Aussagen, die, verallgemeinert, ein neues Licht auf seine Deutung von Wirklichkeit werfen. Er versichert im Nebensatz (»seit wie lange schon ists mir bedeutend«), dass es sich hier nicht um Zufallsbeobachtung handelt, sondern dass er lange nachgedacht habe über das, was ihm grundsätzlich »bedeutend« geworden sei; dass nämlich der Feigenbaum die Blüte beinah ganz überschlage. In der Tat ist es so, dass die Blüte des Feigenbaums aussieht wie die bereits entwickelte Frucht.

Die Blüten wachsen unter einer kelchartigen Hülle nach innen, unsichtbar für das Auge, wobei der Kelch eine Öffnung bildet, durch die sich die Insekten zur Befruchtung mühsam hindurchzwängen müssen. Anders als bei Blüten, die sich nach außen präsentieren, um durch Farbe und Duft Insekten anzulocken, wächst hier die Blüte in einer nach innen gewölbten Kapsel. Die Früchte wachsen nach innen, umgeben von Fruchtfleisch, das zuvor schon in Gestalt der Blütenkapsel zu sehen war. Es scheint, als würde der Feigenbaum die Blüte überspringen, die Frucht ist »zeitig entschlossen« da, ein »drängendes Wachsen« in den Augen Rilkes. Hier verweilt die Entwicklung des Organischen nicht in einer langen Blütephase, sondern kommt direkt zum Ziel, eine schnörkel-

Abbildung 9: Blüte/Frucht des Feigenbaums

freie Tat, die einem Wollen entspringt, das genau weiß, was es will. Und damit weist Rilke metaphorisch schon auf den Helden hin, die zentrale Figur dieser Elegie. Von der Feige wird noch gesagt, dass dieselbe ihr Geheimnis ungerühmt dränge. Das Geheimnis wird nicht preisgegeben, sondern entfaltet sich gemäß der ihm eigenen Dynamik, ohne dass es aufzuhalten wäre, auch nicht durch eine Selbstdarstellung in der Blütephase, die ja den Betrachter betört, indem Aufmerksamkeit auf die Blüte, nicht auf die Frucht gelenkt wird. Die Frucht der Selbstreproduktion ist aber das Ziel der ganzen vegetativen Bewegung. Indem sich die Blütephase wie beiläufig und fast im Verborgenen abspielt, vollzieht sich der Prozeß der organischen Selbstentfaltung ohne Ablenkung auf den Nebenschauplatz der Blüte. Alle Kraft bleibt konzentriert im Innenraum. Man könnte sagen, dass die Frucht reift, ohne bewusst zu werden in der blütenhaft-ästhetischen Selbstdarstellung. Damit greifen wir vor auf den Helden, dessen Reifungsprozeß genau dieser inneren Dynamik entspricht; im Unterschied übrigens zu den Artisten (und dem gescholtenen Tänzer) in der Fünften Elegie, denen es beifallheischend um den äußeren Effekt geht. Sie kommen, um in der Metapher zu bleiben, nicht über den Zustand der Blüte hinaus, ihr Handeln entspringt nicht einem notwendigen spontanen inneren Drang. Darin aber besteht für Rilke echtes Künstlertum: Der Künstler kann gar nicht anders, er ist von innerer Notwendigkeit angetrieben. So auch der Held und auch der echte Tänzer, der sich von der Bewegungsdynamik führen lässt und nicht nach eigenem Willen Natur zu kopieren versucht. Eines wahren Künstlers Energie, auch die des Helden, auch die eines jeden authentischen Menschen, ist ein sich selbst generierendes Heraussprudeln. Ein aufs Wesentliche konzentriertes Schaffen.

Hier nun fügt Rilke seine Beobachtungen zur physikalischen Funktionsweise der Fontäne an, in der er das gleiche Prinzip am Werk sieht wie im Baum: das Prinzip der kommunizierenden Röhren.[186] Das »gebogne Gezweig« des Feigenbaumes tritt aus dem Stamm und führt zunächst nach unten, um dann am Ende des Astes wieder nach oben zu weisen, aber nicht ganz bis zum Ausgangspunkt zurück, denn dann wäre die Gefällespannung aufgehoben. Der Baum führt also den Saft abwärts und dann im Ast und Zweig zur Frucht hinan, so die Metapher für die kommunizierenden Bewegungen und Gegenbewegungen. Bei der Fontäne muss das Wasser erst in einem Rohr von oben nach unten geleitet werden, um den Druck zu erzeugen und durch Düsen zu verstärken, der dann die nach oben spritzende Fontäne hervorbringt. Eine Bewegung von oben nach unten ist Voraussetzung für die Bewegung von unten nach oben und umgekehrt. Steigen und Fallen ergeben eine dialektische Dynamik, wie wir ganz am Ende der Zehnten Elegie hören werden, was für Rilke ja auch bedeutet, dass Leben und Sterben zwei kommunizierende Bewegungen ein und desselben Prozesses sind. Bewegung ist die Einheit von Bewegung und Gegenbewegung, das Wechselspiel, die Nicht-Dualität des scheinbar Gegensätzlichen.

Zu dieser räumlichen Vorstellung der vertikalen Bewegung fügt

186 Die Fontäne ist ein beliebtes Motiv im Jugendstil, das Rilke häufig verwendet, so in der Sechsten und der Siebenten Elegie, implizit am Schluss der Zehnten Elegie, bereits aber schon in dem Gedicht »Römische Fontäne« aus den Neuen Gedichten vom 8. Juli 1906. Dazu Wegener-Stratmann, a.a.O., 211.

Rilke nun die zeitliche Bestimmung des Zuvor und Danach hinzu. Der Baum ruht im Winter, er hält Winterschlaf. Sein Erwachen ist zunächst von außen nicht erkennbar, bis es sich manifestiert, wenn der Baum aus dem Schlaf aufspringt und die Blüte ihre Lider öffnet. Das Bild von den Blütenblättern, die wie die Lider um das Zentrum des Auges stehen, verwendet Rilke häufig, bis hin zu seinem berühmten Grabspruch. Der Vorgang erscheint als spontan und plötzlich wie die Fontäne, in Wahrheit aber hat sich die sichtbare Dynamik lange vorbereitet. Was zutage tritt, ist für Rilke das »Glück seiner süßesten Leistung«, wobei Glück hier positiv verstanden wird. Das zeigt, wie Rilke die Begriffe in den Elegien nicht überall bedeutungsgleich verwendet und Stellenvergleiche unter Berücksichtigung der kontextuellen Differenzen durchgeführt werden müssen. In der Zehnten Elegie z. B. wird das Glück als etwas bloß Äußeres gedacht, dem die Freude entgegengestellt wird, ein verinnerlichtes, ins Unendliche und Vergeistigte verwandeltes Glück. Hier aber in der Sechsten Elegie meint Glück die natürliche Selbstentfaltung, ein Glück, das, so könnte man sagen, unschuldig ist, weil ihm nichts Gedeutetes anhaftet. Es ist die Verwirklichung einer inneliegenden Möglichkeit, so wie die Süße der Feige im Auf- und Absteigen der Lebenssäfte schon angelegt ist, eine Entfaltung der inneren schöpferischen Potenz ins Sichtbare, während das hinter dem Äußerlichen waltende innere Geheimnis gewahrt bleibt. Es ist die Präsenz des Göttlichen in der materiellen Form, oder abstrakt ausgedrückt, eine immanente Transzendenz, keine entweltlichte.

Genau das wird nun im Folgenden angedeutet in einer bruchstückhaften Erinnerung an den Mythos, die nicht weiter ausgeführt wird, sondern als schemenhafte Reminiszenz die mythische Universalität der eben vorgestellten Bilder besiegelt. Das, was von Feigenbaum und Fontäne gesagt wurde, offenbart eine göttliche Struktur hinter allen Dingen, eine Ordnung der Bewegung alles Lebendigen, eine immanente Transzendenz, die der griechische Mythos in der Vereinigung des Gottes mit Leda erzählt. Rilke hat den Mythos von Zeus, der sich der Menschenfrau Leda in Gestalt des Schwans nähert, um sich mit ihr erotisch zu vereinigen, bereits in einem Gedicht thematisiert, das entweder im Herbst 1907 in Paris oder im Frühling 1908 auf Capri entstanden und in die Sammlung »Neue Gedichte. Anderer Teil« aufgenommen worden ist. Dieses Gedicht zeigt Rilkes Versuch, die Einheit von Göttlichem und Menschlichem zu erfassen und es ist somit ein erhellender Kommentar zur Sechsten Elegie. Die Gedankenpunkte deuten vielleicht an, dass Rilke hier beim Verfassen der Elegie das einstige Bild von 1907/08 vor dem inneren Auge steht.[187]

LEDA

Als ihn der Gott in seiner Not betrat,
erschrak er fast, den Schwan so schön zu finden;
er ließ sich ganz verwirrt in ihm verschwinden.
Schon aber trug ihn sein Betrug zur Tat,

bevor er noch des unerprobten Seins
Gefühle prüfte. Und die Aufgetane
erkannte schon den Kommenden im Schwane
und wusste schon: er bat um Eins,

das sie, verwirrt in ihrem Widerstand,
nicht mehr verbergen konnte. Er kam nieder
und halsend durch die immer schwächre Hand

ließ sich der Gott in die Geliebte los.
Dann erst empfand er glücklich sein Gefieder
Und wurde wirklich Schwan in ihrem Schooß.

Der Gott Zeus folgt seiner eigenen Kraft, wenn er sich inkarniert, um das Menschliche zu befruchten, zu erneuern und mit göttlicher Präsenz zu erfüllen. Wie auch im indischen Mythos[188] beziehen die Griechen die Tierwelt als Medium für das Göttliche ein, denn auf allen Stufen der Evolution manifestiert sich in je spezifischer Weise die Selbstentfaltung der einen göttlichen Energie. So ist das Bild der Vereinigung von Zeus mit einer Menschenfrau nicht vordergründig im Sinne sexuellen Begehrens zu interpretieren, wenn dies auch zweifellos mitschwingt, da durch das Begehren die Evolution

187 Rilke, Werke, Bd. 1, 468.
188 Die zehn Avatāras (*Inkarnationen*) Vishnus als Fisch (*matsya*), Schildkröte (*kūrma*), Eber (*varāha*), Mensch-Löwe (*narasimha*), Zwerg (*vāmana*), Rāma mit der Axt (*Parashurāma*), der Held und König Rāma, Krishna, Buddha, Kalki.

vorangetrieben wird. Es geht aber vor allem um die Kreativität der Gottheit selbst, die spontane Freude, in Indien *līlā* (Spiel) bzw. *ānanda* (Seligkeit) genannt, sich im je Anderen selbst auszudrücken, zu spiegeln und zu lieben. Abstrakter formuliert dies Platon im *Symposion*, wo er die Bedeutung des Eros erörtert. In Rilkes Gedicht ist der Gott von der Schönheit des Schwanes ganz verwirrt, d. h. nicht nur Gott ist schön, sondern die Schöpfung in all ihren Gestaltungen trägt das Bild dieser Schönheit in sich, sodass der Gott verzaubert wird von dieser seiner eigenen Schöpfungskraft. Er lässt sich »ganz verwirrt in ihm verschwinden«. Die Gottheit verschwindet liebend im Anderen, und damit wird die Einheit ständig neu geschaffen in unablässiger Selbst-Dynamik. Gott ist zwar einer, doch in sich differenziert, so können wir diese Zeile lesen. Es ist ein Spielen der Liebe mit sich selbst, wie Hegel das genannt hat, und auch hier überrascht, wie Rilke die dialektischen Denkfiguren Hegels in Poesie übersetzt. Um das zu verdeutlichen, sei Hegel mit seinen berühmten Sätzen aus der Vorrede zur »Phänomenologie des Geistes« (1806) ausführlicher zitiert:[189]

> Das Leben Gottes und das göttliche Erkennen mag also wohl als ein Spielen der Liebe mit sich selbst ausgesprochen werden; diese Idee sinkt zur Erbaulichkeit und selbst zur Fadheit herab, wenn der Ernst, der Schmerz, die Geduld und Arbeit des Negativen darin fehlt. *An sich* ist jenes Leben wohl die ungetrübte Gleichheit und Einheit mit sich selbst, der es kein Ernst mit dem Anderssein und der Entfremdung sowie mit dem Überwinden dieser Entfremdung ist. Aber dies *Ansich* ist die abstrakte Allgemeinheit, in welcher von seiner Natur, *für sich zu sein*, und damit überhaupt von der Selbstbewegung der Form abgesehen wird.

Für Hegel ist, wie es im nächsten Absatz der Vorrede heißt, das Wahre als das Ganze zu denken: transzendente Immanenz und immanente Transzendenz, Gott und Welt in einem, oder anders ausgedrückt: Welt in Gott und Gott in Welt, ein einziger »Weltinnenraum«, wie Rilke es dann nennen wird. Dieses Ganze schließt den Schmerz, das Leiden, die Geduld und Arbeit am Negativen ein.

189 Hegel, a. a. O., 20.

Das Wahre ist die Einheit der Gegensätze, ein Werden, weil die Einheit sich in Verschiedenheit bis hin zu Widersprüchen entfaltet und dabei immer wieder zu sich selbst zurückkehrt. Das Wahre ist das Ganze, ein Zusammenfallen der Gegensätze. Mir scheint tatsächlich, dass die »Duineser Elegien« diese Denkform in verschlungene poetische Bilder transponieren und fruchtbar machen für Identifikationen, durch die der Mensch diesen Geisteszustand nachvollziehen, ja in sich abbilden soll.

Der Gott nähert sich der Geliebten nicht in seiner wahren Gestalt, sondern im Anderssein, als Schwan, um sich für sie erträglich zu machen, ein Betrug vielleicht, aber notwendig, damit die fruchtbare Begegnung möglich wird. In anderen Inkarnations-Mythen erscheint Gott in Menschengestalt, um sich mit-teilen zu können, um dem Menschen nicht nur nahe zu sein, sondern eine Dynamik auszulösen, die das Göttliche im Menschen wachruft. Das hat die griechisch-christliche Tradition als *Theosis*, die Vergottung des Menschen, bezeichnet.[190] Dies ist auch der Hintergrund für die Erscheinung Gottes als Freund und Wagenlenker in der »Bhagavad Gītā«. Dort will Gott dem Prinzen Arjuna beistehen, ihn belehren, und dafür muss er sich ihm anverwandeln, sein Vertrauen gewinnen, seine Sprache sprechen und seine Form annehmen: er wird Mensch. Ansonsten wäre der Gott verzehrend, schrecklich, unerträglich in seinem kosmischen Glanz, wie auch der Engel in der Ersten und Zweiten Duineser Elegie. Arjunas tiefstes Begehren ist die Schau Gottes, die ihm aus Liebe gewährt wird. Doch damit der Mensch die Gottesgestalt überhaupt wahrnehmen kann, muss Gott dem Menschen zunächst ein göttliches Auge verleihen.[191] Denn nur einander Entsprechendes kann einander erkennen.

Rilkes Gedicht beschreibt nun, wie die ungebremste Leidenschaft des Zeus ihn daran hindert, seine Gestalt als Schwan auszukosten. Wie der Held geht er stürmisch auf sein Ziel los, und Leda spürt diese drängende Präsenz, die Sog- und Zugkraft der göttlichen Energie. Jeder Widerstand, die Scheu vor dem Unaussprechlichen, schmilzt dahin. Und dann Rilkes verblüffende Formulie-

190 »Gott wurde Mensch, damit der Mensch Gott werde«, ist ein altkirchlicher Spruch, der dem Athanasius (um 298–373) zugeschrieben wird.
191 Bhagavad Gītā 11,8, in: von Brück, Gītā, 77.

rung: »Er kam nieder …« Ist damit zunächst nichts anderes als die Herabkunft des Göttlichen gemeint, assoziiert mit dem Bild des schönen geflügelten Wesens, das sich über die Geliebte beugt und auf sie senkt? Im Christentum ist dies als marianisches Bild der Empfängnis bekannt. Aber die Formulierung Rilkes spielt mit der Doppelbedeutung des »Niederkommens«, denn Niederkunft bezeichnet ja auch den Akt des Gebärens. Wenn es von dem Gott heißt »er kam nieder«, so ist er Zeugender und Gebärende zugleich, ein androgynes Bild für die Einheit der Gegensätze, in dem auch das Drängende und Direkte, wie schon das Überspringen der Blüte beim Feigenbaum, anklingt. Alles geschieht mit einer ungestüm sich durchsetzenden Kraft. Und »er lässt sich in die Geliebte los«. Dieses unmittelbar erotische Bild für die Empfindung auf dem Höhepunkt des Zeugungsgeschehens meint aber auch das Loslassen des Eigenseins, die Hingabe in die Verschmelzung, wie wir dies aus dem Sprachgebrauch der Mystik kennen – ein spirituelles Geschehen der Überwindung von Trennung also, ein Sich-Loslassen in das Mysterium des Ganzen. Erst nachdem der Gott ganz losgelassen hat, wird er wirklich Schwan und kann das Glück der irdischen Begrenzung, das Glücklichsein im Gefieder, empfinden. Hier scheint die Botschaft Rilkes durch, zu der sich die Elegien hinarbeiten und die dann in den Sonetten an Orpheus kulminiert: *das Hiesige, jede Gestaltung der Welt ist Träger der unendlichen Kraft.* Hier, und nur hier, tauchen wir in das Mysterium der Einheit ein, hier und jetzt, nicht dort und dann. Nicht abstrakt in einer fernen Ewigkeit, sondern konkret in jedem zeitlosen Augenblick.

Dann aber bricht in der Sechsten Elegie die Rückkehr zum Mythos jäh ab, gefolgt vom unvermeidlichen »Aber«. »Wir aber verweilen«, heißt es in traurigem Pathos. Wir verschließen uns den Rhythmen des Seins, dem Rhythmus als Grundpuls des Lebens, und suchen Dauer. Wir akzeptieren nicht, was der Buddha als Voraussetzung aller Existenz zu akzeptieren lehrte: *sarvam anityam* – alles ist vergänglich. In der Achten Elegie wird dies als Furcht vor dem Offenen bezeichnet. Doch die schwelgende Rückerinnerung an den Mythos, der Halt und Heimat bietet, bricht nicht jäh ab. Rilke setzt ja Auslassungspunkte, die der Rede über den Menschen vorangestellt sind. Sie deuten ein Zögern an, Nachdenklichkeit. Der Satz zuvor steht gleichsam in strahlendem C-Dur, der Tonart von Mozarts Jupiter-Sinfonie, denn hier bricht sich Zeus/Jupiter Bahn: »Sieh: wie der Gott in den Schwan.« Dort steht *ein* Punkt. Es könnte auch ein Ausrufezeichen sein. Jetzt aber ist die Tonart eher ein verhaltenes Moll, nicht ein Punkt, sondern *viele*. Es scheint wie der Sturz in das zaghafte Abwägen von Möglichkeiten, eine offene Pluralität, die Entscheidungen verlangt, ein Auswählen-Müssen, das beschwerlich ist. Das Abwägen-Müssen raubt der heldenhaften Kraft den unbedingten Impuls. Rilke dichtet, alles werde nun verzögert und wir gingen ins »verspätete Innre / … verraten hinein«. Der Mensch schwankt angesichts der Widersprüche, die er in sich selbst verspürt, er muss die Arbeit des Ausgleichs erst leisten. Das ist Segen und Fluch zugleich. Segen, denn es eröffnet die Chance zu Reifung; Fluch, denn wir kommen fast immer zu spät. Oder hat, wer die Pfade *kennt*, eine Chance?

Rilke verweilt bei diesem Klagegesang recht lange, wenn vielleicht auch nur, um den Kontrast zum Folgenden, zum Gesang des Helden zu schärfen. Nur wenige sind erfüllt von so intensiver Herzkraft, dass sie gar nicht anders können, als ihrer Intuition glühend zu folgen. Das Glühn »in der Fülle des Herzens« meint aber nicht nur einen heldischen Durchmarsch, sondern kann sich auch ereignen als zarte »Verführung zum Blühn wie gelinderte Nachtluft«, die die Lippen und die Augenlider sanft umweht, weich also und mild. Doch ein solch leiser Wink des Schicksals wird oft gar nicht vernommen, und man ist erinnert an die Erste Elegie, wo, als »Auftrag« des Schicksals, »am geöffneten Fenster, / … eine Geige« sich hingab. Es käme darauf an, in innerer Stille achtsam zu lauschen, doch wir überhören die subtilen Anmutungen, weil der eigene Lärm uns taub gemacht hat.

Die Helden – »dem eigenen Lächeln / sind sie voran«. Sie blicken nicht empfindsam (das Lächeln) auf sich selbst zurück, sondern stürmen, lassen sich selbst hinter sich. Es ist ein Handeln um des Handelns willen, ohne dabei auf möglichen Gewinn zu setzen oder Verlust zu kalkulieren, ohne Hintergedanken, aus welchem Winkel der berechnenden Vernunft auch immer. Rilke vergleicht dies mit den Kriegern in Kampfwagen, denen die Pferde stets voraus sind, wie er es im ägyptischen Karnak auf Reliefs gesehen hat, der Bezug auf Ägypten ist hier zufällig und nicht von Bedeutung.

Als Resümee dieser Zeilen entsteht ein Bild vom Menschen, der entweder zu flüchtig, unachtsam und mit Oberflächlichem beschäftigt ist, oder der verweilt, an Vergangenem haftet und den Aufbruch nicht wagt. Beides lähmt und hindert ihn daran, sich auf ein organisches Mit-Wachsen mit den Kräften einzulassen, die den Kosmos bewegen und Leben ermöglichen.

Als Ausnahmen nennt Rilke allerdings die Helden und die früh Verstorbenen.

Die jugendlichen Toten und der Held

> Wunderlich nah ist der Held doch den jugendlich Toten.
> Dauern
> ficht ihn nicht an. Sein Aufgang ist Dasein; beständig
> nimmt er sich fort und tritt ins veränderte Sternbild
> seiner steten Gefahr. Dort fänden ihn wenige. Aber,
> das uns finster verschweigt, das plötzlich begeisterte Schicksal
> singt ihn hinein in den Sturm seiner aufrauschenden Welt.
> Hör ich doch keinen wie *ihn*. Auf einmal durchgeht mich
> mit der strömenden Luft sein verdunkelter Ton.

Von den »jungen Toten« war bereits in der Ersten Elegie die Rede, und wir hatten gesehen, dass sie ihr noch kaum verbrauchtes Wesen durch Akzeptanz bzw. die bewusste Integration des Todes in die unsichtbare, vergeistigte Dimension heben können. Hier aber heißt es, dass »den frühe Hinüberbestimmten … der gärtnernde Tod anders die Adern verbiegt«. Der Garten ist geordnete Natur, das Geistige im Lebensstrom der Vegetation. Der Tod als Gärtner kann aus den Widersinnen des Lebens ein Sinnbild erschaffen, wie Rilke dies im »Stunden-Buch« bereits 1899 formuliert hatte, er ist unsere Frucht, zu der wir endlich, wenn auch verraten, eingehen. Diese Formulierung erhält nun eine Doppeldeutigkeit, die wir oben noch ausgespart hatten: Die Frucht ist nicht endlich, weil sie nach kurzer Zeit verdirbt, sondern Rilke komponiert das »endlich« als adverbiale Bestimmung: endlich erlangen wir die Frucht, die wir allerdings immer noch verdrängen, ausblenden, nicht wahrhaben wollen. Der Tod ist die Frucht, weil er das Ganze des Lebens enthält, in ihm ist, wiederum doppeldeutig, alles aufgehoben, bewahrt und überwunden. Sterben sollte als Moment am Prozess des Lebens gesehen werden, und nur wenn Tod und Leben nicht als zusammengehörig begriffen und erlebt werden, überfällt uns der Tod von außen wie ein Feind.

Die anderen sind die Helden, mit denen sich die nun folgenden Strophen der Elegie befassen. Dass der Tod ihnen oder auch den jungen Toten bzw. beiden, das ist nicht klar, die »Adern anders verbiegt« als dem gewöhnlichen Menschen, ist eine Anspielung auf den Feigenbaum. Den Bahnen, in denen die Säfte des Baums auf- und abfließen, entsprechen die Adern bei Mensch und Tier. Bei den meisten Menschen erschöpft sich die Kraft in der Tätigkeit nach außen, wie bei Pflanzen, deren Blüte verwelkt und keine Frucht hervorbringt. Nur bei wenigen ist alles auf die Frucht hin ausgerichtet, wie beim Feigenbaum, der die Blüte zu überspringen scheint, und das ist für Rilke auch das Merkmal der Helden. Hier kennt die Lebenskraft nur ein einziges Ziel, die Tat. Wie wir sahen, ist die Frucht aber auch der Tod. Führt man beide Aussagen zusammen, bündelt sich das gesamte Leben in der Tat, nach der nichts Großes mehr kommen kann, weil sie alle Energien aufgebraucht hat, im Tod wird dies als das Letztendliche gültig. Der Tod ist damit zweifach metaphorisch verdichtet: als allgemeines Gesetz, das alle Ordnung in sich erfüllt, und als der individuelle Tod, der Bedeutung hat, weil er dem Leben einen je eigenen Stempel aufdrückt – eben der Tod des Helden, des Künstlers, dessen, dem einmalige Schicksalsgestaltung gelingt. Der Tod als Gärtner sorgt dafür, dass menschliches Leben in einer reifen Frucht kulminieren kann, denn der Gärtner hegt die wachsende Pflanze, kappt Seitentriebe, die nutzlos Energie verbrauchen, d.h. er erinnert den Menschen an die begrenzte Zeit und den Auftrag zu konzentrierter sinnstiftender Lebensgestaltung. Steiner bringt diese zwei Perspektiven prägnant auf den Punkt: »Der gärtnernde Tod und die Frucht sind also zwei Aspekte des Einen, Gesetzhaften und Individuellen zugleich.«[192]

Der Held ist in Bewegung, ihn kümmert nicht Verweilen und Dauern, so wie die jugendlichen Toten, die sich nicht um die Länge ihres Lebens kümmern, sondern um die Intensität, die nun mit dem Tod in einen anderen Bezug übergegangen ist. Rilke stellt damit die Frage, warum der Mensch mehr auf die Lebensdauer schaut als auf die Qualität eines fruchtbaren Lebens in dem Sinne,

192 Steiner, a.a.O., 134.

wie er es hier versteht. Warum wird alles quantitativ und nicht qualitativ bemessen? Für ihn kann ein junges, abgeschlossenes Leben des jugendlichen Toten wesentlich erfüllter sein als ein langes geistfernes Dahindauern. Der Held lebt in ständiger Präsenz, wie wir schon sagten, und er tritt ins Sternbild einer steten Gefahr. Unser Zentralgestirn, die Leben und Licht spendende Sonne, durcheilt ihre Bahn wie ein Held, so die biblische Überlieferung (Ps 19,6).[193] Die astrologische Konstellation wiederum verbindet den individuellen Lebensstrang mit dem überzeitlichen Weltgesetz. Nichts im Leben geschieht zufällig, drückt diese Metapher aus. Dem plötzlichen Schicksal, das wir nicht erkennen, »das uns finster verschweigt«, begegnet der Held mit Begeisterung, besser noch vielleicht »Durchgeistigung«. Es reißt ihn wie ein »Sturm seiner aufrauschenden Welt«. Wir hören hier den Fluss der Sprache: der Sturm und das Aufrauschen lassen zwei Zischlaute aufeinander folgen, die der Dynamik des Inhalts im Lautgeschehen Ausdruck verleihen. Gefahr hängt mit Fahren zusammen, also mit Bewegung, die freilich neue Situationen schafft, die bewältigt werden müssen. Das Heldenleben ist der Mut zum Ungewohnten, der Ausbruch oder »Aufgang« aus schalen Gewohnheiten. Auch dieses Thema wurde bereits in der Ersten Elegie angeschnitten, wo »das verzogene Treusein einer Gewohnheit« zwar die gewisse Sicherheit des Vertrauten beschert, aber zu Trägheit verführt, zum Verweilenwollen, das frustriert werden muss, weil die Welt in Bewegung ist. Daraus aber erwächst Leiden. Genau dies aber entspricht der Daseinsanalyse des Buddha, dem Grundsatz der buddhistischen Weltdeutung – *sarvam duhkham, sarvam anityam* – alles ist leidvoll bzw. frustrierend, weil es vergänglich ist, der Mensch aber Dauer erhofft. Mit Sicherheit hat Rilke diese seine Erkenntnis nicht aus dem Buddhismus abgeleitet, aber die Verwandtschaft in der Denkform fällt auf.

Rilke zeichnet den Helden nicht nur als Vorbild oder Ideal, sondern als tönende Energie, die man hören kann. Und der Dichter

193 Auch hier ist die Sonnensymbolik mit der Liebesmystik und dem Topos des Helden verknüpft, eine Motivkonstellation, die in der mittelalterlichen und auch der neuzeitlichen Mystik bis hin zu Rilke nachgewirkt hat; Ps 19,5–6: »Er hat der Sonne eine Hütte an ihnen gemacht; und dieselbe geht heraus wie ein Bräutigam aus seiner Kammer und freut sich, wie ein Held zu laufen den Weg.«

hört »keinen wie *ihn*«. Die Welt als Klang, als Sinfonie von Rhythmen und melodischen Sinnlinien, ist eine alte indische Vorstellung (*nāda brahman*), aber auch den Griechen seit Pythagoras war sie nicht fremd. Das neu-platonische harmonikale Weltbild bestimmte vom Hochmittelalter (Schule von Chartres) bis zur Renaissance die Naturphilosophie. Rilke knüpft daran an, wenn die Luft, die im Atmen durch den Menschen strömt, den verdunkelten Ton trägt. Dieses Bild ist bedeutsam und hängt zusammen mit der Vorstellung vom Weltinnenraum, dem Flug der Vögel durch den menschlichen Körper hindurch im Raum der Luft, die wir ein- und ausatmen: Die Luft, die ich einatme, hat soeben ein anderes Lebewesen ausgeatmet, und die Luft, die ich ausatme, gebe ich in das unermessliche Luft-Kontinuum hinein, das von anderen Lebewesen eingeatmet wird. So ist Atmen die Verwebung eines subtilen Zusammenhangs aller Lebewesen. Das *ist* die Grundbewegung, der Rhythmus, das Pulsieren, das der Wirklichkeit zugrunde liegt, ein Klang wechselseitig übereinander gelagerter Resonanzen. Und der Ton ist dunkel, weil er die Tiefe des Universums erschließt. Rilke benennt diese Empfindung schon in der Ersten Elegie:

Wirf aus den Armen die Leere
zu den Räumen hinzu, die wir atmen, vielleicht dass die Vögel
die erweiterte Luft fühlen mit innigerm Flug.

Das »vielleicht« signalisiert Skepsis. Spürt das Weltall meinen Beitrag, die »erweiterte Luft«, die mein Leben generiert, indem ich atme? Wenn schon nicht die über alles erhabenen Engel mich spüren, dann vielleicht doch die Mit-Kreaturen, die Vögel? Spüren sie mich, oder doch nicht?

In den »Sonetten an Orpheus« klingt dies dann anders, und zwar auf dem Hintergrund einer alles entscheidenden meditativen Tiefenerfahrung. Sie blitzt dort auf in den unendlich schönen Versen, die an Dichte, Gelassenheit und stiller Freude kaum zu übertreffen sind – ein Versuch, die Summe der Elegien zu fassen:[194]

194 Die Sonette an Orpheus. Zweiter Teil, I, in: Rilke, Werke, Bd. 1, 633; niedergeschrieben als letztes Gedicht dieses zweiten Teiles, als Abschluss also, wohl am 23. Februar 1922 in Muzot, d.h. in unmittelbarer zeitlicher Nähe der Beendigung des Zyklus der Duineser Elegien.

Atmen, du unsichtbares Gedicht!
Immerfort um das eigne
Sein rein eingetauschter Weltraum. Gegengewicht,
in dem ich mich rhythmisch ereigne.

Hier nur der erste Vers. Das gesamte Sonett soll im Zusammenhang mit der Siebenten Elegie erörtert werden.

Simson

Und nun träumt sich Rilke in die Heldenverehrung der Kindheit zurück, als er von Simson las, dem Helden aus dem biblischen Richterbuch. Simson, dessen Mutter lange Zeit unfruchtbar war und dann wunderbarerweise gleich einen ganz Großen, einen Helden zur Welt brachte:

Dann, wie verbärg ich mich gern vor der Sehnsucht:
O wär ich,
wär ich ein Knabe und dürft es noch werden und säße
in die künftigen Arme gestützt und läse von Simson,
wie seine Mutter erst nichts und dann alles gebar.

War er nicht Held schon in dir, o Mutter, begann nicht
dort schon, in dir, seine herrische Auswahl?
Tausende brauten im Schooß und wollten er sein,
aber sieh: er ergriff und ließ aus –, wählte und konnte.
Und wenn er Säulen zerstieß, so wars, da er ausbrach
aus der Welt deines Leibs in die engere Welt, wo er weiter
wählte und konnte. O Mütter der Helden, o Ursprung
reißender Ströme! Ihr Schluchten, in die sich
hoch von dem Herzrand, klagend,
schon die Mädchen gestürzt, künftig die Opfer dem Sohn.

Denn hinstürmte der Held durch Aufenthalte der Liebe,
jeder hob ihn hinaus, jeder ihn meinende Herzschlag,
abgewendet schon, stand er am Ende der Lächeln, – anders.

Auch hier formt sich die Heldenfigur nicht allein aus menschlichem Willen, doch die Mutter Simsons wird auch nicht allein durch Gottes Gnade schwanger. Bei Rilke heißt es vielmehr: er »wählte und konnte«. Das Wählen mag mit seiner vorgeburtlich schon angelegten Struktur, dem Karma, zusammenhängen, und das Können gehört für den Helden, anders als bei gewöhnlichen Menschen, zu seiner Natur. Wir sagen Veranlagung, ähnlich dem Können der Liebenden am Ende der Fünften Elegie, weil der Held und die Liebenden aus der Verbundenheit im Weltinnenraum schöpfen, weil sie sich durch ihr Handeln nicht ein Ego aufbauen wollen, sondern im Handeln die in ihnen wirkenden Kräfte geschehen lassen. Das ist, mit anderen Worten, die karmische Bestimmung, die sich aus dem Werden über Generationen hinweg ergeben hat. Dem Helden kommt pränatal das zu, was er werden soll, und perinatale Wunder deuten auf künftige Wirkung hin. Deshalb werden von »spirituellen Helden« außergewöhnliche Geburtsgeschichten überliefert, wie bei Isaak und Simson, Gautama

Abbildung 10: Simson reißt das Gebäude ein

Shakyamuni und Jesus, und deshalb zeichnen sich diese Helden durch eine außergewöhnliche frühe Kindheit aus, wie bei Moses und Krishna.

Dass Rilke ausgerechnet die Geschichte von Simson (Ri 13–16) als Beispiel wählt, ist kein Zufall, denn in ihr ist in einigen Elementen die Geschichte Jesu von Nazareth präfiguriert, und auch die Symbole entsprechen teilweise denen, die Rilke in den Elegien bereits mehrfach verwendet hat: der Engel, der Baum bzw. die Säule, die wunderbare Geburt und das alles sprengende Ende. Der Name Simson könnte auf Sonnensymbolik verweisen, denn das Wort kann als »kleine Sonne« interpretiert werden. Simsons Mutter kann keine Kinder gebären. »Und der Engel des Herrn erschien dem Weibe und sprach zu ihr: Siehe, du bist unfruchtbar und gebierst nicht; aber du wirst schwanger werden und einen Sohn gebären.« (Ri 13,3) Man sieht, wie die Engelsverkündigung an Maria nicht nur der Jesaja-Weissagung nachgebildet ist, sondern auch der Weissagung des Engels an Simsons Mutter, der Frau des Manoah (ihr Name wird nicht genannt). Der Engel, »gar erschrecklich« anzusehen, sodass die Frau nicht wagt, nach seiner Identität zu fragen – im Unterschied zur Tobias-Geschichte, auf die die Zweite Elegie verweist, oder auch zur Weissagung an Maria –, ermahnt die Schwangere, Alkohol und unreine Speisen zu meiden. So wird der Sohn schon von Mutterleibe an ein »Auserwählter Gottes« (Nasiräer) werden. Die Präsenz des Engels hat diese Bestimmung unwiderruflich festgelegt, und darum dürfen Simson die Haare nicht geschoren werden, denn die Haare sind Sitz und Symbol der Kraft. Werden sie abgeschnitten, verliert der Held an Kraft. Opfert man sie, wie in indischen Tempelritualen oder auch bei der Tonsur von Mönchen und Nonnen, wird die vegetative Kraft Gott übergeben und geweiht. Simson soll ein National-Held werden, der die politische Unterdrückung Israels durch die Philister mit militärischen Mitteln mutig beenden wird. Manoah bittet den Engel zurückzukehren, um die Eltern aufzuklären, wie sie den Knaben zu erziehen hätten. Der Engel erfüllt die Bitte, lehnt aber menschliche Speisen wie auch jedes Opfer für sich selbst ab und verweist auf Gott allein. Der Engel ist ein Zwischenwesen, dem Respekt gebührt, aber nicht höchste Verehrung. Auch diese Motive nimmt Rilke auf – im Unterschied zur biblischen Geschichte kann sich bei Rilke der erhabene Engel allerdings in keiner Weise auf menschliche Empfindungen und Bitten einlassen. Nachdem Simson, »getrieben vom Geist des Herrn«, seine Heldentaten gegen die Philister vollbracht hat, wozu auch List, Betrug und gewaltsame Vergeltung gehören, übt er zwanzig Jahre lang das Richteramt in Israel aus, bis schließlich Delila, seine Geliebte, ihm die Haare abschneidet, sodass er seine Heldenkraft verliert. Als im Gefängnis das Haar nachwächst, kehrt die Heldenkraft zurück und er kann die Säulen, auf denen die Decke des Hauses seiner Gegner ruht, emporheben und zertrümmern, sodass das Gebäude einstürzt und den Helden zusammen mit Tausenden von Feinden unter sich begräbt. Er opfert sich selbst, reißt aber die Gegner mit in den Tod. Vielfache Parallelen weist die Simson-Sage mit der Geschichte der Empfängnis Jesu von Nazareth auf, und auch Jesus reißt die Säulen des Tempels ein, aber er vergibt seinen Feinden und reißt sie nicht mit in den Tod, weil dieser als Überwindung zum Heil gedeutet wird.

Das Marterkreuz Jesu ist der Baum, der Vergänglichkeit und Lebenskraft zugleich symbolisiert (vgl. Tafel 9). Das Kreuz Jesu als Lebensbaum, wie wir in den Ausführungen zur Vierten Elegie gezeigt haben, wurde auch häufig als Säule interpretiert, die Himmel und Erde verbindet sowie vegetative Potenz und spirituelle Erhöhung in einem ausdrückt. Durch den Tod hindurch erfolgt die Verwandlung in die andere Dimension. Dieses Motiv greift Rilke auf, doch er lässt die Verwandlung nicht stellvertretend durch den Sohn Gottes geschehen, sondern verlegt sie als heroischen Akt ins eigene Bewusstsein, als Aufgabe für jeden Menschen. Das wiederum entspricht, wie schon mehrfach angedeutet, einigen mystischen Deutungen des Todes Jesu, die sich durchaus im Rahmen der Religionsgeschichte des Christentums bewegen.

Zurück zu Rilkes Text, an dem besonders ein Detail auffällt. Rilke vergleicht das Aufbrechen des Hauses durch ein Aushebeln der Säulen mit der Geburt Simsons und sieht in beiden Ereignissen Aufbrüche. Aber – und das ist die Pointe – er versteht die leibliche Geburt durch den Geburtskanal nicht etwa als Befreiung ins Weite, sondern als Gang »in die engere Welt«, in der die Gesetze des Wählens und Könnens regieren. Die Geburt, die physisch als Befreiung aus der Enge der Gebärmutter gesehen werden kann, erweist sich für Rilke als Eintritt in die Welt des Deutens und Wollens und darum als Einengung. Denn im vorgeburtlichen Zustand liegen noch alle Möglichkeiten offen vor einem, mit der Geburt aber beginnen Prägungen und Festlegungen, die den Lebenshorizont mit der Zeit weiter verengen. Der Mensch wird zunehmend definierter. Was als Gewinn von Identität erscheint, ist in Wahrheit eine Beschneidung, eine Fesselung an die einengende Festlegung. Es ist der Held, der diese Fesseln von Neuem sprengt. Er zieht unbeirrt seine Lebenskreise, in »wachsenden Ringen«, wird umschwärmt von der Liebe der Mädchen, aber er lässt sich nicht binden und hinterlässt viele Opfer der Liebe am Wegesrand. Er wird daran schuldig, und Rilke kann diesen Widerspruch nicht auflösen: Denn das, was den Helden zum Helden macht, ist auch seine Tragik. Er ist im wörtlichen Sinne rücksichtslos, da er ohne Rücksichtnahme nur auf sein Ziel schaut. Darin besteht das Dilemma des Menschen, das sich aus seiner Begrenzung, aus der Zeitlichkeit und aus der Verstrickung in das Schicksal ergibt.

Hier spricht nicht nur der Dichter, sondern auch der Mensch Rilke, der genau dieses Dilemma nicht auflösen kann. Seit dem »Stunden-Buch« umkreist er dieses Thema. Geistiges Wachstum und Reifung beschreibt Rilke wie das Wachsen eines Baumes, das sich in den Jahresringen zeigt, wie es in dem berühmten Gedicht vom 20. September 1899 heißt. Im Licht des Schlusses der Sechsten Elegie liest sich dieses Gedicht anders, auch mit einem Erschrecken: Hat der Held den letztmöglichen Ring der wachsenden Ringe für sich aufgedeckt oder hat er ihn zugedeckt? Ist er angekommen oder hat er vermieden?[195]

Ich lebe mein Leben in wachsenden Ringen,
die sich über die Dinge ziehn.
Ich werde den letzten vielleicht nicht vollbringen,
aber versuchen will ich ihn.

Ich kreise um Gott, um den uralten Turm,
und ich kreise jahrtausendelang;
und ich weiß noch nicht: bin ich ein Falke, ein Sturm
oder ein großer Gesang.

195 Rilke, Werke, Bd. 1, 207.

Das ist der Held. Rilke würde zur Zeit der Elegien nicht mehr dichten, dass er um Gott kreist, sondern dass Gott um ihn kreist und in ihm. Und er weiß nun, was er ist: ein Falke, der ungehindert heldenhaft auf das Ziel zu segelt, mit der Energie des Sturmes. Und diese unerhörte Bewegung wird hörbar als der große Gesang, der das Endliche in Unendliches verwandelt, wie es in den Elegien heißt.

Der Held der Sechsten Elegie ist letztlich unerreichbar für jede Liebe, die ihm entgegengebracht wird, denn er will nur seinem inneren Auftrag folgen – so wie Rilke, der um seines Werkes willen immer wieder Liebesbeziehungen, die ihn einengen könnten, abbricht. Doch er zieht aus dieser verneinten Liebe Gewinn, jeder ihm geltende Herzschlag verleiht ihm Energie, »Herzschwung«, wie es in der Fünften Elegie heißt. Er spürt den Schmerz des Versagens, doch er ist schon »allem Abschied voran, als wäre er hinter dir«[196]. So können diese Zeilen auch gelesen werden. Sind sie Ausdruck von Weisheit oder von Ignoranz? Der Held am Ende der Sechsten Elegie ist in einen anderen Bezug eingetreten, wo auch kein Lächeln mehr ist, welches auf wechselnde Gefühlszustände hinweisen würde. Ist das Angst vor Gefühlen, Bindungsangst, »Enttäuschungsprophylaxe«, wie die Psychologie diesen Zustand nennt, der scheinbare Gelassenheit und Zielstrebigkeit signalisiert, tatsächlich aber eine Vermeidung von Gefühl, Erlebnis und Erfahrung ist, um nicht enttäuscht werden zu können? Geht dieser Held am Leben, an der wirklichen Begegnung mit wirklichen Menschen vorbei? Rilke will, wir hatten dies mehrfach hervorgehoben, das Göttliche ganz im »Hiesigen« finden, doch man kann fragen, ob sich sein Held wirklich auf das »Hiesige« eingelassen hat. Er ist, so dichtet Rilke hier am Schluss, »abgewendet«, anders geworden, aber ob es eine geisterfüllte Gelassenheit ist oder eine stoische *Ataraxia*, die »Unbewegtheit« angesichts von Begegnungen mit dem Schicksal, bleibt offen. Rilke sagt nur, dass er, der Held, »anders« ist, und das nach einem langen, nachdenklichen Gedankenstrich, der Zögern oder Unbestimmtheit signalisiert. Die entscheidende Frage bleibt noch unbeantwortet und die folgenden Elegien werden sich an diesem Problem weiter abarbeiten.

196 Die Sonette an Orpheus. Zweiter Teil, XIII, 17. Februar 1922, in: Rilke, Werke, Bd. 1, 640.

Die Siebente Elegie

Auch die Siebente Elegie ist im Februar 1922 entstanden, in unmittelbarer zeitlicher Nähe zu den »Sonetten an Orpheus«. Rilke hat den Schluss dieser Elegie am 26. Februar 1922 noch einmal überarbeitet, und das war sein letzter Federstrich am Zyklus der »Duineser Elegien« überhaupt. Einige Elemente und Symbole aus den früheren Elegien werden hier wieder aufgenommen und neu hinterfragt, wie z. B. der Engel, der Baum, die Nacht, die Sterne, die Liebenden, die Kindheit, der Atem, die Rühmung. Zwei prägnante Kernsätze könnten als ein Gerüst dienen, um das sich die Gedanken winden wie Erläuterungen oder auch Widersprüche: »Hiersein ist herrlich.« Und: »Nirgends, Geliebte, wird Welt sein, als innen.«

Immer auch geht es bei Rilke um Er-innerung, um ein Gedenken, das die Dinge nach innen wendet und das Vergangene aufhebt in einen erfüllten Moment der Gegenwart. Rilke wird nicht müde, in immer neuen Metaphern zu umschreiben, wie die verfließende Zeit im Raum sich aufhebt. Die Zeit als Dynamik dieses Raumes, der alles in sich innert, ist damit aber nicht verschwunden, sondern als Medium der Transformation des Endlichen ins Unendliche wirksam, das ja jedes Einzelne, jedes Ding, auch jede menschliche Empfindung, in diesen Bezug erhebt. Die Aufgabe des Künstlers, so Rilke, besteht darin, die Dinge aus der gerichteten Zeit in ihr Wesen zu heben, in den Bezug zum Ganzen. Das Einzelne ist darin im dialektischen Sinne aufgehoben: überwunden und bewahrt.

Zum Vergleich möchte ich auf eine der berühmtesten Szenen der dramatischen Weltliteratur verweisen: Goethes »Faust«, Erster Teil, die Eingangsszene. Es ist – Nacht, und nach der für ihn enttäuschenden Begegnung mit dem Erdgeist, der ihn, Faust, in die Schranken gewiesen und seine wissenschaftliche Hybris brüsk zurückgewiesen hat (»Du gleichst dem Geist, den du begreifst, nicht mir…«),[197] erkennt Faust die Begrenztheit seines Wissens. Aber das bruchstückhafte Wissen besteht immerhin in der Erinnerung und Pflege des Erbes der Väter, das lebendig werden soll in der

197 Johann W. von Goethe: Faust, hrsg. von Ulrich Gaier, Stuttgart: Reclam 1999, 36.

aktiven Gestaltung des Strebens im jetzigen Augenblick. Dabei soll sich der Mensch seiner Grenzen ebenso wie seiner Möglichkeiten bewusst werden. Es geht aber nicht um eigennützige Erkenntnis, sondern um Selbsterkenntnis – und wie das bei Faust enden wird, ist bekannt. »Erwerben, um es zu besitzen« – bei Faust geht es durchaus um geistige Verwandlung des Äußeren, ein Innewerden der Kräfte der Natur, wie sie auch Rilke vorschwebt. Bei Rilke freilich schwingt mehr Skepsis mit, schließlich blickt er auf die erste industrielle Revolution zurück, die zwar Umgestaltung, aber vor allem Elend, Entfremdung und Getriebensein der Menschen gebracht hat. Doch bereits Faust muss erkennen, dass sich die Natur nicht dem offenbart, der sie mit Instrumenten zerlegt, dass sie aber zumindest einen Bruchteil von ihrem Geheimnis preisgibt dem, der sich ihr und dem Erbe der Väter respektvoll nähert. So heißt es bei Goethe:[198]

> Geheimnisvoll am lichten Tag
> Lässt sich Natur des Schleiers nicht berauben,
> Und was sie deinem Geist nicht offenbaren mag,
> Das zwingst du ihr nicht ab mit Hebeln und mit Schrauben.
> …
> Was du ererbt von deinen Vätern hast,
> Erwirb es, um es zu besitzen.
> Was man nicht nützt, ist eine schwere Last;
> Nur was der Augenblick erschafft, das kann er nützen.

In der Siebenten Elegie stellt Rilke wiederholt das Frühere dem nächst Kommenden, die Vergangenheit der Zukunft gegenüber. Vergangenheit kennen wir nur als er-innerte, indem Ereignisse und Erleben in einen inneren Bewusstseinsinhalt verwandelt und dort mit anderen Inhalten verknüpft werden. Das ist die konstruktive Kraft des Gedächtnisses. Das Zukünftige kennen wir in Form von Erwartungen, z. B. als Sehnsüchte oder Ängste. Bilder des Vergangenen und des Zukünftigen werden zu Rahmen für das gegenwärtige Erleben. Diese Rahmen sind innere Gestalt, die sich beständig formt und umformt.

198 Ebd., 41–42.

Der Ton der Verkündigung

DIE SIEBENTE ELEGIE

Werbung nicht mehr, nicht Werbung, entwachsene Stimme,
sei deines Schreies Natur; zwar schrieest du rein wie der Vogel,
wenn ihn die Jahreszeit aufhebt, die steigende, beinah vergessend,
daß er ein kümmerndes Tier und nicht nur ein einzelnes Herz sei,
das sie ins Heitere wirft, in die innigen Himmel. Wie er, so
würbest du wohl, nicht minder –, daß, noch unsichtbar,
dich die Freundin erführ, die stille, in der eine Antwort
langsam erwacht und über dem Hören sich anwärmt, –
deinem erkühnten Gefühl die erglühte Gefühlin.

O und der Frühling begriffe –, da ist keine Stelle,
die nicht trüge den Ton der Verkündigung. Erst jenen kleinen
fragenden Auflaut, den, mit steigernder Stille,
weithin umschweigt ein reiner bejahender Tag.
Dann die Stufen hinan, Ruf-Stufen hinan, zum geträumten
Tempel der Zukunft –; dann den Triller, Fontäne,
die zu dem drängenden Strahl schon das Fallen zuvornimmt
im versprechlichen Spiel … Und vor sich, den Sommer.

Nicht nur die Morgen alles des Sommers –, nicht nur
wie sie sich wandeln in Tag und strahlen vor Anfang.
Nicht nur die Tage, die zart sind um Blumen, und oben,
um die gestalteten Bäume, stark und gewaltig.
Nicht nur die Andacht dieser entfalteten Kräfte,
nicht nur die Wege, nicht nur die Wiesen im Abend,
nicht nur, nach spätem Gewitter, das atmende Klarsein,
nicht nur der nahende Schlaf und ein Ahnen, abends …
sondern die Nächte! Sondern die hohen, des Sommers,
Nächte, sondern die Sterne, die Sterne der Erde.
O einst tot sein und sie wissen unendlich,
alle die Sterne: denn wie, wie, wie sie vergessen!

Die drei ersten Strophen der Siebenten Elegie sind ein sich steigernder Hymnus. Die Warnung vor der Werbung bezieht sich auf die Erste Elegie zurück, wo jeder Lockruf verstummen soll, weil niemand ihn hört. Denn hinter der Werbung steckt eine Absicht, eine verborgene Agenda, die nicht der Ruf selbst ist. Rilke aber will in den Ruf des Vogels eintauchen, mit ihm verschmelzen. Hier ist der Vogel *beinahe* nicht mehr gebunden an irdisches Dasein, er vergisst *beinahe*, dass er ein von allen Zwängen befreites Herz ist, er ist – selbstvergessen. Was ihn zum Gesang animiert, ist der Frühling, ein Gesetz, dem er sich absichtslos hingibt. Diese Jahreszeit »wirft« nicht nur den einen Vogel in die »innigen Himmel«, er ist kein »einzelnes Herz« und vergisst beinahe in seinem Jubel und Höhenflug, dass er doch auch ein »kümmerndes Tier« ist, was bedeutet, dass die Kreatur sich kümmern muss um Nahrung und drohende Gefahren, dass sie darum kümmerlich in ihrer Endlichkeit und auch voll Kummer angesichts der Sorgen ist. Im Ruf des Frühlings aber herrscht nicht individuelles Wollen vor, sondern der universale Ruf der Natur, die Heiterkeit des Jubelrufes, die aus spontaner Freude singt. Rilke beobachtet, wie der Vogel steil in den Himmel auffliegt, und das ist wörtlich wie auch metaphorisch zu verstehen. In den »Sonetten an Orpheus«[199] dichtet er, dass der Vogelschrei in »Zwischenräume« »des Weltraums« »eingeht, wie Menschen in Träume«. Das ist bedeutsam, denn der Mensch transponiert im Traum die Inhalte des Bewusstseins in einen anderen Modus, wo die Bilder enger ineinandergefügt sind als im Wachbewusstsein. Im Traum offenbart sich diese eine Welt aus einer anderen Perspektive, in einem anderen Bezug, im Weltinnenraum. Aber mit dem Frühlingsgesang wirbt der Vogel auch um das Weibchen, wie auch der Mensch wohl »würbe«, um erste Aufmerksamkeit der Freundin zu erlangen, in der sich allmählich eine Antwort, ein Echo herausbildet, das sich anwärmt und langsam erglüht.

In den Sätzen wechselt der Indikativ in den Konjunktiv, Vogel und dichterisches Du scheinen zu verschmelzen, als wollte Rilke das unausweichliche Geschehen andeuten, dem sich ein Individuum gar nicht entziehen kann und das nicht für andere, egozentrische Zwecke des Wollens benutzt werden soll. In dem Augen-

199 »Die Sonette an Orpheus«, Zweiter Teil, XXVI, in: Rilke, Werke, a.a.O., Bd. 1, 648–649.

blick, da sich das Bewusstsein ganz diesem Strom überlässt, entspricht dem Gefühl »die Gefühlin«. Rilke drückt mit dieser das Geschlecht des Nomens verändernden Substantivierung das Bezogensein aus, denn alles ist paarig und erfüllt sich erst im anderen (andere Beispiele sind Jüngling/in, Liebling/in usw.[200]). Rilke verdichtet hier den Frühling zu einer Stimmung, die an Goethes Osterspaziergang denken lässt, nur dass sich bei Rilke das Geschehen im Innenraum des Bewusstseins, des Herzens abspielt.

Rilkes Sprache bekommt im Übergang von der ersten zur zweiten Strophe in den Vokalen eine warme Tönung, wird geschlossen und weich durch die Häufung der langen ü-Laute: erführ, erkühnt, Gefühl, erglüht, Gefühlin, Frühling, trüge – dies in nur wenigen Zeilen. Vokalfärbungen drücken Gefühle aus und vermitteln sie dem Hörenden, schließlich handelt es sich bei Gedichten um Gesänge, die man singen und hören muss. Der Frühling wird als Kraft besungen, die in sich wächst und lernt, die »begreifen« lernt. »Da ist keine Stelle, die nicht trüge den Ton der Verkündigung.« Wer Rilkes Dichtung kennt, ist bei dieser Wortwahl erinnert an das ungeheuer kraftvolle Wort in dem Gedicht »Archaischer Torso Apollos«, dem Eingangshymnus der Sammlung »Neue Gedichte. Anderer Teil« vom Frühsommer 1908:

> … denn da ist keine Stelle,
> die dich nicht sieht. Du musst dein Leben ändern.

Die ganze Welt ist erfüllt von aktiver geistiger Präsenz, jede noch so kleine Regung in der frühlingshaften Natur, jede noch so zarte Beugung der Geste im Torso der vollendet gestalteten Statue ist in Kommunikation und Kommunion mit allem. Die Dinge sind einander Frage und Antwort, Echo im Echo, Spiegelbilder. Jede Stelle kündet bzw. verkündet das Ganze, die *weltinnenräumige Innigkeit* – wenn mir diese Wortbildung hier erlaubt sei, die verschiedene Metaphern Rilkes zusammenführt.

Eins ist Spiegelbild des anderen, wie es die Geschichte von Fa-tsang anschaulich illustriert. Dies gilt insbesondere für das Kunstwerk. In ihm wird der Geist des Künstlers in sinnlicher Form »gespeichert«. Diese geistige Kraft strahlt zurück, sie spiegelt sich

200 Steiner, a. a. O., 151.

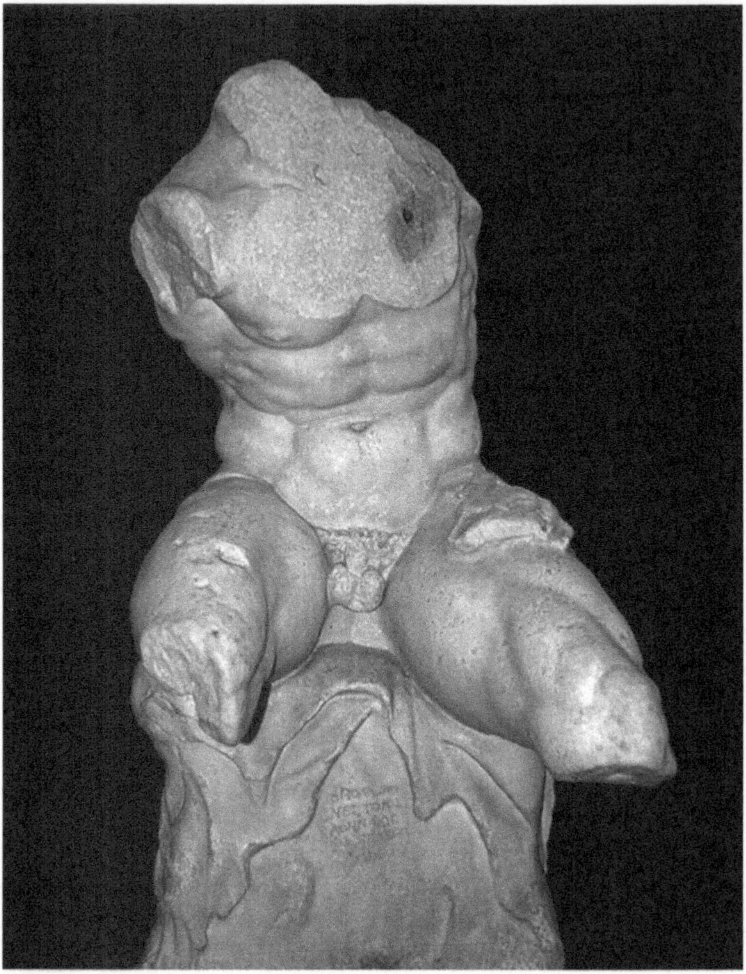

Abbildung 11: Torso vom Belvedere (zwischen 200 u. 50 v. Chr.)

im Betrachter und verändert diesen, nicht anders als bei der Kommunikation von Personen.

Ich möchte dies durch eine Episode aus meiner Zeit als Kreuzschüler in Dresden ergänzen. In einer Ausstellung japanischer Kunst gehörte zu den wichtigsten Objekten eine Frauenstatue aus dem Sanjūsangendō in Kyoto, dem Tempel der 1000 Goldenen Buddhas. Die stehende Statue aus Holz, lebensgroß, zeigte eine alte Frau, leicht gebeugt, aber kraftvoll, das Gesicht voll Leid und Weisheit, den Blick in offene Weite gerichtet und doch ganz innig bei sich in vollendeter Schönheit. Sie schien mit dem Betrachter zu sprechen und doch durch ihn hindurchzuschauen. Aus jedem Blickwinkel heraus kam ein anderer Ausdruck zur Geltung: Abklärung, schmerzhafte Frage, gelöstes Lächeln beinahe, verträumte Innigkeit. Ein Meisterwerk. Unklar, ob sie eine anbetende Nonne, eine Göttin oder vielleicht eine Pilgerin aus dem Dorf darstellen

Abbildung 12: Weibliche Statue im Sanjūsangendō (Kyoto, Japan) 13. Jh.

sollte. Ich ging beinahe täglich hin, um sie zu sehen, doch eines Tages war sie verschwunden. Zutiefst enttäuscht konnte ich schließlich die Museumsdirektion nach ihrem Verbleib fragen. Die Antwort war: »Die japanischen Gäste haben darauf bestanden, dass sie für einige Tage aus der Ausstellung genommen wird. Sie muss sich von den Blicken der Besucher erholen.« Das ist es, wovon Rilke hier spricht.

Die Räume der einzelnen Lebewesen mischen sich, die Vögel fliegen durch diesen inneren Bezug, wie es in der Ersten Elegie hieß. Nun beschreibt Rilke das Sich-Aufschwingen des Lebens als Verkündigung, die jedes Ding in sich trägt. Dabei ist »Verkündigung« zunächst wörtlich zu nehmen. Die Melodie des Vogelrufs schwingt sich auf, Ruf-Stufen hinan, wird höher und höher. Wie die Sonne vom Aufgang in den Mittag emporsteigt, wie die Jahreszeiten vom Frühling zum Sommer aufsteigen, und wie eben auch der Vogel steil nach oben schnellt, auf einem Plateau segelnd verweilt und weiter steigt. Rilke setzt den Begriff »Verkündigung« nicht zufällig als Deutung des zentralen christlichen Begriffs, als eine Neu-Deutung, die allerdings durchaus Tradition hat:

> Die Himmel erzählen die Ehre Gottes, und die Feste
> verkündigt seiner Hände Werk.
> Ein Tag sagt's dem andern, und eine Nacht tut's kund der
> andern,
> ohne Sprache und ohne Worte; unhörbar ist ihre Stimme.
> Ihr Schall geht aus in alle Lande und ihr Reden bis an die
> Enden der Welt.
> Er hat der Sonne ein Zelt am Himmel gemacht …

Der 19. Psalm steht beispielhaft für diese »Verkündigung«, er hat in der Liturgie der Christentumsgeschichte eine bedeutende Rolle gespielt und ist von Heinrich Schütz in der Geistlichen Chormusik von 1648 großartig vertont worden. Nimmt man den 104. Psalm hinzu sowie die Lieder von Paul Gerhardt bis zu Angelus Silesius, Matthias Claudius und dem Dichter des Sternen-Kosmos-Liedes aus Danzig von 1810, so rundet sich das Bild, denn Rilkes »geträumter Tempel der Zukunft« hat Baupläne aus der Vergangenheit zum Vorbild. Rilke setzt nach diesem Ausdruck einen Gedankenstrich, um diesem Traum nachzuträumen, nach innen zu sinnieren, vielleicht auch, sich seines Gedichtes aus dem »Stunden-Buch« von 1899 zu erinnern:[201]

Wir bauen an dir mit zitternden Händen
...
Aber wer kann dich vollenden,
du Dom.
...
Aber manchmal im Traum
kann ich deinen Raum
überschaun,
...

Der Tempel ist für Rilke immer der Dom, die Kathedrale von Chartres, der Bau, der turmhaft-monumental nach oben strebt, die gotische Bausinfonie. Anderseits spielen auch Metaphern der Leiter und der Treppe hinein, die, wie wir gesehen haben, auf die vorderorientalische Zikkurat zurückgehen.

Rilke entwirft mit dem Vogelgesang eine »Architektur des Akustischen«[202], ähnlich wie er in der Zweiten Elegie aus den Gelenken des Lichts und weiteren Metaphern eine Lichtarchitektur entwickelt hatte. Dann setzt er den Triller ein, der eine Tonfolge andeutet, die gleichsam auf der Stelle tritt und doch in Bewegung ist. Das hat etwas Lustiges, weist aber wieder auf das Einssein der Gegensätze von Bewegung und Stillstand hin. Ebenso wie die Fontäne, deren Metaphorik wir bereits gezeigt haben: Der nach oben drängende Strahl und das Fallen des Wassers sind zwei Phasen einer einzigen Bewegung, ein »versprechliches Spiel«, denn der Anfang verspricht schon den Fortgang – das ist so bei den Jahreszeiten, bei der Melodie oder beim Wasserstrahl der Fontäne.

In der dritten Strophe wird nun der Sommer besungen, die Steigerung wird durch Wiederholen erzeugt: Achtmal das »nicht nur«, das jeweils neue Höhepunkte anzeigt, dreimal »sondern« und »wie«. Rilke führt altbekannte Metaphern an – Baum, Nacht, Sterne sowie, in der folgenden vierten Strophe, die Liebenden und die »Dichte der Kindheit«. Die großartige Komposition neigt sich

201 Rilke, Werke, a. a. O., Bd. 1, 214.
202 Steiner, a. a. O., 152.

nun visuellen Eindrücken zu, nachdem die Strophe zuvor im Vogelgesang eher akustische Erlebnisse als Vorlage für die Steigerung des Lebensgefühls gebraucht hatte. Tag und Nacht, Sonnenschein und Gewitter, zart sich öffnende Blumen und gewaltige Bäume und Sterne, Sterne, Sterne (dreimal). Es sind, so der zweite Sternen-Ruf, »Sterne der Erde«, hat doch die Erde ihre Struktur aus kosmischen Ordnungen. Der Himmel, der sich nachts erst öffnet, weil er tags von den Licht-Reflexionen der Erde verdeckt ist, soll nicht auf eine ferne Transzendenz verweisen, sondern auf die vom Geist im Denken und Nachdenken geschaute Ordnung der Dinge dieser *einen* Welt. Vom Morgen über den Mittag bis zum Abend und in die Nacht hinein steigert sich Zeit. In den Tagzeiten spiegeln sich auch die Zeiten des Lebens, der Abend ist auch der Lebensabend, den »atmendes Klarsein« und »nahender Schlaf« auszeichnet. Weisheit des Alters vielleicht, die von einer durchgeistigten Wahrnehmung der Sinnenwelt beseelt ist, doch erst in der Anrufung des »Totseins« wird das Wissen um die Sterne unendlich durch ein inneres Schauen im Herz-Raum, in dem Ganzheit erscheint, wie sie in meditativen Erfahrungen aufblitzen kann. In diesem Innenraum aber verschwindet die Schönheit und Vielheit der Blumen, Bäume und Sterne nicht hinter einer farblosen Abstraktion, sondern die Dinge kommen in ihrem Eigensein zur Vollendung. Rilke hat dies in einem späten Gedicht vom 16. Juni 1924 deutlich ausgesprochen, es erscheint mir als ein Höhepunkt seiner Mystik des Weltinnenraums:[203]

Durch den sich Vögel werfen, ist nicht der
vertraute Raum, der die Gestalt dir steigert.
(Im Freien, dorten, bist du dir verweigert
Und schwindest weiter ohne Wiederkehr.)

Raum greift aus uns und übersetzt die Dinge:
Dass dir das Dasein eines Baums geling,
wirf Innenraum um ihn, aus jenem Raum,
der in dir west. Umgieb ihn mit Verhaltung.
Er grenzt sich nicht. Erst in der Eingestaltung
In dein Verzichten wird er wirklich Baum.

203 Rilke, Werke, a. a. O., Bd. 1, 798.

Der Raum, durch den sich Vögel werfen, den wir aus unserem Innern den Räumen hinzufügen, damit er »erweitert« werde – hier spielt Rilke auf die Erste Elegie, die Zweite Elegie, aber auch auf die Siebente Elegie an – meint nicht den bekannten Raum aus der Alltagserfahrung. In diesem gewöhnlichen Raum draußen »bist du dir verweigert«, erkennst nicht dein Wesen, bist dem Vergehen in der Zeit unterworfen und hast keine »Wiederkehr«. Rilke meint hier sicher nicht Nietzsches Ewige Wiederkehr, auch nicht eine reinkarnierte Existenz im materiellen Körper, sondern eine geistige immaterielle Wiederkehr, die aber nicht eigentlich Wiederkehr ist, sondern Steigerung, Gewinn von Bedeutung, Vergeistigung ins Unendliche, *anamnesis* (Wiedererinnerung) als eine durch die Erfahrung der Dingwelt hindurchgegangene, überhöhte Lebensvollendung. Die Sinneserfahrung im materiellen Körper ist Voraussetzung dafür, die wesentliche Form oder In-formation zu erkennen, und darum kann diese Wiederkehr keine bloße Wendung zurück sein, sondern ein Aufstreben, ein im Perfekt gründendes Futurum, das gleichwohl in der Präsenz des Präsens sich erschließt. Mit anderen Worten meint das nichts anderes als die Verwandlung des Sichtbaren in Unsichtbares, die Rilke in den Elegien zelebriert. Rilke nennt es in der zweiten Strophe des eben zitierten Gedichts den Weltinnenraum, der aus uns herausgreift, die Dinge »übersetzt«. Aber jeder geistige Ausgriff – ein Begriff, ein geformtes Bild, eine Ordnung – setzt auch eine Grenze, einen Rahmen.

Hier können nun deutliche Verbindungen zur buddhistischen Interpretation von Erkenntnis hergestellt werden. Die Verwandlung ins Geistige ist die Erkenntnis einer spezifischen Form, einer Information, die – als einmal gewordene – ihren Wert hat und behält, aber nun eingebunden und im Bezug zu allen anderen Informationen steht. Es ist gerade nicht die Auflösung in ein Allgemeines-Unbestimmtes, eine Nacht, in der alle Katzen grau wären, wie Hegel sagt. Sondern Erkenntnis bedeutet, das, was an Vernunft-Struktur im Menschen ist, Innenraum also, mit dem äußeren Objekt zu verknüpfen. Das ist eine Rahmengebung, eine Begrenzung – Rilke sagt: Verhaltung. Das bedeutet einerseits Verzicht auf etwas anderes, weil es eben dies, und nur dies ist. Andererseits heißt es jedoch: »Er grenzt sich nicht.« Im vegetativen Verströmen von Kräften besteht diese Begrenzung nicht; der Baum kann wachsen und blühen und Frucht tragen und wieder eingehen, es entstehen neue Formen, die ihr eigenes Recht, ihre eigene Gestalt, ihr eigenes unverwechselbares So-Sein haben. Die geistige Form besteht *in* unendlichen Gestaltungen, und darin wird der einzelne Baum, wie alle anderen Dinge auch, erst »wirklich Baum«. Hier ist das Sein die jeweilige Zeit, und die Zeit ist dieses eine, und dann das nächste Sein, ganz gezeitigt und doch in jeder geistigen Erscheinung einmalig, jenseits der Zeit, in einem alles durchdringenden Raum präsent, ohne jemals wieder zu vergehen. Für Rilke bedeutet das wohl, dass neben der Vergänglichkeit auf der materiellen, abgrenzenden Ebene zugleich Überzeitlichkeit auf der geistigen, alles umfassenden, die gewöhnliche Raum- und Zeiterfahrung transzendierenden Ebene erfahrbar ist. Im Buddhismus wird diese Doppelheit als Unterscheidung der zwei Wahrnehmungsebenen gedacht: *samvriti*, die konventionelle, und *paramārtha*, die letztgültige, in der alle Erscheinungen einander durchdringen und darum in Bezug auf Eigensubstanz leer sind. Die Parallele ist verblüffend und lässt an die Ausführungen des japanischen Zen-Meisters Dōgen (1200–1253) in seinem Hauptwerk *Shōbōgenzō* denken, wo er Seinzeit (*uji*) als einen einzigen Begriff fasst und im Sinne einer sich völlig präsentierenden Raumzeit auffasst. Offenkundig umkreist Rilke hier in seinen Sprachmetaphern eine Bewusstseinserfahrung, die in der Meditation auftreten kann. Bei Rilke jedenfalls führt sie zu dem, was er einen »großen Gesang« nennt.

Atmen ins Freie

Siehe, da rief ich die Liebende. Aber nicht *sie* nur
käme … Es kämen aus schwächlichen Gräbern
Mädchen und ständen … Denn wie beschränk ich,
wie, den gerufenen Ruf? Die Versunkenen suchen
immer noch Erde. – Ihr Kinder, ein hiesig
einmal ergriffenes Ding gälte für viele.
Glaubt nicht, Schicksal sei mehr, als das Dichte der Kindheit;
wie überholtet ihr oft den Geliebten, atmend,
atmend nach seligem Lauf, auf nichts zu, ins Freie.

In der vierten Strophe wird nun die Liebende herbeigerufen. Dieser Ruf ist vor dem Hintergrund des Vogelrufs und der Weltinnenraum-Dynamik nicht Ausdruck der Sehnsucht nach einer geliebten Frau – das vielleicht auch, aber keinesfalls nur –, sondern der Verwandlungskraft. »Da rief ich« steht im Indikativ, auf den Ruf aber folgen konjunktivische Konstruktionen (»käme«, »kämen«), die einen Irrealis vermuten lassen, zumindest wird das Geschehen aus der äußerlichen Erscheinung in ein Traumgebilde oder eine flimmernde Erwartung versetzt. Dass die Toten, meist um Mitternacht, aus den Gräbern treten und an der Erdoberfläche erscheinen, tanzen und in den Lebensraum der Lebenden eindringen, ist religionsgeschichtlich aus vielen Kulturen bekannt. Wenn die Kraft der Liebe eine junge Tote herausruft, verweist Rilke auf das Eurydike-Motiv. Wie kann aber der Ruf beschränkt werden: zeitlich begrenzt, oder auf eine Liebende allein bezogen? Das bleibt offen. Die Versunkenen »suchen immer noch Erde«, sie sind noch nicht ganz im Bereich der Toten angekommen. Das erinnert an die Erste Elegie, wo es hieß, dass das Totsein »mühsam und voller Nachholn« ist, schwierig, »kaum erlernte Gebräuche nicht mehr zu üben«. Auch in der Totenwelt ist also ein Erfahrungsweg zu gehen, vor allem sind individualistische Wünsche aufzugeben, denn »Ihr Kinder, ein hiesig einmal ergriffenes Ding gälte für viele.« Der Besitz, das je Eigene wird kollektiviert und in den umfassenden Bezug gestellt. Dass die aus den Gräbern heraufstrebenden Mädchen mit »Ihr Kinder« angesprochen werden, verdeutlicht die neue Lern-Situation. Sie haben jetzt eine neue Kindheit zu durchlaufen, eine neue Dichte derselben zu spüren, um lernfähig zu bleiben und geistig zu wachsen. Die Liebende und die jungen Toten sind hier in das gemeinsame Schicksal der feinstofflichen und Grenzen sprengenden Realität verwoben, ein Schicksal, das Rilke auch als »das Dichte der Kindheit« bezeichnet. Es ist das, was sich dem offenen Bewusstsein eingeprägt und den Charakter geschaffen hat, der einerseits Ergebnis des Schicksals, andererseits Ausgangspunkt für neues Schicksal ist. Diese wechselseitige Kausalität reicht bis in die Welt der Toten hinein. Das, was geschieht, formt den Charakter, und der Charakter formt das, was geschieht.

Nur scheinbar sprechen die letzten zwei Zeilen ein neues Thema an. Die Mädchen überholen den Geliebten, »atmend, … nach seligem Lauf…« und laufen ins Freie. Rilke hält das weibliche Geschlecht für fähiger zur Liebe als die Männer, das geht aus seinen Gedichten, mehr noch aus zahlreichen Briefen hervor. Männer seien Ego-zentrierter, weniger empathisch, vermutlich aufgrund ihrer gesellschaftlichen Stellung und nicht auf der Basis biologischer Tatsachen. Das Miteinander der Geschlechter ist ein Wettlauf, bei dem sie, die Frau, tief atmend gewinnt. Atem geschieht zwar automatisch, verlangt aber nach achtsamer Einfühlung, und gelingt diese, wächst die Kraft. Mit dem Rhythmus des eigenen Atems in Einklang zu sein, sammelt die physischen und geistigen Kräfte. Der Atem verbindet Körperhaltung und Geisteszustand. Die psychische Haltung wirkt sich auf den Atem aus, und umgekehrt können wir durch die Rhythmisierung des Atems in einen ausbalancierten Geisteszustand gelangen. Ähnliches gilt für den Körpertonus. Aber hier geht es Rilke um mehr. Anders als Guardini[204] habe ich nicht den Eindruck, dass Rilke an dieser Stelle meint, die Liebe müsse ins »Gegenstandslose« gehen, also die personale Ebene übersteigen; vielmehr soll das Festhalten an einmal erreichten Situationen, Positionen und Bindungsmustern überwunden werden. Liebe ist Bewegung, die durch einmal gewordene Bilder und Verhaltensstrukturen nicht eingefroren werden darf, sie ist ein seliges Laufen ins Freie. Durch das Laufen im Rhythmus des Atems in der Haltung gelöster Liebe wird eine Freiheit erreicht, die Fixierungen auch an die Bindungen aus der Kindheit überwinden lässt. Im Atmen vollzieht sich die Verbindung des eigenen Inneren mit dem Weltraum, und wenn dies bewusst wird, entsteht das Ganze, dann ist Weltinnenraum.

Hiersein ist herrlich

> Hiersein ist herrlich. Ihr wußtet es, Mädchen, *ihr* auch,
> die ihr scheinbar entbehrtet, versankt –, ihr, in den ärgsten

204 Guardini, Deutung, a. a. O., 267. Diese Ent-Personalisierung ist zweifellos ein zentrales Thema bei Rilke, doch nicht an dieser Stelle. Aber auch dann geht es Rilke um die »besitzlose Liebe«, Wechselseitigkeit ohne Fixierung, wie wir schon mehrfach hervorgehoben haben. Vgl. auch: Annette Ludwig: »Die Apotheose des Weiblichen. Nachwort«, in: dies. (Hrsg.): Auguste Rodin – Rainer Maria Rilke. Augenblicke der Leidenschaft, Frankfurt a. M./Leipzig: Insel-Verlag 2000, 109.

Gassen der Städte, Schwärende, oder dem Abfall
Offene. Denn eine Stunde war jeder, vielleicht nicht
ganz eine Stunde, ein mit den Maßen der Zeit kaum
Meßliches zwischen zwei Weilen –, da sie ein Dasein
hatte. Alles. Die Adern voll Dasein.
Nur, wir vergessen so leicht, was der lachende Nachbar
uns nicht bestätigt oder beneidet. Sichtbar
wollen wirs heben, wo doch das sichtbarste Glück uns
erst zu erkennen sich giebt, wenn wir es innen verwandeln.

Im Augenblick und im Ganzen zu sein bedeutet »Hiersein«. Es geht dabei nicht um die triviale Bejahung der Dinge. Rilke hatte in der letzten Strophe die jungen Toten beschworen, das Atmen ins Freie, das waren die letzten Worte, bevor es herausbricht: Hiersein. Die Loslösung vom Festhalten an Dingen ermöglicht das Jetzt und Hier, und, so Rilke, unabhängig von äußeren Maßstäben, die schon angesichts der Gaukler im Straßenspektakel als müßig, eitel und hohl beschrieben worden sind. Er nennt die Mädchen, die in den Gassen der Städte auf den Abfallhaufen leben, die fürs Hamsterrad des Wirtschafts- und Kulturbetriebs Überflüssigen, und, noch heftiger, die Schwärenden, das sind die Dahinsiechenden, die Rilke in Paris der Stadtkultur anlastet. Das »Hiesige, zu dem wir doch Lust und Vertrauen haben sollten«, ist uns durch Jahrhunderte hindurch abgewertet und als bloß Irdisches vergällt worden.[205] Das sei in Wahrheit eine »Kränkung Gottes«, die bis in die früheste Christentumsgeschichte zurückreicht, damals vielleicht erklärbar, »in einer von abgestandenen und entlaubten Göttern erfüllten Zeit schlecht vom Irdischen« zu sprechen,[206] für die weitere Geschichte Europas aber ein Verhängnis. Rilkes »Aufschrei« im »Brief des jungen Arbeiters« (Februar 1922) nimmt das Vokabular der gegenwärtigen Tiefenökologie vorweg: Das Materielle, der Körper, das Geschlechtliche, die Erde sind uns entheiligt worden, »ausgeliefert« an diejenigen,[207]

> die sich bereit finden, aus ihr, der verfehlten und verdächtigten … wenigstens einen zeitlichen, rasch ersprießlichen Vorteil

205 »Der Brief des jungen Arbeiters«, in: Rilke, Werke, a.a.O., Bd. 2, 894.
206 Ebd., 895.
207 Ebd., 894.

zu ziehn. Diese zunehmende Ausbeutung des Lebens, ist sie nicht eine Folge, der durch Jahrhunderte fortgesetzten Entwertung des Hiesigen? Welcher Wahnsinn, uns nach einem Jenseits abzulenken, wo wir hier von Aufgaben und Erwartungen und Zukünften umstellt sind. Welcher Betrug, Bilder hiesigen Entzückens zu entwenden, um sie hinter unserm Rücken an den Himmel zu verkaufen!

Wir sind beraubt worden, und darum treiben wir nun selbst Raubbau, so Rilkes Fazit. Es käme aber darauf an zu lernen »bis an den Rand unserer Sinne uns Beglückendes zu sehen! *Der rechte Gebrauch, das ist's.*«[208]

Die »Rühmung des Hiesigen«, die geistige Präsenz des Ganzen in jedem Augenblick, im ganz Alltäglichen ist es, die das Hiersein auszeichnet und herrlich macht.[209] In einem kurzen Erlebnis, »vielleicht nicht ganz eine Stunde« lang, kann dies geschehen, ein »mit den Maßen der Zeit kaum Meßliches zwischen zwei Weilen«. Ich verstehe das als Ruhepunkt zwischen zwei äußerlichen Ereignissen, der so klar ist, dass sich der Vorhang vor dem Weltinnenraum öffnet und die Hintergründigkeit des Daseins für einen Augenblick aufleuchtet – Er-leuchtung. Rilke meint, dass ein Mensch nicht alles in materiell bestimmbare Quantitäten einordnen dürfe, sondern Qualität erspüren und für ein solches Erlebnis offen sein könnte, gerade wenn er gezwungen ist, das Kleinste zu sehen, wahrzunehmen und achtsam zu schätzen.

Der Augenblick »zwischen zwei Weilen« beschreibt eine innere Wachheit, eine meditative Ruhe, die im Atem erfahrbar ist als ein »mit den Maßen der Zeit kaum Meßliches« zwischen der Ausatmung und dem Moment, da die Einatmung von allein wieder einsetzt. Diesen Augenblick wahrzunehmen kann geübt werden, aber es muss nicht diese unwillkürliche Atempause sein. Rilkes vielschichtig wiederholtes Zurückgreifen auf den Atem lässt vermuten, dass er diesbezügliche Erfahrungen hatte. Hierzu möchte

208 Ebd., 895.

209 Rilke setzt die Rühmung des Hiesigen, die charakteristisch ist für die Siebente und Neunte Elegie und die »Sonette an Orpheus«, in ganz konkreter Weise um in den späten französischen Gedichten (1922–1926), wo die Erfahrung des Alltäglichen transparent wird für das »Göttliche«. Dazu Heiner, a. a. O., 392–393.

ich Rilkes Gedicht aus den Sonetten an Orpheus, Zweiter Teil (wohl vom 23. Februar 1922),[210] nun als Gesamttext anführen und einige Bezüge zu den Elegien aufzeigen.

Atmen, du unsichtbares Gedicht!
Immerfort um das eigne
Sein rein eingetauschter Weltraum. Gegengewicht,
in dem ich mich rhythmisch ereigne.

Einzige Welle, deren
allmähliches Meer ich bin;
sparsamstes du von allen möglichen Meeren, –
Raumgewinn.

Wieviele von diesen Stellen der Räume waren schon
innen in mir. Manche Winde
sind wie mein Sohn.

Erkennst du mich, Luft, du, voll noch einst meiniger Orte?
Du, einmal glatte Rinde,
Rundung und Blatt meiner Worte.

Atmen webt ein sinnvolles Netz von geistigen Bezügen, sonst wäre es kein »Gedicht«. Im Atmen verknüpft sich, was zunächst auseinander zu driften scheint, somit ist Atmen mehr als ein bloß physiologischer Vorgang, sondern, von innen betrachtet, ein energetisches Geschehen, das materielle wie geistige Prozesse transportiert und in unterschiedlichen Subtilitätsgraden ausprägt. Immerfort das eigene Sein mit Weltraum eintauschen, diese Betrachtungsweise klingt schon in der Ersten Elegie an: »Wirf aus den Armen die Leere zu den Räumen hinzu, die wir atmen«. Es ist Sein, das hier ausgetauscht wird, und »Sein« ist Energiefluss, sonst nichts, Bewegung als Bewegung, die sich selbst als solche wahrnimmt, denn das ist ja die Bewusstheit des Prozesses, die das »Gedicht«, also den dicht verwobenen Gedankengang, erzeugt: Ich selbst stehe nicht außerhalb, sondern ereigne mich in dieser Bewegung. Die Bewegung ist mein Sein. Sie ist rhythmisch, in der Zeit, aber durch

210 Rilke, Werke, a. a. O., Bd. 1, 633.

den unablässig gleichen Rhythmus keine vorwärts drängende Zeit, sondern ein sich selbst gewisses Schwingen, *spanda*, oszillierende Bewegung, wie es im kaschmirischen Shivaismus heißt. »Gegengewicht, in dem ich mich rhythmisch ereigne.« Der hin und her schwingende Atem gleicht aus zwischen gegensätzlichen Polen, er findet ins Gleichgewicht, um doch sofort wieder pendelnd herauszuschwingen, die Spannung neu aufzubauen und rhythmisch wieder auszugleichen. Wenn man diesen Rhythmus in den Raum transponiert, entsteht die Rotationsbewegung, die allem Geschehen in der Welt zugrunde liegt: den stellaren Bewegungen, dem Spin der Elementarteilchen und eben auch dem Atem des Menschen, dem Puls des Lebens, der dem Herzschlag korrespondiert. In den Religionen wird dies in Ritualen inszeniert, um die kulturellen Rhythmen den Natur-Rhythmen anzugleichen, um Entsprechungen zu schaffen, die lebensharmonische Strukturen ergeben. Der Journalist und weltberühmt gewordene Autor Tiziano Terzani, der, angestoßen durch seine Krebserkrankung, die Welt bereiste auf der Suche nach spiritueller Vertiefung, schreibt dazu angesichts der mystischen Tänze der Sufis:[211]

> … Stunde um Stunde um die eigene Achse … drehen, in einem mystischen Ritus, der das Leben symbolisiert. Denn die Rotation ist die grundlegende Bewegung des Lebens: Im Atom rotieren Neutronen und Elektronen, im Weltall rotieren die Gestirne, Planeten, Sterne; und wir selbst drehen uns auf Erden im Kreislauf des Lebens, in dem wir entstehen und wieder zum Staub der Erde vergehen. Jener Tanz … schuf in ihm (gemeint ist der Tänzer, den Terzani beschreibt) einen Raum, in dem er sich wirklich frei fühlte, der es ihm ermöglichte, sich aus seinem normalen Leben zurückzuziehen und dem Göttlichen anzunähern.

Rilke lässt das Bild von der Welle und dem Meer folgen, das aus mystischen Traditionen Europas ebenso wie aus Indien bekannt ist: Ich bin die Welle, die sich allmählich in ihrer Bewegung als Meer ausbreitet. Jede Welle ist einzigartig. Die Deutung, dass die Welle als unbedeutende Kräuselung im Meer verschwinden würde,

211 Tiziano Terzani: Noch eine Runde auf dem Karussell. Vom Leben und Sterben, München: Knaur 2007, 98–99.

wäre Rilke fremd. Die Welle *ist* das Meer, sie formt es ständig und allmählich um, »sparsam«, wie Rilke formuliert. Die Bewegung des Atems, die ich bin, ist Raumgewinn, Ausbreitung und Zurückholen, Expansion und Kontraktion, und er fragt: Wie viele dieser Stellen, dieser Raumteile aus Luft, waren schon einmal in mir? Der Austausch mit allen Lebewesen im Atem ist ihm intimste Verbindung, inniges Wechselspiel des sich gegenseitig Nach-innen-Atmens. Ob uns dieser Gedanke gefällt oder nicht, hier ereignet sich die Einheit aller Wesen. Im Mahāyāna-Buddhismus gibt es die Vorstellung, die z. B. in der tibetischen Tradition täglich erinnert wird, dass alle Lebewesen im Kreislauf der Geburten schon einmal einander Vater und Mutter gewesen seien. Die Metapher wird von Rilke fast wörtlich, nur in der Funktion des Sohnes angeführt: »Manche Winde sind wie mein Sohn.« Er weitet den Blick aus von den fühlenden Wesen bis hin zur anorganischen Welt, auch die Winde sind einbezogen, sei es als die subtile Form des Atems oder als der Sturm über dem Meer. Und er fragt: »Erkennst du mich, Luft?« Bin ich erinnert in diesem unfasslichen Energieaustausch? Hier wird das bange »Vielleicht« aus der Ersten Elegie erneut aufgegriffen und positiv beantwortet: Dort wurde gefragt, ob wenigstens die Vögel die »erweiterte Luft« fühlen, die wir »aus den Armen« zu den Räumen hinzuwerfen, ob also von unserem Dasein etwas spürbar ist für die Welt. Hier nun bekennt Rilke, dass es so ist. Er-innert, nach innen gezogen in diese Räume, die vielleicht in sich keine Erinnerung haben, die aber in mir, in dem Bewusstseinsraum, der meine »Kontur« formt, Bleibendes anlegen. Das geschieht, indem die Lufträume der Atembewegungen meinen Gedanken die Form geben, indem sie »Rinde, Rundung und Blatt« meiner Worte werden. Hier also wie in der gesamten Dichtung der »Duineser Elegien« gilt: Durch das in Form gegossene Denken, durch das verdichte Wort bzw. das Dichterwort kommt die Welt zu ihrem eigenen Bewusstsein. So wird der Weltinnenraum sich seiner selbst gewärtig, er wird sich selbst Spiegelung und Echo und rhythmisch gewusste Bewegung.

Zurück zur Siebenten Elegie. Rilke prägt nun wieder Metaphern aus der Beobachtung von Natur und Kultur, zunächst die Physiologie des Menschen, die Adern, die schon in der Sechsten Elegie genannt werden, wo der »gärtnernde Tod anders die Adern verbiegt«, wo also der Tod als Gärtner die Kanäle der Lebenssäfte noch einmal zurückbiegt auf sich selbst. Wie die Steig- und Fallkapillaren der Bäume, die das Wasser transportieren, so sind die Adern in uns kommunizierende Röhren des Lebens. Wie schon erwähnt, korrespondiert der Herzrhythmus mit dem Atemrhythmus. Der Herzrhythmus scheint physisch greifbarer, weil er sichtbare Flüssigkeit, nicht unsichtbare Luft bewegt. Die Adern sind voll Dasein, voller Welt, eine Erfahrung, die jeder Mensch nur in sich selbst spüren kann und die nicht objektivierbar ist. Objektivierung aber dient der Bestätigung durch andere, denn was intersubjektiv oder objektiviert bestätigt ist, vermittelt Sicherheit und kann Gültigkeit beanspruchen. Auch wenn die Behauptung problematisch ist, halten wir an Schein-Objektivität fest, denn kognitive Gültigkeit schlägt sich, emotional verankert, in Sicherheit nieder. Zwar wissen wir, dass ein Urteil, das sich empirisch oder logisch als falsch erweist, nicht wahr wird, wenn es viele behaupten, und dennoch tendieren wir dazu, dem Urteil der Mehrheit zu folgen. Rilke fügt noch eine Nuance hinzu: Was uns der Nachbar nicht neidet, gilt weniger. Das ist geschuldet dem Bedürfnis nach emotionaler Abgrenzung und Heraushebung des eigenen Wertes, der das Selbstgefühl steigert. Freude – oder umgekehrt Schadenfreude – misst sich am jeweils anderen, und in dieser vergleichend konstruierten Überlegenheitsdynamik werten wir uns auf als etwas Herausgehobenes. Damit geschieht das Gegenteil von der Verwandlung des Sichtbaren ins Innere, wie es zum Abschluss dieser Strophe heißt. Rilke will also Qualität über Quantität stellen. In unserem gewöhnlichen Alltagsbewusstsein hingegen ist es meist umgekehrt, beklagt der Dichter.

Nirgends wird Welt sein, als innen

Nirgends, Geliebte, wird Welt sein, als innen. Unser
Leben geht hin mit Verwandlung. Und immer geringer
schwindet das Außen. Wo einmal ein dauerndes Haus war,
schlägt sich erdachtes Gebild vor, quer, zu Erdenklichem
völlig gehörig, als ständ es noch ganz im Gehirne.
Weite Speicher der Kraft schafft sich der Zeitgeist, gestaltlos
wie der spannende Drang, den er aus allem gewinnt.
Tempel kennt er nicht mehr. Diese, des Herzens, Verschwendung

sparen wir heimlicher ein. Ja, wo noch eins übersteht,
ein einst gebetetes Ding, ein gedientes, geknietes –,
hält es sich, so wie es ist, schon ins Unsichtbare hin.
Viele gewahrens nicht mehr, doch ohne den Vorteil,
daß sie's nun *innerlich* baun, mit Pfeilern und Statuen, größer!

»Nirgends, Geliebte, wird Welt sein, als innen.« Mit der Geliebten spielt Rilke wohl auch hier nicht auf eine bestimmte Person an, sondern meint jede Partnerin des Liebens, die »Gefühlin«, von der er zuvor sprach, mithin die Figur des Andersseins, die ein Echo erzeugt, das im Rhythmus des Austauschs zwischen beiden Polen das Gefühl, das innere Spüren, die Verwandlung von bloßen Ereignissen in Qualität, ermöglicht. Die Verwandlung ins Innen, die Erinnerung des Geschehens, enthebt dieses der episodischen Vergänglichkeit und macht aus Ereignissen ein *verstandenes*, also ein mental kohärent gewordenes Netz von Bezügen, und dies ist der Kern aller kulturellen Leistungen des Menschen, wie die nun folgenden Verse zeigen. Nachdem Rilke das Innen bisher mittels der Naturereignisse des Atmens und des Blutkreislaufs verdeutlicht hat, beruft er sich jetzt auf Kulturereignisse. Einige Interpreten[212] haben die folgenden Bilder als das Anlegen eines Stausees gedeutet, und das ist durchaus plausibel. Das »erdachte Gebild« verschluckt ein »dauerndes Haus«, damit sich der rechnende Verstand, ja, Rilke gebraucht den hier pejorativ gemeinten Begriff »Zeitgeist«, einen »Speicher der Kraft« schaffe, also einen Wasserspeicher und ein Gefälle, das die Turbine zusammen mit dem Generator in Elektrizität umzusetzen vermag, wo also die »Tempel« der Vergangenheit mit ihren »Pfeilern und Statuen« einer Zweckrationalität weichen, die aus »spannendem Drang«, dem Gefällepotenzial, Gewinn zieht. Die geistige Erhabenheit, die »Verschwendung des Herzens« wird dabei unversehens »heimlich« eingespart. Der Mensch verkauft sich selbst an das »Erdenkliche« seines Gehirns, und Rilke sieht darin einen neuen Anlass zur Klage, weil diese Art kultureller Produktion im Außen bleibt, eindimensional geldorientiert, eine technische Welt der Entfremdung. Dem stellt Rilke eine kulturelle Produktion gegenüber, die jene Bezüge wahrnimmt, eine ökosophische Ganzheitlichkeit, die in den wechselseitigen Verknüpfun-

212 So auch Steiner, a. a. O., 164–165.

gen eine geistige Struktur erkennt und das verwirklicht, was das Herz der Welt schulde, das im Staunen – Rilke spricht von einer »gebeteten, gedienten, geknieten« Grundhaltung des Geistes – der Welt gegenübertritt. Diese Welt, die »Welt von gestern« (Stefan Zweig) ist nicht mehr. Aber, so Rilke, es käme darauf an, sie »nun *innerlich*« zu bauen.

Die Komposition dieser Strophe ist vielschichtig, und nur ein Gedanke sei noch hervorgehoben. Rilkes Satz lautet: »Diese, des Herzens, Verschwendung sparen wir heimlicher ein.« Die Anordnung der Satzzeichen ist aufschlussreich, denn durch die Kommata um das »Herz« herum entsteht ein Stocken, der Ausdruck »des Herzens Verschwendung« wird unterbrochen, wodurch schon im Sprechakt der Inhalt sinnlich fühlbar wird. Der Rhythmus ist gestört, damit drückt bereits die Prosodie vor jedem semantisch bestimmten Inhalt das aus, um was es Rilke geht: Der Rhythmus des Lebens, der Atem, der alles in Bewegung setzt, wird durch die Fehlhaltung des Menschen gestört, dadurch wird der Mensch kraftlos.

Diese Aussage Rilkes lässt sich auf andere poetisch gefasste Kritik an den zweckrationalen Kulturleistungen der Zivilisation beziehen. Ich denke nicht nur an die paradigmatische chinesische Geschichte vom Ziehbrunnen bei Zhuangzi (4. Jh. v. Chr.),[213] sondern insbesondere an Goethes Darstellung der Trockenlegung des Sumpfes am Ende von »Faust II«. Bei Rilke ist es der Stausee, bei Goethe zunächst die Landgewinnung, die Philemon und Baucis den Lebensraum nimmt. Faust hat das Land vom Kaiser als politi-

213 »Dsi Gung […] sah einen alten Mann, der in seinem Gemüsegarten beschäftigt war. Er hatte Gräben gezogen zur Bewässerung. Er stieg selbst in den Brunnen hinunter und brachte in seinen Armen ein Gefäß voll Wasser herauf, das er ausgoss. Er mühte sich aufs äußerste ab und brachte doch nur wenig zustande. Dsi Gung sprach: ›Da gibt es eine Einrichtung, mit der man an einem Tag hundert Gräben bewässern kann. Mit wenig Mühe wird viel erreicht. Möchtet Ihr die nicht anwenden? […] Man nennt es einen Ziehbrunnen.‹ Da stieg dem Alten der Ärger ins Gesicht, und er sagte lachend: ›Ich habe meinen Lehrer sagen hören: Wenn einer Maschinen benützt, so betreibt er all seine Geschäfte maschinenmäßig; wer seine Geschäfte maschinenmäßig betreibt, der bekommt ein Maschinenherz. Wenn einer aber ein Maschinenherz in der Brust hat, dem geht die reine Einfalt verloren. Bei wem die reine Einfalt hin ist, der wird ungewiß in den Regungen des Geistes. Ungewißheit in den Regungen des Geistes ist etwas, das sich mit dem wahren Sinne nicht verträgt. Nicht daß ich solche Dinge nicht kennte: ich schäme mich, sie anzuwenden!‹«; zit. nach Dschuang Dsi: Das wahre Buch vom südlichen Blütenland, Düsseldorf/Köln: Diederichs 1977, 135–136.

schen Judaslohn erhalten und setzt nun die beiden Alten unter Druck, ihr vertrautes Haus aufzugeben, das letzte Gebäude aus alten Zeiten, das einst am Meer lag. Die Lemuren graben unter Mephistos Anleitung Fausts Grab, während dieser in seiner Verblendung meint, das größte Werk zu vollenden und den Sumpf, der sich am Gebirge hinzieht, trockenzulegen. Er träumt von einer schönen neuen Welt und möchte ein »solch Gewimmel … sehn, auf freiem Grund mit freiem Volke stehn«. Und natürlich kann angesichts dieser vermeintlichen Größe, so wähnt er, »die Spur von meinen Erdentagen nicht in Äonen untergehn«.[214] Die Hybris des *homo faber*, der nicht sieht, dass er sich das eigene Grab schaufelt! Goethes Lösung singen die Engel »schwebend in der höhern Atmosphäre, Faustens Unsterbliches tragend«:[215]

Gerettet ist das edle Glied
Der Geisterwelt vom Bösen:
Wer immer strebend sich bemüht,
Den können wir erlösen;
Und hat an ihm die Liebe gar
Von oben Theil genommen,
Begegnet ihm die selige Schaar
Mit herzlichem Willkommen.

Bis schließlich das Ewig-Weibliche alles hinanzieht. Rilke ist vorsichtiger, er erhofft ein »*innerlich* baun«, das größer sein würde als die vergangenen Architekturen der Tempel und Pfeiler und Säulen.

Jede dumpfe Umkehr der Welt hat solche Enterbte,
denen das Frühere nicht und noch nicht das Nächste gehört.
Denn auch das Nächste ist weit für die Menschen. *Uns* soll
dies nicht verwirren; es stärke in uns die Bewahrung
der noch erkannten Gestalt. – Dies *stand* einmal unter Menschen,
mitten im Schicksal stands, im vernichtenden, mitten
im Nichtwissen-Wohin stand es, wie seiend, und bog

214 Goethe, Faust, a. a. O., 470.
215 Ebd., 483.

Sterne zu sich aus gesicherten Himmeln. Engel,
dir noch zeig ich es, *da*! in deinem Anschaun
steht es gerettet zuletzt, nun endlich aufrecht.
Säulen, Pylone, der Sphinx, das strebende Stemmen,
grau aus vergehender Stadt oder aus fremder, des Doms.

Der Lauf der Weltgeschichte und ihrer »dumpfen Umkehr«, also die technische und politische Revolution, produziert »Enterbte«, die zwischen den Zeiten stehen, denen das Frühere nicht mehr und das Nächste noch nicht gehört. Und hier wird die Sprache fast plakativ-agitatorisch, ganz ungewöhnlich für den Rilke der Elegien, eine fast trotzige Gegenreaktion andeutend: »*Uns* soll dies nicht verwirren; es stärke in uns die Bewahrung der noch erkannten Gestalt.« Eine gelegentlich behauptete Anspielung auf die Messliturgie – »das stärke und bewahre uns zum ewigen Leben« – kann ich nicht sehen, da Rilke die Liturgie selbstverständlich in Latein vertraut war. Es geht dem Dichter um Bewahrung, ein weiteres Beispiel für Rilkes Rückzug aus der Moderne. Noch einmal lässt Rilke die Vergangenheit aufleben, zunächst in der »vergehenden Stadt« europäischer Zeitalter, die Säulenüberreste der griechischen Tempel, die Streben der gotischen Dome, Säulen, Pylone (massive antike Toranlagen), dann auch die aus »fremder« Kultur, den Sphinx, der bei Rilke maskulin ist, ein Symbol der Einheit von Mensch und Tier (Löwe), männlich und weiblich, Stärke und Ruhe. Er wacht als kolossaler Wächter vor dem Geheimnis der Toten.

Mein Atem reicht für die Rühmung nicht aus

War es nicht Wunder? O staune, Engel, denn *wir* sinds,
wir, o du Großer, erzähls, daß wir solches vermochten, mein
Atem
reicht für die Rühmung nicht aus. So haben wir dennoch
nicht die Räume versäumt, diese gewährenden, diese
unseren Räume. (Was müssen sie fürchterlich groß sein,
da sie Jahrtausende nicht unseres Fühlns überfülln.)
Aber ein Turm war groß, nicht wahr? O Engel, er war es, –
groß, auch noch neben dir? Chartres war groß –, und Musik
reichte noch weiter hinan und überstieg uns. Doch selbst nur

eine Liebende –, oh, allein am nächtlichen Fenster …
reichte sie dir nicht ans Knie –?
Glaub *nicht*, daß ich werbe.
Engel, und würb ich dich auch! Du kommst nicht. Denn mein
Anruf ist immer voll Hinweg; wider so starke
Strömung kannst du nicht schreiten. Wie ein gestreckter
Arm ist mein Rufen. Und seine zum Greifen
oben offene Hand bleibt vor dir
offen, wie Abwehr und Warnung,
Unfaßlicher, weitauf.

Die letzte Strophe der Siebenten Elegie ist monologisch, eine Ansprache an den Engel, der nicht antwortet, weil er erhaben ist über menschliche Widersprüche in der Dualität. Hier bricht der Dichter aus seiner eigenen Logik aus und will das Hiersein, das menschliche Leben rühmen als ein Wunder. Der Atem reicht nicht aus für die Rühmung. Es folgt das Bild unserer Räume, unserer Lebensbezüge, die wir nicht versäumt haben und die dem Ganzen nun hinzugefügt werden. Das, was menschliches Leben bedeutungsvoll macht, soll dem Engel gegenüber gerühmt, bewusst gemacht werden, er soll staunen und soll erzählen lernen, »daß wir solches vermochten«. Der Ton ist beschwörend fast: Der Engel soll endlich hören, hinschauen! Wehmut, beinahe schon Verzweiflung, liegt in diesem Ansinnen, das frei sein will und doch nicht ganz frei ist von Absicht, von Bitte um Gehör. Rilke vergewissert sich und fügt hinzu: Nein, diese Rühmung ist kein Werben, weil dies, wie er in der Zweiten Elegie begründet, ganz vergeblich wäre, aber doch ist es ein »Anruf«. Die Tragik ist, dass dieser Anruf ein Echo sucht und nicht findet.

Rilke zählt vier Güter der kulturellen Welt des Menschen auf, sie sind *pars pro toto*, und drücken in ihrer Symbolik das Außerordentliche aus, das der Mensch zu vollbringen vermag: der Turm, die Kathedrale (Chartres), die Musik, die Liebende. Der *Turm* ist Sinnbild der Sehnsucht nach der Verbindung zum Himmel, zum Ganzen.[216] Er repräsentiert menschliche Potenz und zugleich deren

216 Dazu die von Steiner zitierte Stelle aus einem Brief Rilkes vom 26. Juni 1917, wo dieser nachdenkt, wie der Kirchturm von Frauenchiemsee die Transposition des Sichtbaren ins Unsichtbare anzeigt. Rilke schreibt: »Mit dem Turm ist, so wie man ihn gewahrt, die kleine Insel samt ihrer innigen Natur an die Vergangenheit

Gestaltung, er ist stark und doch auch zerbrechlich. *Chartres* gilt als Inbegriff menschlicher Phantasiefähigkeit und technischen Könnens, denn hier wird die Schwere des Steins aufgelöst in scheinbar schwereloses Streben nach oben, und in den Fenstern wird die menschliche Geschichte als Heilsgeschichte erzählt, wo es um das Thema der Reifung des Menschen geht, bis er schließlich im Himmlischen Jerusalem ankommt. Chartres vereint die Architektur der steinernen Materie mit der Lichtarchitektur, wie sie die Zweite Elegie entwirft. *Musik*[217] erfüllt diesen Raum mit Schwingung als eine überzeitliche Zeiterfahrung, in der das Ende im Anfang und der Anfang im Ende erklingt, wo Jubel und Klage eins werden. Die *Liebende* wird durch die einsame weibliche Seele repräsentiert, »allein am nächtlichen Fenster«, voll Sehnsucht und nicht gesättigt in vermeintlicher Erfüllung, das reine Offensein. Die Liebende steht für das Größte im Menschen, nämlich die Kraft der alles verbindenden Bewegung in der Erkenntnis und dem Gefühl, dass der Bezug, das Verbundensein, die Einheit allen Seins das letzte große Amen des Universums ist und sein wird.

Rilke hält inne und scheint beinahe zu erschrecken angesichts seines Anrufs an den Engel, seiner Rühmung, in der noch zu viel Wollen und Greifen liegt. Sie ist voller Hinweg, ein Ruf, der die Antwort nicht hören kann, weil er zu laut ist, wie eine Fontäne, die nach oben schießt und sich aufbäumt, ohne dass sie das Fallen oder Sich-Zurücknehmen leisten könnte. Dieses Rufen ist von einer Aktivität bestimmt, die die Gegenbewegung der passiven Hingabe

geheftet, der Turm setzt Daten und löst sie alle wieder auf, indem er, seit er steht, Zeit und Schicksal hinausläutet über den See, als ob er die Sichtbarkeit aller hier aufgegebenen Leben in sich zusammenfasste und immer wieder ihr Vergängliches unsichtbar, in der sonoren Verwandlung der Töne, in den Raum hinübergäbe.« Hier ist alles enthalten: die genannte Verwandlung, die Kraft der Musik, Auseinanderstrebendes zusammenzufassen, die Erfahrung, dass Zeit zu Raum wird. Vgl. Rilkes Brief an Gräfin Aline Dietrichstein vom 26. 6. 1917 von der Herren-Insel im Chiemsee, in: Rainer M. Rilke: Briefe aus den Jahren 1914 bis 1921, hrsg. von Ruth Sieber-Rilke und Carl Sieber, Leipzig: Insel-Verlag 1933, 142; sowie: Ders.: Briefe, Bd. 2, hrsg. vom Rilke-Archiv in Weimar, Wiesbaden: Insel-Verlag 1950, 76, zit. nach Steiner, a. a. O., 177.

217 »Der Sinn der Musik aber liegt darin, dass in ihr all das, was in der gerichteten Zeit auseinander gelegt ist, in einer Figur zusammenkommt«, formuliert Steiner, ebd., 178, sehr treffend. Das gilt horizontal (Melodie) wie vertikal (der polyphone Akkord), und beide Dimensionen generieren diese ständige Bewegung der Vermittlung zwischen Gegensätzen und Spannungen. Steiners bedenkenswerter Analyse zu Rilkes Deutung von Musik, ebd., 177–180, können wir hier nicht nachgehen.

nicht zulässt, eine Selbstvergewisserung, wo die Strömung so stark ist, dass der Engel gar nicht dagegen anschreiten könnte. Rilke vergleicht dann auch diese Rühmung einem ausgestreckten Arm mit offener Hand, wo die Streckung eher einer Geste von »Abwehr und Warnung« gleicht als der geöffneten Empfänglichkeit. Eine solche Rühmung ist noch nicht ausgeglichen und still, sie geht aber auch nicht ins Leere, denn sie *er-innert* und *hebt auf* im Bewusstsein die

Abbildung 13: Kathedrale von Chartres (um 1200)

großen »Leistungen«. Rilke fragt sich, ob diese neben der Größe des Engels auch Bestand haben können: »groß, auch noch neben dir?« Architektur, Religion, Musik und die Liebe – zählen sie angesichts der Frage nach der Vollendung der Welt, nach einem Sinn des Ganzen? Kann der Mensch mit seinem begrenzten Leben dem Ganzen etwas hinzufügen und spürt dies der Raum, wie es in der Ersten Elegie heißt? Rilke wird in der Zehnten Elegie noch durch das Land der Klagen hindurchgehen, um eine Antwort zu finden. Zunächst aber kommt es darauf an, das Offene wahrzunehmen und in der eigenen Gestalt abzubilden, nicht Selbstbestätigung zu suchen, sondern das Dasein als »unfaßlich, weitauf«, wie die letzten Worte lauten, zu erfassen und das Weite in den formenden Blick zu nehmen. Welch ein Widerspruch. Das aber ist Thema der Achten Elegie.

Die Achte Elegie

Die Achte Elegie geht nicht auf frühere Entwürfe in Duino zurück, sondern ist in der jetzigen Gestalt erst am 7. und 8. Februar 1922 entstanden. Sie ist Rudolf Kassner gewidmet, und Rilkes Freundschaft zu dem Philosophen reicht bis ins Jahr 1907 zurück. Kassner sei, so schreibt Rilke Anfang Februar 1912 an Lou Andreas-Salomé, »eigentlich der einzige Mann, mit dem ich etwas anzufangen weiß, – vielleicht besser so: der Einzige, dem es einfällt, aus dem Weiblichen in mir ein klein wenig Nutzen zu ziehen«.[218] Darüber hinaus war Kassner für Rilke ein wichtiger Vermittler indischer Kultur, er schätze Kassners »ältere Schrift« über »Indischen Idealismus« (1903), schreibt er an Lou und empfiehlt ihr das Buch zur Lektüre.[219]

Man ginge allerdings fehl, aus dieser Widmung den Schluss zu ziehen, diese Elegie durch das Studium der Philosophie Kassners deuten zu müssen. Die Widmung könnte auch eine Gefälligkeit sein, mit der Differenzen überbrückt werden sollten, die zwischen den Freunden aufgetreten waren. Die Achte Elegie, von Rilke selbst die »stille« genannt, markiert eine Zäsur der melancholischen Nachdenklichkeit zwischen den beiden »bejahenden« Texten der Siebenten und Neunten Elegie. Aber diese Zäsur ist für den Fortgang der Reflexion in der Neunten wichtig und hat Auswirkungen auf den Abschluss des Zyklus in der Zehnten Elegie. Der Achten Elegie liegt eine spirituelle Erfahrung zugrunde, ein »Existenzerlebnis«, wie Guardini schreibt,[220] das Rilke nachhaltig geprägt hat.

Rilke beklagt das Los des Menschen, dem der Blick ins Offene durch die Struktur seines Bewusstseins, seiner Zeiterfahrung vor allem, verstellt sei. Steiner weist diesbezüglich auf eine Stelle im »Brief des jungen Arbeiters« hin, der Mitte Februar 1922 entstanden ist, also während der Abschlussphase der Elegien-Dichtung. Das Offene der Zeiterfahrung kann im Alltag zumindest andeu-

218 Brief an Lou Andreas-Salomé vom 7. 2. 1912, in: Pfeiffer, a. a. O., 267.
219 Brief vom 7. 2. 1912, ebd., 268.
220 Guardini, Deutung, a. a. O., 13.

tungsweise erlebbar werden, wenn der Druck der Planungen und Aktivitäten nachlässt, wenn der Mensch träumt, die Seele baumeln oder eben »fünfe gerade sein lässt«, wie der Volksmund weiß. Das ereignet sich nicht nur in sogenannten *peak-experiences* (Abraham Maslow), sondern auch im »Flow«-Erlebnis (Mihály Csíkszentmihályi), einem Gefühl des Einsseins, das sich bei Bewegungsabläufen im Sport einstellen kann oder auch im entspannten Betrachten der Natur, in Musik und Tanz. Rilke lässt seinen Protagonisten ausrufen: »Ja, es kommt mir fast unrecht vor, noch *Zeit* zu nennen, was eher ein neuer Zustand des Freiseins war, recht fühlbar *Raum*, ein Umgebensein von Offenem, kein Vergehn.«[221]

»Zum Raum wird hier die Zeit«, haben wir Richard Wagners Gurnemanz im »Parsifal« schon mehrfach zitiert. Umgreifender Raum, unbegrenzt, in ständiger Ausweitung gefühlt, so wird kulturübergreifend ein veränderter Bewusstseinszustand beschrieben wie er durch Meditation, Tanz, Rhythmik im Atmen usw. induziert werden kann.

Das Offene

Rilkes Metaphern der Offenheit und Entgrenzung oder die Rede von Erweiterung des Bewusstseins müssen sowohl in einem zeitgeschichtlichen als auch religionsgeschichtlichen Kontext gesehen werden. Zunächst beruhen Rilkes Hinweise zur »Entgrenzung« sicher auf Intuition und spontanen Bewusstseinserfahrungen, die jedem Menschen zugänglich sind, z. B. in ekstatischen Erlebnissen der Liebe, der Natur, der Musik und zahlreichen Berichten zufolge auch in Nahtod-Erfahrungen. Dabei kommt es zu einem »Empfinden« von Zeitfreiheit, wo alles wie in einem offenen Raum zu einem Augenblick des Gegenwärtig-Seins vereint wird, wo zeitlich Gegensätzliches als Einheit erscheint, ähnlich den Traumbildern, in denen Vergangenheit, Gegenwart und Zukunft nicht klar getrennt sind. Das erlebende Subjekt steht den Erlebnisinhalten nicht gegenüber, sondern ist beides, Teil des Ereignisses und gleichzeitig auch Beobachter, d. h. der Zustand wird bewusst erlebt, man weiß,

221 Rilke, Werke, a. a. O., Bd. 2, 897.

dass man weiß. Allerdings muss das Empfinden von Zeitfreiheit nicht mit dem Wissen, dass man in diesem Zustand ist, zusammenfallen, so wie man sich auch nur in den wenigsten Träumen bewusst ist, dass man träumt. Es handelt sich also um spezifische meditative Zustände, wenn die Zeitfreiheit und das Zusammenfallen von Subjekt und Objekt in einem einzigen Erlebnisraum tatsächlich auch bewusst werden. In der Literatur der Mystik werden solche Zustände beschrieben, etwa bei Heinrich Seuse, Johannes Tauler, Jan van Ruysbroeck, auch bei Mechthild von Magdeburg in erotischen Metaphern, später dann bei Jakob Böhme, Angelus Silesius bin hin zu Novalis, Emanuel Swedenborg und den Theosophen. Um die Wende zum 20. Jahrhundert wird dieser Topos in der Literatur thematisiert. Zu dieser Zeit sind besonders auch in gebildeten Kreisen spiritistische Séancen beliebt, und Rilke war dies bekannt, nicht zuletzt auch durch Vermittlung seines Freundes Rudolf Kassner. Er könnte den Begriff des »Offenen« seit 1914 von Alfred Schuler und der »Lebensphilosophie« übernommen haben,[222] aber Rilke formt ihn in der ihm eigenen Weise um. In der Theosophie, insbesondere in den Schriften von Helena Blavatsky, wurden diese Erfahrungen mit der indischen Theorie vom feinstofflichen Körper in Verbindung gebracht. Die Theosophen entwickelten auf der Basis recht vager Kenntnisse der indischen Philosophie Konzepte des Bewusstseins bzw. des feinstofflichen Aufbaus der Welt, die zwar an indische Modelle angelehnt waren, aber auch darüber hinaus gingen, indem nicht nur drei Körper, sondern fünf, sieben oder neun unterschieden wurden. Somit wird die Wirklichkeit als ein Kontinuum begriffen, bei dem Ebenen an Subtilität unterschieden werden – materielle, feinstoffliche und geistige. Je nach Subtilitätsgrad können einzelne Phänomene einander durchdringen, d.h. sie werden nicht als gegeneinander abgegrenzte Substanzen, sondern eher als einander durchdringende Energiewellen vorgestellt, wobei sich die Bewusstseinsprozesse auf verschiedenen Ebenen des subtilen feinstofflichen Körpers abspielen.

Der klassische indische Text zur Theorie vom feinstofflichen Körper ist die Fünf-*kosha*-Lehre der Taittirīya-Upanishad.[223] Sie

222 Wegener-Stratmann, a.a.O., 78.
223 Rager/von Brück, a.a.O., 262–265. Detaillierter in: von Brück, Einheit, a.a.O., 261–268.

zählt zu den mittleren Upanishaden, wird also meist auf das 4./5. Jahrhundert v. Chr. datiert. Hier gibt es keinen Leib-Seele-Dualismus. Vielmehr wird das rein geistige Prinzip (*ātman*) überlagert von verschiedenen Schichten, die ein Kontinuum bilden, das mit den subtilsten, rein geistigen Ausprägungen der einen Wirklichkeit beginnt und im grobstofflichen materiellen Körper endet. Der Aufbau der Wirklichkeit ist also ein Gefüge von Ebenen, die sich durch ihren Grad an Subtilität voneinander unterscheiden. Was einen größeren Wirkungsbereich hat und darum die anderen Ebenen durchdringt, gilt als subtiler. Die Folge davon ist eine holistische Psycho-Somatologie.

Die fünf Hüllen (*kosha*) sind übereinander gelagerte psychosomatische Schichten, unter denen das Selbst (*ātman*) verborgen ist und als innerer Lenker (*antaryāmin*) alles regiert, ohne doch selbst in den Wechsel, der sich in den Hüllen abspielt, verstrickt zu sein. Der materielle Körper gilt als am wenigsten subtil und wird *annamaya-kosha*, die aus Nahrung gemachte Hülle, genannt. *Prānamaya-kosha*, die schon subtilere Hülle vitaler Energie, kann besonders im Atemvorgang beobachtet werden. *Manomaya-kosha* wird aus der Wahrnehmungsfähigkeit, den bewertenden Gefühlen und dem Denken gebildet. Darüber lagert die Funktion des integrierenden Verstehens (*vijnāna*), d. h. die höhere Vernunfterkenntnis und das intuitive Wissen. Und über allem liegt *ānandamaya-kosha*, die »aus Seligkeit« gebildete Hülle, eine subtile geistige Präsenz des Ganzen in raumzeitlicher Einheit. Die fünf Hüllen liegen wie Kleidungsstücke über dem Selbst, das im Innen als integrierendes Kraftzentrum wirkt. Sie bilden drei Körper: den grobstofflichen (*sthūla-sharīra*), den subtilen (*sūkshma-sharīra*) und den »Kausalkörper« (*karana-sharīra*). Der grobstoffliche Körper entspricht dem mentalen Modus des Wachens (*vishva*), der subtile dem Traum (*taijasa*) und der Kausalkörper dem Tiefschlaf (*sushupti*). Diese Zusammenhänge spielen in der Meditation eine wichtige Rolle, die durch die fünf Hüllen zum *ātman* vordringen will und darum vom Wachbewusstsein ausgehen muss, um nacheinander auch das Traum- und Schlafbewusstsein zu durchdringen, bis schließlich im Zustand der Versenkung, im vierten Zustand (*turīya*), der *ātman* erkannt wird.

Rilke kennt und reflektiert natürlich nicht diese komplexen Vorstellungen im einzelnen, lässt aber eine typologische Verwandtschaft erkennen. Seine Intuition des »Offenen« meint einen spirituellen Habitus, ein noch nicht ausgeformtes Potenzial, über welches das Kind und die einfache Kreatur, wie Pflanzen, Insekten und Vögel, noch verfügen würden. Schon bei den Säugetieren aber, so Rilke, sei die Offenheit verstellt, beim Menschen schließlich mit seinem vorausplanenden und die Welt deutendem Bewusstsein sei alles abgegrenzt. Rilke begründet die Differenz zwischen Insekten und Vögeln, einschließlich der Reptilien einerseits, und Säugern, einschließlich der Menschen andererseits, mit dem Prozess der vorgeburtlichen Reifung, und zwar abhängig davon, ob dieser innerhalb oder außerhalb des Mutterleibes stattfindet. Säuger, und insbesondere der Mensch, erleben die Geburt als Trauma der Ausstoßung, der Trennung von dem vertrauten vorgeburtlichen Lebensraum, dem »Schooß«. Die Säuger würden somit doppelt ausgesetzt, nämlich nicht nur aus dem Raum der Geborgenheit entlassen, sondern auch noch in eine unbekannte neue Umwelt geworfen, wodurch ein Bewusstsein von Innen und Außen entstehe. Diese Unterscheidung sei von vornherein qualitativ besetzt, denn das Außen ist das Andere, das (potenziell) Feindliche. Lebewesen hingegen, die aus dem Ei schlüpfen, blieben weiterhin in ihrem Element, Innen und Außen gehörten mithin nicht zu den Kategorien ihrer Lebenserfahrung. Vögel nähmen eine gewisse Mittelstellung ein, denn das Nest sei zwar ein abgegrenzter Raum, aus dem der Vogel, wenn er nicht flügge ist, herausfallen könne, dann aber nicht überleben würde. Das Nest repräsentiere trotz seiner ringförmigen Abgeschlossenheit immer noch die Weite der Natur, es sei nicht dem mütterlichen Innenraum gleichzusetzen. Hierin sieht Rilke den Unterschied zwischen Lebewesen, die aus dem Ei, und solchen, die aus der Gebärmutter hervorgehen. Eine weitere Differenz besteht für ihn in der unterschiedlichen Intensität von Bewusstheit bei Mensch und Tier, und diese bestimmt die Daseins- und Wahrnehmungsstruktur der Lebewesen grundsätzlich: Das Tier ist und bleibt in der Welt, Menschen hingegen stehen ihr gegenüber. Durch das Gegenüberstehen entsteht Schicksal, also wechselnde qualitative Beziehungen, die sich in der Zeit entfalten. Rilke hat diese Gedanken allmählich und über viele Jahre hinweg auch in Korrespondenz mit Lou Andreas-Salomé entwickelt, und er erklärt diese seine Sicht der Dinge in seinem letzten Lebensjahr nochmals in einem Brief an einen russischen

Leser,[224] den auch Heidegger zitiert und interpretiert.[225] Dort heißt es:

> Sie müssen den Begriff des ›Offenen‹, den ich in dieser Elegie vorzuschlagen versucht habe, *so* auffassen, dass der Bewußtseinsgrad des Tieres es in die Welt einsetzt, ohne dass es sie sich (wie wir es tun) jeden Moment gegenüber stellt; das Tier ist *in* der Welt; wir stehen *vor ihr* durch die eigentümliche Wendung und Steigerung, die unser Bewußtsein genommen hat... Mit dem ›Offenen‹ ist also nicht Himmel, Luft und Raum gemeint, auch *die* sind, für den Betrachter und Beurteiler, ›Gegenstand‹ und somit ›opaque‹ und zu. Das Tier, die Blume, vermutlich, *ist* alles das, ohne sich Rechenschaft zu geben, und hat so vor sich und über sich jene unbeschreiblich offene Freiheit, die vielleicht nur in den ersten Liebesaugenblicken, wo ein Mensch im anderen, im Geliebten, seine eigene Weite sieht, und in der Hingehobenheit zu Gott bei uns (höchst momentane) Aequivalente hat.

Heidegger kommentiert, dass der Mensch als »Funktionär der Technik« mit seinem ungebremsten »Sichdurchsetzen« die Welt nur noch zum Mittel degradiere, wodurch sich »nur alles Seiende als ein Herstellbares im Prozeß der Produktion« auflöse und die »Produkte der Produktion« einen Markt bedienen, der nun den Menschen selbst versklave, indem er ihm die Freiheit des offenen Bezugs verstelle.[226] Rilkes Naturbeobachtung und Schlussfolgerungen könnten dazu verleiten, darin naturwissenschaftliche Aussagen vermuten zu wollen. Doch dies ist nicht der Fall. Rilke bildet poetische Metaphern, seine Aussagen sind assoziativ, nicht analytisch. Er beschreibt seine geistigen Erfahrungen mit Entsprechungen aus dem Naturerleben, wie dies im Mythos und in symbolischen Denkformen der Fall ist.

224 Brief an Lev P. Struve vom 25.2.1926, in: Fülleborn/Engel, a.a.O., Bd. 1, 325–326.
225 Heidegger, a.a.O., 263–268.
226 Ebd., 270–271.

Immer ist es Welt und niemals Nirgends

DIE ACHTE ELEGIE

Rudolf Kassner zugeeignet

Mit allen Augen sieht die Kreatur
das Offene. Nur unsre Augen sind
wie umgekehrt und ganz um sie gestellt
als Fallen, rings um ihren freien Ausgang.
Was draußen *ist*, wir wissens aus des Tiers
Antlitz allein; denn schon das frühe Kind
wenden wir um und zwingens, daß es rückwärts
Gestaltung sehe, nicht das Offne, das
im Tiergesicht so tief ist. Frei von Tod.
Ihn sehen wir allein; das freie Tier
hat seinen Untergang stets hinter sich
und vor sich Gott, und wenn es geht, so gehts
in Ewigkeit, so wie die Brunnen gehen.
Wir haben nie, nicht einen einzigen Tag,
den reinen Raum vor uns, in den die Blumen
unendlich aufgehn. Immer ist es Welt
und niemals Nirgends ohne Nicht: das Reine,
Unüberwachte, das man atmet und
unendlich *weiß* und nicht begehrt. Als Kind
verliert sich eins im Stilln an dies und wird
gerüttelt. Oder jener stirbt und *ists*.
Denn nah am Tod sieht man den Tod nicht mehr
und starrt *hinaus*, vielleicht mit großem Tierblick.
Liebende, wäre nicht der andre, der
die Sicht verstellt, sind nah daran und staunen …
Wie aus Versehn ist ihnen aufgetan
hinter dem andern … Aber über ihn
kommt keiner fort, und wieder wird ihm Welt.
Der Schöpfung immer zugewendet, sehn
wir nur auf ihr die Spiegelung des Frein,
von uns verdunkelt. Oder daß ein Tier,
ein stummes, aufschaut, ruhig durch uns durch.
Dieses heißt Schicksal: gegenüber sein
und nichts als das und immer gegenüber.

Die erste Zeile lautet: »Mit allen Augen sieht die Kreatur das Offene.« Das Auge ermöglicht Beziehung zur Welt, es schafft dem Einzelwesen einen Ort in Umgebungen. Das Offene, wir erinnern uns, ist das Ganze, der Weltinnenraum als Inbegriff des Wesens der Einheit der Wirklichkeit jenseits der »gedeuteten« Getrenntheiten. Als synonyme Ausdrücke verwendet Rilke die Weite (DE 4,15), das Freie (DE 7,42) und – im komplexeren Zusammenhang – das Nicht (DE 8,18). Dass die Kreatur hier mit *allen* Augen sieht, lässt durchaus vermuten, dass Rilke dabei an die Facettenaugen solcher Tiere (etwa Insekten) gedacht haben könnte, die in bis zu tausendfacher Perspektivik mosaikartige Bilder auf die Netzhaut werfen. Wie diese Tiere das erleben, entzieht sich unserer Kenntnis, fest steht aber, dass sie optisch keine Zentralperspektive entwickeln wie der Mensch und höhere Säugetiere. Die optische Zentralperspektive, die in der Malerei seit der Renaissance bis Ende des 19. Jahrhunderts das Standardmodell der westeuropäischen Kunstentwicklung wurde, stellt den Menschen ins Zentrum, von dem her er die Welt sieht und deutet, d.h. der Mensch steht der Welt gegenüber und deutet sie nach seinem Maßstab. Er ist nicht mehr Teil der Objektwelt, sondern das Maß aller Dinge, und genau das haben der Kubismus oder die Multiperspektivik Picassos, die symbolische Kunst eines Paul Klee oder die Abstraktion durch Kandinsky zu überwinden versucht. Perspektive konstruiert aber neben dem räumlichen Aspekt auch zeitlich einen Fluchtpunkt: die auf den Tod hin zielgerichtete Zeit. In allen Projekten des Denkens ist der Mensch auf das Zukünftige hin ausgerichtet. Bezüglich der Zukunft ist nur der Tod gewiss. Der Mensch hat den Tod vor sich und weiß es auch, während die Tiere in einer zeitlich und räumlich multiperspektivischen Gegenwart leben, die zwar vergangene Erfahrungen als Vergleichsmuster für Orientierung verarbeitet, dies aber immer in einer vieldimensionalen Gegenwart realisiert. Dem Menschen ist die Welt buchstäblich verstellt, der Tod ist die Barriere seiner Wahrnehmung, begrenzt seinen Blick, engt ihn ein und verschließt ihn. Der Blick ist »umgekehrt«, die getrennten Bilder, der Anschein des Gegenüber, sind »Fallen« der Isolation, in die er selbst verschuldet tappt. Durch die eindimensionale Ausrichtung der Rationalität verspielt er die Freiheit ins Offene und erfährt eine Verkürzung von Weltwahrnehmung.

Diese Deutungsmuster lassen aber Ausnahmen zu, bei Pflanzen

oder den schon genannten Tieren ist, so Rilke, das Offene nicht verstellt, auch beim Kind, bei Sterbenden und, unter bestimmten Voraussetzungen, bei Liebenden sei die Freiheit zum Offenen zumindest möglich. Pflanzen und Tiere seien unmittelbar eins mit ihren Lebensprozessen, sie seien in der Gegenwart, in die zwar Erfahrungen aus der Vergangenheit hineinwirken würden, in die aber keine Zukunft des Todes projiziert würde. So könnten alle Kräfte im Gegenwärtigsein gesammelt werden. Das Kind wiederum habe zunächst ein unmittelbares Gegenwartsbewusstsein, wenn es sich im Spiel hingegeben an seine Welt verliert, bis es in Denkformen, Verbote und Muster der Vergangenheit (der Erfahrungen der Erwachsenen) gezwungen würde, wodurch seine spontane Kombinationsfreude beschnitten werde. Rilkes biografisch überlieferte Schul- und Schulungserfahrungen, gerade auch als Anwärter zum Militär, sind hier greifbar, als »rückwärts Gestaltung«, die das »Offene« zumauert. Die Sterbenden und die Toten seien nicht mehr an die raum-zeitlichen Abgrenzungen gebunden, sondern in eine feinstoffliche, subtilere Realitätsebene eingetreten in dem Sinne, wie wir es eben erörtert haben. Rilke hofft und fordert und wird dies in der Neunten Elegie thematisieren, dass durch eine höhere Bewusstheit ein Durchbruch durch die gedeutete Begrenztheit möglich ist. Wie er in dem eben zitierten Brief von 1926 erläutert, wird es sich zunächst nur um eine »höchst momentane« Erfahrung von Weite handeln, aber es sei Aufgabe, Chance und Würde des Menschen, zu einer solchen Bewusstheit zu streben. So wird das Beklagenswerte am Menschen gleichzeitig seine höhere Bestimmung zur Freiheit und somit zur Quelle menschlicher Erfüllung.

Im Innenraum des Bewusstseins ist der Mensch verbunden, wie die Liebenden verbunden sind – mit den Ahnen, den Toten, der Kindheit, den Zukünftigen, er ist in einer »Sphäre der Präsenz des ganzen heilen Bezuges«, in einem Überfließen »in das entschränkte Ganze des Offenen«, wie Heidegger formuliert.[227] Das ist die Logik des Herzens. In diesen Deutungsrahmen will Rilke auch die paranormalen Phänomene gestellt sehen, mit »Staunen«, »Erschütterung« und »Ehrfurcht«. Sie seien objektivierend nicht erfassbar, sondern nur mit der »Tiefendimension unseres Inneren«, ein »ima-

227 Heidegger, a.a.O., 282.

ginärer Raum«, in dem auch die Toten und Zukünftigen seien, sollten sie denn einen solchen brauchen. Er schreibt vorsichtig, überwiegend im Konjunktiv, in einem Brief von 1924:[228]

> Mir stellt es sich immer mehr so dar, als ob unser gebräuchliches Bewußtsein die Spitze einer Pyramide bewohne, deren Basis in uns (und gewissermaßen unter uns) so völlig in die Breite geht, dass wir, je weiter wir in sie niederzulassen uns befähigt sehen, desto allgemeiner einbezogen erscheinen in die von Zeit und Raum unabhängigen Gegebenheiten des irdischen, des, im weitesten Begriffe, *weltischen* Daseins … daß in einem tieferen Durchschnitt dieser Bewußtseinspyramide uns das einfache *Sein* könnte zum Ereignis werden, jenes unverbrüchliche Vorhanden-Sein und Zugleich-Sein alles dessen, was an der oberen ›normalen‹ Spitze des Selbstbewußtseins nur als ›Ablauf‹ zu erleben verstattet ist.

Die »Duineser Elegien« können als Mystagogik in diese Freiheitsdimension gelesen werden. Der hier zu beschreitende Weg ist, so möchte man fast sagen, als Heilsweg konzipiert. Das Kind lebt ganz in der Gegenwart und ist noch nicht »rückwärtsgebogen«, aber doch dem Chaos ausgesetzt, wie die Dritte Elegie den Schrecken des Überwältigt-Werdens durch Dinge und ihre ineinander verfließenden Formen benennt, weil sie gegenüber sind, fremd und bedrohlich. Dort war es die Mutter, die durch ihr Lächeln diesen Schrecken zugedeckt hatte. Doch ein solches Zudecken ist nicht von Dauer, sondern nur ein anderer Aspekt des »Trostmarkts«, der noch einmal in der Zehnten Elegie ebenso wie im »Brief des jungen Arbeiters« als hohl charakterisiert wird. Durch einen inneren Weg der Bewusstwerdung soll der Mensch zu jener eigenen Erfahrung reifen, in der die Gegensätze integriert werden. Dieser Weg, so scheint mir, wird von Rilke in vier Schritten konzipiert:

Der *erste* Schritt besteht darin, sich des Gefangenseins in der Gegenüberstellung, in der Subjekt-Objekt-Dichotomie bewusst zu werden. Im *zweiten* Schritt sollen diese Begrenzungen in allen Lebensbezügen aufgespürt und benannt werden. Der *dritte* Schritt

228 Brief an Nora Purtscher-Wydenbruck vom 11.8.1924, in: Fülleborn/Engel, a.a.O., Bd. 1, 311.

besteht darin, Spuren des Offenen zu entdecken und Muster in der Welt zu finden, in denen die Einheit der Gegensätze durchaus greifbar wird. Der *vierte* und letzte Schritt besteht darin, die Welt mit allen ihren Ereignissen in Sprache zu fassen (sie zu »singen«) und durch diese Bewusstwerdung zu *er-innern*, sie damit in den feinstofflichen Bereich der unbegrenzten und unendlichen geistigen Formen zu stellen mit dem offenen Raum als Medium. Diesseits und Jenseits sind dann eins in dem *einen* Netz des geistigen Bezugs.

Damit ist die Freiheit *von* den begrenzten Deutungen zugleich eine Freiheit *zu* dem vollkommen Offenen. Das Problem der Freiheit ist weder nur politisch noch nur psychologisch zu sehen, sondern es ist letztlich ein anthropologisches, das mit der Zeitstruktur von Bewusstseinserfahrungen gegeben ist. Rilke erfasst dies in Metaphern, die kritisch-analytisch etwa so ausgeführt werden könnten: Die Vergangenheit ist das Faktische, die Zukunft das Mögliche. Weil das Mögliche einen Horizont verschiedener Optionen darstellt, bleibt es ungewiss. Ungewissheit macht Sicherheit unmöglich. Das Sicherheitsbedürfnis aber ist ein evolutionär entwickeltes Grundmuster von Lebewesen. Tiere reagieren verunsichert im Augenblick, der Mensch aber, der Modelle in die Zukunft projiziert, verlängert faktische Erfahrungen des Vergangenen in erwünschte Möglichkeiten des Zukünftigen, und indem er sich an der Sicherheit des Bekannten orientiert, beraubt er sich der Freiheit, d.h. er verweigert Zukunft. Es ist also unzureichend, das Verstelltsein des Offenen nur auf die Trägheit zurückzuführen, wie dies einige Religionen tun, wenn sie das Träge als Sünde (*inertia* im Christentum) oder als eine zu überwindende Komponente des Materiellen (*tamas* im Hinduismus) interpretieren, es geht vielmehr um ein Problem der Wahrnehmung und Wahrnehmungsverarbeitung. In der Mystik ist dies erkannt worden, wenn dort zu einer Bewusstheit im Hier und Jetzt aufgefordert wird, also zu einem freien Gegenwärtig-Sein. Aber wie ist das möglich? Rilke hatte in der Siebenten Elegie der Bewahrung der bedeutenden Gestalt das Wort geredet: »es stärke in uns die Bewahrung der noch erkannten Gestalt«. Das klingt konservativ, fast traditionalistisch. Hier in der Achten Elegie hingegen beklagt er die Prägung des Kindes durch Muster der bewährten Gestalten, die Orientierung am Vergangenen. Was will er also? Rilke sieht das Problem in der Objektivierung, die alternativlose Festlegungen suggeriert, nennt es »die gedeutete Welt«, die bestimmt wird von ego-perspektivischen Interessen. Wir zwingen das Kind in die Normopathie einer bestimmten Gesellschafts- oder Wirtschafts- oder Werteordnung dadurch, dass wir das Erkennen verbiegen. Damit berauben wir es (und uns) der Gegenwart.

Hier erscheint ein Exkurs in die gegenwärtigen Diskussionen sinnvoll, die zwischen Philosophen, Soziologen, Psychologen, Politik- und Religionswissenschaftlern, aber auch Physikern und Biologen geführt werden zum Thema Zeit. Ist »die Zeit aus den Fugen?«, wie Aleida Assmann fragt.[229] Wobei sich sofort die Frage stellt – und Assmann stellt sie selbstverständlich –, ob es denn jemals feste Fugen der Zeit gegeben hätte, ob nicht jede Geschichtsepoche ihre je eigene Zeitverfugung herstellt und verändert. Angesichts der Beschleunigung und Dynamik moderner Lebensprozesse spricht der Philosoph Hermann Lübbe von »Gegenwartsschrumpfung«. Der Soziologe Hartmut Rosa hat das eindrücklich belegt[230] indem er auf die Beschleunigung aller Prozesse des sozialen und kulturellen Wandels durch technische Beschleunigung der Kommunikations- und Verkehrsmittel, durch beschleunigtes Lebenstempo, verweist. Diese durchaus verschiedenen Beschleunigungen verstärken einander und vermitteln das Gefühl, auf einem Abhang zu gleiten, der ins Rutschen geraten ist. Innovation vollzieht sich in derart beschleunigten Prozessen, dass kaum noch Gegenwart als Verweildauer auf einem relativ gesicherten Plateau der Zeitbewegung bleibt. Die Gegenthese dazu hat der Germanist Hans Ulrich Gumbrecht aufgestellt. Demnach leben wir in einer »breiten Gegenwart«, weil durch Erinnerungskultur (moderne Musealkulturen, Editionstechniken, vor allem aber die digitale Datenspeicherung) jede als Erinnerung gespeicherte Vergangenheit in Sekundenbruchteilen ganz unabhängig von Raum und Zeit dem Bewusstsein verfügbar ist, alles im Internet gespeicherte Vergangene auf Abruf gegenwärtig werden kann, und zwar ohne vorherige Selektion durch Bedeutungshierarchien, die von Bildungseliten gesteuert würden. Was erinnerungswürdig ist oder nicht, kann

229 Aleida Assmann: Ist die Zeit aus den Fugen? Aufstieg und Fall des Zeitregimes der Moderne, München: Hanser 2013.

230 Hartmut Rosa, »Beschleunigung. Die Veränderung der Zeitstrukturen in der Moderne«, Frankfurt a. M.: Suhrkamp 2005.

dabei auch der Zufall entscheiden. Geht es Rilke zu Beginn des 20. Jahrhunderts ebenfalls um ein verändertes Zeitempfinden, oder doch um etwas anderes?

Rilkes Antwort ist »das Offene«. Er intoniert diese Metapher in ganz verschiedenen Tonlagen, und das Ergebnis ist die Achte Elegie. Im Tiergesicht erscheint ihm das Offene so tief, weil es in die Weite blickt, ohne auf etwas fixiert zu sein. Das Tier ist in einem achtsamen Gespür fürs Ganze, achtsam im Unterschied zu aufmerksam, also nicht fokussiert, sondern offen wie eine Parabol-Antenne, die genau registriert, was einfällt, und sogleich mit allem anderen in Bezug setzt. Dabei muss nichts ausgeblendet werden, um die offene Achtsamkeit aufrecht erhalten zu können. Rilke spricht von des Tieres »Antlitz«. Diese Qualität war – wir erinnern uns an die Vierte Elegie – dem Engel vorbehalten. Dort hieß es, die Puppe habe ein »Gesicht aus Aussehn«, der Mensch habe »Gesicht«, der Engel hingegen »Antlitz«. Es ist das Strahlende, das die Weite des Offenen spiegelt, in der der Engel zu Hause ist. Und eben auch das Tier, nicht bewusst zwar, aber in seiner ungehinderten Verbundenheit.

Interessant ist hier eine Beobachtung Steiners. Danach habe Rilke zwischen seinem Text »Erlebnis« von 1913 und der Metapher des Blickes zurück eine Umkehrung in der Richtungsmetaphorik vollzogen. Im Text von 1913 verflüchtigt sich der Blick nach vorn ins Ungewisse, während dem Blick zurück über die Schulter »ein kühner süßer Beigeschmack hinzu« kam, »als wäre alles mit einer Spur von der Blüte des Abschieds würzig gemacht«.[231] Ist dies aber eine Umkehr? In der Achten Elegie meint die Zurückbiegung eine Fixierung des Blicks auf eingefahrene Formen, Wahrnehmungs- und Verhaltensmuster, den Zwang, das Kind stromlinienförmig zu prägen, die Einschulung ins Korsett. Der Blick zurück, der die Würze des Abschieds ermöglicht, ist gerade die Voraussetzung für die Loslösung vom Fixierten, und erst durch die Erfahrung der Dinglichkeit wird die Weitung ins Offene möglich, eben als Erinnerung in eine anderen Bewusstseinsebene, die nicht Dinge im Blick isoliert oder – als Gegensatz – sie im Ungenauen vernebelt,[232] sondern als subtilere Wirklichkeiten im Weltinnenraum erst zu

231 Zit. bei Steiner, a. a. O., 191 und 326, Anm. 675.
232 1913 formuliert Rilke: im Offenen »verdünnt«; ebd., 326, Anm. 675.

ihrer je besonderen Geltung kommen lässt, aber das eben im Bezug, in der Wesensdurchdringung mit und in allem anderen, in der Einheit. Keine Umkehrung also der Metaphern von 1913 und 1922, auch wenn die Blickrichtung zunächst umgekehrt erscheint.

Rilke suggeriert, dass das Tier frei sei, nicht weil es seinen Tod unwissend vorwegnähme, sondern »seinen Untergang stets hinter sich« habe »und vor sich Gott«. Das Wort »Gott« vermeidet Rilke ansonsten in den Elegien, im Unterschied zum häufigen Gebrauch im »Stunden-Buch«. Diese Verschiebung ist unterschiedlich interpretiert worden. Jedenfalls gebraucht Rilke »Gott« hier nicht etwa im Sinne eines gedeuteten Begriffs, als ein propositional (dogmatisch) bestimmbares Etwas, sondern im Sinne des offenen Horizonts. Gott ist für ihn das, was sich jeder Bestimmbarkeit entzieht, also das Offene. Es gibt keinen Grund zu der Annahme, dass Rilke hier etwas anderes sagen will. Für ihn bedeutet das Wort »Gott« inzwischen vermutlich so selbstverständlich das Offene, ist die Nicht-Metapher schlechthin geworden, dass es ihm gar nicht in den Sinn käme, er könnte hier Missverständnisse provozieren. Doch auch im »Stunden-Buch« spricht er mit »Gott« nicht ein personales Du an, sondern Gott als Inbegriff innerer geistiger Gegenwart (»Was wirst du tun, Gott, wenn ich sterbe?«[233]), allenfalls im Sinne von Meister Eckharts »Gottheit« jenseits von Gott.

Doch kehren wir nochmals zurück zur Zeitstruktur. Das Tier projiziert nicht in die Zukunft, der Mensch hingegen, und das ist fatal, tut genau dies, und so hat er den Tod stets vor Augen. Andererseits aber ist das die Voraussetzung für seine Fähigkeit zur Sehnsucht. Sehnsucht entsteht aus der Phantasie, sich Zustände vorstellen zu können, die nicht real oder noch nicht real sind. Folglich ist Phantasie der Antrieb zur gestaltenden Veränderung aufgrund utopischer Bilder. Hier sehe ich eine anthropologische Begründung für Religion überhaupt, die Heilszustände oder Heilsgeschichte entwirft aufgrund der Erfahrung von Ungenügen, Unerfülltsein und Mangel. Denn Unerfülltsein kann überhaupt nur bewusst werden, wenn zumindest eine Ahnung von Fülle gegeben ist. Aus der Diskrepanz von Sein und Sollen entsteht die Sehnsucht nach Gott, nach der Weite, nach dem Ganzen. Auch Rilkes programmatischer Entwurf einer Transformation des Vergänglichen

233 Gedicht vom 26.9.1899; Rilke, Werke, a.a.O., Bd. 1, 226–227.

ins Unvergängliche, des Getrennten ins Ganze, entspricht der eben genannten Dynamik von Religion, nur ohne die Institution von Dogma und Kult. Stattdessen will Rilke vermittels seiner Metaphern der Sehnsucht Ausdruck geben, die für ihn durch Er-innerung, wie wir schon mehrfach erörtert haben, Erfüllung finden kann, indem die grobstoffliche Welt in die Erfahrung des Feinstofflichen bzw. Geistigen transponiert wird.

Das Tier geht, »und wenn es geht, so gehts in Ewigkeit«, heißt es weiter. Auch diese Metapher, die noch einmal neben die des Brunnens gestellt wird, zeigt, was Rilke mit der Transformation ins Geistige meint. Das Gehen geschieht hier nicht, um ein räumliches Ziel zu erreichen, sondern als reiner Vollzug der Bewegung, die das Lebendigsein ausmacht, ein Mitschwingen im Rhythmus der Welt. Das Tier trabt seine Bahn dahin, vorausgesetzt es jagt nicht auf die Beute als Ziel zu, es geht, weil es geht. So wie die Rose blüht, weil sie blüht, wie es bei Angelus Silesius heißt. Es handelt sich um ein zweckfreies Gewahrsein, wie wir es aus allen Meditations-Traditionen kennen, westlichen wie östlichen. Das Tier geht auf im gegenwärtigen Vollzug, so wie der Brunnen eine Phase im Rhythmus der Bewegungen des ewigen Wasserkreislaufs ist. Wir hingegen, der Plural meint ein inklusiv gesteigertes lyrisches Ich, und das Wort »*Wir*« ist kursiv geschrieben, um die Betonung des Gegensatzes zu verschärfen, wir haben nie reinen Raum, sondern perspektivisch bewertete und somit verstellte Raumsegmente, die »nah« und »fern« sofort auch in Bezug auf Nützlichkeit oder Ähnlichkeit mit Bekanntem verbinden: nah ist uns das Vertraute, fern das, was uns nicht gefällt bzw. bestätigt. Alles ist ego-perspektivisch. Und nun wird die Klage über diesen Zustand ins Grundsätzliche gewendet:

»Immer ist es Welt und niemals Nirgends ohne Nicht: das Reine, Unüberwachte, das man atmet und unendlich *weiß* und nicht begehrt.« Hier ist jedes Wort auf die Goldwaage zu legen, und aus religionswissenschaftlicher Sicht liegt ein Vergleich mit dem buddhistischen Nichts nahe, der angesichts der hinreichend dokumentierten Bewunderung Rilkes für den Buddha nicht abwegig erscheint. Dies könnte sich so darstellen: Welt ist das von uns Gedeutete, die Perspektive, die entsteht, wenn Begehren die Wahrnehmung prägt und allem eine spezifische Färbung verleiht. Buddhistisch gesprochen handelt es sich um die konventionelle Perspektive (*samvriti satya*), die die Dinge aus dem Zusammenhang reißt, isoliert und nach je interessegeleitetem Gutdünken bzw. Schlechtdünken kategorisiert. Abstrakt formuliert: das Werturteil oder das ästhetische Urteil geht jeder theoretischen oder praktischen Erkenntnis voraus. Rilke findet hier sehr treffend den Ausdruck des »Überwachens«, denn dies ist ein Herrschaftsbegriff. Die Haltung des Überwachens ist die der Nutzenabwägung, der Manipulation je nach Interesse und Vermehrung des eigenen Vorteils. Das überwachende Bewusstsein stellt sich außerhalb der Bezüge und versucht, diese von einer äußeren Warte aus anders zu ordnen, als sie sind. Damit macht es sich die Welt untertan und ist nicht mit ihr bzw. in ihr. Weil aber die Dynamik der Welt ganz anders verläuft, müssen die Projektionen enttäuscht werden (die Täuschung schwindet), worauf der Mensch mit Frustration reagiert. Hierin liegt die Ursache des Leidens, das der Mensch wiederum durch Gier kompensiert – oder durch Hass, wenn die Gier nicht befriedigt wird. Überwinden lässt sich diese Egozentrik nur durch Erkenntnis (*vidyā* bzw. *prajñā*), Rilke formuliert: »er weiß unendlich«. Das ist, buddhistisch gesprochen, die absolute Perspektive (*paramārtha satya*). »Unendlich wissen« bezieht sich eben nicht auf analytische Kenntnisse von Ursachen und Funktionen, sondern auf eine umfassende Erkenntnis des Ganzen im Ganzen, des alles verbindenden Bezugs, des Weltinnenraums. Diese Metapher Rilkes impliziert bereits, dass es kein Außen, also kein Nicht-Bezogenes gibt. Es bleibt der schwierige Ausdruck »Nirgends ohne Nicht«. »Nirgends« kann nicht heißen, dass dieses »Reine« keinen Ort hätte, sondern dass es keinen bestimmten Ort hat, denn es ist Alles aus, mit und in dem jeweils Anderen durch den Bezug, eine Identität der Nicht-Identität. Denn es ist, was es ist, gerade nicht durch sich selbst als abgegrenztes »Etwas«. Dieses Nirgends enthält keine Negation, ist also indeterminiert, ohne Nicht, und ist somit das reine Ganze jenseits der Unterscheidung in Position und Negation. Das Offene, Subtile, alles Durchdringende, überall und nirgends, ist – in einem alten neutestamentlichen Bild gesprochen – wie das Salz im Wasser. Doch diese Metapher könnte auch in die Irre führen, da Salz unterschieden ist vom Wasser, und auch von Zucker oder anderen löslichen Substanzen. Rilkes »Offenes« oder »Reines« ist überhaupt nicht Substanz, auch nicht *substantia prima*, sondern – um in möglichen lateinisch-aristotelischen Bestimmungen zu bleiben – *potentia pura*, die sich als *actus purus* immerwährend generiert. Die indische Philosophie nannte dies *brahman*, jenseits jeder Bestimmung durch die Gunas (*guna*), eben *nirguna* (ohne Bestimmung). Da für *brahman* alle Bestimmungen unzutreffend sind, erscheint es dem Verstand als leer (*shūnya*), nämlich frei von Raum, Attributen, Bewegung und Verschiedenheit, also als Nichts. In der umfassenden geistigen Dimension wird es aber als absolute Fülle (*pūrna*, Lat. das *plenum*) erfahren, die keine Grenze hat. Dies drückt der berühmte Vorspruch zur Īshā Upanishad aus, der im Hinduismus als Mantra sehr häufig vor anderen Rezitationen erklingt, wie ein Amen in der Kirche.

pūrnamadah pūrnamidam pūrnāt pūrnamudacyate
pūrnasya pūrnamādāya pūrnamevāvashishyate

Das ist Fülle, dies ist Fülle. Die Fülle geht hervor aus der Fülle.
Nimmt man die Fülle von Fülle, bleibt die Fülle.

Es ist das bewegungslose Eine, das in sich die Matrix jeder Bewegung, der reine Bezug, ist.

In der ostasiatischen Philosophie entspricht Rilkes »Nirgends ohne Nicht« das Absolute Nichts (Jap. *zettai mu*), das jenseits jeder Bestimmung die Differenz von Sein und Nichts transzendiert bzw. inkludiert. Das Nichts, das keine Verneinung ist, sondern der Bezug jenseits von Bejahung und Verneinung. Wir könnten nun unzählige Zitate aus der europäischen mystischen Literatur anführen, fast alle inspiriert durch den Neuplatonismus, von Gregor von Nyssa über Dionysius Areopagita zu Johannes Eriugena, Eckhart, Seuse, Böhme, auch Schelling und Hegel bis eben hin zu Rilke. Natürlich gibt es Differenzen, erhebliche sogar, die vor allem die ontologischen bzw. metaphysischen Voraussetzungen betreffen. Aber hinter all dem erscheint als Grundprinzip die Intuition des Einen ohne ein Zweites, *ekam eva advitīyam*, wie es im Sanskrit heißt. Es gibt Erfahrungen des Bewusstseins, die so kongruent und in sich konsistent erscheinen, dass sie wie eine Spur durch die Versuche führen, das kaum Benennbare zu benennen. Rilkes Formulierung »Nirgends ohne Nicht« gehört dazu.

Dies ist nun, wie schon mehrfach in den Elegien angesprochen, für Rilke nicht nur Utopie, sondern in den Zuständen des Kind-Seins, des Sterbens und der Liebe zumindest erahnbar. Das Kind ist noch nahe dran in seinem unmittelbaren Erleben, die Sterbenden, weil sie in diesen Zustand der Entgrenzung eingehen, und die Liebenden, insofern sie sich trans-personal selbst übersteigen.

O Seligkeit der *kleinen* Kreatur

Wäre Bewußtheit unsrer Art in dem
sicheren Tier, das uns entgegenzieht
in anderer Richtung –, riß es uns herum
mit seinem Wandel. Doch sein Sein ist ihm
unendlich, ungefaßt und ohne Blick
auf seinen Zustand, rein, so wie sein Ausblick.
Und wo wir Zukunft sehn, dort sieht es Alles
und sich in Allem und geheilt für immer.

Und doch ist in dem wachsam warmen Tier
Gewicht und Sorge einer großen Schwermut.
Denn ihm auch haftet immer an, was uns
oft überwältigt, – die Erinnerung,
als sei schon einmal das, wonach man drängt,
näher gewesen, treuer und sein Anschluß
unendlich zärtlich. Hier ist alles Abstand,
und dort wars Atem. Nach der ersten Heimat
ist ihm die zweite zwitterig und windig.
O Seligkeit der *kleinen* Kreatur,
die immer *bleibt* im Schooße, der sie austrug;
o Glück der Mücke, die noch *innen* hüpft,
selbst wenn sie Hochzeit hat: denn Schooß ist Alles.
Und sieh die halbe Sicherheit des Vogels,
der beinah beides weiß aus seinem Ursprung,
als wär er eine Seele der Etrusker,
aus einem Toten, den ein Raum empfing,
doch mit der ruhenden Figur als Deckel.
Und wie bestürzt ist eins, das fliegen muß
und stammt aus einem Schooß. Wie vor sich selbst
erschreckt, durchzuckts die Luft, wie wenn ein Sprung
durch eine Tasse geht. So reißt die Spur
der Fledermaus durchs Porzellan des Abends.

Rilke wendet sich hier noch einmal dem Tier zu, das nicht frei, sondern eingebettet sei und alles sehe und sich in allem, räumlich und zeitlich. Die Formulierung »Alles … in Allem« erinnert an den 1. Korintherbrief des Paulus (1 Kor 15,28), wo Gott am Ende *panta en pasin* ist, alles in allem. Damit wird der eschatologische Zustand der Auferstehung beschrieben, der Heilung »für immer«, wie es in der Elegie heißt. Ob Rilke dies als Hintergrund seiner Formulierung bewusst war, sei dahingestellt, mir ist kein Text von ihm bekannt, der darauf hindeuten würde. Möglich aber wäre es, denn Rilke war »bibelfest«. Doch während Paulus einen eschatologischen Zustand als Ergebnis der Heilsgeschichte im Blick hat, meint Rilke einen Bewusstseinszustand, den der Mensch, indem er den Weltinnenraum erfährt, erreichen kann, und der in den Tieren schon vorgeprägt sei. Im Gegensatz zu Paulus handelt es sich also nicht um das Ende der Geschichte, sondern um eine Rückerinnerung an das Ursprüngliche, das zumindest in Spuren gegenwärtig ist. Wie wir gesehen haben, sieht Rilke in der Tierwelt deutliche Unterschiede: Das »wachsam warme Tier« kennt Erinnerung und darum Sorge und Schwermut, die Mücke hingegen ist ganz gegenwärtig, flüchtig zwar, aber nie ausgestoßen aus der Heimat ihres Schoßes, wie wir oben sahen. Gewöhnlich bedingt Erinnerung den Abstand zur Vergangenheit, und ist darum nur wirklich, wenn das Erinnerte im Bewusstsein ganz vergegenwärtigt ist. Das ist es, was Rilke in vielen Metaphern beschwört: Nicht das Gegenwärtige mit dem Vergangenen vergleichen, was er allerdings selbst tut, wenn er die verlorene Welt von gestern preist, weil dann das Gegenwärtige defizitär erscheint, sondern das Innen lebendig werden lassen als die subtile, wirklichere Wirklichkeit. *Dann verschwindet die zielgerichtete vergängliche Zeit, dann fallen das Faktische des Erinnerten und das Mögliche des Ersehnten hier und jetzt in einem Augenblick intensiver Gegenwärtigkeit zusammen.* Und noch einmal erinnert Rilke an den Atem, um das Zusammenfallen der Gegensätze in diesem reinen Vorgang zu zeigen. Höhere Tiere und Menschen leben in einer Doppelnatur, sie sind einerseits eins mit den vegetativ gesteuerten Prozessen wie dem Atem, andererseits treten sie sich selbst gegenüber, zuerst in der Geburt aus dem Mutterschoß, dann auch – beim Tier beginnend und beim Menschen höchst bewusst – im Bewusstsein, das Distanz, Einsamkeit, Unerfülltheit schafft. Beide zusammen ermöglichen die Erfüllung in ein Innen, das die durch Raum und Zeit erzeugte Distanz geistig überwindet. Der Vogel, der nicht im Mutterleib heranwächst, aber doch ein Nest hat, steht symbolisch für solche Doppelexistenz. Ihm ist die äußere Natur der Mutterleib, Innen und Außen scheinen hier weniger getrennt.[234] Diese Doppelexistenz wird nun von Rilke mit dem etruskischen Totenglauben in Beziehung gesetzt: Der Tote ruht im Raum des Sarges wie in einem Uterus, schaut aber gleichzeitig durch die Abbildung auf dem Deckel nach außen. Damit verweist Rilke auf die Ambivalenz des Lebens, denn es ist gekennzeichnet durch gefahrvolles Ausgesetztsein und gleichzeitig durch die Freiheit zu größerem Raum. Der Mensch lebt in einer gefährdeten Freiheit draußen, die etruskischen Toten sieht Rilke drinnen und draußen zugleich, der Vogel erlebt beides zugleich schon während des Lebens und darum wird er zum Symbol für das Zukünftige des Menschen. Doch es existiert ein einziges Säugetier, das auch fliegen kann wie ein Vogel, die Fledermaus. Sie kennt die Geborgenheit und zugleich das totale Ausgesetztsein. Sie ist nicht imstande, davon können wir ausgehen, ihre zwei Naturen zu verbinden, und dies zieht sich wie ein Sprung durch ihre Existenz, wie der Sprung einer Tasse. Rilke verbindet nun beide Bilder zu einem surrealen Höhepunkt: Die zackige Flugkurve der Fledermaus, die wie eine bestürzte Fluchtspur anmutet, man denke an das Hakenschlagen des Hasen, erscheint ihm wie ein Sprung im Gewölbe des Abendhimmels. Das ist wieder ein Beispiel, wie genau Rilke beobachtet und Metaphern ordnet, um surreale Bezüge herzustellen, die das Gegensätzliche im Weltinnenraum paradox vereinen.

234 Diesen Gedanken, so sagten wir schon, äußert Rilke bereits einige Jahre zuvor in einem Brief an Lou Andreas-Salomé vom 20. 2. 1914: »Schön hab ichs aufgefasst, wie mirs noch nie sich darstellte: dieses immer weiter Hineinverlegtsein des entstehenden Geschöpfs aus der Welt in die Innen-Welt. Daher die reizende Lage des Vogels auf diesem Wege nach Innen; sein Nest ist ja fast ein von der Natur ihm bewilligter äußerer Mutterleib, den er nur ausstattet und zudeckt, statt ihn ganz zu enthalten. So ist er dasjenige von den Thieren, das zur Außenwelt eine ganz besondere Gefühlsvertraulichkeit hat, als wüsste er sich mit ihr im innigsten Geheimnis. Darum singt er in ihr, als sänge er in seinem Innern …«; Pfeiffer, a. a. O., 325.

Wer hat uns also umgedreht?

Und wir: Zuschauer, immer, überall,
dem allen zugewandt und nie hinaus!
Uns überfüllts. Wir ordnens. Es zerfällt.
Wir ordnens wieder und zerfallen selbst.

Wer hat uns also umgedreht, daß wir,
was wir auch tun, in jener Haltung sind
von einem, welcher fortgeht? Wie er auf
dem letzten Hügel, der ihm ganz sein Tal
noch einmal zeigt, sich wendet, anhält, weilt –,
so leben wir und nehmen immer Abschied.

Rilkes »Verkündigung« (DE 7) ist, dass der Mensch, der alles von außen beobachtet, zugleich aber auch Gefangener dieser beschränkten Perspektive sei. Wir deuten, suchen Zusammenhänge und müssen das scheinbar unumstößlich Gewisse wieder aufgeben: Wir konstruieren und dekonstruieren nach Kategorien, die in uns selber liegen. Das ist der Gang der Erkenntnis, die Geschichte der Wissenschaft, das Schicksal des Sisyphos. Und dabei zerfallen wir selbst, nicht nur unsere mentalen Bilder, sondern alles von uns Geschaffene: »Was ist Rom? Es zerfällt.« dichtete Rilke bereits im »Stunden-Buch«.[235] Wir sind zwar Zuschauer, aber ebenso auch Teil der Natur, die uns letztlich überwältigt, gleichsam von hinten packt, während wir nach vorn ausgerichtet zu ordnen versuchen. Unsere Kategorien des Ordnens und Bewertens sind selbst Teil der vergänglichen Entfaltung der Natur, also nicht verlässlich. Und auch hier die Klage darüber, dass wir umgedreht sind und das Offene nicht sehen können. Wie die Angeketteten in Platons Höhlengleichnis, wie ein Wanderer, der vom Hügel zurückschaut, sehen wir nur die Niederungen des Vergangenen und bleiben in der Haltung des Abschieds. Das Umgedrehtsein, die Verhaftung an die Gestaltungen des Faktischen, das Vergangene, verstellt den Blick auf die Ankunft des Zukünftigen, der eine Schau ins Offene wäre. Aber – und das ist das Abenteuer des Menschseins – die Freiheit ist nicht nur als schwere Aufgabe anzunehmen, aus deren Scheitern so

235 Rilke, Werke, a.a.O., Bd. 1, 214.

häufig Klage erwächst, sondern sie ist es, die überhaupt erst die Erkenntnis des Getrenntseins ermöglicht. Die Klage selbst geht darum schon über das bloße Gegenüberstehen hinaus, sie ist der Anfang der Bewusstwerdung und Transformation des Bewusstseins. Sie enthält die Sehnsucht nach dem Bezug in die Einheit. Indem wir *erkennen*, dass wir umgedreht sind, sind wir diesem Schicksal nicht mehr nur ausgeliefert. Was folgt daraus? Das ist Inhalt der Neunten Elegie.

Die Neunte Elegie

»Die neunte Elegie ist es, der alle anderen zustreben ... Diese Elegie ist ... die religiös und philosophisch wichtigste des ganzen Werkes«, urteilt Katharina Kippenberg.[236] Sie präsentiere sich »im glücklichsten inneren Gleichgewicht ..., voll Schönheit und Zuversicht«, so Romano Guardini.[237] Sie wird oft mit der Siebenten in Zusammenhang gebracht, insofern hier die Bejahung des Hiesigen auf einen Höhepunkt zuläuft, das Hiesige aber nicht als das bloß sinnlich Erfahrbare, da dies der Vergänglichkeit unterworfen und darum immer wieder unbefriedigend ist, ein kurzes Glück vielleicht, das im bitteren Abschied endet. Was kann dieser Frustration an der Vergänglichkeit entgegengehalten werden? Wie kann der Protest gegen den Tod in eine wirkliche Erfahrung der Überwindung münden? Genau das ist das Thema aller Elegien, in der Neunten aber mit »beschwörender Eindringlichkeit« (K. Kippenberg) und Zuspitzung: »Der vergehenden greifbaren Welt will er eine innere entgegensetzen, und sie soll größer werden als jene.«[238]

Die Neunte Elegie hat gegenüber der Achten eine eigene unmittelbare Sprachkraft. Während die Achte Elegie vielleicht als ein nachdenkliches Präludium gehört werden kann, entfaltet die Neunte ihr Thema in fugenartiger Dichte. Lou Andreas-Salomé schreibt an Rilke:[239]

> Das Gewaltigste und Lindeste zugleich ist für mich die Neunte. Da ist auch kaum Lesen, Weiterlesen bis zum Schluß möglich, so wie es nur in Gärten ist, deren Wege man gar nicht als Wege benutzen kann, weil jeden Schritt das Umblühende, Umgrünende festhält, aufhält; überall wieder, in jeder Strophe, jedem Strophenteil sitze ich nieder, fühle mich in (einer?) Laube, als

236 Rilke, Elegien, a.a.O., 130.
237 Guardini, Deutung, a.a.O., 334.
238 Rilke, Elegien, a.a.O., 115.
239 Lou Andreas-Salomé an Rilke, Brief vom 6.3.1922, in: Pfeiffer, a.a.O., 474–475.

> müssten sich Zweige über mir zusammenflechten zu unerhörter Heimat.

Lou benutzt nicht zufällig Metaphern der Natur-Erfahrung. In diesen Versen liegt eine gelungene Balance zwischen Innen und Außen, die Guardini eindrucksvoll nachzeichnet: Die äußeren Dinge und die Innerlichkeit des Menschen sind so aufeinander bezogen, dass jeder Bereich eine Aufgabe am anderen habe:[240]

> Der Mensch soll lebend die Dinge in seine Seele aufnehmen, und sie dadurch selbst innerlich – die neunte Elegie wird sagen ›unsichtbar‹ – machen, ›verwandeln‹. Wenn er das tut; wenn die Dinge zum Inhalt von Erlebnis werden, gewinnen sie überhaupt erst ihr volles Wesen. Umgekehrt soll der Mensch aber auch darauf verzichten, sein Inneres nur in sich zu tragen.

Der Mensch soll seine Geisteskraft in die Dinge hineingeben, indem er sie erkennt und damit ihren Bezug zum Ganzen realisiert, und der Mensch wird in dieser Erkenntnis seiner selbst gewahr als Teil des Bezugs zum Ganzen. So wird seine egozentrische Fehlhaltung überwindbar. Guardini weiter:[241]

> Wenn also der Mensch merkt, dass er auch in der intensivsten Annäherung an den Anderen immer einsam und leer bleibt, diese Leere aber annimmt und sie – das Erlebnis von ihr, die Entbehrung als lebendige Realität – liebend der Welt hinausschenkt, dann bekommt das Draußen ein Element der Innigkeit.

Es kommt darauf an, dass der Mensch die Dinge spürt, dass er sie aufnimmt in die Bewusstheit der subtilen geistigen Realität. Erst dann wird er zu dem, was als Potenzial in ihm liegt.

240 Guardini, Deutung, a. a. O., 38–39.
241 Ebd., 39.

Frist des Daseins

DIE NEUNTE ELEGIE

Warum, wenn es angeht, also die Frist des Daseins
hinzubringen, als Lorbeer, ein wenig dunkler als alles
andere Grün, mit kleinen Wellen an jedem
Blattrand (wie eines Windes Lächeln) –: warum dann
Menschliches müssen – und, Schicksal vermeidend,
sich sehnen nach Schicksal? …
Oh, *nicht*, weil Glück *ist*,
dieser voreilige Vorteil eines nahen Verlusts.
Nicht aus Neugier, oder zur Übung des Herzens,
das auch im Lorbeer *wäre* …

Der Lebenssinn des Menschen besteht darin, die Erkennbarkeit in der Erkenntnis zu aktualisieren, während reine Lebenskraft in jedem Lebewesen wirkt, nicht nur im Menschen. Rilke setzt als erstes Bild den Lorbeer, ein Symbol des dunkeln, tiefen grünen Lebenstriebs, das »dunkle Sinngrün«, das in der Zehnten Elegie in der Deutung der Schmerzen eine Rolle spielt. Grün ist die Farbe des Lebens, das Dunkle aber weist auf den Tod hin, und im Schmerz ist beides verbunden. Schmerz ist der Übergang oder die Mahnung, das Sein zum Tode zu integrieren. Der dunkelgrüne Lorbeer symbolisiert beide Aspekte, er ist relativ dauerhaft, wie auch das »winterwährige Laub« in der Zehnten Elegie. Hier ist die Parallele beider Sprachbilder ganz offenkundig. Der Lorbeer hat nun aber gleichzeitig die Bewegung des Windes in sich abgebildet, im gekräuselten Rand nämlich, ähnlich wie die Wellen des Wassers Kräuselungen durch den Wind sind. Im Wind wird das Flüchtige angesprochen, aber auch die Energie des Geistes (*ruah, pneuma*), der »Sturm« der Erneuerung, der im Gedicht des »Stunden-Buchs« vom 20. September 1899 den »uralten Turm« umstürmt:[242]

… und ich weiß noch nicht: bin ich ein Falke, ein Sturm
oder ein großer Gesang.

242 Rilke, Werke, a.a.O., Bd. 1, 207. Vgl. hierzu die Ausführungen in den Erläuterungen zur Sechsten Elegie.

Wieder zeichnet Rilke die Kontrastharmonie von Statik und Bewegung, angeschaut in Form und Farbe des Lorbeerblattes.[243] Wie Guardini feinsinnig deutet, symbolisiert das Lorbeerblatt auch einen lächelnden Mund, in der Mitte der Lippenspalt, am Rande die Kräuselungen, die einem zum Lächeln gespitzten Mund ähneln.[244] Der Lorbeer versinnbildlicht also schon subtilere Lebensäußerungen, und äußerlich betrachtet erschöpft sich der Mensch vielleicht sogar darin. Sein Schicksal, die Geschichtlichkeit in der vergehenden Zeit, vollzieht sich im Widerspruch, denn einerseits will er das Schicksal vermeiden, um nicht ausgesetzt zu sein, andererseits dürstet es ihn nach Leben und Abenteuer. So stürzt er sich stets aufs Neue in den Schicksalsstrom, nur um enttäuscht aus seinem Traum der Hoffnung zu erwachen.

Wie tief Rilke die Einheit von Pflanzen, Tieren und Menschen empfindet, zeigt auch die identifizierende Formulierung »*als* Lorbeer«, die mehr ist als eine Metapher des Vergleichs, denn diese würde sprachlich ein »wie« erfordern. Es geht Rilke vielmehr um die Metamorphose, wie sie in der Geschichte von Daphne dargestellt wird: Daphne ist eine Bergnymphe und jungfräuliche Priesterin der Mutter Erde, in die sich Apollon verliebte, während sie für sein Werben unempfänglich blieb, weil ein Pfeil des Eros, im Gegensatz zu seinen üblichen Folgen, ihre Abwendung bewirkt hatte. Erschöpft von dem Werben Apollons bittet sie ihren Vater Peneios, ihr die schöne Gestalt zu nehmen, und so wird sie in einen Lorbeerstrauch verwandelt. Zum Gedenken an Daphne trägt der Gott seither einen Lorbeerkranz oder eine mit Lorbeer verzierte Leier. Die Metamorphose lässt Daphne zu sich selbst finden, indem sie die Fremdbestimmtheit überwindet, die ihr durch den Willen des Apollon wie auch durch den Pfeil des Eros aufgezwungen war. Eine Liebesbeziehung zu Apollon hätte sie in menschliches Schicksal

243 Das ist ja die große Leistung der Duineser Elegien, dass ihre Metaphern so genauer Beobachtung entstammen, dass Details zu Symbolen werden, die der flüchtige Blick übersieht. Rilke verknüpft solche metaphorischen Fragmente ständig zu dem, was die Einheit von Polaritäten und Kontrasten ermöglicht. Das ist die synthetische Kraft des Geistes, die Unterschwelliges wahrnimmt und zur Sprache bringt, die Aufgabe des Menschen, die sich aus den »Dingen«, die sich dem Menschen zeigen, von selbst ergibt. Die Dinge nehmen dem Menschen gegenüber ihre Aufgabe wahr und der Mensch gegenüber den Dingen. Auch dies wieder ein wechselseitiges Aufeinander-verwiesen-Sein.

244 Guardini, Deutung, a. a. O., 335.

Abbildung 14: Apollo und Daphne (Gian Lorenzo Bernini, 1622–1625)

von Erwartung und Enttäuschung verstrickt und ihre physische und geistige Unberührbarkeit, sprich Jungfräulichkeit, verletzt. Indem sie ihrer inneren Bestimmung folgt, dem anderen Schicksal, von dem hier die Rede ist, erlangt sie den Sieg, der durch den Lorbeer gekrönt wird. Apollon, der Gott der Musen, bewirkt *nolens volens* die Verwandlung der physischen Liebe in die ästhetisch-feinstoffliche Gestalt der Liebe, wie ja in der Ersten Elegie die Geburt der Musik aus der Trauer um Linos ebenfalls mit Apollon verbunden war. Und auch das Schicksal der Gaspara Stampa in der Ersten Elegie, die aus der versagten Liebe Dichtung hervorbringt, besagt, so Rilke, dass das Unerfüllte, das Schwache, die Trauer den Menschen zur Sublimation oder Vergeistigung, zur Verwandlung des Schicksals in die Dimension des Unsichtbaren, anregen kann. Dieses Thema nimmt Rilke in der Neunten Elegie wieder auf.

»Warum« ist der Mensch auf der Welt? Nicht des Glücks wegen, denn der »voreilige Vorteil« des Glücks ist nur kurz und Vorbote des »nahen Verlusts«. Die Vergänglichkeit lässt das Glück schal werden im Unterschied zum Schönen,[245] das des Schrecklichen Anfang ist, wie es in der Ersten und Zweiten Elegie heißt. Das Schöne ist eine ästhetische Kategorie, wir können es aber nicht fassen, weil es nur die sichtbare Seite des Erhabenen ist, von dem überwältigende, alle Kategorien sprengende Kraft ausströmt. Im Glück hingegen fehlt diese tiefe Erschütterung, und so bleibt es fad in seiner Zeithaftigkeit. In der Siebenten Elegie (DE 7,51–52) hat Rilke die Psychologie des Glücksgewinns noch um eine Nuance schärfer formuliert: Glück stelle sich dann ein, wenn es der Nachbar durch Lachen oder Neid bestätigt. Das Glücksempfinden als eine Vergleichserfahrung fördert Entzweiung durch Überheblichkeit auf der einen und Neid auf der anderen Seite.

Auch »Neugier« ist kein Lebenssinn, denn sie bleibt vordergründig auf die Entdeckung von äußeren Merkmalen fixiert und lässt die Tiefenstruktur des »Bezugs«, des hintergründigen Zusammenhanges außer Acht. Dies muss allerdings im Kontext des Zeitgeistes im ausgehenden 19. Jahrhunderts interpretiert werden, der als

245 Ich teile Guardinis Interpretation nicht, nach der Rilkes Bestimmung des Glücks und des Schönen ein »ähnlicher Gedanke« sei. Dazu: Guardini, Deutung, a. a. O., 335–336.

Abbildung 15: Lorbeerblätter

eine »Kultur der Neugierde«[246] diagnostiziert worden ist. Wissenschaftliche Entdeckungen, technologische Möglichkeiten, spiritistische Abenteuer und die Gier nach Kuriositäten angesichts fremdkultureller Begegnungen, die im Zurschaustellen von Afrikanern und Polynesiern im Zirkus gipfelte, hatte zu einer sensationslüsternen Salonkultur geführt, die durch die neu entstandene Massenpresse nur noch unterstützt wurde. Wissenskultur und billige Unterhaltung gingen nicht selten ineinander über. Die Neugier hechelte den Sensationen hinterher. Alles blieb Oberfläche. Rilke durchschaut dies und nennt es beim Namen.

»Übung des Herzens« wächst aus der Erfahrung, mit Schicksalsschlägen umzugehen, eine Gewöhnung, die für Rilke nicht spezifisch menschlich ist. Auch der Lorbeer trägt seine evolutionsbedingte Übung in sich, er lebt und überlebt nach Mustern der gespeicherten Erfahrung. Übung des Herzens bleibt, so meint es

246 David Chapin: Exploring Other Worlds. Margret Fox, Elisha Kent Kane and the Antebellum Culture of Curiosity, Boston: University of Massachusetts Press 2004.

Rilke hier wohl, auf der Ebene der Gefühle stehen als eine Reaktion auf Impulse von außen.

Das »Hiersein« des Menschen hingegen ist bewusste Bejahung und stellt die Dinge[247] in einen geistigen Bezug. In der aktiven Erkenntnis des Menschen wird sich die Welt ihrer selbst bewusst, das heißt, sie erkennt ihr wechselseitiges Durchdrungensein. In der Bezogenheit von Ding und Mensch, von Objekt und Erkenntnis desselben, findet eine Evolution des Einen Leibes der Wirklichkeit statt. Die christliche Tradition hat das den mystischen Leib Christi genannt, sofern es auf die Menschheit bezogen war, und die buddhistische Avatamsaka-Welt[248] schließt darin alle Lebewesen – Pflanzen und Tiere – ja auch die sogenannte unbelebte Welt der Steine und Gewässer und kosmischen Erscheinungen mit ein, wie es im Bild des wechselseitigen Sich-Spiegelns, das wir bei der Siebenten Elegie schon erläutert hatten, zum Ausdruck kommt.

Auch das Tier leidet, aber unbewusst, weil es sich nicht am Zeitpfeil durch Hoffnung, Erwartung und Enttäuschung orientiert und seinen eigenen Tod nicht stetig vor Augen hat. Den Menschen hingegen befähigt sein bewusstes Leiden dazu, das »Hiersein« zu verinnerlichen und alles im Jetzt der Präsenz des Geistigen als gegenwärtig und gleichzeitig wahrzunehmen, wie es den Engel charakterisiert.[249] Die Verwandlung ins Unsichtbare ereignet sich wie eine Auferstehung durch das Leiden der Vergänglichkeit hindurch. Die klassisch christliche Formulierung für eine solche Deutung des Lebens ist die der Kreuzestheologie: Gerade im Schwächsten ist der Geist mächtig, wie Paulus schreibt. Dieses Paradox, Paulus nennt es die »Torheit« (*moria*) des Kreuzes (1. Kor 1,18), ist wohl ein Schlüssel zur Deutung dieser Zeilen: als »Schwindendstem« unter »Schwin-

247 Die »Dinge« sind nicht nur materielle Gegenstände, sondern alles, was der Mensch objektiviert, wie z. B. in der Ersten Elegie der Baum am Abhang, die Straße von gestern, das verzogene Treusein einer Gewohnheit, die Sterne, das Kind, die Liebenden, die jungen Toten usw.

248 Dazu: Michael von Brück: Weisheit der Leere. Sutra-Texte des indischen Mahayana-Buddhismus, Zürich: Benzinger 1989.

249 Rilkes Brief an Witold Hulewicz vom 13.11.1925 drückt diese mystische Gleichzeitigkeit klar aus: »Für den Engel sind alle vergangenen Türme und Paläste existent, *weil* längst unsichtbar, und die noch bestehenden Türme und Brücken unseres Daseins *schon* unsichtbar, obwohl noch (für uns) körperhaft dauernd.« Das Hiesige als Ganzes ist für den Engel schon immer präsent, was für uns Menschen in der geistigen Verwandlung noch aussteht. Dies ist ein Topos der mystischen Tradition, den ich bis zu Martin Luther hin gedeutet habe: *sub specie Dei* ist der Jüngste Tag schon geschehen. Vgl. von Brück, Einheit, a. a. O., 175.

denden« kommt es gerade dem Menschen zu, die Offenheit ins Zeitfreie zu leben. Das ist die Tragik und Größe seines Daseins, der Sinn seines Lebens. So kann man bei Rilke von einer ins anthropologisch Grundsätzliche gehobenen Kreuzestheologie sprechen.

Ein Mal

> Aber weil Hiersein viel ist, und weil uns scheinbar
> alles das Hiesige braucht, dieses Schwindende, das
> seltsam uns angeht. Uns, die Schwindendsten. Ein Mal
> jedes, nur *ein* Mal. *Ein* Mal und nichtmehr. Und wir auch
> *ein* Mal. Nie wieder. Aber dieses
> *ein* Mal gewesen zu sein, wenn auch nur *ein* Mal:
> *irdisch* gewesen zu sein, scheint nicht widerrufbar.

Es folgt die berühmte Abfolge des sechsfachen »ein Mal«. Guardini findet dafür die wunderbare Formulierung, es handle sich bei diesen Versen um »eine Fuge über das Motiv der Unwiederbringlichkeit«.[250] *Ein* Mal leben und nicht mehr, immerhin *scheint* es »nicht widerrufbar«. In der vergänglichen Einmaligkeit liegen Trauer und Größe dicht beieinander. Unser Bewusstsein lässt uns nicht nur die Grenzen in der Zeit erkennen, sondern gleichzeitig auch die Dimension eines Sinnes, denn es kann sich aus der Zeitlichkeit erheben. Das »*ein* Mal« ist darin aufgehoben, zumindest »scheint« nichts widerrufbar zu sein. Darin liegt ein Anspruch, denn die mögliche Unwiderrufbarkeit bezieht sich auf eine Transformation ins Geistige wie aber auch auf das Versagen, denn auch das Kleinliche und Kümmerliche unserer Existenz wäre ja nicht widerrufbar! Daraus folgt, dass Menschsein Projekt ist, und es kommt darauf an, wie der Einzelne sein Leben gestaltet. Der Mensch hat Entscheidungsfreiheit und handelt nach Gründen, er kann das Überzeitliche und Transpersonale, zur Anschauung gebracht im Engel, erkennen. Des Menschen Lebensaufgabe besteht für Rilke in einem Reifen, das in dieser Bewusstseinstiefe gipfelt, d.h. der Mensch muß sich aus-bilden, gleich einem Kunstwerk gestalten, dessen Inbild im Prozess des Leidens und der Ver-Innerli-

250 Guardini, Deutung, a.a.O., 337.

chung durchformt wird, so wie in den Elegien beschrieben. Das »*ein* Mal« wird erst in der Rückschau erkennbar, Rilke formuliert: »gewesen zu sein«, und fügt unmissverständlich hinzu: »*irdisch* gewesen zu sein«. Das Irdische ist das Geschichtliche, und erst im Nachhinein lässt es sich beurteilen. Das Vergangene ist das Faktische, und als solches ist es »einmal«, und doch wird es im *gegenwärtigen Erlebnis* des Erkennens in den Bezug zum Ganzen gestellt. Hier ist der Umschlagpunkt ins Unendliche, eine Befreiung durch Erkenntnis, und nur in solcher Er-innerung ist das »*ein* Mal« nicht widerrufbar. Diese Er-innerung sieht Rilke als Lebensaufgabe des Menschen.

Was nimmt man hinüber?

Und so drängen wir uns und wollen es leisten,
wollens enthalten in unsern einfachen Händen,
im überfüllteren Blick und im sprachlosen Herzen.
Wollen es werden. – Wem es geben? Am liebsten
alles behalten für immer … Ach, in den andern Bezug,
wehe, was nimmt man hinüber? Nicht das Anschaun, das hier
langsam erlernte, und kein hier Ereignetes. Keins.
Also die Schmerzen. Also vor allem das Schwersein,
also der Liebe lange Erfahrung, – also
lauter Unsägliches. Aber später,
unter den Sternen, was solls: *die* sind *besser* unsäglich.
Bringt doch der Wanderer auch vom Hange des Bergrands
nicht eine Hand voll Erde ins Tal, die Allen unsägliche,
sondern
ein erworbenes Wort, reines, den gelben und blaun
Enzian. Sind wir vielleicht *hier*, um zu sagen: Haus,
Brücke, Brunnen, Tor, Krug, Obstbaum, Fenster, –
höchstens: Säule, Turm … aber zu *sagen*, verstehs,
oh zu sagen so, wie selber die Dinge niemals
innig meinten zu sein. Ist nicht die heimliche List
dieser verschwiegenen Erde, wenn sie die Liebenden drängt,
daß sich in ihrem Gefühl jedes und jedes entzückt?
Schwelle: was ists für zwei
Liebende, daß sie die eigne ältere Schwelle der Tür

ein wenig verbrauchen, auch sie, nach den vielen vorher
und vor den Künftigen ..., leicht.

Darum geht es nun in den folgenden Versen. Guardini weist darauf hin,[251] dass hier eine Steigerung an Intensität von Verinnerlichung erreicht wird: Halten – Schauen – Fühlen – Werden.[252]

Die »einfachen Hände« stellen eine haptische Verbindung her, und ganz wörtlich genommen führt das Handwerk zu einer ersten Aneignung von Materie. Der »überfülltere Blick« weist in die Ferne, er erweitert den Radius des menschlichen Ausgreifens in die Welt. Das Auge blickt in die Weite und hat vieles gleichzeitig im Blick. Das sprachlose Herz steht für das Fühlen, das zugleich die Bewertungsinstanz ist, denn Fühlen ist immer bezogen auf das eigene Interesse, die Aneignung der Dinge ist interessegeleitet. Dadurch entsteht Identifikation, also eine Verinnerlichung, die Beziehung herstellt. Während das haptische und optische, gewiss auch das akustische und olfaktorische Wahrnehmen noch Distanz zwischen Objekt und Subjekt voraussetzen, folgt die Verarbeitung von Eindrücken durch Gefühl inneren Mustern, die ein Erlebnis formen, das diese Trennung nicht mehr zulässt. Es entsteht ein Raum gedeuteter Empfindung, der nicht mehr in (objektivierender) Sprache zu fassen ist, also ein »sprachloses Herz«. Ebenso kann mit Sprachlosigkeit aber auch die schiere Überwältigung durch die Mannigfaltigkeit und Erhabenheit der Welt gemeint sein, und es ist nicht auszuschließen, dass Rilke auch an dieser Stelle mit der Mehrschichtigkeit von Bedeutungen spielt. Das identifikatorische Erlebnis kann so intensiv werden, dass man ihm Dauer verleihen möchte. Darin aber zeigt sich wieder das egozentrierte Besitzstreben, das Wollen des Habens. Doch »in den andern Bezug« nimmt man nichts mit hinüber, weder das »langsam erlernte Anschaun« noch das »hier Ereignete«, also weder das, was passiert, noch die Wahrnehmung desselben im Bewusstsein. Rilke drückt durch das »wehe«, das nachgesetzte »Keins« und den nachgestellten Relativsatz zum Anschaun, »das hier langsam erlernte«, eine Wehmut angesichts der Vergänglichkeit aus, die das aufnimmt, was in der

251 Guardini, Deutung, a. a. O., 339.

252 Ein vergleichender Blick auf die buddhistische Erkenntnistheorie, die Ähnlichkeiten zu diesen Ausführungen aufweist, muss hier unterbleiben. Vgl. dazu Rager/von Brück, a. a. O., 165–237.

Ersten Elegie bereits im Wort von den »kaum erlernte(n) Gebräuche(n)«, die nun »nicht mehr zu üben« von den Toten erst erlernt werden müssen, bereits angesprochen war. Auch die Höhenflüge der Liebe oder das Schwersein der Einsamkeit und der physischen wie seelischen Schmerzen sind ein »Unsägliches« und nicht geeignet, Halt zu bieten, eine hilflose Unsäglichkeit. Auch das kann keiner mitnehmen.

Trotzdem, und das scheint das vierfache »also« von Vers 28–29 auch andeuten zu wollen und könnte im Kontext der Zehnten Elegie durchaus so gelesen werden, schwingt hier unausgesprochen ein »dennoch« mit: Die Erfahrung der Schmerzen, des Schwerseins beinhaltet das Loslassen von »Gedeutetem« und »Gewohntem«, eine Verinnerlichung, die durch die Schmerzen möglich wird. Gerade indem sie »unsäglich« ist, kann sie mitgenommen werden, weil im Schmerz die Objektivierung, das Getrennt-Sein, verschwindet, wohingegen erwünschte Gefühlszustände, an die sich das Ich geklammert hat, vom Fluss der Zeit fortgerissen werden. Durch den Schmerz geschieht eine Nichtung des Ich, und das eröffnet den Freiraum für den reinen Bezug. Diese Intensivierung des Bewusstseins ist es, die »mitgenommen« wird.

Es folgt eine räumliche und zeitliche Weitung. »Später« heißt, jenseits der Aufspaltung in Zeiteinheiten, also in einer zeitfreien Wahrnehmung. »Unter den Sternen« bezieht sich auf den anderen Bezug des Weltinnenraums. Im Hinblick darauf schwindet die Klage und wird mit einem fast lapidaren »was solls« abgetan. Das lässt ein Aufblicken erkennen und neuen Mut aufkeimen, was sich im nun folgenden Bilde des Wanderers weiter verdichtet. Während die Verse zuvor wie eine Eintrübung erscheinen, eine Wolke des wehmütigen Bedenkens der Endlichkeit vor dem weiten Himmel der Bezüge, wird der Blick nun wieder ins Offene gelenkt. Dem Bergsteiger, der im felsigen Geröll klettert, ist vielleicht ein Flecken Erde, auf dem eine Blume Halt findet, besonders kostbar. Doch für die Menschen unten im Tale, wo alles Erde ist, ist dies kein geeignetes Geschenk. Die Erde ist zwar »unsäglich« als das, woher wir kommen und wohin wir gehen, ist unsere Mutter, die uns trägt und nährt, doch da wir davon reichlich haben, sind wir uns dessen nicht bewusst. Das Selbstverständliche kann die Aufmerksamkeit nur schwer an sich binden. Also pflückt der Wanderer stattdessen die seltene Enzianblüte (vgl. Tafel 10) als Geschenk. Rilke dichtet zunächst aber, dass er ein »erworbenes Wort«, ein »reines« zumal, mitbringt. Das bedeutet nicht, wie Guardini bemerkt, dass er vom Enzian nur erzählt, sondern die Blüte durchaus in Händen hält. Das wirkliche (wörtlich: wirk-liche) Wort *ist* das Ding.[253] Im Wort geschieht die geistige Aneignung, in der wir erst das Ding *kennen* können in seiner Eigenart und besonderen Kostbarkeit, denn Benennung ist Aneignung bzw. Erwerb als geistiger Besitz. Die Dinge erhalten ihre Bedeutung für uns erst durch das Wort, das Semantik erzeugt. Das einzelne Wort hat seine semantische Kontur nur durch die Definition am anderen, es ist z. B. Enzian und eben nicht Edelweiß. A ist A, indem es nicht Nicht-A ist. Insofern ist es, was es ist, durch das andere, in wechselseitiger Abhängigkeit, wie die buddhistische Logik formuliert. Und gerade dadurch ist es Ausdruck des Ganzen, realisiert in der Poesie der Sprache. Dennoch bleibt jedes Ding unsäglich, aber auch diese Feststellung ist nur im Wort möglich. Tiefes Schweigen setzt das Wort voraus, ebenso die Erinnerung, von der Rilke spricht, die Verwandlung des zeiträumlich Endlichen ins Unendliche, in den Weltinnenraum-Bezug.

Der Wanderer bringt gelben und blauen Enzian mit, und es stellt sich die Frage, warum es ausgerechnet Enzian sein muß. Vielleicht nur, weil Rilke diese Blume liebt? Doch könnten auch symbolische Deutungen die Wahl Rilkes erklären:[254] Der farbintensive Enzian hebt sich von seiner Umgebung besonders markant ab. Gelb und das tiefe Blau sind die Farben für Erde und Himmel, wiederum Symbole für die Einheit des Ganzen. Die Enzianblüte öffnet sich in der Form eines Kruges, der sich nach oben hin ins Offene weitet. Der Krug wiederum ist mütterliches Symbol für die Gebärende. Volkskundlich gilt der Enzian auch als Totenblume und steht im Zusammenhang mit dem Sinngrün, das Rilke in der Zehnten Elegie nennt. Die Blütezeit des Enzians ist kurz, und die so erlebbare Vergänglichkeit weckt die Achtsamkeit für die Kostbarkeit und Schönheit der Blüte, ähnlich der Kirschblüte im ästhetisch-spirituellen Empfinden in Japan. So wird am Enzian die Verwandlung ins Geistige anschaubar, und durch das Wort, das Sagen der Dinge vollzieht der Mensch das als kulturelle Leistung, was der Engel von Natur aus hat.

253 Guardini, Deutung, a. a. O., 343.
254 Dazu Steiner, a. a. O., 217.

Rilke führt neun weitere Beispiele an für Dinge, die nicht um sich wissen, denn sie selbst »meinten niemals innig« ihr Wesen. Das zu erspüren, zu erkennen und zu sagen, ist die Aufgabe des Menschen. Die Beispiele sind nicht erschöpfend, aber auch nicht zufällig gewählt: »Haus, Brücke, Brunnen, Tor, Krug, Obstbaum, Fenster, – höchstens: Säule, Turm«. Es sind wesentliche Produkte der Kultur, in denen naturhaft Angelegtes durch menschliche Arbeit vervollkommnet wird.

Vom *Haus* zum »Behaust-Sein« ist die Vergeistigung geradezu sprachlich fassbar. Mittels des Hauses schafft sich der Mensch eine Geborgenheit, die er unentwegt sucht, aber doch nur vorübergehend finden kann, weil er das Haus wieder verlassen muss. Das Haus lässt dem Menschen aber auch Raum für ästhetische Gestaltung, wo individuelle Phantasien und Träume gestalterisch ausgelebt werden können. Damit steht das Haus zugleich für das Allgemeine und das Einmalige menschlicher Existenz. Die *Brücke* schlägt einen Bogen über das Trennende, sie verbindet Gegensätze. In vielen Mythen gehen die Toten über eine Brücke in die Unterwelt, in der griechischen Antike wird dies mit der Fahrt über den Fluss Styx ausgedrückt, im indischen Mythos ist es das Floß, das »zum anderen Ufer« des wahren Seins übersetzt. Die Brücke widersteht trennenden Grenzen, sie ist eine Architektur der *coincidentia oppositorum*, zumal wir auch von der Brücke zur Ewigkeit sprechen. Die Brücke gilt auch als Symbol des Verstehens durch Sprache. Steiner[255] zitiert Rilkes Widmung der Elegien an seinen polnischen Übersetzer Hulewicz, wo es heißt, dass die Sprachen Brücken seien, sodass wir »ein heiter Gemeinsames schaun«. Als Symbol des Übersetzens auch im Sinne der Verständigung zwischen verschiedenen Kulturen spielt die Brücke eine ebenso wichtige Rolle wie als Symbol für die Verbindung von sinnlich-zeitlich Getrenntem, das durch sprachliches Sagen in den *einen* Bezug vergeistigt wird. Der *Brunnen* steht für die Öffnung in die Tiefe der Vergangenheit, und als die eingehegte lebendige Quelle ist er Strom des Lebens, der, gezügelt durch menschliche Absicht, die Bewässerung des schmalen Streifens Kulturland zwischen fließendem Strom und erstarrter Bergwüste ermöglicht, wie wir aus der Zweiten und auch der Zehnten Elegie wissen. Auch das Symbol des *Tores*, der

255 Ebd., 221.

Pylon, ist aus der Siebenten Elegie bekannt, dort als Anschauung für die Größe antiker Kulturen aus der Zeit des noch unverstellt Schöpferischen. Hier kommt die Bedeutung als Durchgang in den anderen Raum der Bezüge, ins Schauen des Wesentlichen hinzu. Auch der *Krug* begegnet im Werk Rilkes wiederholt als Symbol der Fülle, des weiblich Gebärenden, des nach oben geöffneten Gefäßes, der Formung dessen, was er enthält, denn der Krug gibt jedem Inhalt seine Form. In all diesen Aspekten symbolisiert er das Potenzial und damit auch den Auftrag des Menschen. Auch Fenster und Tor lassen das Haus, trotz der Suche nach Sicherheit, nicht abgeschlossen sein, sondern ermöglichen den Blick ins Offene bzw. den Aus- und Eingang in den anderen Bereich. Und nun erstaunt der *Obstbaum* zwischen Begriffen der Architektur und dem häuslichen Umfeld. Den Obstbaum begreift Rilke wohl als Inbegriff der Kultivierung von Natur, womit er für das Besondere menschlicher Existenz schlechthin steht. Durch Kultivierung gewinnt der Mensch stoffliche Nahrung, so wie er durch den sprachlichen Ausdruck geistige Nahrung gewinnt. Obendrein spendet der veredelte Obstbaum süße Früchte, die nicht nur nähren, sondern ästhetischen Genuss versprechen, den Rilke in dem Gedicht aus den Sonetten an Orpheus, ebenfalls von 1922, feiert:[256]

Voller Apfel, Birne und Banane,
Stachelbeere … Alles dieses spricht
Tod und Leben in den Mund … Ich ahne …
Lest es einem Kind vom Angesicht,

wenn es sie erschmeckt. Dies kommt von weit.
Wird euch langsam namenlos im Munde?
Wo sonst Worte waren, fließen Funde,
aus dem Fruchtfleisch überrascht befreit.

Wagt zu sagen, was ihr Apfel nennt.
Diese Süße, die sich erst verdichtet,
um, im Schmecken leise aufgerichtet,

256 »Die Sonette an Orpheus«, Erster Teil, XIII, in: Rilke, Werke, a.a.O., Bd. 1, 623–624.

klar zu werden, wach und transparent,
doppeldeutig, sonnig, erdig, hiesig –:
O Erfahrung, Fühlung, Freude –, riesig!

Säule und *Turm* beschreiben in der Siebenten Elegie ebenfalls Leistungen antiker Kulturen, in der Sechste Elegie hingegen versinnbildlicht die Säule die Verbindung von Himmel und Erde, von vegetativer Potenz und spiritueller Erhöhung. Türme und Brücken, sie sind das dem Menschen Mögliche, vertikal und horizontal Getrenntes miteinander zu verbinden und diese Verbindung physisch und geistig erlebbar zu machen. Das Erleben wird, wie wir gesehen haben, bewusst im sprachlichen Ausdruck, der das *Fenster* der je spezifischen Blickrichtung ausmacht, d. h. an den Rahmen gebunden ist. Jedes Wort, jeder Begriff, jede semantische Struktur bildet einen spezifischen Rahmen ab. Der Rahmen bestimmt die Perspektive, unsere Sicht auf die Dinge, die nicht ausschließend ist, sondern ergänzt werden kann. So ist jede Sprache ein Fenster auf die Wirklichkeit, auch jede Religion oder Welt-Anschauung ist an einen Rahmen gebunden, und es kann nur das in den Blick kommen, was der jeweilige Rahmen zulässt. Im Bild des »Fensters« zeigen sich Möglichkeiten, ins Offene zu schauen, gleichzeitig aber auch Begrenzung.

Und nun erscheinen wieder die Liebenden. Hegels »List der Vernunft« wird bei Rilke zur »List dieser verschwiegenen Erde«. Während Hegel glaubte, dass eine auf den ersten Blick nicht erkennbare List die Geschichte lenke, begnügt sich Rilke, der gezeichnet ist durch die traumatisierende Verhöhnung jeder Vernunft in der Geschichte seit 1914, mit der List der Liebe, die Liebende dazu bewegt, Schwellen zu überschreiten. Die bergende Mutter Erde mit ihrer warmen Kreativität ist es, die den Drang der Liebenden zueinander aufbrechen lässt, ein Entzücken. Waren die Liebenden in der Ersten und Zweiten Elegie noch eher skeptisch befragt worden, steht hier dem Entzücken kein erhobener Zeigefinger entgegen, der an die Vergänglichkeit gemahnt. Sie verbrauchen »ein wenig« und tun das, was seit alters die Erde immer schon gedrängt hat zu tun und auch künftig veranlassen wird: dass sich Liebende einander hingeben, und damit die Schwelle des Absehbaren, der Deutung, des Gewollten und wohl auch der Vernunft überschreiten. Liebe ist das, was sich der Absicht entzieht, sie hält sich nicht an vorgegebene Schranken, transzendiert das heteronom Erlaubte und folgt ihrer eigenen Dynamik. Sie öffnet ins Offene, sie ist damit für Rilke der Übertritt schlechthin. Dabei ist sie – leicht. Selten hat Rilke das Schwebende der Liebe so unbedenklich besungen. Sie ist entkoppelt von der Erdenschwere, die sie immer wieder ins Mittelmaß der Gewohnheit zurückzuziehen droht. Sie schwebt engelhaft, öffnet die Liebenden für alle Dinge, und durchstrahlt sie – leicht. Sie ist wie der Vorgeschmack auf die vergeistigte Innerlichkeit der reinen Bezüge, von der nun schon so oft die Rede war. In diesen Zeilen dichtet Rilke unbeschwert wie selten.

Sprich und bekenn

Hier ist des *Säglichen* Zeit, *hier* seine Heimat.
Sprich und bekenn. Mehr als je
fallen die Dinge dahin, die erlebbaren, denn,
was sie verdrängend ersetzt, ist ein Tun ohne Bild.
Tun unter Krusten, die willig zerspringen, sobald
innen das Handeln entwächst und sich anders begrenzt.
Zwischen den Hämmern besteht
unser Herz, wie die Zunge
zwischen den Zähnen, die doch,
dennoch, die preisende bleibt.

»*Hier*«. Und dieses *Hier* wird wiederholt. Hier verdichtet sich zeitlich und räumlich alles in den Moment, wo Heimat ist. Das Geborgene ist gefunden, des »*Säglichen*« Zeit. Trotz aller Begrenztheit ist es dem Menschen aufgegeben, das Geistige in der Welt offenzulegen durch Sprache. »Sprich und bekenn.« Der Imperativ »Sprich« erinnert in seiner apodiktischen Unausweichlichkeit an religiöse Inspirationsformeln, von den hebräischen Propheten bis hin zum Koran, wo der Auftrag an den Propheten das Tiefgründige offenlegt, nicht das Zukünftige vorhersagt. Es ist identisch mit dem Sagen und Preisen (in den Sonetten an Orpheus das »Rühmen«). Dass hier auch das Bekenntnis, die *confessio*, genannt wird, ist eine Umdeutung des im Glaubensbekenntnis des Christentums verankerten *confiteor* als Imperativ radikaler inkarnatorischer Theologie. Damit will Rilke sagen, der Auftrag an den Menschen ist das

Bekenntnis zur göttlichen Präsenz in den Dingen, die in Sprache aufgeschlossen werden soll, analog zum Aufschließen der Himmelstür durch die Taufe im traditionellen Bekenntnis. *Einst galt die Taufe als Reinigungsritus für das Wirksamwerden der Erlösung. Bei Rilke ist der Sprechakt des Preisens und Rühmens der Erschließungsritus für das Wirklichwerden der übersinnlichen Dimension mitten im Hier und Jetzt der sinnlichen Erfahrung.* Dies kann als Umsetzung der Feuerbach'schen Religionskritik in die ästhetische Praxis gelesen werden: Der Himmel wird auf die Erde geholt; der Kandidat des Jenseits soll seine Aufgabe ganz im Diesseits erfüllen, wobei Rilke das Jenseits keineswegs ausblendet. Es öffnet sich wie der Vorhang im Theater, und sichtbar wird die Bühne des reinen Bezugs, auf der sich alle Dinge in ihrer Vollendung zeigen. Das bedeutet *eine Bewusstseinstransformation in das Gewahrwerden des »reinen Bezugs«.*

Die folgenden Verse reden vom »Tun ohne Bild«. Hier ist mit »Bild« nicht das Deuten der »gedeuteten Welt« aus der Ersten Elegie gemeint, sondern das Bild im Sinne von »Sinnbild«, das für Rilke Inbegriff der kreativen Tätigkeit des Geistes ist. Fehlt dieser Bezug, wird das Geistige reduziert bzw. geht verloren im Mechanischen, und das wäre der Beginn des Niedergangs der Kultur. In den vorangegangenen Versen rühmte Rilke das »Sagen« der Dinge, die in die Anschauung und den Bezug gehoben wurden. Das Ding, das benannt ist und in menschlicher Tätigkeit einen je einmaligen, unaustauschbaren Bezug bekommen hat, das also geschichtlich geworden ist, wie etwa Haus, Brücke, Brunnen, Tor usw., ist gezeichnet von den Spuren menschlicher Leidenschaft und Hingabe, vom Schicksal dessen, wie es zuvor hieß, der es erdacht, geformt und gebraucht hat. Es ist unverwechselbares *Er-innerungsstück* geworden, ein Spiegel menschlicher Lebenserfahrung. Darum halten wir es liebevoll in der Hand und betrachten es. Im Industriezeitalter aber fallen diese Dinge der Massenproduktion zum Opfer, einem Tun ohne Bild. Das *»ein* Mal«, das Rilke zuvor durch Wiederholung so eindringlich beschworen hatte, wird als Massenware kontur- und wertlos, die Kostbarkeit des Augenblicks verliert sich durch die Abstumpfung aufgrund von Wiederholung. Das innerlich gewordene Bild hingegen hat die Kostbarkeit des Einmaligen in den Bezug des Unendlichen gehoben, und genau diese Intensität geht verloren, wenn das Leben in der standardisierten Massenproduktion nur noch Stereotypen folgt und das Einmalige ins Museale verdrängt. Rilke sieht darin nicht nur eine Gefahr für Lebensqualität, sondern die drohende Auslöschung des Lebens selbst. »Bild« meint hier also die im Innern des geistigen Vermögens entstandene Konstellation, so wie auch beim Sternbild die Figur hineingedeutet wird und nicht objektiv am Himmel steht. Das ist das Wesen des Symbols, dass es nicht eine objektivierte abgegrenzte Tatsache ausdrückt, sondern einen Sinnbezug, der Objekt und Subjekt verbindet, indem er eine vom Subjekt entdeckte Konstellation wiedergibt. Ob diese Bilder (Symbole) dem Menschen gegebene ewige Ideen im Sinne Platons sind oder ob sie sich im Laufe der Evolution bzw. der Kulturgeschichte entwickelt haben, sei dahingestellt. Sie gehen jedenfalls dem aktuellen menschlichen Erkennen voraus als in der Sprache eingeprägte Muster, die das Kind beim Lernen erlernt, denn es lernt durch die Benennung, die ihm Erwachsene vorgeben, *so* zu sehen und *nicht anders*. Nicht erst die Deutung, sondern schon die sinnliche Wahrnehmung ist durch derartige Bilder beeinflusst. Jede Wahrnehmung ist zum einen abhängig vom Sinnesapparat, der nur bestimmte Daten (Frequenzen, Wellenlängen usw.) empfangen kann, zum anderen aber auch von kulturell erworbenen Mustern, die etwa in der Sprache codiert sind. Dadurch wird die Aufmerksamkeit so gelenkt, dass wir nur das wahrnehmen, was wir gelernt haben wahrzunehmen. Wahrnehmung und die Verknüpfung von Wahrnehmungen zu Anschauungen, dann auch zu Begriffen und Sinn-Zusammenhängen, ist die Verdopplung der Erschaffung der Welt im – wie Rilke sagt – »geistigen Bezug«. Damit ist das menschliche Leben unendlich schöpferisch, einmalig und unwiederholbar – aber doch gerade auf diese Weise in die Zeitfreiheit, die Einheit, den überzeitlichen Zusammenhang eingebunden. Paradox: Das Einmalige wird zu dem, was es ist, im Allgemeinen, dem *einen* Zusammenhang. Gerade das Vergängliche wird durch die Er-innerung ein Webfaden im unendlichen unvergänglichen Gewebe des geistigen Raumes. Im Bild gesprochen: Der einzelne vergehende Klang wird zum unverwechselbaren und unverlierbaren Bestandteil in der Gesamtheit des gleichzeitig erklingenden Klangteppichs, der in sich differenziert ist und bleibt. So sieht Rilke den Sinn des Lebens, dies ist sein Bild für die Unsterblichkeit. Interessanterweise ist diese seine Sicht kompatibel mit Vorstellungen über die Wahrnehmung und Wahrnehmungsverarbeitung durch das Bewusstsein, wie sie in der buddhistischen *skandha*-Theorie überliefert werden.[257]

Die von Rilke beklagten standardisierten Abläufe moderner Massenkultur sind, so der Elegien-Text, wie »Krusten«, die allerdings »willig zerspringen«, sobald sich der lebendige kreative Geist erneut regt. Auch aus den Verengungen der modernen Lebenswelt gibt es durchaus ein Entrinnen, anders als in der Orwell'schen Schreckensvision ist die Möglichkeit zum Aufbruch und Ausbruch jederzeit gegeben. Wie zwischen den Extremen der Endpunkte von Systole und Diastole des Herzschlags die Energie des Herzens sich zu immer neuer Entladung aufbaut, und wie auch zwischen den Mahlzähnen des Gebisses die Zunge beweglich bleibt, die dem Geistigen zum Ausdruck verhilft, so lässt sich der Geist nicht zu Tode standardisieren. Der Drang zum Kreativen bleibt. Er äußert sich in der Preisung, der Rühmung des Daseins.

Im Folgenden beschreibt Rilke den Aufbruch der Krusten unserer »gedeuteten Welt«, wenn das Wort *wirklich* wird, an Dynamik gewinnt und die Welt umformt, also »anders begrenzt«. Der Mensch hat sich eingerichtet, hat das »Haus«, von dem die Rede war, nach seinem vorläufigen und standardisierten Maß geschaffen und ist träge geworden in seinen Deutungen, die er für selbstverständlich hält, doch das nur scheinbar. Das Wort (der *logos*) ist »die Tat«, wie Goethe den Doktor Faust schließlich übersetzen lässt. Die Geistesdynamik sprengt die Macht der Gewohnheit. Das Haus, wie wir sahen, trägt auch »das Bild«, die Vorstellungen, Wünsche und Erwartungen des Menschen, der es erbaut hat. Schon seit der Antike, und der Architektur-Schriftsteller Vitruv (ca. 84–27 v. Chr.) beschreibt es explizit, wird das Haus bzw. der Tempel der Gestalt des Menschen nachgebildet, der menschliche Körper gilt als der Tempel des Heiligen Geistes, um mit Paulus zu sprechen (1. Kor 6,19). Nicht anders ist dies interessanterweise bei chinesisch-japanischen Klosteranlagen, wo die Architektur des gesamten Tempelkomplexes ein Abbild des menschlichen Körpers ist.[258] Der Tempel bzw. das Haus zerbricht und wird neu, geistig aufgebaut in seiner unendlichen und überzeitlichen Gestalt, so die Metapher der Evangelien, mit der Jesu Tod gedeutet wird (z. B. Mt. 26,61; 27,49), und es

257 Dazu ausführlich: Rager/von Brück, a. a. O., 192–198.
258 Michael von Brück: Zen. Geschichte und Praxis, München: C. H. Beck 2007, 71.

ist das Bild für das vollkommene Aufbrechen der »Krusten«, für die endgültige Vollendung der Welt in der Apokalypse des Johannes, da es im Himmlischen Jerusalem keinen Tempel als Hinweis auf das Jenseitige mehr gibt, weil sich das Jenseitige völlig im Diesseits verwirklich hat, weil Gott, das absolute Innen, wie Rilke vielleicht sagen würde, vollkommen präsent ist (Apk. 21,22). Auch hier also ein versteckter Hinweis auf Rilkes mystische Deutungen der jüdisch-christlichen Tradition, in denen die Einheit der Dualität bildhaft in Szene gesetzt wird. Guardini meint,[259] dass in dieser Elegie »christlicher Glaubensinhalt ins Welthafte geglitten zu sein« scheint. Rilke »mythisiere« die christlichen Vorstellungen, was die ganze abendländische Geistesgeschichte kennzeichne, und nähme ihnen »ihren eigentlichen Sinn«. Rilke behaupte, das an die Erde zurückgeben zu wollen, was die Kirche – so in der Tat Rilkes Anklage – ans Jenseits veruntreut habe. Guardini schreibt das in bedauerndem Ton. Mir stellt sich Rilkes Intention anders dar. Wie viele Mystiker kennt er das tiefe Erleben einer Einheit der Wirklichkeit, das von spiritueller Kraft durchdrungen ist, die in den Religionen Gott genannt wird. Wo diese Durchdringung nicht mehr erlebt wird, hat Religion der Welt nichts mehr zu geben. Rilke möchte diese Einheit wiedergewinnen durch eine Sensibilisierung des Bewusstseins für den Weltinnenraum. Das ist für Rilke der Übertritt aus der Entzweiung des modernen Bewusstseins – er reagiert ja auf den Zusammenbruch der europäischen Kultur – in eine »kosmische Solidarität«.[260] Gewiss kann man das als Mythisierung lesen, aber es ist eine Mythisierung, die hier und jetzt in jedem sich selbst erkennenden Bewusstsein Wirklichkeit werden kann, denn das einzelne (historische) Ereignis ist ja bedeutungsvoll nur, wenn es ein Allgemeines ausspricht, und Historizitäts-Fetischismus ist Rilkes Sache nicht. Die Einheit im Gottesbewusstsein ist eine spirituelle *apokatastasis pantōn*, die Akzeptanz und geistige Verwandlung der gesamten Wirklichkeit ohne Ausnahme. Ich höre hier den aus Erfahrung sprechenden Mystiker, der nicht bei der Innenschau stehen bleibt, sondern zum Lobpreis der Schöpfung ansetzt.

259 Guardini, Deutung, a. a. O., 346.
260 So habe ich in meiner Habilitationsschrift dieses Bewusstsein und seine Konsequenzen benannt; vgl. von Brück, Einheit, a. a. O., 377–392.

Preise dem Engel die Welt

Preise dem Engel die Welt, nicht die unsägliche, *ihm*
kannst du nicht großtun mit herrlich Erfühltem; im Weltall,
wo er fühlender fühlt, bist du ein Neuling. Drum zeig
ihm das Einfache, das von Geschlecht zu Geschlechtern gestaltet,
als ein Unsriges lebt, neben der Hand und im Blick.
Sag ihm die Dinge. Er wird staunender stehn; wie du standest
bei dem Seiler in Rom, oder beim Töpfer am Nil.
Zeig ihm, wie glücklich ein Ding sein kann, wie schuldlos und unser,
wie selbst das klagende Leid rein zur Gestalt sich entschließt,
dient als ein Ding, oder stirbt in ein Ding –, und jenseits
selig der Geige entgeht. – Und diese, von Hingang
lebenden Dinge verstehn, daß du sie rühmst; vergänglich,
traun sie ein Rettendes uns, den Vergänglichsten, zu.
Wollen, wir sollen sie ganz im unsichtbarn Herzen verwandeln
in – o unendlich – in uns! Wer wir am Ende auch seien.

Diese Rühmung soll jedoch nicht ins Pathetische abgleiten. Preise dem Engel nicht das Unsägliche, fordert Rilke, sondern »zeig ihm das Einfache«. Engel, von denen es hieß, dass sie uns nicht fühlen und kein Gespür für den Menschen haben, sind in ihrer eigenen Welt doch fühlend, sie »fühlen im Weltall fühlender als Menschen«, d.h. diese Welt der Engel ist nicht impersonal, sondern transpersonal. Es ist nicht weniger als das Du, sondern ein Sein im Über-Du, möchte man formulieren.

Der Raum des Menschlichen ist begrenzt. Die Begrenztheit anzunehmen und zu gestalten, darin besteht die Aufgabe des Menschen. Die Gestaltung soll sich an den in den Dingen selbst liegenden harmonikalen Mustern orientieren, und die menschliche Größe besteht darin, solche Muster zu erkennen. Denn wenn er die Dinge durchschaut, erkennt der Mensch seinen eigenen Geist, und er gestaltet sich, indem er die Welt gestaltet. Er gestaltet seine eigene Gestaltung. Das ist mehr als eine Ästhetik des Aussparens und der Zurückhaltung, sondern der Hinweis auf die Achtsamkeit für das Konkrete, eben für das individuelle Schicksal, das

»*ein* Mal« des Augenblicks, für die Anmut des Schlichten. Im Vollzug der alltäglichen Verrichtungen wird die Qualität kreativer Aufmerksamkeit erfahrbar,[261] es geschieht eine Reduktion auf das Wesentliche, wodurch die elementaren Lebensbezüge transparent werden. Rilke nennt zwei Beispiele aus dem Bereich des Handwerks, die als *pars pro toto* zunächst nostalgisch anmuten – der Seiler in Rom und der Töpfer am Nil. Es sind Beschwörungen aus der Antike, von der Rilke glaubt, dass hier die Ästhetik des sinnlich Konkreten den Zusammenhang mit dem Ganzen noch unmittelbar darstellte. Doch hebt Rilke diese Sehnsucht sogleich ins Grundsätzliche. »Zeig ihm, wie glücklich ein Ding sein kann …«, das heißt: Zeig dem Engel, zeig dem, der schon im Ganzen ist, wie auch das scheinbar Unbedeutende, auch die Klage und das Leid »rein zur Gestalt sich entschließt«, wie letztlich alles in ein Sinnbild gefasst werden kann und wie alles in ein anderes hineinstirbt, sich verwandelt und in dieser Verwandlung verbindet mit dem, was es nicht ist. Wie die Trennung überwunden wird, die entstanden war zwischen einem Etwas und dem jeweils anderen, das anders ist, weil das »Etwas« nicht ist. Wie also der Schmerz des Individuellen durch das »Hineinsterben« in den »Bezug« überwunden wird, wie die Dinge gerade von diesem »Hingang« leben, wie dadurch auch der Ton der Geige, gerade in seiner Vergänglichkeit aufgehoben ist. Aber das war, wie wir gesehen haben, Auftrag, nicht Zufall![262] In der Neunten Elegie wird diese Behauptung nun eingelöst: Indem wir diesen Klang erinnern, indem jetzt im Augenblick der Klang in bewusster Achtsamkeit erneut in uns erklingt, ist das, was damals von außen kam, mit dem Innen unserer jetzigen Erinnerung ver-

261 Rilke hat schon in einem Elegien-Fragment von 1912 den »uralten Werktag« und die Bedeutung des »Tagwerks« besungen und sagt dort, dass er in der Gegenwart »schwinge«; vgl. Fülleborn/Engel, a. a. O., Bd. 1, 55. Dies ist mehr als die bekannte romantisierende Verklärung des »einfachen Lebens«, die seine Eindrücke auf den Russlandreisen 1899 und 1900 geprägt hatten, es ist hier eher der Ausdruck des Vollendeten im Alltäglichen.

262 Rilke berichtet an die Pianistin Magda von Hattingberg, in die er sich leidenschaftlich verliebt hatte, wie das Schicksal der Berufung zum Künstlertum durch viele scheinbar zufällige Ereignisse, Begegnungen und die Ansprache durch Kunstwerke geformt worden sei, darunter auch, »dass ein Mensch unterging, weil er irgendwo im Vorübergehen einen Geigenton hörte, der sein ganzes Wollen ablenkte ins dichtere Schicksal hinein«; Brief an Benvenuta vom 1. 2. 1914, ebd., 98.

knüpft. Es ist »in den Bezug« gerettet. Es ist die Rettung des Vergänglichen, von der Rilke hier spricht, zunächst die Rettung aller Dinge und Ereignisse, auch der noch so kleinen. Darin sieht Rilke die Aufgabe des Menschen, der sich selbst dabei auch Gegenstand wird, indem er die Aufgabe an sich realisiert. Der Mensch wird durch dieses Gestalten. Was? Das lässt Rilke offen. Er vermeidet ein abschließendes Urteil und belässt es bei dem Auftrag, der Tätigkeit.

Rilke bewegt sich hier im Grenzbereich. Er will singen und das Hiesige rühmen inmitten der Klage. Das Dichterwort soll das Hier und Jetzt preisen. Und – er kehrt zurück zu den kleinen Dingen, dem unmittelbaren Ausdruck als Eindruck, und Eindruck als Ausdruck. Das »Einfache«, das »Unsrige« ist es, was er dem Engel zeigen will. Rilke empfindet dabei zugleich die schmerzliche Distanz. Er drückt sie aus in der Klage. Aber er steht an der Schwelle.

Überzähliges Dasein

Erde, ist es nicht dies, was du willst: *unsichtbar*
in uns erstehn? – Ist es dein Traum nicht,
einmal unsichtbar zu sein? – Erde! unsichtbar!
Was, wenn Verwandlung nicht, ist dein drängender Auftrag?
Erde, du liebe, ich will. Oh glaub, es bedürfte
nicht deiner Frühlinge mehr, mich dir zu gewinnen –, *einer*,
ach, ein einziger ist schon dem Blute zu viel.
Namenlos bin ich zu dir entschlossen, von weit her.
Immer warst du im Recht, und dein heiliger Einfall
ist der vertrauliche Tod.

Siehe, ich lebe. Woraus? Weder Kindheit noch Zukunft
werden weniger ..... Überzähliges Dasein
entspringt mir im Herzen.

Die Schlussverse gipfeln in einer hymnischen Coda, einem ekstatischen Feuerwerk der Sprache. Hat sich nicht die gesamte Schöpfung auf diesen Auftrag hin entwickelt, träumt nicht die Erde davon, dass der Mensch diese geistige Verwandlung vollzieht, indem sie, die Erde, zu ihrer Bestimmung kommt?[263] »Erde, du liebe, ich will«. Es ist Entschluss zur Bejahung des Lebens, eine Begeisterung, die Aufgabe des Geistes als die eigene zu ergreifen. Aufgabe ist hier wieder hintergründig gemeint als Gestaltung der Dinge, aber auch als Selbst-Aufgabe des Sterbens in die zeitlose Dimension hinein, als Akzeptanz der Vergänglichkeit, die durch Innerung ein Geflecht zum Ganzen wird. Damit ist der Tod im eigentlichen Sinn »heiliger Einfall«, der Eintritt in das Sein der Einheit. Wer das erkennt, dem ist der Tod »vertraulich« geworden. Hier ist die Einheit der Zeit erreicht, denn weder die Vergangenheit des Kindseins noch die Zukunft werden weniger, da alles in dem gegenwärtigen Augenblick präsent ist im Raum des Herz-Geistes.

Aber ist das nicht schwärmerische Übertreibung, Verdrängung der harten Realität? Rilke tritt noch einmal zurück, um aus der Distanz zu prüfen, ob diese Deutung des Lebens der unsäglichen Erfahrung des Leides standhalten kann und ob nicht vielleicht Schmerz und Klage die deutlicheren Signaturen des Lebens wären? Diese Fragen sind Thema der Zehnten Elegie, ein selbstreflexives Innehalten vor dem Finale.

263 Ob Rilke damit bewusst an die Aussage des Paulus in Rm. 8,18–22 anknüpft, dass alle Kreatur sich sehnt nach der Befreiung des Menschen, um dadurch selbst frei zu werden, ist nicht klar. Der Zusammenhang jedoch ist offensichtlich.

Die Zehnte Elegie

Die ersten zwölf Zeilen der Zehnten Elegie hat Rilke bereits 1912 in Duino gedichtet. Und sie waren damals schon als Abschluss des gesamten Elegien-Zyklus gedacht, der freilich erst am 9. bzw. 11. Februar 1922 vollendet werden sollte. Diese Vollendung war für Rilke ein Befreiungserlebnis, er berichtet davon sogleich mit Genugtuung und Erleichterung in fast gleichlautenden Briefen, zuerst an seinen Verleger Anton Kippenberg, dann an Nanny Wunderly-Volkart, Marie von Thurn und Taxis, Lou Andreas-Salomé und Mary Dobrcensky: »... ich bin überm Berg! Endlich! Die ›Elegien‹ sind da«, jubelt er gegenüber Kippenberg.[264] Bevor sie vollendet waren, sei es wie eine »Verstümmelung meines Herzens« gewesen, fügt er an Nanny Wunderly-Volkart hinzu. Er habe eine Arbeit vollendet, »die über alles Bürgerliche und Ver-bürgte der Kraft hinausgehen« würde, und es »krachte im Sturm«. Rilke konstatiert: »Ich muß schon gut gefügt sein, dass ichs ausgehalten habe«.[265] Vom »Orkan« wie damals auf Duino ist auch in den Briefen an die Fürstin sowie an Lou die Rede,[266] und der »Blut- und Sagenkreis von zehn (zehn!) seltsamen Jahren hat sich geschlossen«.[267]

Zehn Jahre liegen zwischen Anfang und Ende, die Jahre des Krieges und des Untergangs einer alten Welt, der schweren Geburt der Republik nach 1918, des Versailler Vertrags und des Eintritts Amerikas in die Politik Europas, und auch der blutigen Revolution in Russland. Rilke scheint bruchlos anknüpfen zu können, er, der »Vollendetste aller Individualisten«,[268] der sich um Politik nie gekümmert habe. Doch das stimmt so nicht, denn am »politische(n)

264 Brief an Anton Kippenberg vom 9.2.1922, in: Fülleborn/Engel, a.a.O., Bd. 1, 232.
265 Brief an Nanny Wunderly-Volkart vom 10.2.1922, ebd., 233.
266 Brief an Marie Taxis vom 11.2.1922, ebd. 236; Brief an Lou Andreas-Salomé vom 11.2.1922, ebd., 237.
267 Brief an Nanny Wunderly-Volkart vom 10.2.1922, ebd., 233. Es sei noch einmal darauf hingewiesen, dass er die lange Periode der Unfähigkeit zu schreiben, die zweifellos mit der Kriegszeit zusammenhängt, als »Zustand innerer Vereisung« empfunden hatte; vgl. Brief an Gräfin Aline Dietrichstein vom 9.10.1918, ebd., 147.
268 Guardini, Deutung, a.a.O., 279.

Rilke«,[269] der sich in »Abscheu«[270] vom wilhelminischen Ungeist in Deutschland abwendet, zeigt sich eine andere Seite des Dichters der »Duineser Elegien«, und das gilt es gerade auch bei der Deutung der Zehnten Elegie – die von Schmerz, Klage, Sterben und Tod handelt – zu berücksichtigen, obwohl in den Elegien diese politische Seite der menschlichen Existenz explizit nicht angesprochen wird.[271]

Wir, Vergeuder der Schmerzen

DIE ZEHNTE ELEGIE

Daß ich dereinst, an dem Ausgang der grimmigen Einsicht,
Jubel und Ruhm aufsinge zustimmenden Engeln.
Daß von den klar geschlagenen Hämmern des Herzens

269 Raddatz, a. a. O., 87–108.
270 Ebd., 102.
271 Rilkes Deutung der politischen Katastrophen seiner Zeit schwankt zwischen Fatalismus und Rückzug ins Innere, aus dem allerdings eine neue Geisteshaltung entstehen soll, die dann auch die Gesellschaft verwandeln würde. Besonders in den Weihnachtsbriefen an die Mutter während der Kriegsjahre äußert er sich direkt: 1914 schreibt er, dass der »geistige Rufer … machtlos« sei, da die »erregten heftigen Menschen, die den Tod in die Hand genommen haben und das Unheil wider einander gebrauchen« an »dieses Unsagbare« rühren, und zwar schicksalhaft, und der Sinn des Unheils ist: »der Mensch soll merken, dass, wie weit ers auch treibt, er an keine Grenze Gottes kommt, wohl aber an sein eigenes Ende«. (Rainer Maria Rilke, Weihnachtsbriefe an die Mutter (Hrsg. Hella Sieber-Rilke), Frankfurt a. M./Leipzig: Insel 1995, 51) 1916 bekennt er, dass er »heuer den Glanz eines Christbaumes« kaum ertrüge, weil »so viel Schwere in der Luft« sei – wer habe da die Kraft zum Feiern und zum Singen? (a. a. O., 57) Und dennoch sei es gerade in dieser Not heilsam, »das Fest der Unschuld mitten in einer Welt verstricktester Verschuldung« zu feiern, damit wir »an den Weiten unseres Wesens« geheiligt würden. (a. a. O., 58) 1917 wird er politisch konkreter, denn man könne nun zuversichtlicher sein, »da diesmal wirklich das Wort Frieden über einem Teil der Welt aufgegangen ist, im Osten wie ein Gestirn … man darf annehmen, dass es bald weiter steigen und nächstens allen bösen Willen und Unwillen überstrahlen wird«. (a. a. O., 60) Dass die Russische Revolution gemeint ist, steht außer Zweifel. Und 1918 wird ihm klar, dass die Nachkriegszeit vielleicht noch verwirrender würde als die Zeit zuvor, weil nun die politische Freiheit gegeben sei, eine neue Gesellschaft zu gestalten, was aber menschliche Reife voraussetze, die (noch) nicht da sei. (a. a. O., 63 f.) 1919 glaubt er, als Dichter doch politisch wirken zu können, indem er an der »allgemeinen Versöhnung und Besinnung« dadurch mitwirken könne, dass er Lesungen in den Sprachen (vor allem Französisch und Italienisch) öffentlich veranstaltet, die zuvor politisch verfemt waren. (a. a. O., 67)

keiner versage an weichen, zweifelnden oder
reißenden Saiten. Daß mich mein strömendes Antlitz
glänzender mache; daß das unscheinbare Weinen
blühe. O wie werdet ihr dann, Nächte, mir lieb sein,
gehärmte. Daß ich euch knieender nicht, untröstliche
Schwestern,
hinnahm, nicht in euer gelöstes
Haar mich gelöster ergab. Wir, Vergeuder der Schmerzen.
Wie wir sie absehn voraus, in die traurige Dauer,
ob sie nicht enden vielleicht. Sie aber sind ja
unser winterwähriges Laub, unser dunkeles Sinngrün,
eine der Zeiten des heimlichen Jahres –, nicht nur
Zeit –, sind Stelle, Siedelung, Lager, Boden, Wohnort.

Gleich zu Beginn ein viermaliges »daß«. Darin lese ich eine halb ausgesprochene, fast scheue Sehnsucht, jedenfalls ein Tasten nach Kontur, ein Ringen um den Selbstausdruck angesichts eines unmöglichen Anfangs – diese Worte sind wohl Klage und Beschwörung in einem, die Suche nach einem mythischen Mantel, der längst zerschlissen scheint. Auch hier bewegt sich Rilke im Gestus des Empfindens seiner Zeit. Analog zu Rilkes verbaler Klangrhythmik begegnet uns das Spiel mit dem Ornamentalen und die Sehnsucht nach »dem Osten« im Jugendstil, oder die Flucht ins Surreale der Innenwelt im Surrealismus, oder die Freude an der Provokation des Archaischen bei Strawinsky, oder an der Lust des Un-verschämten im erotisch Expressiven bei Klimt, Schiele und Schnitzler. So laut kann und will Rilke nicht sein. Er begnügt sich mit der zahmen Phantasie des »daß ich dereinst …«

Rilke schwelgt nun geradezu in starken Formulierungen von Kontrastharmonie: »grimmige Einsicht«, »Ausgang« im Kontrapunkt zu »Einsicht«. Auch der spontane Jubelschrei, der losgelöst vom Objekt sich ereignet (DE 7,2–6), und der Ruhm, der ein objektbezogenes Sagen meint (DE 9,35–39), bilden eine Widerspruchseinheit, denn erst beide zusammen sind das Gültige, »indem das Sagen des Wesens der irdischen Dinge über die irdischen Bedingungen hinaushebt«.[272] Und dann die Spannung zwischen dem transitiven Ansingen (DE 2,3) und dem Aufsingen, das hier intran-

272 So Steiner, a. a. O., 243.

sitiv gemeint ist, da ja die Engel nicht wirklich als Adressaten infrage kommen. Die Hammerschläge des Herzens pochen einen physischen und psychischen Rhythmus, der nicht von außen kommt, sondern die Kraft des Herzen nach außen wendet in Musik, die das Schlagende und Geschlagene zugleich ausdrückt. Diese Nicht-Dualität von Außen und Innen ist zugleich Symbol des Sagens und Dichtens überhaupt.

Das »strömende Antlitz« bezieht sich auf die Meditations-Erfahrung des fließenden Lebens, der Strömung, die als das Ganze erlebt wird; sie umfasst Leben und Tod, wie es in der Ersten Elegie heißt: »Die ewige Strömung reißt durch beide Bereiche alle Alter immer mit sich und übertönt sie in beiden.« [Engel wissen nicht, ob sie unter Lebenden oder Toten gehen. (DE 1,86–87)] Die Strömung der Lebensenergie, im indischen Denken der *prāna*, wird hier vom Weinen nicht etwa durch einen Punkt oder Doppelpunkt getrennt, sondern nur mit einem Semikolon, womit wiederum die Einheit der beiden Emotionen betont wird. An anderer Stelle spricht Rilke von Helden, die »reißende Ströme« (DE 6,43) sind. Der Ruf an den Engel erzeugt eine so starke Strömung, dass dieser nicht dagegen anschreiten kann (DE 7,96–97). Strömen ins Offene, »macht das Gesicht zum Antlitz«.[273] Dies erinnert an ein Gedicht vom April 1903 im »Stunden-Buch«:[274]

> Denn Armut ist ein großer Glanz aus Innen …
>
> Du bist der Arme, du der Mittellose,
> du bist der Stein, der keine Stätte hat ….
> …
> Und du bist arm: so wie der Frühlingsregen,
> der selig auf der Städte Dächer fällt.

Der »Glanz aus Innen« ist ein Strömen von »Armut«, womit nicht die bittere materielle Armut angesprochen wird, sondern die Armut des Geistes der Seligpreisungen, die Einfalt in der Einheit. Ein Zusammenhang der beiden Gedichte ergibt sich auch aus dem

273 Steiner, ebd., 245, dem ich auch die Anregungen zu den nun folgenden Gedanken verdanke.
274 Rilke, Werke, a. a. O., Bd. 1, 292–293.

Frühlingsregen, der, wenn er sanft niedergeht, der Empfindung des Strömens entspricht.

Die »gehärmte Nacht« hat nichts Transitives mehr, wie noch in der Ersten Elegie, wo sich die Erwartung auf ein Objekt richtete. »Jetzt bricht die Gewissheit hervor, dass das Perspektivisch-Besitzergreifende überwunden ist und dass daher gerade auch die gehärmten Nächte, gerade die gehärmten Nächte, positiv werden.«[275]

Das gelöste Haar, die sich auflösende Gegenständlichkeit in der Nacht, das strömende Antlitz, auch der Zusammenfall von Glück und Schmerz,[276] von Leben und Tod,[277] all dies sind Bilder oder Empfindungen des Zusammenfalls der Gegensätze. So kann die Zehnte Elegie durchaus als »ein dunkles Märchen zum Tode hin« gedeutet werden,[278] der Tod aber ist für Rilke nicht Gegenwelt, sondern eins mit dem Leben.

Rilke stellt die Frage, wie Schmerz erlebt wird und zu deuten ist, als Geißel der Menschheit oder als Aufgabe? Kein Menschenleben, in dem nicht der Schmerz bedrohlich das Leben erschüttern und mit Angst vergiften würde. In der christlichen Religion spielt die Thematik des Schmerzes eine zentrale Rolle, denn der gekreuzigte Gott steht dafür, dass Gott selbst den unerträglichsten Schmerz auf sich genommen hat, um dem leidenden Menschen solidarisch beizustehen. Indem Gott selbst Schmerz und Tod überwinden könne, gibt es Hoffnung für den leidenden Menschen. Gleichzeitig wurde und wird in der christlichen Tradition der Schmerz als Raum der Bewährung, der Einübung in Geduld und Erinnerung an die eigene Sterblichkeit verstanden, die Kunst des Ertragens von Schmerz und Tod (*ars moriendi*) als Einübung in die rechte Qualität des Lebens (*ars vivendi*). Schmerz als »Engelwache, die im innersten Gemache des Gemütes Ordnung hält«, heißt es in einem eindrucksvollen evangelischen Kirchenlied von 1691, das diese Deutung der Schmerzerfahrung auf den Punkt bringt.[279] Hier gilt

275 Steiner, a. a. O., 246

276 Steiner, ebd.: »Der Schmerz ist die uns abgekehrte, von uns unbeschienene Seite des Glücks.«

277 Rilkes Brief an Witold Hulewicz vom 13. 11. 1925 enthält die Formulierung: »Der Tod ist die uns abgekehrte, von uns unbeschienene Seite des Lebens.« Fülleborn/Engel, a. a. O., Bd. 1, 319.

278 Raddatz, a. a. O., 132.

279 »Endlich bricht der heiße Tiegel« von Johann Löhner (1691), nach Karl Friedrich Hartmann (1782), bearbeitet von Albert Knapp 1837 (Evangelisches Gesangbuch Nr. 305, Ausgabe 1976), nicht aufgenommen im neuen Evangelischen Gesang-

Schmerz als Mittel zur Konzentration der Sinne und des Geistes, als pädagogischer Zuchtmeister also. Rilke empfiehlt, aus der Not des Schmerzes eine Tugend der Intensivierung von Leben zu machen, die Schmerzen zu nutzen und nicht zu vergeuden. Schmerzen seien »unser dunkeles Sinngrün«. »Sinngrün« wird volksetymologisch gedeutet als die Kombination von »Sinn«, d.h. Richtungs-Sinn, und »Grün« als Farbe des Lebens. Im Schweizer Raum gilt Sinngrün als »Totenkraut« bzw. »Tote-Blüemli«.[280] Es wird in Totenkränze eingeflochten und hat – ähnlich wie der Enzian – eine rituelle Bedeutung in volkstümlichen Totenritualen. Die Farbe Grün taucht interessanterweise in den Elegien als einzige Farbe mehrfach auf, wie schon bei der Deutung der Dritten Elegie hervorgehoben wurde. So steht dort (DE 3,58) das Herz »lichtgrün« auf dem umgestürzten inneren Urwald und wächst aus dem Humus der Ahnenwelt empor; und in der Fünften Elegie (DE 5,74) ist die grüne metallene Seide über die Brüste des Mädchens der Saltimbanques gespannt, um die mögliche fruchtbare Lebenskraft anzudeuten. In der Neunten und Zehnten Elegie hingegen erscheint das Grün in dunklerer Tönung und bildet so den mysteriösen schöpferischen Grund der Existenz ab. Die meisten Pflanzen haben zwar eine kürzere Lebensdauer als Menschen, so Rilke, doch zeigt sich die Wiederkehr des Wachstums nach der Latenzphase des Absterbens recht deutlich. Das Immergrün, das über den Winter hinweg nicht zugrunde geht, gilt als Symbol des Lebens, wie auch mit dem Weihnachtsbaum das immerwährende Grünen assoziiert wird: »du grünst nicht nur zur Sommerszeit, nein auch im Winter, wenn es schneit«. Im Grün klingt auch eine Zeit jenseits der Zeit an, so wie der Rilke'sche Weltinnenraum »simultan viele Zeiten« umfaßt,[281] einschließlich der »menschlichen Jahreszeiten«. Letzteres hat Rilke in der Vierten Elegie (DE 4,63–64) mit den Worten vom »Umkreis des ganzen Wandelns« umschrieben, wo er es »das heimliche Jahr« nennt, das verborgen und noch nicht entfaltet ist, doch steckt im Begriff des »Heimlichen« auch die Heimat,

buch der EKD von 1994. Im 3. Vers heißt es, Leiden bringe die »empörten Glieder endlich zum Gehorsam wieder«. Und der 4. Vers: »Leiden sammelt unsre Sinne, dass die Seele nicht zerrinne in den Bildern dieser Welt, ist wie eine Engelwache, die im innersten Gemache des Gemütes Ordnung hält.«

280 Belege bei Steiner, a.a.O., 248.

281 Ebd., 249.

das Vertrautsein, das Innige. Und wieder spielt Rilke meisterhaft mit der Vielschichtigkeit von Bildern und Begriffen, die seiner Suche nach nicht-abgrenzender Sprache entgegenkommt.

Es geht hier aber nicht nur um eine Integration der Zeiterfahrungen, sondern auch um die Sehnsucht nach dem Raum, wo Heimat, wo Vertraut-Sein im Ort der Ruhe gefunden werden kann: »Stelle, Siedelung, Lager, Boden, Wohnort«, jedoch erst nach dem Durchgang durch das Leid-Land, das Rilke nun beschreibt. Dieser Raum ist der Ort der Verwandlung, die als Initiationsweg der Einswerdung des Widersprüchlichen gedeutet wird, eine mythisch-romantische In-Welt, wie sie Richard Wagner in seinen Musikdramen auf die Bühne gebracht hat. Was Rilke hier vorgeschwebt haben könnte, lässt an den Initiationsweg des Parsifal bei Wagner denken, der weder seinen Namen noch seine Herkunft kennt, der gemordet hat und nichts davon weiß, unwissend wie die im Ambivalenten schlummernde Kundry, sagt Gurnemanz. Der Dialog zwischen Gurnemanz und Parsifal gipfelt in der Frage nach dem Gral:[282]

PARSIFAL: Wer ist der Gral?
GURNEMANZ: Das sagt sich nicht;
doch bist du selbst zu ihm erkoren,
bleibt dir die Kunde unverloren. –
Und sieh! –
Mich dünkt, daß ich dich recht erkannt:
kein Weg führt zu ihm durch das Land,
und niemand könnte ihn beschreiten,
den er nicht selber möcht' geleiten.
PARSIFAL: Ich schreite kaum, –
doch wähn' ich mich schon weit.
GURNEMANZ: Du siehst, mein Sohn,
zum Raum wird hier die Zeit.

Wagners Regieanweisung ist insofern aufschlussreich, als sie, wie auch Rilkes Weg durch die »Gassen der Leid-Stadt«, einen Hinweg entwirft zu einem anderen Zeit-Raum bzw. einer noch zu erkennenden Raum-Zeit:[283]

282 Wagner, a. a. O., 833–834.
283 Ebd., 834.

> Allmählich, während Gurnemanz und Parsifal zu schreiten scheinen, hat sich die Szene bereits immer merklicher verwandelt; es verschwindet so der Wald, und in Felswänden öffnet sich ein Torweg, welcher die beiden jetzt einschließt. … Durch aufsteigende gemauerte Gänge führend, hat die Szene sich vollständig verwandelt: Gurnemanz und Parsifal treten jetzt in den mächtigen Saal der Gralsburg ein.

Die Musik entwickelt sich zu einem Schreiten, und die Verwandlung geschieht in dieser Bewegung, im Gehen wächst der Raum. Die musikalischen Themen, das Schmerzensmotiv des Amfortas und das Grals- bzw. Abendmahlsmotiv, erklingen gleichzeitig durch Über- und Ineinander-Schichtungen, gedehnt in den Intervallen und Modulationen, und endlich in Stille mündend. Wagner greift hier in »diesem buddhistisch-christlichen Erlösungsdrama … wieder auf die Idee einer Aufhebung von Zeit und Raum im Medium der musikalischen Gestaltung zurück«, in der auch Kundrys frustrierte Existenz, komponiert in ruhelosen Kreisbewegungen, schließlich aufgehoben erscheint.[284]

Erlebte Zeit entsteht aus der Selbstspiegelung des Bewusstseins. Kommt das Bewusstsein zur Ruhe, wird, buddhistisch gesprochen, die Zeit zum Raum, d.h. das Nacheinander zum Ineinander, zur Multidimensionalität des Augenblicks in der synchronen Einheit: zur Gleichzeitigkeit des Unterschiedenen in der Gegenwart eines völlig integrierten Bewusstseinsmoments.

Das Psychisch-Räumliche deutet Rilke durch das Lager an, doch dort ist kein Bleiben, und die Liebenden hatten schon in der Vierten Elegie einander den Aufbruch durch die Kraft ihrer Liebe versprochen, die einerseits Dynamik (»Weite, Jagd«) und andererseits den Ruhe-Raum (»Heimat«) hervorbringt. In der Liebe entsteht Offenheit, eine zielstrebige Bewegung, die Raum schafft, bei Wagner wie bei Rilke. In diesem zeitlichen Vorgang streben die Liebenden ständig über alle Begrenzung hinaus, ohne dass sie sich in ihrer Besonderheit auflösen würden. Was aber bedeutet dann Heimat, die doch aus Erinnerung an Vergangenes, also aus Mustern des Faktischen geformt ist?

Für Rilke ist die eigentliche Heimat der Schmerz. Schmerzen

284 Kienzle, Nirvana, 48–49.

sind Folge der Bewegtheit, der Veränderung und des Abschieds. Schon das erste Erlebnis des Menschen ist mit Schmerz, dem Geburtsschmerz, verbunden, eine Erfahrung, die über sich hinausweist ins Kreative des Lebens. Schmerzen bestimmen auch die Heimat der Liebenden, weil immer Unerfülltheit bleibt, wie es bereits in der Ersten Elegie heißt, eine Distanz, die zu überwinden sie sich sehnen, die aber *not-wendig* ist, weil ansonsten Stillstand droht.

Jacob Steiner zitiert als »Rilkes intimste Erfahrung« einen Brief an seinen Schwager vom 29. April 1904, und später äußert sich Rilke ähnlich in Briefen an »Merline« und in den zahlreichen Beratungs-Briefen an Freunde:[285]

> Clara und ich, lieber Friedrich, wir haben uns gerade darin gefunden und verstanden, dass alle Gemeinsamkeit nur im Erstarken zweier benachbarter Einsamkeiten bestehen kann, dass aber alles, was man Hingabe zu nennen pflegt, seinem Wesen nach der Gemeinsamkeit schädlich ist: denn wenn ein Mensch sich verlässt, so ist er nichts mehr, und wenn zwei Menschen beide sich selbst aufgeben, um zu einander zu treten, so ist kein Boden mehr unter ihnen und ihr Beisammensein ist ein fortwährendes Fallen. – Wir haben, mein lieber Friedrich, nicht ohne große Schmerzen solches erfahren, haben erfahren was jeder, der ein eigenes Leben will, so oder so zu wissen bekommt.

Rilke besteht auf der Distanz eines je eigenen Lebens, des eigenen Ortes und der eigenen Zeit. Und doch verbindet der sich selbst übersteigende Geist dies zu einer Einheit im Ganzen, einem Sich-Lassen, wie es am Schluss der Zehnten Elegie in Worte gefasst wird, ein Zu-Grunde-Gehen im doppelten Sinn: Auflösung und Verbindung mit dem Grund des Lebens.

Die Höhen und Tiefen des menschlichen Lebens werden nun an einzelnen Bildern und Vergleichen ergründet, von denen einige schon bekannt sind aus den Elegien oder anderen Gedichten Rilkes.

285 Rainer M. Rilke: Briefe. Erster Band 1897–1914, hrsg. vom Rilke-Archiv in Weimar, Wiesbaden 1950, 70; zit. nach Steiner, a. a. O., 249–250.

Billiger Trostmarkt der Religion

Freilich, wehe, wie fremd sind die Gassen der Leid-Stadt,
wo in der falschen, aus Übertönung gemachten
Stille, stark, aus der Gußform des Leeren der Ausguß
prahlt: der vergoldete Lärm, das platzende Denkmal.
O, wie spurlos zerträte ein Engel ihnen den Trostmarkt,
den die Kirche begrenzt, ihre fertig gekaufte:
reinlich und zu und enttäuscht wie ein Postamt am Sonntag.
Draußen aber kräuseln sich immer die Ränder von Jahrmarkt.
Schaukeln der Freiheit! Taucher und Gaukler des Eifers!
Und des behübschten Glücks figürliche Schießstatt,
wo es zappelt von Ziel und sich blechern benimmt,
wenn ein Geschickterer trifft. Von Beifall zu Zufall
taumelt er weiter; denn Buden jeglicher Neugier
werben, trommeln und plärrn. Für Erwachsene aber
ist noch besonders zu sehn, wie das Geld sich vermehrt,
anatomisch,
nicht zur Belustigung nur: der Geschlechtsteil des Gelds,
alles, das Ganze, der Vorgang –, das unterrichtet und macht
fruchtbar ....
.... Oh aber gleich darüber hinaus,
hinter der letzten Planke, beklebt mit Plakaten des ›Todlos‹,
jenes bitteren Biers, das den Trinkenden süß scheint,
wenn sie immer dazu frische Zerstreuungen kaun ...,
gleich im Rücken der Planke, gleich dahinter, ists *wirklich*.
Kinder spielen, und Liebende halten einander, – abseits,
ernst, im ärmlichen Gras, und Hunde haben Natur.
Weiter noch zieht es den Jüngling; vielleicht, daß er eine junge
Klage liebt ... Hinter ihr her kommt er in Wiesen. Sie sagt:
– Weit. Wir wohnen dort draußen ... Wo? Und der Jüngling
folgt. Ihn rührt ihre Haltung. Die Schulter, der Hals –,
vielleicht
ist sie von herrlicher Herkunft. Aber er läßt sie, kehrt um,
wendet sich, winkt ... Was solls? Sie ist eine Klage.

Rilke lenkt hier noch einmal den Blick auf die Schattenseiten der modernen Großstadt, die soziale Gewalt, die Einsamkeit, den Schmutz, die Entfremdung. Seiner Kritik an der Anonymität der

Großstadt, dem ausbeuterischen Geschäftssinn, dem lärmenden Treiben wurde schon anhand von Gedichten und Briefen nachgegangen. Doch das Negativ ist nur der umgekehrte Abdruck vom Positiven, wie bei einer gegossenen Statue und der Gussform, und auch das ist wieder ein Bild für Nicht-Dualität. Der Inhalt der Form ist das Leere, heißt es hier in der Zehnten Elegie. Man vergleiche damit die Formulierungen am Schluss der Ersten Elegie (DE 1,99–100), wo die Leere in Schwingung gerät und dadurch erste Musik ertönt, und das als Folge der *Klage* um Linos. Die Klage also ist kreativ, sie versetzt in Schwingung, aus der die tiefere Welt-Erfahrung sich formen wird. In der »tönernen« Kreation, die nur äußerlich ist, wie die Figuren der Athleten in der Fünften Elegie, und »vergoldeter Lärm«, kann freilich nichts in Schwingung geraten, denn sie ist taub und tot und »platzendes Denkmal«.

Auch die Kirche, Inbegriff institutionalisierter Religion, ist Teil der *Leid-Stadt*, sie betreibe einen billigen Trostmarkt, so Rilke, der lediglich eine andere Form der Zerstreuung sei und dem Menschen den Weg zur tiefen spirituellen Erfahrung verstelle. Leid und Trost würden zu einer Handelsware, und die »fertig gekaufte« Kirche präsentiere sich mit einem Produkt, das steril ist: ein in sich abgeschlossenes Weltbild. Die Kirche habe das Wahrhaftige des Lebens »veruntreut« an ein Jenseits,[286] das sie verwaltet und dem zuteilt, der sich gehorsam ihren veräußerlichten Lebensanweisungen beugt. Sie begrenze, anstatt als Lebensstätte des Leidens und der Liebe entgrenzend zu sein, sie sei irrelevant geworden, geschlossen wie ein Postamt am Sonntag. Diese Kritik, wie Rilke sie auch im »Brief des jungen Arbeiters« äußert, hat keinen spöttischen Beiklang, sondern zeugt von Rilkes Trauer um eine verloren gegangene geistige Kraft, deren gegenwärtige Gestalt er als verkehrt erlebt. Noch deutlicher wird Rilke in einem Brief an Anita Forrer von 1920:[287] Die Kirchen stünden der »Entwicklung eines

286 Guardini, Deutung, a.a.O., 377–378 zitiert Rilkes Anklage gegen die Kirche aus einem Brief vom 17.12.1912 an die Fürstin von Thurn und Taxis: Er, Rilke, sei seit seinen Erlebnissen in Spanien von »einer beinah rabiaten Antichristlichkeit« erfüllt, und »man soll sich länger nicht an diesen abgegessenen Tisch setzen und die Fingerschalen, die noch herumstehen, für Nahrung ausgeben. Die Frucht ist ausgesogen, da heißts einfach, grob gesprochen, die Schalen ausspucken.« Stattdessen lese er im Koran. Rilke habe, so Guardini, die Anklage später etwas gemildert, aber nicht zurückgenommen.

287 Brief vom 22.–24.3.1920, in: Briefwechsel Rilke – Anita Forrer, Frankfurt a.M.: Insel 1982, 40–47

Gott-Verhältnisses« im Wege, denn der Glaube, den sie verlangen, sei mühsam und angestrengt, als ob »eine Art Unlust zu Gott der ursprüngliche Zustand der Seele sei«. Alles wird in scheinbares und zudringliches Verstehen gezogen, aber das Geheimnis von Leben und Sterben »*ist* geheim« und muss es bleiben; der Tod sei keineswegs ein Gegenteil oder Widerlegung des Lebens, sondern »die Mitte des Lebens«, und wir sind in ihm »recht eigentlich ... geborgen und aufgehoben ... in der großartigsten und tiefsten Vertraulichkeit.«[288]

»*Schaukeln der Freiheit!*« – Die Schaukel repräsentiert den Freiheitsdrang des Kindes, das in der Umkehrung des Gleichgewichts Lust empfindet. Im Augenblick des Stillstands zwischen den Bewegungsmomenten sammeln sich Erwartung und Vorfreude für den sausenden Abschwung. Faszination des Schwebens ist in diesem Schwung, ein wenig Vorgeschmack auf Schwerelosigkeit. Die Schaukel schwingt zurück, wenn sich ihr Moment erschöpft hat, daraus entsteht die Pendelbewegung. In indischen Ritualen sitzen die Götter und auch das Hochzeitspaar auf der Schaukel, im Liebesspiel kommt ihr eine verschmitzte Rolle zu, sie ist Inbegriff von Heiterkeit und unbeschwertem Leben, wie es in Amerika und Europa mit der Hollywood-Schaukel assoziiert wird. Andererseits aber werden Menschen »verschaukelt«, denn das Gefühl des Sich-Erhebens endet mit Ent-Täuschung, wenn der Abschwung kommt. In einem späten Gedicht Rilkes von 1924 schwingt die Schaukel durch den Schmerz, entpuppt sich aber dabei sinnigerweise nur als der Schatten des Baumes:[289]

> Da schwang die Schaukel durch den Schmerz –, doch siehe,
> der Schatten wars des Baums, an dem sie hängt.
> Ob ich nun vorwärtsschwinge oder fliehe,
> vom Schwunge in den Gegenschwung gedrängt,
> das alles ist noch nicht einmal der Baum.
> Mag ich nun steiler schwingen oder schräger,
> ich fühle nur die Schaukel; meinen Träger
> gewahr ich kaum.

288 a. a. O., 44
289 Rilke, Werke, a. a. O., Bd. 1, 805–806.

Nur die Schaukel, nicht aber der Baum, der sie trägt, wird wahrgenommen, für Rilke ein Sinnbild des Lebens: Wir fühlen zwar die Schaukelschwünge, das dahinter Liegende aber nicht. Darauf aber käme es an: »So laß uns herrlich einen Baum vermuten, der sich aus Riesenwurzeln aufwärtsstammt…«, heißt es weiter. Doch das dahinter Liegende wird, auch durch den Trostmarkt der Religion, eher verstellt als offenbart. Das Gedicht von 1924 hält die Frage wach: »Wer reicht aus ihm bis zu den Göttersitzen, da uns sein Wesen schon nachdenklich macht?« Dem Wesen des Baumes nachzuspüren führt unweigerlich zur gedeuteten Welt, die Rilke suspekt ist. Er bleibt skeptisch gegenüber jeder Deutung, weil sie das zu Sagende nie erfassen kann, sich dann aber wohl gerade deshalb auf Behauptungen versteift. Doch auch Rilke kann Deutung nicht vermeiden, darin besteht die Ambivalenz des Menschen.

»*Taucher*« – Der Taucher will in die Tiefe gelangen, wird aber immer wieder an die Oberfläche getrieben. Seine Kraft genügt nicht, um die Tiefe des Lebens oder des Seins zu erreichen.

»*Gaukler*« – Die fahrenden Gaukler sind aus der Fünften Elegie bekannt. Sie wringen ihre Körper mit Eifer, verbiegen sich und ernten nur »Scheinfrucht«. Der Gaukler klettert in die Höhe und übt den gefährlichen Drahtseilakt aus, und selbst wenn er die Balance für kurze Zeit halten kann, muss er doch wieder hinunter, er kann dort nicht verweilen.

Das »behübschte Glück« – was für ein genial-ironischer Ausdruck! – meint nicht die Freude, sondern die geschmacklose, oft auch aufgedonnerte Maskerade, womit das Hässliche notdürftig übertüncht wird und spätestens dann Risse bekommt, wenn sich Leiden, Krankheit und Tod bemerkbar machen. Der Mensch jagt diesem Glück vergeblich nach, zielt darauf wie auf eine Schießbudenfigur, und wenn er getroffen zu haben scheint, ist die Figur zerplatzt, gerade weil er das Ziel getroffen hat. Diesem Schein-Glück stellt Rilke die echte Freude entgegen, die unabhängig ist von Umständen und dem Haben bestimmter Objekte, darum schimmert die »Quelle der Freude« im Mondschein, in der Nacht also, wo äußere Konturen verschwimmen, und zwar in der Talschlucht, an die die ältere Klage den jungen Toten geführt hat.

Die Buden des Jahrmarkts dienen der Zerstreuung, wo Anbieter um Aufmerksamkeit werben, damit das schnelle Geschäft gemacht werden kann, ein Geschäft mit Beifall und dem Kitzel des Zufalls an Gelingen und Gewinn. Ein Geschäft mit der Angst, die der Mensch empfinden könnte, wenn er sich der Wurzel des Leidens am Leben wirklich bewusst wäre. Und für Erwachsene als besonderer Nervenkitzel der Betrug mit dem Geldautomaten, Symbol für den Casino-Kapitalismus überhaupt, hier auf dem Jahrmarkt, dann aber im Finanzsystem, das mit dem Zinseszins ein »Geschlechtsteil des Geldes« erfunden hat, wo sich die Gier am scheinbar automatisch vermehrten Gewinn austoben kann. Doch irgendwann wird die Rechnung präsentiert. Diese Zeilen sind bitter: Gott und Geld, beides entfremdete Antworten auf eine fundamentale menschliche Sehnsucht, beide erschöpfen sich im »billigen Trostmarkt« der geängstigten Kreatur.

Es folgen weitere Metaphern, anklagend und sarkastisch. Das schale Bier »Todlos« mag zunächst süß schmecken, aber es ist abgestanden und wird einen bitteren Nachgeschmack hinterlassen. In seiner gedankenlosen Oberflächlichkeit kann sich der Mensch allenfalls eine bloße Verlängerung des irdischen Lebens vorstellen, es fehlen ihm Phantasie, Mut und Hoffnung zur Transformation, die aber setzt die Erkenntnis voraus, dass Leben ohne Tod nicht in den eigentlichen Bezug führen kann. In der Todesverdrängung sieht Rilke einerseits das Symptom der Moderne, andererseits die in der Unwissenheit überhaupt angelegte Barriere für geistiges Wachstum. Plakatwände dokumentieren den Jahrmarkt der Eitelkeiten und versperren den Blick hinter die Trugbilder des Lebens, sie spiegeln ein Marketing, das nicht hält, was es verspricht. Hinter den Zerstreuungen aber wartet das Leid-Land, die Landschaft der Seele. Erst eine Pilgerreise durch dieses Land lässt die Seele zu sich selbst und zu ihrer eigenen Tiefe kommen. Doch dazu müssten die Schmerzen endlich fruchtbar werden, die der Mensch »vergeudet« anstatt sich ihnen zu stellen. Denn durch die Abgrenzung vom eigenen und fremden Schmerz und Leid stumpfen die Gefühle ab, wird das Herz eng. Das wiederum erzeugt Angst, und genau diese Angst lässt die Erwartung des nächsten Schmerzes ins Unerträgliche wachsen, was den Schmerz tatsächlich verstärkt. Ein Teufelskreis also, in dem sich der in sich selbst verkrümmte Mensch bewegt. Der Schmerz, der uns öffnen sollte, wenn wir ihn annehmen, macht uns eng und empfindungslos für uns selbst und für andere, und das ist der wirkliche Schmerz. So hat der »billige Trostmarkt« genau das verstärkt, was er vorgibt zu bewältigen!

Rilkes Distanz zum Christentum, dem er vorwirft, dass es als Religion des inkarnierten Gottes wissender sein müsste, gipfelt in der bitteren Anklage, dass die Kirche, statt Geistesschulung im Diesseits zu lehren, den Blick auf das Jenseits gerichtet habe, dass sie den Körper verteufelte und so den Menschen mit sich, seinen Gefühlen und seinen Möglichkeiten allein lasse. Auch Friedrich Nietzsche hatte das Weltverneinende des Christentums, die Entleiblichung Gottes und damit des Menschen, beklagt, nein herausgeschrien.[290] Und schon zuvor hatte Ludwig Feuerbachs Religionskritik genau dies thematisiert, er wollte »aus Kandidaten des Jenseits Studenten des Diesseits« machen. Das will Rilke auch, aber anders. Der Geist, das »wesentliche Bewußtsein«, so schreibt er, bedarf der radikalen Umkehr[291] von dem entfremdeten Bewusstsein der Selbstbezogenheit hin zum Offenen. Dies wäre die *metanoia* in das engelhafte Bewußtsein des Unsichtbaren, der Verwandlung des Geistes in seine ursprüngliche Einheit. Wir können das, was Rilke meint, durch die Metapher Nietzsches vom »aus sich rollenden Rad«[292] ergänzen, ein Bewusstsein der Freiheit und der Offenheit, wie Rilke dies auch am Buddha bewundert hat. Rilke beansprucht, diese Verwandlung im Ästhetischen gezeigt zu haben, in der Lebenswirklichkeit steht sie noch aus. Hier ist die Feuerbach'sche Fortschrittsidee, die in der Aufklärung gründet, radikal gebrochen und fulminant ersetzt. Zunächst ästhetisiert, dann spiritualisiert.

Darin liegt wohl der Grund, dass der zunächst leichter erschließbare Rilke des »Stunden-Buchs« mit der Sehnsuchts-Mystik des Offenen, als auch der schwer verständliche Rilke der Elegien mit der Schmerzens-Liebes-Mystik der Einheit der Gegensätze und der späte Rilke der Sonette an Orpheus mit der Rühmung des Hiesigen eine so ungebrochene Faszination ausüben kann bis auf den heutigen Tag.

290 Rilke ist weder erbaulich-religiös noch gottfern. Er kommt zur Klage als »Ausdruck der Verlorenheit selbst, nicht zur Klage um das Verlorene«, wie Hannah Arendt und Günther Anders diesen Gestus kommentiert haben. Vgl. Hannah Arendt u. Günther Anders: »Rilkes ›Duineser Elegien‹«, in: Fülleborn/Engel, a.a.O., Bd. 2, 64.

291 In der Achten Elegie heißt es klagend: »wer hat uns also umgedreht …?« Dazu Guardini, Deutung, a.a.O., 324.

292 Nietzsche, a.a.O., 26. Vgl. hierzu die Ausführungen in der Erläuterung zur Dritten Elegie.

In der Zehnten Elegie verschwindet der Engel, die mysteriöse Hintergrundfigur der ersten beiden Elegien, ins Inbild des Möglichen. Der Engel wird damit noch weiter abstrahiert, er wird zum imaginierten Möglichkeitsraum. Er symbolisiert nicht mehr Fortschritt oder eine ferne Transzendenz, sondern die Möglichkeit, die bewusst werden soll in der kreativen Imagination des Menschen, damit dieser seine Potenziale erkennt. Der Engel ist die Form (Idee) des Hintergründigen, das subtile Weltgesetz in, mit und unter allem. Wiederum prägnant formuliert von Steiner:[293] »Wenn der Engel dasjenige ist, was die Verwandlung des Sichtbaren ins Unsichtbare, in den höheren Rang der Wirklichkeit leistet oder je schon geleistet hat, und im Gegensatz zur Welt des Besitzes die Welt der Bezüge ist, dann wird dieser Rang der Wirklichkeit in der zehnten Elegie erreicht.«

»*Leidland*« – Das ist der Raum, der ausschließlich aus Bezügen besteht. Indem der Engel in die Vision des Leidlands aufgehoben ist, sind diese Bezüge der Inbegriff der Möglichkeiten, die sich entwickeln können, wie wir eben sagten. Es ist das Netz von Bezügen, das sich im Mit-Leid mit allen Lebewesen äußert, wie Arthur Schopenhauer dies verstanden hat:[294] Das Mit-Leiden als Realisierung des metaphysischen Zusammenhanges, d. h. der Einsicht, dass das, der oder die jeweils »Andere« nicht wirklich ganz anders ist, sondern ein Aspekt meiner selbst. So begründet Schopenhauer seine Ethik: nicht eine Pflicht-Ethik des »Sollens« im Sinne Kants, auch nicht eine Tugend-Ethik im Sinne des Aristoteles, sondern eine auf Tiefen-Erfahrung beruhende Einsicht in den Zusammenhang der Dinge, eine »Ethik des Seins«, die spontanes Ergebnis des tieferen Erkennens ist.

Die Landschaft, die hinter den Plakaten, Buden und Zerstreuungen der Glitzerwelt sich auftut, ist ein Reich weder der Lebenden noch der Toten, und doch auch beider zugleich, mehr noch, es ist ein Reich jenseits dieser Unterscheidung. Kinder, Liebende und Hunde werden genannt, die sich unbekümmert und spontan

293 Steiner, a. a. O., 253.

294 Arthur Schopenhauer: Über die Grundlage der Moral, hrsg. von Peter Welsen, Hamburg: Meiner 2007; Urs App: Schopenhauers Kompass. Die Geburt einer Philosophie, Rorschach/Kyoto: University Media 2011; Marie-Christine Beisel: Schopenhauer und die Spiegelneurone. Eine Untersuchung der Schopenhauer'schen Mitleidsethik im Lichte der neurowissenschaftlichen Spiegelneuronentheorie, Würzburg: Königshausen & Neumann 2012.

geben. Erinnern wir uns, dass in der Ersten Elegie (DE 1,78–79) die jungen Toten den eigenen Namen weggelassen hatten wie zerbrochenes Spielzeug. Im Namen spiegelt sich das Gewohnte, die Summe von Konventionen und Einflüssen, nicht der reine Bezug, der jenseits aller Namen ist.

Wir finden den Jüngling auf Wanderschaft. Hier ist es wieder, das Pilgermotiv, das wir aus allen Kulturen kennen. Wie beim Pilgern nach Jerusalem, nach Mekka, nach Varanasi, zum Berg Kailash in Tibet oder nach Santiago de Compostela ist das Ziel der heilige Ort, von dem geglaubt wird, dass sich hier das Göttliche in besonderer Weise manifestiert. Doch schon der Weg selbst bringt innere Erfahrung und Reifung, führt zu tieferer Erkenntnis, wie das Pilgern des Knaben Sudhana im buddhistischen Avatamsaka Sūtra, der die Landschaften der Welt durchwandert und dabei von einem Bodhisattva zum nächsten gelangt, um jeweils in spezifische Erkenntnisse eingeweiht zu werden. Oder wie Dante, der unter Führung Beatrices, seiner Weisheitslehrerin, die Welten der geistigen Erfahrung durchmisst. So wird auch hier bei Rilke der Jüngling von der Weisheit, der älteren Klage, »durch die weite Landschaft der Klagen« geführt »bis an die Talschlucht, wo es schimmert im Mondschein«. Im Leidland wachsen hohe Tränenbäume, es handelt sich also um fruchtbares Land, doch alles ist verfremdet wie in einer Traumwelt. Die »Felder blühender Wehmut« signalisieren wiederum eine Harmonie von Freude und Trauer, und des Vogels »vereinsamter Schrei« zerreißt die Stille nicht, sondern macht sie im Gegenteil noch stiller. Nacht ist es, und das Grabmal wird vom Mond fahl beschienen, wie einst – Rilke erinnert sich an seine Ägypten-Reise – das Antlitz des Sphinx in seinem rätselhaften Schweigen. Die *Tiere der Trauer* bedeuten eine Wiederaufnahme des ähnlichen Bildes aus der Achten Elegie. Dort symbolisieren die Tiere beides, Lebenskraft und Leiden, als Kreatur, die ins Offene sieht (DE 8,2–3). Eine Sonderstellung nimmt der *Vogel* ein, der am wenigsten an die Erde gebunden ist. Schon in der Zweiten Elegie wird er mit dem Engel verbunden, wo die Engel als »fast tödliche Vögel der Seele« (DE 2,2) erscheinen, während Rilke in der Siebenten Elegie das Motiv des steil in den Himmel aufsteigenden Vogels aufgegriffen hat. Auch in der Zehnten Elegie bedeutet der Vogel wohl keine Anspielung auf das Totenvogel-Motiv, sondern steht für die geballte unbehinderte Kraft des weiten Raumes, ein

Sturmvogel, der nicht zu bremsen ist und Gott umkreist, den »uralten Turm«. Der Flug des Vogels symbolisiert nicht nur den Raum, sondern die Dynamik des Weltinnenraums. Damit hat er unmittelbaren Bezug zum Herzen.

Der Jüngling wandert durch das Reich der Toten und ist dabei selbst ein höchst lebendiger Toter, der »vielleicht« die junge Klage liebt. Rilke formuliert wieder äußerst zurückhaltend, weil im Leidland jede »menschliche Regung« nicht mehr das ist, was metaphorisch mit ihr verbunden werden kann. Die Dichtung bewegt sich nun im feinsten Äther der Sprache, die Bedeutungen nur hauchartig zulässt, um ja nicht die Offenheit der Leere zu gefährden.

Die »Klage« ist im Achten Sonett an Orpheus, Erster Teil,[295] eine »Nymphe des geweinten Quells«, und auch dieser Ausdruck weist auf die Ambivalenz der Tränen hin. Die Klage ist der Ursprung des Stroms der Gefühle wie die Klage um Linos am Ende der Ersten Elegie. Zuerst ist die Stille noch ganz Raum, aber durch die Klage wird die Leere als Raum in Schwingung versetzt, und so wird durch Abschied von der Stille eine erste Bewegung. Durch Schwingung erst wird Zeit, in der die ursprüngliche Einheit aufgebrochen ist, weil Erwartung und Sehnsucht entstehen. Sehnsucht nach dem, was »noch nicht« ist, wonach aber ein Streben sich regt. Das bedeutet, dass das Unvollkommene Voraussetzung für Leben ist, dass aus dem Unvollkommenen überhaupt erst Bewegung entsteht. Für Rilke ist das poetische Wollen die konkrete, zum Laut gebildete Klage, die aus den gehärmten Nächten entspringt. Artikulation ist die Voraussetzung für die Bewältigung, nicht nur psychoanalytisch, sondern auch schöpfungspoetisch. Rilke verdichtet so die Kreativität des Schmerzes und den Schmerz des Kreativen, denn alles ist Abschied und Neuanfang. Und es ist die Klage, die den Pilger in produktive Verunsicherung führt.

Die Klage ist die jüngste der drei Schwestern, von denen der Anfang der Zehnten Elegie berichtet. Sie lernt aus der Vergangenheit (»zählt nächtelang das alte Schlimme«), sie ist Mnemosyne, der Inbegriff der Erinnerungskultur. Das Erinnern durch Klage ist aber kein rückwärts gewandtes Festhalten, sondern die Wanderung ins

295 »Die Sonette an Orpheus«, Erster Teil, VIII, in: Rilke, Werke, a.a.O., Bd. 1, 621.

Offene, ins Weite. Das Tradierte wird zum Material der zukünftigen Gestaltung.

Die Klagen

Nur die jungen Toten, im ersten Zustand
zeitlosen Gleichmuts, dem der Entwöhnung,
folgen ihr liebend. Mädchen
wartet sie ab und befreundet sie. Zeigt ihnen leise,
was sie an sich hat. Perlen des Leids und die feinen
Schleier der Duldung. – Mit Jünglingen geht sie
schweigend.

Aber dort, wo sie wohnen, im Tal, der Älteren eine, der
Klagen,
nimmt sich des Jünglings an, wenn er fragt: – Wir waren,
sagt sie, ein Großes Geschlecht, einmal, wir Klagen. Die Väter
trieben den Bergbau dort in dem großen Gebirg; bei
Menschen
findest du manchmal ein Stück geschliffenes Ur-Leid
oder, aus altem Vulkan, schlackig versteinerten Zorn.
Ja, der stammte von dort. Einst waren wir reich. –

Rilke unterscheidet Anfang und Fortschritt auf dem Initiationsweg mittels der jungen und der älteren Klage. Der jungen Klage haften noch menschliche Züge an, sie ist noch nicht weise und kann darum keine Auskunft geben, denn sie schaut ja nach Jünglingen, ihr Schmuck sind Perlen und »feiner Schleier der Duldung«, sie geht in sanften Wiesen. Die ältere Klage wird mit einem *aber* eingeführt, das den Unterschied deutlich markiert. Als Initiationsmeisterin antwortet sie auf die Fragen des Jünglings, sie geht im gebirgigen Bereich, eine Metapher Rilkes für die tiefere Dimension des Psychischen. Der Berg gilt als Ort der Begegnung mit Transzendenz: der Sinai des Mose, der Kailash, auf dem Shiva meditiert, der Tabor als Ort der Verklärung, der Zion als Ort der Vollendung durch Gott, der Olymp als Wohnsitz der Götter, die chinesischen Berge der Zen-Klöster, wo fernab vom Trubel der Städte Stille gesucht wird. Und auch Nietzsches Zarathustra kommt vom Gebirge.

Die Klagen waren einst ein großes Geschlecht, d.h. die Klage verfügte über aktive Macht. Rilke meint damit, dass der Mensch früher das Leid aktiv annehmen konnte und so inniger mit dem Grund seines Daseins verbunden war. Die Ahnen haben tief im Gebirge Bergbau betrieben, d.h. das Kostbare geschürft, das Ur-Leid wie Diamanten gesucht, künstlerisch geschliffen und zum Funkeln gebracht. Das ist auch der Stoff, aus dem die griechische Tragödie gemacht ist. Im sächsischen Erzgebirge, das vom Silberbergbau geprägt war, sind bis heute Bergmann und Engel, schwarz und weiß, unten und oben, Erz und Klang vereint als Symbole des Lichtes: die Einheit von Bergmann und Engel ist volkskundlich belegtes Symbol der Christgeburt, der Einheit von Mensch und Gott. Rilke zufolge müssen wir ja vom Erdulden des Leidens zu seiner Bejahung gelangen, um seine kreative Umformungs-Kraft erfahren zu können. Dann erst kann die Nähe der Klage zur Freude erkannt werden (»Quelle der Freude«, wie es in Zeile 107 heißt). Doch nur Säulen und Trümmer sind erhalten geblieben, wobei die Säulen in ihrer phallischen Symbolik immerhin von menschlicher Gestaltungskraft zeugen.

Rückschau im Zwielicht

Und sie leitet ihn leicht durch die weite Landschaft der Klagen,
zeigt ihm die Säulen der Tempel oder die Trümmer
jener Burgen, von wo Klage-Fürsten das Land
einstens weise beherrscht. Zeigt ihm die hohen
Tränenbäume und Felder blühender Wehmut,
(Lebendige kennen sie nur als sanftes Blattwerk);
zeigt ihm die Tiere der Trauer, weidend, – und manchmal
schreckt ein Vogel und zieht, flach ihnen fliegend durchs Aufschaun,
weithin das schriftliche Bild seines vereinsamten Schreis. –
Abends führt sie ihn hin zu den Gräbern der Alten
aus dem Klage-Geschlecht, den Sibyllen und Warn-Herrn.
Naht aber Nacht, so wandeln sie leiser, und bald
mondets empor, das über Alles
wachende Grab-Mal. Brüderlich jenem am Nil,

der erhabene Sphinx –: der verschwiegenen Kammer
Antlitz.
Und sie staunen dem krönlichen Haupt, das für immer,
schweigend, der Menschen Gesicht
auf die Waage der Sterne gelegt.

Nicht erfaßt es sein Blick, im Frühtod
schwindelnd. Aber ihr Schaun,
hinter dem Pschent-Rand hervor, scheucht es die Eule.
Und sie,
streifend im langsamen Abstrich die Wange entlang,
jene der reifesten Rundung,
zeichnet weich in das neue
Totengehör, über ein doppelt
aufgeschlagenes Blatt, den unbeschreiblichen Umriß.

Die Zeit des Zwielichts, der Schwelle von Tag und Nacht, lässt Konturen verschwimmen, ein Ineinanderfließen der Gegensätze. In den indischen Kulturen ist dies *sāmdhya*, der Übergang, die Zeit für Rituale und Meditation, weil hier die kreative Imagination neue Bilder zulässt, weil das fest Gefügte sich auflöst und neu formt auf dem Weg in die Nacht und in die Welt der Träume. Es ist die Zeit der Bewältigung des Erlebten, ein Sich-Öffnen der Tore zum Weltinnenraum. Und auch der Vorhang zur Sternenwelt öffnet sich. In einem Gedicht von 1904, das Steiner zitiert,[296] heißt es: »und Hochgebirge vor den ersten Sternen, ein Tor in solchen Fernen, wie sie vielleicht nur Vögel kennen«. Ein weiteres Gedicht zur Abendstimmung aus dem »Buch der Bilder«, wohl ebenfalls 1904 verfasst, gibt einer Stimmung Ausdruck, die auch in der Zehnten Elegie wieder anklingt:[297]

Der Abend wechselt langsam die Gewänder,
die ihm ein Rand voll alten Bäumen hält;
du schaust: und von dir scheiden sich die Länder,
ein himmelfahrendes und eins, das fällt.

296 Steiner, a. a. O., 266.
297 Rilke, Werke, a. a. O., Bd. 1, 334–335.

Das Zwielicht des Abends lässt nicht nur die Konturen verschwimmen, sondern verändert auch die farbliche Scheidung der Himmels- und der Erdsphäre. Der Himmelsraum »steigt«, das Erdreich »fällt«, Steigen und Fallen wie die kommunizierenden Röhren der Fontäne oder der »Adern« im Baum, wie sie Rilke immer wieder neu ins Bild setzt.

Abbildung 16: Der Sphinx von Gizeh, Ägypten

Rilke baut nun mit »Ägypten« eine eigene Symbolwelt auf. Ägypten war schon in der Spätantike die Gegen-Welt zur griechisch-römischen, ein Ort des verfremdenden Mythos, der sinnlich greifbare Traum des anderen »Orients«, dessen Faszination bis hin zur Aufklärung anhielt. Die Freimaurer, insbesondere Mozart in der »Zauberflöte«, vertiefen die in diesem Mythos angesprochene Dynamik von Reinigung und Erneuerung. Auch Rilke verwendet ägyptische Motive (DE 6,19–20; 7,80; 9,64; 10,79–88), die in seiner Imagination als Metaphern transformiert werden, so der Sphinx. Was in Ägypten Bauwerk ist, wird hier Inhalt des Bewusstseins des wandernden Toten. Der Sphinx bewacht die Grabkammer der Könige und ist, so Guardini, »Ausdruck der Präsenz des Todes

Abbildung 17: Narasimha (Mensch-Löwe), ein Beschützer, klassische Inkarnation (avatāra) des Gottes Vishnu

unter den Lebendigen«.[298] In seiner die Grenze der Spezies überschreitenden Doppelgestalt ähnelt er dem indischen *Narasimha* (Mensch-Löwe) und symbolisiert das Unbegreifliche.

Hinzu kommt das Unheimliche, wenn Rilke wenige Zeilen später den Flug der Eule mit ins Bild nimmt, denn dieser Nachtvogel, der beinahe lautlos fliegt, lässt akustisch die Einheit von Stille und Schrei erklingen. Das Grab-Mal (der Alten) »mondet« empor, in Assoziation zum Sphinx, den er in Ägypten bewundert hatte. Wie so oft bei Rilke wird durch die Verbalisierung des Substantivs eine

298 Guardini, Deutung, a.a.O., 401.

Aktionsverschiebung angedeutet. Das weiche Licht des Mondes lässt den Sphinx schimmern, also ganz allmählich bewusst werden. Mondlicht und Sphinx erschaffen einander wechselseitig, d.h. eins ist durch das andere oder *ist* das andere. Rilke schwebt hier vor, was als Denkfigur die europäische Philosophie schon lange beschäftigt, wie es nämlich zu einem Austausch der Eigenschaften zwischen den »Dingen« (*communicatio idiomatum*) kommt, und Rilkes Lösung können wir eine pan-inkarnatorische Onto-Poetologie nennen. Das heißt, was einst in der Theologie dem heilswirkenden Handeln Gottes, der Mensch wird, zugesprochen wurde, ist nun bei Rilke Aufgabe der Poiesis des poetisch-schöpferischen Menschen, der gerade so seine göttlichen Potenziale realisiert. Es ist dies der Inbegriff der Einheit von Leben und Tod, darauf allein kommt es ihm an. Und genau das ist der Grund-Satz aller buddhistischen Welterfahrung: das Entstehen aller Erscheinungen in wechselseitiger Abhängigkeit (*pratītyasamutpāda*).

Sie »staunen dem krönlichen Haupt«, wobei »Pschent« für die Vereinigung der Kronen von Ober- und Unterägypten steht. Die Formulierung meint nicht das transitive »bestaunen« von *etwas*, sondern signalisiert Zurücknahme des Besitzergreifens eines Gegen-Standes. *Blick* wäre besitzergreifend und zielgerichtet, das *staunende Schauen* hingegen ist rezeptiv, Hineingenommenwerden und »sich begeistern lassen«. Sie staunen *es*. Wenn man nun aber den Akkusativ erwartet, der das Denken auf ein Ziel ausrichten würde, so überrascht Rilke mit dem Dativ als lokativer Bestimmung. Es ist ein Staunen im Bewusstseinsraum der Krönung des Hauptes, im imaginativen Raum der Aufmerksamkeit. Damit wird der imaginatorische Raum Realitäts-produktiv, und das ist es wohl, was Rilke mit der kühnen syntaktischen Verschiebung aussagen will.

Sternbilder

> Und höher, die Sterne. Neue. Die Sterne des Leidlands.
> Langsam nennt sie die Klage: – Hier,
> siehe: den *Reiter*, den *Stab*, und das vollere Sternbild
> nennen sie: *Fruchtkranz*. Dann, weiter, dem Pol zu:
> *Wiege; Weg; Das Brennende Buch; Puppe; Fenster.*

Aber im südlichen Himmel, rein wie im Innern
einer gesegneten Hand, das klar erglänzende ›*M*‹,
das die Mütter bedeutet ...... –

Die Sternbilder sind sowohl Sinnbilder gültiger astronomischer Ordnungen als auch astrologisch konstruierte Konstellationen des psychischen Ausgleichs, also Bewusstseinsprojektionen. Das Antlitz des Sphinx schimmert ja, von unten gesehen, in den Sternen, es wird dort in die Waage gelegt, also ins Gleichgewicht gebracht, sodass die Gegensätze ausgewogen sind.

Rilke verdichtet hier ein Erlebnis, das er in einer Vollmondnacht am Sphinx vor den Pyramiden von Gizeh hatte. Er beschreibt es in einem Brief an Magda von Hattingberg:[299]

> Ich weiß nicht, ob mir jemals mein Dasein so völlig zum Bewusstsein kam, wie in jenen Nachtstunden, in denen es allen Werth verlor: denn was war es gegen dies alles? Das Niveau, auf dem es sich abspielte, war ins Dunkel gerückt, alles, was Welt und Dasein ist, ging auf einer höheren Szene vor, auf der ein Gestirn und ein Gott sich schweigend entgegenweilten. Sie werden sich auch erinnern, dies erlebt zu haben: dass der Blick auf eine Landschaft, auf das Meer, auf die groß ausgestirnte Nacht uns die Überzeugung von Zusammenhängen und Einverständnissen eingiebt, die wir nicht zu überschauen vermöchten ... Dieses Angesicht hatte die Gewohnheiten des Weltraums angenommen, einzelne Theile seines Schauens und Lächelns waren zerstört, aber die Auf- und Untergänge der Himmel hatten ihm überstehende Gefühle eingespiegelt ... an dem Haupte des Sphinx war eine Eule aufgeflogen ...

Rilke wird nicht müde, Metaphern zu finden, die für die Einheit der Gegensätze stehen. Ist schon die Einheit von Ober- und Unterägypten im Pschent eine solche Aussage, die für das Einssein von Unterschieden steht, so richtet er sein Augenmerk nun noch auf das doppelt aufgeschlagene Blatt. Das Blatt enthält die spiegelbildliche Zeichnung auf zwei Seiten axialsymmetrisch abgepaust,

299 Rilke, Brief an Benvenuta vom 1. Februar 1914, in: Fülleborn/Engel, a.a.O., Bd. 1, 94–98; teilweise zit. bei Steiner, a.a.O., 270–271.

und diese zwei Seiten werden ihm wieder Gleichnis für die Einheit von Leben und Tod.

Die Klage benennt nun, langsam, die Sterne des Leidlands. Die materiell beweglichen Himmelskörper und die geistig geschaute Konstellation gehen eine Verbindung ein, die am Himmel bleibt. Das langsame Betrachten lässt Dauer entstehen, die Entschleunigung beruhigt das Bewusstsein, das ja die Konstellation erst sehen lernen muss. Das, was erkannt wird, ist Projektion des Bewusstseins, die aus der Tiefe kommt, und doch nicht »bloße« Projektion, sondern erkennend-erkannte Tiefenstruktur des Weltinnenraums, die Signatur des Leidlandes überhaupt. Die Sternbilder sind wirkende Symbole:

»*Reiter*« – Den Reiter beschreibt Rilke in einem Sonett, das etwa eine Woche vor der Zehnten Elegie entstanden ist. Er wird dort »Stolz aus Erde« genannt, und noch umfassender »sehnige Natur des Seins«. Er ist Sinnbild dessen, was die Evolution an Kraft und Stärke hervorzubringen vermag. Pferd und Reiter bilden die Verbindung von Mensch und Tier, Bewusstem und Vorbewusstem, Willen und Kraft, Disziplin und Wildheit. Aber nur wenn der Reiter die Energien zu bändigen weiß, gelingt dies.

»*Stab*« – Als Wanderstab ist der Stab eine Stütze, als Zeigestab weist er auf etwas hin, als Stock dient er als Waffe, als Zepter ist er Machtsymbol und als Magierstab kann er, wie der Stab des Moses, Unheimliches heraufbeschwören. Er wird oft mit der Schlange assoziiert bzw. in dieselbe verwandelt, d. h. dass er nicht nur starr ist, sondern Bewegung werden kann. Er ist auch erotisch-phallisches Symbol. Der Stab verweist die Aufmerksamkeit auf etwas Bestimmtes, bündelt also Energie und setzt sie ein, um ein Ziel zu erreichen.

»*Fruchtkranz*«– Der Fruchtkranz ist Produkt von Lebenskräften, aber wir hatten gesehen, dass für Rilke die letzte Frucht des Lebens der Tod ist. Schon im »Buch von der Armut und vom Tode« heißt es: »Der große Tod, den jeder in sich hat, das ist die Frucht, um die sich alles dreht.«[300] Der Fruchtkranz enthält die Frucht als Resultat langer Anstrengung, seine runde Form drückt Vollendung aus, die durch intelligente Inanspruchnahme der Lebenskräfte erlangt werden kann.

300 Zit. nach Steiner, a. a. O., 278.

»Wiege« – Die Wiege und die folgenden Sternbilder stehen dem Himmelspol am nächsten, wodurch ihre zentrale Bedeutung unterstrichen wird. Die Wiege ist die erste Behausung des Menschen am Anfang seines Lebens und Inbegriff von Geborgenheit. Mehr noch, die Schaukelbewegung der Wiege steht für die Einheit von Bewegung und Ruhe, und ist diese Einheit der bipolaren Lebensprinzipien erreicht, fühlt sich der kleine Mensch geborgen, das Bewusstsein beruhigt sich und das Kind schläft ein.

»Weg« – Der Weg ist das Bild für menschliches Leben schlechthin. Die »Wege des Menschen« sind sein Schicksal, oft verschlungene Pfade, immer wieder auch helle Straßen. Wege im Wald oder Dickicht stehen in den Märchen für das Dunkle, Vorbewußte. Die Wege der Sterne oder die Ehrfurcht gebietenden Milchstraßen hingegen verweisen auf eine überirdische Ordnung. Der Weg ist die Metapher des spirituellen Wachstums: *mārga* im Sanksrit, *dao* im Chinesischen. Der Weg führt von der Wiege weg ins Unbekannte, wo Gefahren lauern. Darum ist der Begleiter (wie der Engel dem Tobias in der Zweiten Elegie) wichtig, darum sind die Klagen Weggefährtinnen.

»Das Brennende Buch« – Das Buch erhält seine Bedeutung nicht als Gegenstand, sondern durch den Gebrauch beim Lesen. Das Buch ist verschriftlichtes Wissen und hat den dialogischen Erkenntnisakt, der im Gespräch möglich wird, gleichsam eingefroren. Dieser Widerspruch wird aufgehoben dadurch, dass der Leser »vor Neugierde brennt«, indem er also mit brennender Leidenschaft durch Lektüre zur Erkenntnis gelangen will. Das Feuer gilt als Symbol der Umgestaltung der Dinge, es verbrennt, reinigt und erneuert. Auf dem Feuer werden Metalle geschmiedet und Nahrung gekocht, durch Feuer wird Natur in Kultur verwandelt, doch der Mensch sollte genau wissen, was er tut, sonst wird das Feuer zur zerstörenden Kraft.

»Puppe« – Die Puppe kennen wir aus der Vierten Elegie und haben dort ihre Position zwischen Engel und Mensch beschrieben, vor allem, wie Geistesfülle und Bewegung in der Verbindung von Engel und Puppe symbolisiert sind. Die Puppe schwingt aus ihrer Mitte und verkörpert einen Zustand, aus dem der Mensch herausgefallen ist, den er aber zumindest wieder anstreben kann.

»Fenster« – Das Fenster symbolisiert die Offenheit des Bewusstseins. In der Ersten Elegie (DE 1,31–32) gab schicksalhaft »am geöff-

neten Fenster« eine Geige sich hin, um dem Menschen einen Hinweis zu geben, den er vernehmen und deuten lernen soll. In der Dritten Elegie (DE 3,42) sind es Falten des Vorhangs, die das Fenster verdecken und den Blick verstellen. In der Zweiten Elegie (DE 2,66) besteht eine Liebende am Fenster ihre Sehnsucht, auch das ein aus der Kunstgeschichte vertrautes Motiv, wo eine Liebende den Brief ihres Geliebten am geöffneten oder eben geschlossenen Fenster liest und der Zustand des Fensters bereits ein Hinweis auf die schicksalhafte Situation ist, die sich im Geschriebenen niedergeschlagen hat. Wie wir gesehen haben, sind Fenster Perspektiven der Wahrnehmung. Sie funktionieren als Rahmen, der Form gibt, notwendigerweise aber auch Begrenzung darstellt.[301]

»*Mütter*« – Der Fruchtkranz ist *Resultat*, die Mütter aber stehen für den *Ursprung* und die geheimnisvolle Lenkkraft des Lebens, sie sind zwar der Zeit enthoben, gebären aber das, was sich zeitigen wird. Im Plural, wie schon in Goethes »Faust« II, repräsentieren sie das Prä-Personale des Mütterlichen. Die Mütter sind für Rilke auch ein Symbol des Inneren oder des Innenraumes: Der Mensch wird in den Müttern; und so ist diese Konstellation, als Entsprechung gedeutet, folgerichtig im Innern des Himmels angesiedelt. Die Mütter sind verbunden mit den Schluchten des Dunkels, die auf kosmischer Ebene wiederum der Mitternacht entsprechen. Sie sind der Anfang des Neuen.

Quelle der Freude

Doch der Tote muß fort, und schweigend bringt ihn die ältere
Klage bis an die Talschlucht,
wo es schimmert im Mondschein:
die Quelle der Freude. In Ehrfurcht
nennt sie sie, sagt: – Bei den Menschen
ist sie ein tragender Strom. –

Stehn am Fuß des Gebirgs.
Und da umarmt sie ihn, weinend.

301 Ergänzend die Ausführungen zum »Rahmen« in der Erörterung zur Neunten Elegie, oben S. 219f., 274 und 280f..

Einsam steigt er dahin, in die Berge des Ur-Leids.
Und nicht einmal sein Schritt klingt aus dem tonlosen Los.

*

Aber erweckten sie uns, die unendlich Toten, ein Gleichnis,
siehe, sie zeigten vielleicht auf die Kätzchen der leeren
Hasel, die hängenden, oder
meinten den Regen, der fällt auf dunkles Erdreich im Frühjahr. –

Und wir, die an *steigendes* Glück
denken, empfänden die Rührung,
die uns beinah bestürzt,
wenn ein Glückliches *fällt*.

Am Schluss dieser Elegie, die auch deshalb groß genannt werden kann, weil sie einen weiten Horizont von Bildern und Assoziationen eröffnet, spricht Rilke noch einmal auf neue und originelle Weise das an, worum es im ganzen Zyklus geht, die Einheit der Gegensätze. Auf einige dieser sprachgewaltigen Formen des Ausdrucks wollen wir nun eingehen.

Die »*Quelle der Freude*« hatten wir bereits erwähnt. Von wenigen Ausnahmen abgesehen, bleibt Rilke in den Elegien terminologisch konsistent, so auch in Bezug auf die Unterscheidung von Glück und Freude: Während Glück abhängig von Objekten und dem Besitz derselben sowie mit Abgrenzung (Benennung) und Deutung verbunden ist, drückt Freude eine Grundstimmung des Bewusstseins aus, ganz unabhängig vom Vorhandensein oder der Abwesenheit bestimmter Objekte. Freude ist ein Zustand des Schöpferischen, »überzähliges Dasein«, wie Rilke sagt, reiner Weltinnenraum, innere Schwingung. Die Quelle der Freude ist nicht ein subjektives Gefühl oder eine spirituelle Erwartung zukünftiger Ereignisse, sondern die innerste Ursprungsbewegung der Welt von Anfang an. In indischer Terminologie entspricht der Rilke'schen Freude *ānanda*, im Unterschied zu *sukha* (Angenehmes), was nur das bedingte Gegenteil von *duhkha* (leidvolle Frustration) ist. In dem Gedicht »Buddha in der Glorie«[302] von 1908 ist es das Lächeln

302 Dazu ausführlich im Kapitel »Rilke und der Buddha«.

des Buddha, das die wahre Freude der Weltüberwindung anzeigt – »sieh, du fühlst, wie nichts mehr an dir hängt; im Unendlichen ist deine Schale… Denn in dir ist schon begonnen, was die Sonnen übersteht«.

Die Klage und der junge Tote sind schließlich da angekommen, wo das letzte Festhalten aufgegeben wird in einer radikalen Loslösung, ohne die Freiheit unmöglich wäre. Die Umarmung der Klage ist keine Inbesitznahme, sondern ein zarter Abschiedsgruß, eine energetische Berührung im Gleichklang bzw. synchrones Schwingen. Die Klage umgibt den jungen Toten nun ganz hilfreich, es ist »die Schwingung, die uns jetzt hinreißt und tröstet und hilft« (DE 1,100).

»Tonlos« ist das Schreiten in die Berge,[303] durch die »lautlose Landschaft«, wie es in der Dritten Elegie (DE 3,78) heißt. Diese akustische Metapher signalisiert das Verschwinden von Unterscheidung. Auch die Sprache nimmt sich zurück und verstummt. Stille als die Auflösung aller Spannungen und Gegensätze. Auch hier fällt wieder die Verwandtschaft zur Stille des Buddha auf, von der es im ersten der drei Buddha-Gedichte von 1907 heißt:[304]

> Als ob er horchte. Stille: eine Ferne…
> Wir halten ein und hören sie nicht mehr.

Der biologische Tod wird verwandelt in geistige Potenz.[305] Die Toten sind die »unendlich Toten«. Das bedeutet, sie sind endgültig tot, ins »Offene« hinein verwandelt, in ein *nirvāna*, in dem alle Vorstellungen, Vermutungen und ans Menschliche gekoppelten Regungen »ausgeblasen« sind, weshalb hier auch jede Sprache versagen muss. Was übrig bleibt, ist der reine Möglichkeitsraum des Todes. Dichtung des Möglichen!

Den Schluss der Zehnten Elegie bilden zwei Strophen zu je vier Zeilen, die (nicht in allen Ausgaben) durch Sternchen vom vorigen Text abgetrennt sind. Die bisherigen Visionen werden also nicht durch nochmalige Steigerung weitergeführt, sondern die Quint-

303 Nietzsches Zarathustra kommt von den Bergen, um zu verkünden. Rilkes Toter geht in die Berge, um in die Verwandlung zu gelangen.

304 Vgl. Kapitel »Rilke und der Buddha«.

305 Vgl. dazu auch Steiner, a.a.O., 286, der die Zehnte Elegie als geistige Verwandlung des Übergangs vom »Nichtmehrleben zum Totsein« beschreibt.

essenz des Ganzen wird in einem einfachen Gleichnis dargestellt, das auf zwei ganz unmittelbaren Sinneserfahrungen beruht.

Die erste Erfahrung ist das *Haselkätzchen*, die zweite der *Frühlingsregen*. Die hängende Hasel bildet den Samenträger des Strauchs. Volkskundlich wird sie aus diesem Grund vielfach als Fruchtbarkeitssymbol gedeutet, und die Empfindung des Betrachters, die sich auch im Volkslied niedergeschlagen hat, reicht von Anmut bis Trauer. Die kleinen herabhängenden Haseldolden wachsen vor dem Grün des Frühjahrs, sie sind Vorboten des neuen Lebens im noch leeren Haselstrauch. Diese Leere kann als Inkubationsraum für die Fruchtbarkeit gelten, wie wir es in den Elegien mehrfach finden – so, wie wenn aus der Leere der liebenden Arme das Mehr an Weltraum hervorgeht, den die Vögel vielleicht fühlen (DE 1,24–26); oder wenn aus dem Raum der Leere, die Linos als Toter hinterlassen hat, die Musik erklingt (DE 1,96–100); oder wenn auf die leere Bühne der Engel tritt, um sich mit der Puppe zum Schauspiel zu verbinden (DE 4); oder wenn aus der Höhle des Schoßes der Held hervortritt (DE 6,36–39). Umgekehrt ist die Bewegung auf das Offene hin, das als »Nirgends ohne Nicht« bezeichnet wird (DE 8,18), der Aufbruch in die Freiheit, die bisher durch abgrenzende Deutungen und ängstliches Bewachen verhindert wurde. Alles kommt aus der Leere und geht wieder in die Leere ein, um sich ins Ganze zu lösen und darin die geistige Bestimmung zu finden. Auch diese Gedanken klingen buddhistisch.

Die zweite Erfahrung ist der *Frühlingsregen*. Frühling ist, so Rilke, die »steigende« Jahreszeit: Alles wächst nach oben, der Saft steigt in der Pflanze (im Unterschied zur hängenden Hasel), verdunstet über die Blätter und kehrt als Regen von oben in die dunkle Erde zurück. Die Benetzung der dunklen Erde durch den Regen, der aus dem lichtvollen Himmel fällt – oder der trockenen, ausgedörrten Erde, die von dunklen Regenwolken überschattet wird –, symbolisiert die Polarität aller Naturerscheinungen. Der Kreislauf des Wassers und der Lebenssäfte überhaupt ist bei Rilke, wie wir gesehen haben, ein wiederholt gebrauchtes Sinnbild der Kontrasteinheit von hell-dunkel, oben-unten, steigen-fallen. Und schließlich: leben-sterben.

Hasel und Regen kommen von oben herab, sie sind ein »Fallen«, und bringen doch »steigenden« Segen, nämlich Fruchtbarkeit. Auf der Skala menschlicher Werte gilt das Emporsteigen (im gesellschaftlichen Ansehen, in Hierarchien) als Glück und das Fallen als Unglück, im Kreislauf des Lebens sind sie zwei Phasen des einen Prozesses. Ist die Metaphorik der Höhen- und Tiefenbewegung der Ursprung von Rilkes Dichtung überhaupt, wie Steiner vermutet?[306] Jedenfalls führt die Spannung beider letztlich zur Öffnung ins Weite und Offene, und auch hier lässt sich wieder eine Parallele zu Goethe ziehen, dem im Schlusschor des »Faust II« im wortwörtlichen Sinne ähnliches »vorschwebt«: Mephisto jammert, dass diejenigen, die er als Opfer ausersehen hatte, nun »himmelwärts entflogen« seien; Pater profundus erklärt darauf zu Liebesboten die Wasserfülle, die herabfließt, und die Blitze, die flammend niederschlagen, um die Luft zu reinigen und Leben zu erneuern. Pater seraphicus ruft den Knaben beides zu: »steigt herab« und »steigt hinan«. Nach Rilkes Deutung des Daseins muss das steigende Glück vorläufig sein, denn es trägt das Fallen schon in sich. Dadurch entsteht eine mitfühlende Bewegung im Geist, die »Rührung«, die Voraussetzung für geistige Reifung ist, welche ein inneres Geschehen und gerade darum die Quelle der Freude ist: Mit-Fühlen, Mit-Bewegung, Resonanz, Inbegriff der wesensmäßigen Verbundenheit und Durchdringung aller Wesen. Was bedeutet, »wenn ein Glückliches fällt«, geht es nicht nur zugrunde, sondern es geht ein in den Grund, findet also in der Resonanz des Ganzen sein Echo. Ein immerfort steigendes, absichtsvoll stimuliertes Glückliches wäre isoliert, während das Leid-Glück alle Wesen miteinander verbindet in einem Schmerz, der sich zu heiterer Mit-Freude verwandelt, woraus der Gesang, das Rühmen folgt, wie es in den Sonetten an Orpheus heißt.

Der Tod wird nicht als Ende des Lebens gesehen, sondern vom Ganzen her als Integration in den Urgrund. Leben und Tod, die in der zielgerichteten Raum-Zeit getrennt erscheinen, sind im Ganzen eins.[307] Rilke hat im Jahr, das der Vollendung der Elegien folgt, nämlich am 15. September 1923 ein Gedicht geschrieben, wo er sein Lebensempfinden zusammenfasst in vier Stationen eines sich ent-

306 Steiner, a. a. O., 290.

307 Steiner formuliert treffend: »Die einander aufhebenden Gegenbewegungen führen über die gerichtete Zeit hinaus und erstarren doch nicht im Statischen. Der reine, durchlichtete, in sich bewegte Weltinnenraum, den die Engel in der zweiten Strophe der zweiten Elegie erhalten haben, ist erreicht.« Ebd., 291.

faltenden, dann entfremdeten, später sich aufbäumenden und schließlich den Tod integrierenden Lebens:[308]

IMAGINÄRER LEBENSLAUF

Erst eine Kindheit, grenzenlos und ohne
Verzicht und Ziel. O unbewußte Lust,
Auf einmal Schrecken, Schranke, Schule, Frohne
Und Absturz in Versuchung und Verlust.

Trotz. Der Gebogene wird selber Bieger
Und rächt an anderen, dass er erlag.
Geliebt, gefürchtet, Retter, Ringer, Sieger
Und Überwinder, Schlag auf Schlag.

Und dann allein im Weiten, Leichten, Kalten.
Doch tief in der errichteten Gestalt
Ein Atemholen nach dem Ersten, Alten …

Da stürzte Gott aus seinem Hinterhalt.

308 Rilke, Werke, a. a. O., Bd. 1, 776.

Rilke und der Buddha

Das Umfeld

Rilke hat sich vom Buddhismus inspirieren lassen. Um 1900 übt Indien, insbesondere der Buddhismus, auf zahlreiche Intellektuelle große Faszination aus, man denke nur an Stefan Zweig und Hugo von Hofmannsthal, Hermann Hesse ohnehin, dessen Siddhartha 1922, im Jahr der Vollendung von Rilkes »Duineser Elegien«, erscheint, oder an Romain Rolland und die Künstler des Jugendstils. Auch Kandinsky, so sahen wir bereits, beruft sich auf die indische Geisteswelt. Sie alle bewegen sich in den Spuren der Buddhismus-Rezeption Schopenhauers, Wagners und Nietzsches sowie der Theosophie. Einige Jahre später (1937) wird Romano Guardini die berühmt gewordenen Sätze über den Buddha äußern, als dem »einzigen«, der »in die Nähe Jesu« gerückt werden könne, der »in einer erschreckenden, fast übermenschlichen Freiheit« stehe, zugleich aber »eine Güte, mächtig wie eine Weltkraft« zeige; und vielleicht habe Jesus aus Nazareth seine Vorläufer nicht nur in den Propheten bis zu Johannes dem Täufer und in Sokrates – sondern eben auch im Buddha.[309]

Anders als die Frühromantiker zu Beginn des 19. Jahrhunderts, wie Herder, Friedrich und August Wilhelm Schlegel oder Wilhelm von Humboldt, die vor allem die »Bhagavad Gītā«, die »Upanishaden« und indische Yoga-Schriften rezipierten, anders auch als die durch Schopenhauer vermittelte Rezeption des Mahāyāna-Buddhismus seit Mitte des 19. Jahrhunderts, werden gegen Ende des 19. Jahrhunderts aufgrund der Aktivitäten der Pāli Text Society – gegründet 1831 in England – und hier besonders des Ehepaars Rhys-Davids sowie des Wieners Karl Eugen Neumann die Lehrreden des Buddha aus dem Pāli-Kanon bekannt. Diese Übersetzung Neumanns (1907) erfreut sich bei Gerhart Hauptmann, Edmund Husserl oder Thomas Mann außerordentlicher Bewunderung, letzterer zählt sie »zu den größten Übersetzungstaten« ins

309 Romano Guardini: Der Herr. Betrachtungen über die Person und das Leben Jesu Christi, Leipzig: St. Benno 1954, 367.

Deutsche, »vergleichbar der Shakespeare-Übersetzung von Tieck und Schlegel«.[310] Stefan Zweig kommentiert sie so:[311]

> ... nur im Sinne der Größe und der Schönheit wirkt ihr künstlerisches Ethos offenbarend, und in den geistigen Himmel unserer Welt tritt mit diesen Reden ein neu-uraltes Sternzeichen, deutbar und unfasslich zugleich, schön in seiner Ferne und fern in seiner Schönheit.

Zweig steht damit für eine ästhetische Rezeption der Reden des Buddha, ohne der Lehre »geistig überhaupt nahezutreten« zu wollen.[312] Das gilt auch für Rilke, aber Rilke kommt buddhistischen Erfahrungen und Denkformen wesentlich näher. Hugo von Hofmannsthal schreibt 1921 in einem Aufsatz zu Neumanns Übersetzung der Reden des Buddha:[313]

> Sie sind zeitlos, haben keine Eile, vorzudringen; und in dieser Verschmähung der Zeit offenbaren sie sich. Ihr Inhalt ist ein einziger Gedanke. Die Tonart ist Dur, so hell gehalten und geistig heiter, wie nie ein Ton die europäische Seele getroffen hat...

Hermann Hesse geht weiter, er setzt die Reden des Buddha und asiatische Denkformen überhaupt als »Auffrischung vom Gegenpol her« gegen ein Europa, das »an mancherlei Verfallserscheinungen« leide.[314] Die »Sehnsucht« gelte nicht

310 Thomas Mann: »Die Buddho-Verdeutschung Karl-Eugen Neumanns (1923)«, in: Ders.: Die Forderung des Tages. Abhandlungen und kleine Aufsätze über Literatur und Kunst, Frankfurt a. M. 1986, 168–169; zit. nach Karl-Josef Kuschel: Rilke und der Buddha. Die Geschichte eines einzigartigen Dialogs, Gütersloh: Gütersloher Verlagshaus 2010, 32.

311 Stefan Zweig: Erhabenes Vermächtnis, in: Neue Freie Presse, Wien, 26. September 1919; zit. nach Kuschel, a. a. O., 34–35.

312 Ebd., 34.

313 Hugo von Hofmannsthal: Neumanns Übertragung der buddhistischen Heiligen Schriften. Anläßlich einer Neuausgabe der Reden Gotamo Buddhos (1921), in: Ders.: Gesammelte Werke. Reden und Aufsätze, Bd. 2 (1914–1924), Frankfurt a. M., Fischer 1979, 153–154, zit. nach Kuschel, a. a. O., 35.

314 Hermann Hesse, Die Reden Buddhas (1921), in: Ders., a. a. O., Bd. 18, 262, zit. nach Kuschel, a. a. O., 36.

einer neuen Ethik oder einer neuen Denkweise, sondern einer Kultur jener seelischen Funktionen, welchen unsere intellektualistische Geistigkeit nicht gerecht geworden ist.

»Zeitlos«, »nur mit der Kraft des Elefanten zu vergleichen«, doch »ganz ohne pathetische Anspannung«, seien die Reden des Buddha, so Hugo von Hofmannsthal.[315] Zeitlos und kraftvoll, das ist auch Rilkes Ziel in den »Duineser Elegien«. »Ohne pathetische Anspannung«[316] – das trifft auf Rilke nicht zu. Ich möchte den Unterschied so fassen: *Der Buddha analysiert nüchtern aufgrund meditativer Erfahrungen des Bewusstseins mit sich selbst. Rilke synthetisiert poetisch aufgrund ästhetischer Projektionen in der Sehnsucht nach einer Ganzheitserfahrung.*

Rilkes Buddhismus-Bild

Rilkes Buddhismus-Bild entsteht eher intuitiv als durch systematische Lektüre.[317] Seine drei berühmten Buddha-Gedichte sind entstanden, noch bevor er buddhistische Texte kennenlernte, das erste Ende 1905, das zweite am 19. Juli 1906, das dritte kurz vor dem 15. Juli 1908. Erst danach hat er die Reden Buddhas in der Übersetzung von Karl Eugen Neumann gelesen. Als Rilke die »Reden des Buddha« zum ersten Mal in den Händen hält, ist er in Paris und bestätigt den Empfang dieses Buches in einem Brief vom 8. September 1908 und bemerkt dazu, dass es ihn bei den ersten Worten »schauert« und er vom »Ebenmaß« der Gedanken beeindruckt sei. Zuvor aber war ihm der Buddha schon in den Statuen begegnet, die in Auguste Rodins Garten und Atelier in Meudon standen.

Rodin war von japanischer Kunst beeinflusst wie viele Künstler

315 Von Hofmannsthal, a.a.O., 35.

316 Ebd.

317 Die Rilke-Biographien geben kaum Aufschluss. Sie sind auf diese Frage hin von Hellmuth Hecker analysiert worden; Hecker, a.a.O., 49–52. Auch die beiden Dissertationen von Jinhyung Park und Youngnam Lee liefern kein wirklich beweiskräftiges Material; vgl. Jinhyung Park: Rainer Maria Rilkes Selbstwerdung in buddhistischer Sicht. Ein literatur- und religionswissenschaftlicher Beitrag zu einem neuen Rilke-Verständnis, Frankfurt a.M./Bern: Peter Lang 1990, sowie Youngnam Lee: Rainer Maria Rilke jenseits der reflektierten Gedanken. Ein Beitrag zur Poetik Rilkes aus interkultureller Perspektive: Taoismus, Zen-Buddhismus, Osnabrück: Der Andere Verlag 2002. Vgl. auch Hecker, a.a.O., 65–84.

des Impressionismus, Symbolismus und Kubismus, man denke an van Gogh, Monet, Pissaro, Klimt und andere. In seiner Sammlung asiatischer Kunst befanden sich auch Buddha-Figuren, die wohl vom niederländischen Pavillon der Weltausstellung in Paris aus dem Jahr 1900 stammten, wobei es sich vermutlich um Kopien vom weltberühmten Borobudur auf Java handelt.[318] In einem Brief vom 20. September 1905 lässt Rilke wissen, was ihn an diesen Statuen so nachhaltig beeindruckt: die Schweigsamkeit, die Geschlossenheit der Gebärde, der Buddha als *»centre du monde«*. Der Buddha verharre im göttlichen Gleichgewicht, er sei die Einheit von Herrscher und Weisem, wie es in einem Brief an Rodin von Mitte November 1905 und in Briefen an Clara Westhoff-Rilke und Lou Andreas-Salomé heißt. Buddha vereine Nähe und Ferne, und Rilke schreibt über die Statue, als schriebe er über eine Person, er ist mit ihr in einen Dialog getreten.[319] Karl-Josef Kuschel deutet Rilkes erstes Erlebnis angesichts der Buddha-Statuen am 12. September 1902 als ein »Kontrasterlebnis«[320] zur abgründig scheußlichen Großstadt, die den Menschen entfremde und vereinsamen ließe und überrolle – und doch auch wieder fasziniere. Die Stadt versetze den Menschen in eine Geschwindigkeit, die zugleich Angst mache und berausche. Die Stadt wird hier zum Inbegriff der Gefahr, die in der menschlichen Entfremdung von sich selbst liegt, würde Rilke sagen. Diese Diagnose ist nicht auf Rilke beschränkt, sondern ein verbreiteter Topos. Die Großstadt ist, so Fritz J. Raddatz, in der Kunst zu Beginn des 20. Jahrhunderts (bei Louis Aragon und Alfred Döblin, Robert Delaunay und Charlie Chaplin) »Großartigkeit und Abgrund«, »Elendsgefühl wie glitzernde Versuchung, faszinierende Maschinenwelt und absinthgrüner Sumpf« zugleich.[321] Paris war spätestens seit Mitte des 19. Jahrhunderts zum Symbol für die Größe und das Elend der modernen Industriegesellschaft geworden – bereits in Giuseppe Verdis »La Traviata« (1853) wird die »Wüste Paris« beklagt.[322]

318 Kuschel hat mit detektivischer Akribie die Geschichte dieser Figuren zu erhellen versucht: a.a.O., 64.

319 Ebd., 89–93.

320 Ebd., 43.

321 Raddatz, a.a.O., 70.

322 Guiseppe Verdi: La Traviata, Erster Akt, Nr. 3 Szene und Arie der Violetta: »…Arme Frau, allein, verlassen in dieser Wüste von Menschen, die man Paris nennt.«

Rilke beschreibt seine Pariser Eindrücke wenige Tage vor dem erstmaligen Anblick der Buddha-Statuen, am 31. August 1902, in einem Brief an Clara Westhoff-Rilke:

> Mich ängstigen die vielen Hospitäler, die hier überall sind... Man sieht Kranke, die hingehen und hinfahren, in allen Straßen... Man fühlt auf einmal, dass es in dieser weiten Stadt Heere von Kranken gibt, Armeen von Sterbenden, Völker von Toten. Ich habe das noch in keiner Stadt gefühlt.[323]

Diese Beschreibung lässt an die Legende vom Prinzen Siddhārtha denken, der bei seinen Ausfahrten Kranke und Sterbende sieht und daraufhin beschließt, in die Hauslosigkeit zu gehen und zu meditieren. Rilke dürfte die Legende beim Verfassen dieses Briefes nicht im Sinn gehabt haben, die Parallele verblüfft allerdings. Paris, die Leid-Stadt, wird später in der Zehnten Elegie poetisch überhöht und auf die menschliche Zivilisation überhaupt übertragen.

Die Disposition für Rilkes Buddha-Verständnis ist aber mehr als die Suche nach einer ästhetischen Alternative für ein geängstigtes Lebensgefühl in der großstädtischen Moderne. Rilke sucht nach einer nicht-dualen Einheit der Gegensätze, wie sie in den »Duineser Elegien« thematisiert wird.

In seiner Korrespondenz mit dem jungen österreichischen Dichter Franz Xaver Kappus, die 1903 beginnt, sich über Jahre erstreckt und nach Rilkes Tod als »Briefe an einen jungen Dichter« 1929 herausgegeben wird, äußert sich Rilke zum Künstlertum. Dabei ist ihm Rodin das große Vorbild, wenn er schreibt, dass ein Künstler schaffen *müsse*, es sei ein innerer Drang, ja Zwang. Der Künstler sähe wie ein erster Mensch alles völlig neu, als sei es ein erstes Mal. Dafür müssten gewohnte Sichtweisen und Projektionen aufgegeben und verfestigte Denk- und Gefühlsstrukturen überwunden werden. Es bedeute, jeden Augenblick ganz präsent und unvoreingenommen zu erleben. Nur so werde das Leben ein »Zeichen und

323 Brief an Clara Rilke vom 31. August 1902, in: Rainer M. Rilke: Briefe in 2 Bänden, Bd. 2, 126, zit. nach Kuschel, a. a. O., 43. Schon mehrfach wurde darauf verwiesen, dass Rilke später Paris andererseits als Heimat und als Ort der »unerschöpflichen Versöhnung« (mit sich selbst), als »Einheit von Gegenstand und Gegenüber«, als »Nähe und Tiefe der Welt« empfindet; vgl. Brief an Lou Andreas-Salomé vom 31. 12. 1920, in: Fülleborn/Engel, a. a. O., Bd. 1, 194–195.

Zeugnis« für diesen Drang. Und Rilke fährt fort:[324] »Dann nähern Sie sich der Natur, dann versuchen Sie, wie ein erster Mensch, zu sagen, was Sie sehen und erleben und lieben und verlieren.« Und nicht, was »man« von den Dingen hält und bisher immer gesagt hat und aus geistiger Stumpfheit weiter sehen und sagen wird. Wahrnehmung und Wahrnehmungskritik, das ist auch das Thema der buddhistischen Bewusstseinsanalyse. Sie gipfelt in einem momenthaften Gegenwärtigsein, der Augenblicklichkeit, an der man jedoch nicht anhaften soll. Geistesverwandtschaft also zwischen dem Buddha und Rilke, in einer sehr tiefen Schicht des Erlebens und Erkennens.

Rilkes monumentales Vorbild ist Auguste Rodin, und in diesem biografischen Kontext gewinnt sein Bild des Buddha Kontur.[325] Rilke verehrt seinen Meister Rodin trotz eines späteren Zerwürfnisses als das Künstler-Ideal schlechthin, ja, er erscheint ihm (später) »wie ein thronender östlicher Gott«, wie ein Buddha, könnte man vielleicht sagen. Der Künstler Rodin steht für ihn im Zentrum der Welt, auch das wird er im Buddha sehen. Sein Buddha-Bild ist ihm in Rodin präfiguriert, weil er, Rodin, »jene großen, letzten Gesetze« als Bildnis zu gestalten vermag, Gesetze, »von denen alles abhängt«.[326] Karl-Josef Kuschel zeigt, wie Rilke bis in den Wortlaut hinein Rodin und den Buddha mit ähnlichen Begriffen und Metaphern belegt: Ruhe, Gleichgewicht, Geduld, Zeitlosigkeit; oder mit den kosmischen Metaphern des Kreisens der Sterne, dem Sonnensystem, und dem Gesetz.[327] Rodins Werke drücken für Rilke ein Ganz-Sein aus, wie auch der Buddha in seiner in sich ruhenden Ganzheit. Rilke schreibt über Rodin bzw. das vollendete Kunstwerk:[328]

> Wie groß auch die Bewegung eines Bildwerkes sein mag, sie muss, und sei es aus unendlichen Weiten, sei es aus der Tiefe des

324 Rainer M. Rilke: »Briefe an einen jungen Dichter«, Brief vom 17. Februar 1903, Frankfurt a. M.: Insel 1998 (zuerst 1929), 8; zit. auch bei Kuschel, a. a. O., 53.
325 Almut-Barbara Renger: »Buddha in Meudon. Rodin und Rilke, Meister und Schüler«, in: Heinrich Detering u. a. (Hrsg.): Der Buddha in der deutschen Dichtung, Göttingen: Wallstein 2014, 103–139.
326 Zit. nach Kuschel, a. a. O., 103.
327 Ebd.
328 Rainer M. Rilke: Werke. Kommentierte Ausgabe, Bd. 4, hrsg. von M. Engel u. a., Frankfurt a. M./Leipzig: Insel-Verlag 1996, 417–418; zit nach Kuschel, a. a. O., 106.

> Himmels, sie muss zu ihm zurückkehren, der große Kreis muss sich schließen, der Kreis der Einsamkeit, in der ein Kunst-Ding seine Tage verbringt. Das war das Gesetz, welches, ungeschrieben, lebte in den Skulpturen vergangener Zeiten. Rodin erkannte es. Was die Dinge auszeichnet, dieses Ganz-mit-sich-beschäftigt-Sein, das war es, was einer Plastik ihre Ruhe gab; sie durfte nichts von außen verlangen oder erwarten, sich auf nichts beziehen, was draußen lag, nicht sehen, was nicht in ihr war. Ihre Umgebung musste in ihr liegen.

Das In-sich-Ruhen der Plastik, deren Ausstrahlung wie ein Kreis in sich zurückkehrt, charakterisiert auch den Engel in den »Duineser Elegien«. Er ist sich selbst genügend und verliert sich nicht nach außen. Er ist in, mit und bei sich. Und das ist, für Rilke, auch der Buddha.

Die Prägung durch Rodin greift tief. Almut-Barbara Renger hat gezeigt, dass Rilke bei Rodin einen »unverstellten Zugang zu den Wahrnehmungsgegenständen zu gewinnen« sucht, eine »phänomenologische Einzigartigkeit« eines jeden Dinges. Rilke habe bei Rodin gelernt, »was es heißt, die Welt, Wesen und Dinge mit allen Sinnen gesammelt und bewusst, in Hingabe und Freude aufzunehmen«.[329] Dies hat sich dann in Rilkes Dichtung niedergeschlagen, namentlich beim späteren Rilke in den Neuen Gedichten und auch in den »Duineser Elegien«. Die Frage nach einer »unverstellten Wahrnehmung« ist in der Tat ein zentrales Problem der buddhistischen Erkenntnistheorie und mentalen Praxis (»die Dinge erkennen, wie sie sind«), auf das der Buddhismus spezifische Antworten gefunden hat, die der Erfahrung Rilkes wesensverwandt erscheinen.

Dennoch wäre es unzutreffend, Rilke als Buddhisten zu bezeichnen. Er strebt weder die philosophische Auseinandersetzung noch eine soziale Identifikation mit dem Buddhismus an. Er studiert den Buddhismus nicht, sondern hat eine Anschauung vom Buddha, die durch das Kunstwerk inspiriert ist. Vor allem aber geht es Rilke darum, die Vergänglichkeit fruchtbar zu machen und aus dieser geistigen Kraft die Verbindung ins Offene herzustellen, wie es in der Sechsten und der Achten Elegie heißt. Der Mensch

329 Renger, a. a. O., 106.

müsse ganz in die Leere schauen, dann würde er den Grund des Seins erfahren. Ein Festhalten oder die Fixierung auf eine bestimmte Form würde den notwendigen Wandel verhindern sowie das ausblenden, was jeweils außerhalb steht und somit »Feindschaft« begründe, wie die Vierte Elegie formuliert. Das Anhaften am Einzelnen jeglicher Art gliche einer Jagd bzw. einem Greifen nach Beute, gerade auch in der missglückenden Liebe; es sei eine Besitzhaltung, die das Lebendige zerstöre, den Blick verstelle und Gefühle abwürge. Das fixierte Endliche vergehe, der ins *Offene* gestellte Bezug hingegen transponiere ins Unsichtbare und Überzeitliche.[330]

Der Begriff des »Offenen« ist im Deutschen eine zentrale Metapher des Zen-Buddhismus geworden, seit Wilhelm Gundert (1880–1971), Cousin von Hermann Hesse, die berühmte Ch'an-Anekdote um Bodhidharma, den legendären Begründer des Ch'an in China, so übersetzt hat.[331] Dort wird gleich zu Beginn der grundlegenden Schrift »Bi-Yän-Lu« (jap. »Hekiganroku«) im ersten Beispiel erzählt, dass der Kaiser Wu-Di von Liang, der von Gundert als ein »Konstantin des Buddhismus« bezeichnet wird,[332] den Großmeister Bodhidharma gefragt habe: »Welches ist der höchste Sinn der Heiligen Wahrheit?« Bodhidharmas Antwort: »Offene Weite – nichts von heilig.« Das bedeutet, dass sich das Wesentliche nicht in Definitionen, also abgrenzenden, immer nur perspektivisch möglichen Reduktionen erfassen lässt. Denn mit jedem Begriff kann nur ein fixiertes Endliches beschrieben werden, es kommt aber auf eine freie, offene, weite, alles umgreifende Bewusstseinshaltung an, die in jedem Augenblick das neu Mögliche zulässt. Dies betrifft die unendliche Fülle freier Möglichkeiten in jeder räumlichen Konstellation und jedem zeitlichen Augenblick. Auf diesem Hintergrund verlieren fromme Werke und stolze Leistungen jegliche Bedeutung. Im achtsamen Gewahrsein des Augenblicks jedoch ist kein Anhaften, sondern jeder Moment wird neu und unverstellt erlebt.

Rilke allerdings konnte auf diese chinesisch-buddhistische Tradition noch nicht Bezug nehmen, denn die ersten Beispiele aus

330 Vgl. dazu das oben zu Beginn der Interpretation der Achten Elegie Gesagte.
331 Wilhelm Gundert: Bi-Yän-Lu. Meister Yüan-wu's Niederschrift von der smaragdenen Felswand, Bd. 1, Leipzig: G. Kiepenheuer Verlag 1980, 37.
332 Ebd., 51.

dem »Bi-Yän-Lu« erschienen in deutscher Übersetzung erst 1925, übrigens mit einem Geleitwort des Theologen und Religionswissenschaftlers Rudolf Otto.[333] Die Übersetzung Gunderts lag in gedruckter Form ab 1960 vor. Auch hier kann also keine Buddhismus-Lektüre durch Rilke vorausgesetzt werden, sondern eine Nähe in der Intuition.

In buddhistischer Terminologie ausgedrückt, kann Rilkes Einsicht mit dem Begriff des Entstehens aller Erscheinungen in wechselseitiger Abhängigkeit (*pratītyasamutpāda*) beschrieben werden. Dieser Ausdruck wird bereits von Nāgārjuna (2./3. Jh. n. Chr.) mit dem Begriff der Leerheit identifiziert. *Leerheit (shūnyatā) bedeutet: Nichts ist aus sich selbst, sondern wird das, was es zeitlich ist und stetig wandelnd neu ausbildet, aus dem jeweils anderen, in einem Netz von Bezügen, in einer wechselseitig informationellen Struktur.* Auch die lineare Zeit kollabiert in tieferem Erleben. Rilkes »Weltinnenraum« kommt diesen Anschauungen sehr nahe, zumal ja auch beim Engel die Zeitmodi verbunden sind (sie »wüssten oft nicht, ob sie unter Lebenden gehen oder Toten« [DE 1,86–87]). Rilke kommentiert dies in dem Brief an Hulewicz vom 13. 11. 1925:[334]

> Wir, diese Hiesigen und Heutigen, sind nicht einen Augenblick in der Zeitwelt befriedigt, noch in sie gebunden; wir gehen immerfort über und über zu den Früheren, zu unserer Herkunft und zu denen, die scheinbar nach uns kommen. In jener größesten ›*offenen*‹ Welt *sind* alle, man kann nicht sagen ›gleichzeitig‹, denn eben der Fortfall der Zeit bedingt, dass sie alle *sind.* Die Vergänglichkeit stürzt überall in ein tiefes Sein.

Die mahāyāna-buddhistische Denkform der Zeit tritt besonders eindrucksvoll im Avatamsaka-Sūtra zutage, das vor allem in China und Japan großen Einfluss hatte und prägend für die Gedankenwelt des Ch'an bzw. Zen ist.[335] Danach durchdringen nicht nur die Mikro- und Makro-Räume einander, sondern auch die Zeiten:

333 Schuej Ohasama u. August von Faust (Hrsg.): Zen, der lebendige Buddhismus in Japan, Gotha/Stuttgart: Perthes 1925.

334 Fülleborn/Engel, a. a. O., Bd. 1, 320.

335 Einige Texte aus diesem Sūtra sind übersetzt und kommentiert in: von Brück, Weisheit, a. a. O.

Vergangenheit, Gegenwart und Zukunft bedingen einander wechselseitig, ist doch die Erfahrung des gegenwärtigen Moments nichts anderes als die bewusste Verarbeitung des eben vergangenen Eindrucks, d.h. der vergangene Augenblick wird dem Bewusstsein gegenwärtig in einem Prozess, der diesem Augenblick zukünftig ist. Wahrnehmung des Vergangenen hängt ab von den Wahrnehmungsbedingungen in der Gegenwart. Was die Vergangenheit *war*, ist dem Bewusstsein nicht zugänglich, was sie hingegen *ist*, hängt von Bedingungen ab, die ihre Zukunft sind. Alle drei Zeitaspekte sind aber, so lehrt das Avatamsaka-Sūtra, in sich unbegrenzt und daher nicht determiniert. Begrenzt sind die menschlichen Wahrnehmungsweisen, und zwar deshalb, weil sie von Bedingungen, d.h. dem Zustand des Bewusstseins, abhängen.

Mit anderen Worten, in anderen Bewusstseinszuständen wie in der Meditation oder im Traum wird Zeit anders, nämlich in ihrer gegenseitigen Durchdringung oder Einheit, erfahren.[336] Zeit ist hier kein linearer Zahlenstrahl, der mit aufeinander folgenden Ereignissen gefüllt wäre, sondern der gegenwärtige Augenblick vollkommener Wachheit, in dem Vergangenheit, Gegenwart und Zukunft zusammenfallen. Doch dieser »Augenblick« ist nicht statisch, sondern bewegt sich fort und entfaltet dabei seine innere Dynamik. Es geht um eine *zeitewige Gegenwart.* Die einzelnen Dinge und Ereignisse sind, was sie sind, aber sie erscheinen in ihrer gegenseitigen Abhängigkeit und Durchdringung.

Rilkes Zugang zur Zeiterfahrung lässt Nähe zu den buddhistischen Überlieferungen erkennen, wie immer dies erkläret werden kann. Wie bereits erwähnt, waren seit der Romantik die intellektuellen Debatten, an denen sich Rilke zu seiner Zeit lebhaft beteiligte, voller Hinweise auf hinduistische und buddhistische Mythen, Legenden über spirituelle Erfahrungen und philosophische Systematisierungen. Ob ihn die Gespräche mit dem Philosophen und Freund Rudolf Kassner, dem er ja die Achte Elegie gewidmet hat, in besonderer Weise beeinflusst haben, oder Friedrich Nietzsche oder der Maler Paul Cézanne, dem Rilke verbunden war? Sie alle waren durch Schopenhauer geprägt, aber auch Rilke selbst kannte dessen

336 Vgl. Thomas Cleary: The Flower Ornament Scripture. A Translation of the Avatamsaka Sutra, Bd. 3, Boulder/London: Shambhala 1987, 7.

Deutung des Buddhismus durch eigene Lektüre.[337] Sicher entspringt Rilkes Denken eigenen Erfahrungen, man vergegenwärtige sich nur das »Erlebnis« in Duino 1912, das wir im Zusammenhang mit der Ersten Elegie erörtert haben. In einem Brief vom 27.12.1920 äußert sich Rilke in bemerkenswert klarer Weise zu seinem Empfinden des Glücks angesichts des Erlebnisses von Ganzheit, die Dualität überwindet in der Konzentration des Herzens, d.h. des völlig geeinten Bewusstseins in einem zeitfreien Augenblick. Dies sei ein Glück nicht im Sinne der »Theilnehmung am Schönen und Erfreulichen«, was ja eine Auswahl bedeuten würde, sondern ein »gerechteres Glück«, das stark genug ist, »das ungeheure Ganze der Welt mit allen seinen inneren Bestreitungen und Widersprüchen in *Einem* aufzufassen und athemlos zuzugeben.« Eine »Fülle des Daseins«, ein *»Eingelassensein ins Ganze«* (diese Worte sind kursiv geschrieben), das auch Krankheit und Tod in die Einheit integrieren könne, wo es »nichts gäbe, was nicht Reichthum würde für ein unrechnendes, dem immer einzigen Augenblick zugethanes Herz.«[338]

Wir sagten bereits: Ausdruck und Eindruck sind für Rilke eins. Das muss aber kein Gegensatz zum Buddha sein, wie Kuschel urteilt, wenn er zwischen Rilke und dem Buddha dahingehend einen Unterschied ausmacht, dass die Haltung des Buddha die schweigende Meditation sei, nicht die tätige Äußerung im Gedicht, die hingegen für Rilke zentral ist.[339] Schließlich ist ja auch beim Buddha tätiger Ausdruck die andere Seite der meditativen Grundhaltung, es ist ein Schweigen im Wort, und ein Wort, das mit Schweigen gefüllt ist. Denn des Buddhas lächelndes Schweigen *ist* Ausdruck, so wie schweigendes Wissen (*prajñā*) und tätige Barmherzigkeit (*karunā*) im späteren Buddhismus als zwei Seiten einund derselben Realität gelten. Es ist ein Ganzes, das in sich bewegt ist, ohne dass es dabei abnehmen oder zunehmen würde. Genau das ist bei Rilke in der Gestalt des Engels symbolisiert.

337 Und zwar schon als Abiturient; vgl. dazu Wegener-Stratmann, a.a.O., 58. Zu Rilkes Schopenhauer-Rezeption vgl. auch Hecker, a.a.O., 51–52.
338 Brief an Francine Brüstlein vom 27.12.1920, in: Fülleborn/Engel, a.a.O., Bd. 1, 192–193.
339 Kuschel, a.a.O., 107.

Die drei Buddha-Gedichte

Die drei Buddha-Gedichte Rilkes sind in der deutschsprachigen Dichtung einzigartig. Das erste Gedicht von 1905:[340]

BUDDHA

Als ob er horchte. Stille: eine Ferne …
Wir halten ein und hören sie nicht mehr.
Und er ist Stern. Und andre große Sterne,
die wir nicht sehen, stehen um ihn her.

O er ist Alles. Wirklich, warten wir,
dass er uns sähe? Sollte er bedürfen?
Und wenn wir hier uns vor ihm niederwürfen,
er bliebe tief und träge wie ein Tier.

Denn das, was uns zu seinen Füßen reißt,
das kreist in ihm seit Millionen Jahren.
Er, der vergisst was wir erfahren
und der erfährt was uns verweist.

Er ist erhaben. Seine Offenheit – im Horchen – ist eine Ferne, ein Raum ohne Begrenzung und die Stille. Selbst wenn wir innehalten, ist diese Stille zu groß für menschliche Wahrnehmung, sie ist schon vorbeigezogen, wenn sich der Mensch ihrer bewusst wird – und durch diese Bewusstheit wieder »Lärm« erzeugt, wenn er nicht geübt ist wie ein Buddha. Die nächste Metapher rückt den Buddha in die kosmische Ordnung. Er ist Stern, Licht vom Lichte, könnten wir paraphrasieren, eine Realität, von der wir gerade nur einen Teil sehen und erahnen können, und viele Sterne stehen um ihn, die wir nicht sehen. Er ist immer größer – *semper maior.* Denn er ist Alles. Er ruht in sich und ist darum ohne Wünschen, er bedarf auch nicht des Sehens. Er antwortet nicht, und auch wenn wir uns noch so bedürftig vor ihm niederwürfen, bleibt er in sich versunken. Das, was wir in ihm verehren, ist seine *dynamis*, die von Anbeginn in ihm kreist. Unsere Welt der Nichtigkeiten und bedürf-

340 Rilke, Werke, a. a. O., Bd. 1, 413.

tigen Suche nach Bedeutung berührt ihn nicht. Sein Wesen ist das, was »uns verweist«, die Bestimmung, die für uns noch aussteht. Das Gedicht erzeugt Spannung, schon in der Interpunktion: Halbsatz, Doppelpunkt, Auslassungspunkte. Das Unaussprechliche schwingt in Gedankenverbindungen, die sich der Logik entziehen. Das Gedicht erzeugt die Atmosphäre offener Zurückhaltung, vornehmer Distanz, gelassener Ruhe. Und genau das ist der Kontrast zur Stadt als glitzernder Versuchung.

Das zweite Gedicht »Buddha« vom Juli 1906 steht zwischen Gedichten über Paris und Rom, ein Stimmungsbild mitten in den »Neuen Gedichten«.[341] Und ist doch von ganz eigenem Gewicht.

BUDDHA

Schon von ferne fühlt der fremde scheue
Pilger, wie es golden von ihm träuft;
so als hätten Reiche voller Reue
ihre Heimlichkeiten angehäuft.

Aber näher kommend wird er irre
vor der Hoheit dieser Augenbraun:
denn das sind nicht ihre Trinkgeschirre
und die Ohrgehänge ihrer Fraun.

Wüßte einer denn zu sagen, welche
Dinge eingeschmolzen wurden, um
dieses Bild auf diesem Blumenkelche

aufzurichten: stummer, ruhiggelber
als ein goldenes und rundherum
auch den Raum berührend wie sich selber.

Der Buddha wird nicht direkt angesprochen, sondern ein Pilger reflektiert seine Erlebnisse mit dem vergoldeten Buddha-Bildnis. Hier ist der Buddha erhaben, er kann weder personal noch religiös vereinnahmt werden. Das Gold des Buddha-Bildes, die Summe der Opfergaben – das alles betrifft den Buddha selbst nicht, wohl aber

341 Rilke, Werke, a.a.O., Bd. 1, 441.

die Pilger, die ihn verehren, sie halten durch die Verehrungshaltung zumindest ihre Sehnsucht wach. Der Buddha aber ist nicht Teil des billigen Trostmarktes der Religionen, wie es in der Zehnten Elegie heißt. »Pilgerschaft« ist die Überschrift des zweiten Teiles des »Stunden-Buchs«, es ist eine wichtige Metapher für Rilke. Der Pilger entzieht sich dem Gewohnten, auch dem religiösen Alltag mit seinem frommen Leistungsverhalten (Spenden). Das Einschmelzen des Goldes bezieht sich aber vor allem auf das Innere und bedeutet, dass im Einschmelzen der Gedanken, Bilder und Wünsche alles eins werden muss in der geistigen Schau (der Blick hinter den Augenbrauen). Es geht also um die innere Pilgerschaft, die ja auch das Thema der »Duineser Elegien« ist: Vergeistigung. Der Buddha steht hier für das, was in der Zehnten Elegie als Vorbild für den durch Kunst durchformten Menschen, den Dichter, aufgezeigt wird: die Verwandlung der getrennten Dingwelt in die vereinigte Geistwelt.

Dieser Buddha ist nicht Zweck oder Mittel oder benutzbar für menschliche Wünsche und Projektionen. Er entzieht sich den Bedürfnissen. Rilke lehnt religiöse Besitzansprüche ab, ein Thema des »Stunden-Buchs«, der Buddha-Gedichte und dann auch der »Duineser Elegien«. Ob Buddha oder Gott – beide entziehen sich dem menschlichen Bedürfnis nach einem Gott, der dem Menschen verfügbar ist – Feuerbachs Projektionstheorie in poetischer Form. Der Buddha aber strahlt aus in den Raum, gerade indem er das ist, was er ist und bleibt – universale Präsenz. Sein Geheimnis ist, dass er den Weg zeigt, wie jeder Mensch Buddha werden kann.

Dies ist der Hintergrund des dritten Buddha-Gedichtes »Buddha in der Glorie« von 1908. Es bildet den Abschluss der Sammlung »Der Neuen Gedichte anderer Teil« und ist im Umfeld zweier Christus-Gedichte entstanden: »Der Auferstandene« (Herbst 1907) und »Kreuzigung« (vor dem 2. August 1908), letzteres zeitlich ganz nahe zu dem Buddha-Gedicht und wohl als gewollter Kontrast zu verstehen.[342] Die Kreuzigung wird in ihrer »ästhetischen Widerwärtigkeit« (Kuschel) dargestellt, und mit der Figur der Maria Magdalena zeichnet Rilke die Idealgestalt der besitzfreien, nicht auf ein Objekt bezogenen Liebe, für ihn ist sie eine Liebende, »die sich nicht mehr zum Geliebten neigt, weil sie, »hingerissen von

342 Kuschel, a.a.O., 146–147.

enormen Stürmen, seine Stimme übersteigt«, so der Schluss des Gedichts »Der Auferstandene« von 1907.

Der Buddha als Kontrast. Statt des schmerzverzerrten Crucifixus der lächelnde Buddha in der Mandorla, dem Strahlenkranz in der Form des weiblichen Schoßes, der mit dem »Sei gegrüßt« angesprochen wird. »Sei gegrüßt« – das erinnert an die Engels- und Marienfiguren in romanischen bis hin zu hochgotischen Engels- und Christusdarstellungen, auch die ostkirchliche Tradition bildet den österlichen Christus so ab. Es ist ja die wörtliche Übertragung des Engelswortes an Maria: *Ave Maria gratia plena – Dominus tecum*. Der Beginn: »Mitte aller Mitten, Kern der Kerne« entspricht liturgisch-hymnischer Sprache, wie sie die christliche Tradition entwickelt hat (»Licht vom Licht« usw.). Der Engel, Maria und der Buddha sowie der, der den Buddha grüßt, verschmelzen in dem Glanz des Buddha.[343]

BUDDHA IN DER GLORIE

Mitte aller Mitten, Kern der Kerne,
Mandel, die sich einschließt und versüßt, –
dieses Alles bis an alle Sterne
ist dein Fruchtfleisch: Sei gegrüßt.

Sieh, du fühlst, wie nichts mehr an dir hängt;
im Unendlichen ist deine Schale,
und dort steht der starke Saft und drängt.
Und von außen hilft ihm ein Gestrahle,

denn ganz oben werden deine Sonnen
voll und glühend umgedreht.
Doch in dir ist schon begonnen,
was die Sonnen übersteht.

Das gesamte Weltall wird hier als Frucht gedacht, deren Kern, die Mandel, der Buddha ist.[344] Er ist in allem, aber auf nichts fixiert, er

343 Rilke, Werke, a. a. O., Bd. 1, 543.
344 Auch dies ähnelt dem marianischen Symbol der geöffneten Frucht des Granatapfels: Der Schnitt formt eine Mandorla, in der die Kerne als Vielheit der Phänomene der Welt erscheinen. Dies unter einem Kreuz dargestellt und mit der

ist weder bedürftig noch Wille – nichts hängt an ihm, das ihn nach unten ziehen könnte. Rilke hatte in seinem Gedicht »Gott im Mittelalter« davon gesprochen, dass Menschen Gewichte an Gott hängen, die seine Himmelfahrt verhindern: die Religion als Last, die Gott verstellt. (Möglicherweise hat Rilke hier an den tonnenschweren klobigen Himmelfahrtsaltar in der Kathedrale von Chartres gedacht, der 1773 in den gotisch emporstrebenden Raum wie ein Fremdkörper gesetzt worden ist.) Das Weltall ist das Fruchtfleisch, das er durchstrahlt und – das ist das Wesen des Kernes – über die Vergänglichkeit hinweg ins Zeitlose erneuert. Das Zeitlose und das Unendliche sind seine Schale, Raum und Zeit wie sein Gewand; der starke Saft der Lebensenergie von innen und die Lichtstrahlung von außen treiben die Dynamik des Buddha-Alls an. Der Lebenssaft im Buddha ist kein traditionell buddhistisches Bild, sondern erinnert an das Gleichnis vom Weinstock, das Jesus im Johannesevangelium in den Mund gelegt wird: »Ich bin der Weinstock, ihr seid die Reben.« (Joh. 15,8) Die Rebe kann Frucht bringen, wenn sie gereinigt wird und am Rebstock bleibt, um von seinem Saft durchströmt zu werden. Rilke hat das Sprachbild von der Traube als Metapher in der Zweiten Elegie aufgenommen, wo von den Liebenden die Rede ist, »die ihr unter den Händen euch reichlicher werdet wie Traubenjahre«, die in der Kraft des Durchströmt-Werdens von der Liebe prall gefüllt sind, wachsen, süßer und reif werden wie Trauben. Drängen von innen und gleichzeitig durchstrahlt werden von dem alles durchleuchtenden Lichtglanz, der – so die letzte Strophe – alle Sonnenenergien übertrifft und übersteht. Die Sonnensymbolik ist, wie in den meisten Religionen, auch im Mahāyāna-Buddhismus bekannt: Buddha Vairocana als die zentrale Sonne der Welt. Im Hinduismus ist es *Sūrya*, der mit seinem Wagen die Welt durchmisst, und Gott Krishna verkündet in der »Bhagavad Gītā«:[345] »Sollte am Himmel der Glanz von tausend Sonnen gleichzeitig aufgehen, so würde diese Strahlung der Helligkeit dieses Großen Selbst gleichen.« Die hebräische Bibel spricht von Gott: »Licht ist dein Kleid, das du anhast.« (Ps 104,2) In der Offenbarung des Johannes wird das Himmlische Jerusalem ge-

Sternensymbolik über dem Kreuz geziert, stellt eine Symboleinheit dar, wie sie der Rilke'schen durchaus entspricht. Vgl. dazu z.B. die Schmiedearbeiten in den Seitenwänden des Chores, Kirche auf San Servolo, Venedig.

345 Gesang 11,12, in: von Brück, Gītā, a.a.O., 77.

nannt, wo Gott selbst als Sonne erscheint, die alles erleuchtet (Apk 21,23).

Das Buddha-Licht aber bedeutet Revolution schlechthin – die Sonnen werden umgedreht. In ihm bricht eine neue Welt an, es ist »schon begonnen, was die Sonnen übersteht«. Hier wird die Metaphorik des schon erwähnten Himmlischen Jerusalem – »ein neuer Himmel und eine neue Erde«, Gottes eigene Strahlkraft ersetzt die Sonne – auf den Buddha übertragen. In ihm, in seiner alles durchstrahlenden Energie, ist schon begonnen, was die gesamte Welt erleuchten wird. Wieder geht es um die Transformation alles Dinglichen ins Geistige, des Sichtbaren ins Unsichtbare und damit Unvergängliche, was, wie wir gesehen haben, als zentrales Thema der »Duineser Elegien« gelten kann. Es ist die Transformation vom Haben zum Sein (Meister Eckhart, Erich Fromm), von einem Gott als religiösem Gegenstand zu einer Gottheit, die das eigene Bewusstsein flutet.

Rilke will nicht Buddhist, sondern Buddha werden. Er überträgt seine Buddha-Vision auf das Thema der Berufung des Dichters, in dessen poetischer Verdichtung ein neuer Mensch als Engel zutage treten würde. Es ist eine Utopie der ästhetisch-spirituellen Vollkommenheit, zu der das Menschenleben reifen soll.

Der Buddha – Inspiration für Rilkes Dichtung des Möglichen

Rilke überblendet Symbole der christlichen Tradition mit Metaphern buddhistischer Herkunft. Er hat Intuitionen der buddhistischen Erfahrung des Erwachens, und selbst die Ausformulierung derselben kommt der buddhistischen Philosophie nahe. So heißt es in dem berühmten XIII. Sonett an Orpheus aus dem zweiten Teil dieses Zyklus:[346]

> Sei – und wisse zugleich des Nicht-Seins Bedingung,
> den unendlichen Grund deiner innigen Schwingung…

346 Rilke, Werke, a. a. O., Bd. 1, 641.

Jeder Begriff des Seins ist unzureichend, denn er ist von seinem Gegenteil abhängig. Das Nichts, das Sein und Nicht-Sein umschließt, in der japanischen Kyoto-Schule des Buddhismus *zettai mu*, das Absolute Nichts genannt, ist eine bodenlose Einheit, die alle Räume und Zeiten, damit auch Leben und Tod, integriert. Das Erwachen ist ja die Überwindung solcher abgrenzenden Wahrnehmungen und der daraus folgenden Rhetorik der Gegensätze. Rilke weiß das, und die folgenden Worte klingen wie das Echo einer zen-buddhistischen Erfahrung des Erwachens. Er schreibt in einem wahrlich bemerkenswerten Brief-Fragment an Else Jaffé von 1915:[347]

> ... sowenig die Ruhe ein Abnehmen von Bewegung ist, vielmehr eine unermessliche Steigerung ins größere weltischere Bewegt- und Hingerissensein (unter Verzicht auf willkürliche Eigenbewegung), so wenig ist der Tod eine Lebensverminderung oder ein Verlust an Leben, es scheint mir sicher, dass wir unter diesem seltsamen Namen das völlige Leben meinen, die Vollzähligkeit des Lebens, alles Leben in Einem. Unserer jetzigen Beschränkung gegenüber erscheint solche Fülle geradezu in der Gestalt des Gegensatzes und ob wir gleich, unser hiesiges Werden und Schwingen ›Sein‹ zu nennen, recht wenig Ursache haben, so musste doch die Bezeichnung Nicht-Sein auf das noch Unbekanntere hinüberfallen. Aber wie vorläufig ist das alles. Nur dass eben leider das ganze Leben im Vorläufigen sich eingerichtet hat, den Tod ausscheidend, Gott ausscheidend und die Liebe missbrauchend.

Die »Duineser Elegien« sind Dichtung des Möglichen, der Ruf nach einer Weitung des Bewusstseins ins Offene durch Verdichtung des Erlebens im Raum des Jetzt. Dies kann als Widerhall der im Buddhismus beschriebenen Erfahrungen gedeutet werden. Nicht mehr und nicht weniger.

347 Abgedruckt in: Rainer M. Rilke: Mitten im Lesen schreib ich Dir. Ausgewählte Briefe, hrsg. von Rätus Luck, Frankfurt a. M./Leipzig: Insel-Verlag 1996, 277.

Rückblick und Zusammenfassung

Katharina Kippenberg, die Freundin und aufmerksame Leserin Rilkes, der er viele seiner Gedichte zuerst schickte, schreibt 1946 über die »Duineser Elegien«, sie seien »eines der größten Bekenntnisse wohl aller Literaturen«.[348] Rilke habe allerdings stets die Endprodukte langer Gestaltungs- und Reifungsprozesse in verdichteter Form vorgelegt, nicht die Zwischenstufen und Begründungen. So seien auch die Elegien »lyrische Endsummen und Verkürzungen«, wie Rilke in einem späten Brief selbst angemerkt habe.[349] Das macht die Deutung schwierig – und spannend.

Rilke schreibt 1919,[350] dass er sich angesichts der »allgemeinen Trübung und Unberatenheit des Menschlichen«, und angesichts der politischen Katastrophen auch »vollends des öffentlichen Lebens« einer einzigen Aufgabe stellen wolle: »die Vertraulichkeit zum Tode aus den tiefsten Freuden und Herrlichkeiten des Lebens heraus zu bestärken«. Und 1923 fügt er hinzu, er wolle den Tod integrieren, »der nie ein Fremder war«, sondern ein Aspekt des Lebens selbst, und »das Wort ›Tod‹ *ohne* Negation … lesen«, denn dieser sei, wie die Rückseite des Mondes, die abgewandte Seite des Lebens, nicht das Gegenteil desselben.[351] In der geistigen Zusammenschau finde eine Verwandlung der einzelnen und zeitlichen Dinge statt, das Sichtbare werde dabei ins bleibend Unsichtbare transponiert. Er distanziert sich damit von »christlichen Vorstellungen eines Jenseits«, denen er zwar neben »so vielen anderen Hypothesen« ihr Recht einräumt, die er aber für gefährlich hält, weil sie »die Entschwundenen ungenauer und zunächst unerreichbarer zu machen« drohen, weil also der Zusammenhang, die zeitliche und räumliche Einheit der Wirklichkeit zerrissen werde.[352]

348 Rilke, Elegien, a.a.O., 351.
349 Ebd., 330.
350 Brief an Gräfin Caroline Schenk von Stauffenberg vom 23.1.1919, in: Fülleborn/Engel, a.a.O., Bd. 1, 153–154.
351 Brief an Gräfin Sizzo vom 6.1.1923, ebd., 283; so auch die bereits zitierte Formulierung in Rilkes Brief an Witold Hulewicz vom 13.11.1925: »Der Tod ist die uns abgekehrte, von uns unbeschienene Seite des Lebens.« Ebd., 319.
352 Ebd., 281. Im Brief an die Gräfin Sizzo heißt es weiter (ebd., 282): »Ich werf es allen modernen Religionen vor, dass sie ihren Gläubigen Tröstungen und Beschö-

Vielmehr will Rilke besonders im Spätwerk und explizit in diesem erschütternd tiefgründigen Brief von 1923 »irdisch« sein und »verwandt mit Baum, Blume und Erdreich«.[353] Das Sterben ist ein Sterben »in mein eigenes Herz hinein«, in die *Erinnerung*, eine Transformation in die subtilere geistige transtemporale Welt. Das aber ist die Sprache der Mystik. Die »Duineser Elegien« stellen Welt in einen »anderen Bezug«. Sie sollen dem Leben Bedeutung geben angesichts der modernen Massenkultur, des Massensterbens im Krieg und der Entindividualisierung in den Großstädten. In diesem Bezug des »Offenen« fallen Gegensätze und Widersprüche des Lebens zusammen, alles fügt sich in das eine Gewebe des *Weltinnenraums*. Der Tod – er werde zum *Freund*, [354]

> nicht in jenem sentimentalisch-romantischen Sinn der Lebensabsage, des Lebens-Gegenteils, sondern unser Freund, gerade dann, wenn wir dem Hier-Sein, dem Wirken, der Natur, der Liebe … am leidenschaftlichsten, am erschüttertsten zustimmen. Das Leben sagt immer zugleich: Ja und Nein. Er, der Tod (ich beschwöre Sie, es zu glauben!) ist der eigentliche Ja-Sager. Er sagt *nur:* Ja. Vor der Ewigkeit.

Rilke hatte bereits in einem Gedicht von 1908 unter der Überschrift »Nächtlicher Gang« die Bedeutung des Besonderen, des Einzigartigen in seiner Einmaligkeit, hervorgehoben. Nicht die rationale Verallgemeinerung im Begriff oder der Vergleich, der im je Besonderen Allgemeines zu entdecken sucht, sondern der unverwechselbare Augenblick im Erspüren eines unwiederholbaren Raummomentes bedeutet für ihn die Berührung mit dem Ewigen. »Nichts ist vergleichbar«, lautet der erste Satz des Gedichts. Jeder Versuch einer Benennung oder Definition muss misslingen, weil die Abgrenzung den Zusammenhang, die Beziehung, das Hineingestellt-Sein in Bezüge, wie er formuliert, verdeckt. Darum ist es Nacht. Große Nacht. Nur ein kaum wahrnehmbarer Glanz und der Anflug eines Blickes vielleicht werden hier in der Stille der Nacht,

nigungen des Todes geliefert haben, statt ihnen Mittel ins Gemüt zu geben, sich mit ihm zu vertragen und zu verständigen. Mit ihm, mit seiner völligen, unmaskierten Grausamkeit …«

353 Ebd., 281.

354 Ebd. 283

unabgelenkt und aufmerksam, erspürt. Zu der für Rilke zentralen Metapher der Nacht kommt in diesem Text von 1908 die Metapher der Sterne, die in den Elegien – besonders in der Zehnten – ausgeführt und gleichzeitig verdunkelt wird. Hier heißt es, wir seien »in gleichen leichten Teilen den Sternen ausgeteilt«. Jedes Schicksal findet sein eigenes Leben, das ihm Zugeteilte, in einer kosmischen Ordnung. Und wenn auch nur eine leise Ahnung von diesem Weltgesetz uns streift, könnte es gerade das sein, was unser Leben ausmacht, was ihm Bedeutung gibt. Auch hier die Vorsicht eines imaginären Konjunktivs, der in den Elegien vorherrscht, im Unterschied zu den konditional-propositionalen Gottes-Aussagen im »Stunden-Buch«. Doch der letzte Satz dieses Gedichts geht darüber hinaus, die Sterne sind nicht vage, sondern »sie drängen«, stark, spürbar, fordernd. Die Sterne, in denen sich die kosmische Ordnung zeigt, verdichten sich zu einem Anspruch an das eigene Leben. Dieser Ordnung zu entsprechen im universalen Bezug – nennen wir ihn ruhig den transzendenten –, berührt zu werden, ist das nie sich erschöpfende Abenteuer des Lebens, in dem wir gleichwohl »*wie* außer Gefahr« sind. Auch hier formuliert Rilke vorsichtig: »wie außer Gefahr«. Alles bleibt Möglichkeit, vielleicht Verheißung. Eine solche Berührung jedoch – und Rilke dichtet in den Elegien derer viele – hebt das menschliche Leben, und sei es noch so flüchtig, in diesen Bezug auf. Flüchtig ist das Leben, aber nicht mehr nichtig, um die Formulierung des Kirchenliedes »Ach wie flüchtig, ach wie nichtig ist der Menschen Leben!« von Michael Franck aus dem Jahre 1652 aufzunehmen.[355]

Hier nun das Gedicht »Nächtlicher Gang«, Capri, am 17. April 1908:[356]

Nichts ist vergleichbar. Denn was ist nicht ganz
mit sich allein und was je auszusagen;
wir nennen nichts; wir dürfen nur ertragen
und uns verständigen, dass da ein Glanz

355 Evangelisches Gesangbuch 528. Bei Franck endet die 8. Strophe mit dem Ausblick auf die Ewigkeit, die durch Gottesfurcht erlangt wird. Bei Rilke ist diese Gottesfurcht neu übersetzt und ausformuliert als Ehrfurcht vor dem Unfasslichen und Echo des Rhythmus der Sterne im eigenen Lebensvollzug. (»Wer widerstrebt, dem wird nicht Welt. Und wer zuviel begreift, dem geht das Ewige vorbei.«)
356 Rilke, Werke, a. a. O., Bd. 1, 674–675.

und dort ein Blick vielleicht uns so gestreift
als wäre grade *das* darin gelebt
was unser Leben ist. Wer widerstrebt
dem wird nicht Welt. Und wer zuviel begreift
dem geht das Ewige vorbei. Zuweilen
in solchen großen Nächten sind wir wie
außer Gefahr, in gleichen leichten Teilen
den Sternen ausgeteilt. Wie drängen sie.

Der Hinweis auf den anderen Bezug wird, wie wir gesehen haben, in den Elegien an jeweils neuen Metaphern durchgespielt, nicht systematisch, sondern wie in einer Vision erscheint bald das Eine, bald das Andere in den Fokus gerückt, bricht ab und wird wieder aufgenommen. Vieles bleibt Fragment. Hier der Versuch einer ordnenden Systematisierung der Präsenz dieses Anderen, die Egon Vietta[357] vorgeschlagen hat:

1. Elegie: in den Früheentrückten
2. Elegie: in menschlichen Gesten
3. Elegie: in der inneren ›Binnenwelt‹
4. Elegie: im Tod
5. Elegie: in den Liebenden
6. Elegie: in den Helden

Rilkes Dichtung spiegelt Epochenumbrüche wider: kunstgeschichtlich, religionsgeschichtlich und politikgeschichtlich. Hinsichtlich seiner Sprache und Geisteshaltung hat uns zumindest ein Übergang mehrfach beschäftigt: Während im »Stunden-Buch« die Metaphern noch direkt und leicht nachvollziehbar sind, zeigen sich im Spätwerk, besonders in den »Duineser Elegien«, vermehrt Abstraktionen, die sich vor allem durch Abbrüche und ein Zerbrechen der grammatischen Struktur ankündigen. Rilke bleibt aber auch hier in der Metapher, er zerstört das Konkrete nicht, er geht von einer genauen sinnenhaften Beobachtung aus und filtert die inneliegende geistige Form heraus. Rilkes Dichtung will Information, will die geistige Struktur in den Dingen herausschälen und in

357 Egon Vietta: »Über die ›Duineser Elegien‹ (1936)«, in: Fülleborn/Engel, a.a.O., Bd. 2, 66–79; bes. 76.

den raumzeitlichen Ganzheitsraum, den Weltinnenraum, stellen. Die Raum-Zeit bei Rilke ist ganz Nicht-Dualität, eine subtilere Realitätsebene, die in einer bestimmten Bewusstseinsintensität erfahrbar werden kann. Hier zeigt sich eine strukturelle Parallele zu Kandinsky, der die feinstoffliche Ebene hinter den sinnlich wahrnehmbaren Formen in seiner Malerei sichtbar machen will, insofern sind seine Bilder vom konkreten Sinneseindruck abstrahiert, bleiben aber individuell geprägt, sie sind Kompositionen, die die Information als Inbegriff des Bewusstseins auf die Leinwand projizieren. Es geht ihm wie auch Rilke um die Erkenntnis einer Struktur bzw. Ordnung hinter den Erscheinungen und um die Suche nach einem adäquaten künstlerischen Ausdruck dafür.

Das hat Rilke mit unterschiedlichen mystischen Traditionen und auch mit dem Buddhismus gemeinsam. Wir hatten dies bereits an einigen Strophen besonders der Siebenten Elegie gezeigt, das Thema aber ist präsent schon im »Stunden-Buch«, und einen besonders eindrucksvollen Text, der, so scheint mir, Rilkes religiöse Haltung, seine Sehnsucht und seine Hoffnung zusammenfasst wie kaum ein anderer, formuliert er in seinem Weihnachtsbrief an die Mutter vom 20. Dezember 1903 – und dieses Pathos bleibt gültig bis zu den »Duineser Elegien«:[358]

> Wer Vertrauen hat ist stark, und diese stille Weihnachtsstunde ist von denen, die Kraft verleihen können, weil sie voll Wunder ist und voll Geheimnis. Und man muß nur still und einsam und geduldig genug sein, um die Gnade einer solchen Stunde in sich aufzunehmen, die in viele nicht eingeht, weil kleines Geräusch in ihnen ist und keine Ordnung, Es liegt schließlich alles daran, daß wir uns an das Große halten, an das, was wir allein in unserem Herzen erleben und was niemand stören kann. Wenn wir uns in den Stunden großer Sammlung und Erhebung sagen, daß das das Leben ist, was sich so zitternd und festlich in uns rührt und unseren Blick blendet mit großen glänzenden, tiefherkommenden Tränen, – dann wird die kleine Wirrnis, die uns umgibt, das Tägliche und Trübe uns nichtmehr irremachen …

358 Rilke, Weihnachtsbriefe an die Mutter, a. a. O., 19

Schon hier zeigt sich Rilkes Sendungsbewusstsein als Dichter, die Aufmerksamkeit auf eine »Sammlung und Erhebung« zu richten, die jeder erfahren könne, der »still und einsam und geduldig« in das hineinlauscht, was er den »Weltinnenraum« nennt.

Rilkes Dichtung ist die eines empfindsamen und empfindlichen Ästheten. Er sehnt sich nach Befreiung der Sinne, doch die sinnliche Gegenwart anderer erträgt er nur schwer. Er möchte das »Hier und Jetzt« auch sinnlich gelöst erleben, aber die unbeschwerte Heiterkeit einer »lateinisch-barocken Lebenslust«[359] fehlt ihm, immer bangt er um sein künstlerisches »Werk«. Rilke dringt tief, gar hellsichtig in die gesellschaftlichen Zeitläufte ein, d. h. er ist keineswegs nur ein unpolitisch-romantischer Träumer, sieht aber kaum politische Lösungen für die Probleme, die er diagnostiziert. Allein in der Dichtung findet er eine Alternative, die neue Horizonte erschließt, die vielleicht auch neue Perspektiven zum Handeln abzeichnen könnten. Im Deutschland des Ersten Weltkriegs ist er nicht nur hinsichtlich der Staatsbürgerschaft, sondern auch politisch ein Fremder.[360] Er gehört zum Kreis der international tätigen pazifistischen Schriftsteller und ist zumindest Sympathisant der Revolution von 1918. Als solcher nimmt er am 16. November an der »Revolutions-Feier des Soldaten-, Arbeiter- und Bauern-Rates« teil.[361] Seine Münchner Wohnung in der Ainmillerstraße 34 ist Versammlungsort der Räte-Revolutionäre: Ernst Toller und der Kommunist Alfred Kurella gingen hier ein und aus, Rilke war befreundet mit Sophie Liebknecht, der Frau des Spartakisten und späteren Mitbegründers der Kommunistischen Partei, Karl Liebknecht.[362] So überrascht es nicht, dass Rilke polizeistaatlich überwacht wurde. Seine Ausreise aus Deutschland im Juni 1919 ist eine Entscheidung,

359 Raddatz, a. a. O., 146.

360 Claire Goll, seine Geliebte, durch die er noch enger an Kreise schriftstellernder Pazifisten gebunden wird, schreibt: »Gehetzt, seiner Wohnung verlustig, zuletzt sogar ohne Paß, war Deutschlands größter Dichter drei Jahre lang ein Vertriebener, der von Stadt zu Stadt, von Bitterkeit zu Bitterkeit irrte.« (Claire Goll: »Rilke und die Frauen«, in: Glauert-Hesse, a. a. O., 91.) Auf den »politischen Rilke« kann hier nicht näher eingegangen werden. Für einen knappen Überblick vgl. das Kapitel »«Wie hasse ich dieses Volk« – der politische Rilke, bei Fritz J. Raddatz, Rainer Maria Rilke. Überzähliges Dasein. Eine Biographie, Zürich-Hamburg: Arche 2009, 87–108.

361 Ebd., 132–133.

362 Im »Nachwort«, ebd. 188–189.

die er auch politisch begründet, und er hofft im fernen Wallis den Konvulsionen der Zeit zu entrinnen.

Im Rückblick auf das Ende des Ersten Weltkrieges und die gescheiterte Revolution, den missglückten Neuanfang, und auch mit Blick auf die Vollendung der »Duineser Elegien« am 2. Februar 1923 schreibt er an Lisa Heise:[363]

> Für mich besteht kein Zweifel, dass es Deutschland ist, das, indem es sich nicht erkennt, die Welt aufhält... Deutschland hätte, im Jahre 1918, im Moment des Zusammenbruchs, alle, die Welt, beschämen und erschüttern können durch einen Akt tiefer Wahrhaftigkeit und Umkehr. Durch einen sichtlichen, entschlossenen Verzicht auf seine falsch entwickelte Prosperität... Deutschland ... hat sich nicht jene Würde geschaffen, die die innerste Demut zur Wurzel hat, es war nur auf Rettung bedacht in einem oberflächlichen, raschen, misstrauischen und gewinnsüchtigen Sinn, es wollte leisten und hoch- und davonkommen, statt, seiner heimlichsten Natur nach, zu ertragen, zu überstehen und für sein Wunder bereit zu sein. Es wollte beharren, statt sich zu ändern.

Rilke ist vom Zeitgeschehen erschüttert, er führt die wirtschaftlichen und politischen Krisen in Deutschland, die er aus der Schweiz kommentiert, auf falsche geistige Orientierungen und politische Fehlentscheidungen zurück. Er lehnt den deutschen Militarismus, verkörpert in der Figur des ehemaligen Kaisers Wilhelm II, zutiefst ab.[364] In einem Brief an Lou Andreas-Salomé vom 13. Januar 1923 schreibt er aus Muzot:[365]

> Es scheint – und das war mein Eindruck im Jahre 1919 – der einzige rechte Moment, da alles hätte Einverständnis vorbereiten können, ist auf allen Seiten versäumt worden, nun nehmen die Divergenzen zu, die Fehlersummen sind gar nicht mehr abzule-

363 Zit. nach Stefan Schank: Rainer Maria Rilke, München: dtv 1999, 125–126.
364 Ingeborg Schnack: »Zu den Briefen«, in: Rudolf Hirsch u. Ingeborg Schnack (Hrsg.): Hugo von Hofmannsthal – Rainer Maria Rilke. Briefwechsel 1899–1925, Frankfurt a. M.: Insel-Verlag 1978, 26.
365 Brief an Lou Andreas-Salomé vom 13. Januar 1923 in: Pfeiffer, a. a. O., 476–477.

sen, so vielstellig sind sie geworden; Rathlosigkeit, Verzweiflung, Unaufrichtigkeit und der zeitgemäße Wunsch, auch noch aus *diesen* Verhängnissen um jeden Preis Nutzen zu ziehen, auch noch aus ihnen: diese falschen Kräfte stoßen die Welt vor sich her…

Aber vielleicht geht sie nicht, vielleicht geht *nichts* in der Politik vor sich, kaum kommt man, wo es auch sei, in eine Schicht unter ihr, schon sieht alles anders aus, und man meint, daß ein heimliches Wachsthum und sein reiner Wille jene Wirrnisse nur gebrauchen, um sich darunter heil und der anders beschäftigten Neugier verborgen zu halten. (Gerade in Frankreich, in den politisch nicht betheiligten Menschen, in den innerlichwirkenden: wie viel Wendungen, Erneuerungen, Umsichten –, welche neue Orientierung, eines plötzlich, fast wider seinen Willen, weiter reflektierten Geistes…).

Während auf der Bühne der Politik Chaos herrscht, beobachtet Rilke Anzeichen eines oft noch unterschwelligen Bewusstseinswandels, die ihn auf die Lernfähigkeit der Menschheit hoffen lassen. Ist es die Hegel'sche List der Vernunft, die sich des Chaos bedient, um Neues zu schaffen? Besonders auf Frankreich projiziert Rilke seine Hoffnungen, auf die Literatur dort – er erwähnt Proust und auch Paul Valéry. Ratlosigkeit und Verzweiflung, so meint er, könnten der Nährboden sein für eine geistige Umkehr.

Zur Moderne geht Rilke auf Distanz, die von ihm geforderte Umkehr beschreibt er nicht selten in nostalgischen Metaphern. Für ihn ist es nicht die Hinwendung zu einer neuen Rationalität, wodurch der irrationale Nationalismus und die materielle Gier zur Vernunft gebracht werden könnten, sondern die Intuition einer Einheit der Menschheit, für die gerade die Poesie als Herzensbildung eine adäquate Geburtshelferin sein könnte. Herzensbildung aber nicht im trivial-sentimentalen Sinn, sondern als die Fähigkeit eines vertieften, verinnerlichten Sehens und Erkennens von Zusammenhängen, wofür ihm der Buddha ein Vorbild war, ein Vorbild, das er auf dem Hintergrund der europäischen Geistesgeschichte neu deutete – als den Engel, der die Widersprüche des Lebens bereits in den allumfassenden Bezug des »Weltinnenraums« integriert hat. Dieses Vorbild aber kann nicht zum Inbild werden, weil es in ästhetischer Distanz verbleibt und (noch) nicht zur existentiell-spirituellen Metapher einer neuen Lebensgestaltung wird, jedenfalls bei Rilke noch nicht. Heute könnten wir das, was Rilke vorschwebte, ein *ökosophisches Erkennen* nennen.

Den Akt der Wahrhaftigkeit und Umkehr, des Erringens von Würde aus »heimlichster Natur«, vollzog Rilke in der dichterischen Imagination. Hier konnte er den Bewusstseinssprung erproben, der ihm zur Rettung notwendig erschien, hier begab er sich in das Leid-Land der Zehnten Elegie, hin in den Weltinnenraum der Rühmung und Freude, ein geistiger Schöpfungsakt ohnegleichen, jedoch auch gerade darin begrenzt, eine Kunst-Religion im doppelten Sinn. Die offene Weite, die er besang, blieb ein Lebenstraum, erkauft mit tiefer und gewollter Einsamkeit und dem Rückzug von der Moderne. Die »Ganzheit« des Mystikers, die er ersehnte, ist angesichts von Gewalt und Egoismus, Gier und Borniertheit im täglichen Leben nicht nur gefährdet, sondern erzeugt ein bewusst gewordenes Leiden an den Verhältnissen des Alltags, ein Mit-Leiden mit der Kreatur, mit den Gedemütigten und Entrechteten. Rilke war sich dessen bewusst und durchlitt es buchstäblich am eigenen Leibe, ein Ringen bis zum Tode, eine stets gefährdete Balance in der Zerreißprobe. Ist dies aber schon die Umkehr, die er ersehnte? Wird hier vielleicht ein neuer Projektionshimmel aufgespannt, transponiert aus den Mythen der Religion in die Bilder der Dichtung?

Religionskritisch ist Rilke allemal, das zeigt seine ambivalente Haltung zum Christentum, das ihm verkrustet und geschlossen vorkommt, »wie ein Postamt am Sonntag«.[366] Dagegen stellt er die Imagination einer Alternative: den Buddha. Diese Alternative bleibt jedoch noch vage.

Rilke hat Lieder geschrieben, Elegien und Sonette, Musiken der Transparenz. Seine Schlussfuge liegt mit den Elegien vor. Es ist eine Doppelfuge der Melodien des Leides und der Freude, verwoben im Akkord der Überwindung in den allumfassenden Bezug: Anmut, *charis*, *ānanda*, die heitere Stimme als die kreative Imagination des Mythischen, die den Gegensatz von Krankheit und Tod

366 Er nimmt aber ständig Denkfiguren der christlichen Erfahrung auf, verdichtet sie und versucht, ihre existenzielle Kraft neu zu erschließen. Er sucht eine neue Sprache für die alten Mythen. Das ist konstruktive Religionskritik, und Rilke verbleibt nicht im Negativen. (Gegen Guardini, Deutung, a. a. O., 58.)

integriert hat. Die Summe der »Duineser Elegien« möchte ich auf folgenden Begriff bringen:

Nicht beim Faktischen stehen bleiben, sondern die Sehnsucht nach dem geistig Möglichen wachhalten. Denn der Mensch ist nicht Buchhalter, sondern Sänger.

Rilke selbst bezeichnet im Gespräch mit Katharina Kippenberg[367] sein berühmtes Gedicht vom 15./17. Februar 1922 aus den Sonetten an Orpheus[368] »Sei allem Abschied voran« als »das Gültigste« von allen. Es wirft auch ein abschließendes Licht der Selbstdeutung auf die »Duineser Elegien«:

Sei allem Abschied voran, als wäre er hinter
dir, wie der Winter, der eben geht.
Denn unter Wintern ist einer so endlos Winter,
daß, überwinternd, dein Herz überhaupt übersteht.

Sei immer tot in Eurydike –, singender steige,
preisender steige zurück in den reinen Bezug.
Hier, unter Schwindenden, sei, im Reiche der Neige,
sei ein klingendes Glas, das sich im Klang schon zerschlug.

Sei – und wisse zugleich des Nicht-Seins Bedingung,
den unendlichen Grund deiner innigen Schwingung,
daß du sie völlig vollziehst dieses einzige Mal.

Zu dem gebrauchten sowohl, wie zum dumpfen und stummen
Vorrat der vollen Natur, den unsäglichen Summen,
zähle dich jubelnd hinzu und vernichte die Zahl.

367 Katharina Kippenberg in: Rilke, Elegien, a. a. O., 347.

368 »Die Sonette an Orpheus«, Zweiter Teil, XIII, in: Rilke, Werke, a. a. O., Bd. 1, 640–641.

Anhang: Duineser Elegien 1–10

DIE ERSTE ELEGIE

Wer, wenn ich schriee, hörte mich denn aus der Engel
Ordnungen? und gesetzt selbst, es nähme
einer mich plötzlich ans Herz: ich verginge von seinem
stärkeren Dasein. Denn das Schöne ist nichts
als des Schrecklichen Anfang, den wir noch grade ertragen,
und wir bewundern es so, weil es gelassen verschmäht,
uns zu zerstören. Ein jeder Engel ist schrecklich.
Und so verhalt ich mich denn und verschlucke den Lockruf
dunkelen Schluchzens. Ach, wen vermögen
wir denn zu brauchen? Engel nicht, Menschen nicht,
und die findigen Tiere merken es schon,
daß wir nicht sehr verläßlich zu Haus sind
in der gedeuteten Welt. Es bleibt uns vielleicht
irgend ein Baum an dem Abhang, daß wir ihn täglich
wiedersähen; es bleibt uns die Straße von gestern
und das verzogene Treusein einer Gewohnheit,
der es bei uns gefiel, und so blieb sie und ging nicht.
O und die Nacht, die Nacht, wenn der Wind voller
Weltraum
uns am Angesicht zehrt –, wem bliebe sie nicht, die ersehnte,
sanft enttäuschende, welche dem einzelnen Herzen
mühsam bevorsteht. Ist sie den Liebenden leichter?
Ach, sie verdecken sich nur mit einander ihr Los.
Weißt du's *noch* nicht? Wirf aus den Armen die Leere
zu den Räumen hinzu, die wir atmen; vielleicht daß die Vögel
die erweiterte Luft fühlen mit innigerm Flug.

Ja, die Frühlinge brauchten dich wohl. Es muteten manche
Sterne dir zu, daß du sie spürtest. Es hob
sich eine Woge heran im Vergangenen, oder
da du vorüberkamst am geöffneten Fenster,
gab eine Geige sich hin. Das alles war Auftrag.
Aber bewältigtest du's? Warst du nicht immer

noch von Erwartung zerstreut, als kündigte alles
eine Geliebte dir an? (Wo willst du sie bergen,
da doch die großen fremden Gedanken bei dir
aus und ein gehn und öfters bleiben bei Nacht.)
Sehnt es dich aber, so singe die Liebenden; lange
noch nicht unsterblich genug ist ihr berühmtes Gefühl.
Jene, du neidest sie fast, Verlassenen, die du
so viel liebender fandst als die Gestillten. Beginn
immer von neuem die nie zu erreichende Preisung;
denk: es erhält sich der Held, selbst der Untergang war ihm
nur ein Vorwand, zu sein: seine letzte Geburt.
Aber die Liebenden nimmt die erschöpfte Natur
in sich zurück, als wären nicht zweimal die Kräfte,
dieses zu leisten. Hast du der Gaspara Stampa
denn genügend gedacht, daß irgend ein Mädchen,
dem der Geliebte entging, am gesteigerten Beispiel
dieser Liebenden fühlt: daß ich würde wie sie?
Sollen nicht endlich uns diese ältesten Schmerzen
fruchtbarer werden? Ist es nicht Zeit, daß wir liebend
uns vom Geliebten befrein und es bebend bestehn:
wie der Pfeil die Sehne besteht, um gesammelt im Absprung
mehr zu sein als er selbst. Denn Bleiben ist nirgends.

Stimmen, Stimmen. Höre, mein Herz, wie sonst nur
Heilige hörten: daß die der riesige Ruf
aufhob vom Boden; sie aber knieten,
Unmögliche, weiter und achtetens nicht:
So waren sie hörend. Nicht, daß du *Gottes* ertrügest
die Stimme, bei weitem. Aber das Wehende höre,
die ununterbrochene Nachricht, die aus Stille sich bildet.
Es rauscht jetzt von jenen jungen Toten zu dir.
Wo immer du eintratest, redete nicht in Kirchen
zu Rom und Neapel ruhig ihr Schicksal dich an?
Oder es trug eine Inschrift sich erhaben dir auf,
wie neulich die Tafel in Santa Maria Formosa.
Was sie mir wollen? leise soll ich des Unrechts
Anschein abtun, der ihrer Geister
reine Bewegung manchmal ein wenig behindert.

Freilich ist es seltsam, die Erde nicht mehr zu bewohnen,
kaum erlernte Gebräuche nicht mehr zu üben,
Rosen, und andern eigens versprechenden Dingen
nicht die Bedeutung menschlicher Zukunft zu geben;
das, was man war in unendlich ängstlichen Händen,
nicht mehr zu sein, und selbst den eigenen Namen
wegzulassen wie ein zerbrochenes Spielzeug.
Seltsam, die Wünsche nicht weiterzuwünschen. Seltsam,
alles, was sich bezog, so lose im Raume
flattern zu sehen. Und das Totsein ist mühsam
und voller Nachholn, daß man allmählich ein wenig
Ewigkeit spürt. – Aber Lebendige machen
alle den Fehler, daß sie zu stark unterscheiden.
Engel (sagt man) wüßten oft nicht, ob sie unter
Lebenden gehn oder Toten. Die ewige Strömung
reißt durch beide Bereiche alle Alter
immer mit sich und übertönt sie in beiden.

Schließlich brauchen sie uns nicht mehr, die Früheentrückten,
man entwöhnt sich des Irdischen sanft, wie man den Brüsten
milde der Mutter entwächst. Aber wir, die so große
Geheimnisse brauchen, denen aus Trauer so oft
seliger Fortschritt entspringt –: *könnten* wir sein ohne sie?
Ist die Sage umsonst, daß einst in der Klage um Linos
wagende erste Musik dürre Erstarrung durchdrang;
daß erst im erschrockenen Raum, dem ein beinah göttlicher Jüngling
plötzlich für immer enttrat, die Leere in jene
Schwingung geriet, die uns jetzt hinreißt und tröstet und hilft.

DIE ZWEITE ELEGIE

Jeder Engel ist schrecklich. Und dennoch, weh mir,
ansing ich euch, fast tödliche Vögel der Seele,
wissend um euch. Wohin sind die Tage Tobiae,
da der Strahlendsten einer stand an der einfachen Haustür,
zur Reise ein wenig verkleidet und schon nicht mehr
furchtbar;
(Jüngling dem Jüngling, wie er neugierig hinaussah).
Träte der Erzengel jetzt, der gefährliche, hinter den Sternen
eines Schrittes nur nieder und herwärts: hochauf-
schlagend erschlüg uns das eigene Herz. Wer seid ihr?

Frühe Geglückte, ihr Verwöhnten der Schöpfung,
Höhenzüge, morgenrötliche Grate
aller Erschaffung, – Pollen der blühenden Gottheit,
Gelenke des Lichtes, Gänge, Treppen, Throne,
Räume aus Wesen, Schilde aus Wonne, Tumulte
stürmisch entzückten Gefühls und plötzlich, einzeln,
Spiegel: die die entströmte eigene Schönheit
wiederschöpfen zurück in das eigene Antlitz.

Denn wir, wo wir fühlen, verflüchtigen; ach wir
atmen uns aus und dahin; von Holzglut zu Holzglut
geben wir schwächern Geruch. Da sagt uns wohl einer:
ja, du gehst mir ins Blut, dieses Zimmer, der Frühling
füllt sich mit dir … Was hilfts, er kann uns nicht halten,
wir schwinden in ihm und um ihn. Und jene, die schön sind,
o wer hält sie zurück? Unaufhörlich steht Anschein
auf in ihrem Gesicht und geht fort. Wie Tau von dem
Frühgras
hebt sich das Unsre von uns, wie die Hitze von einem
heißen Gericht. O Lächeln, wohin? O Aufschaun:
neue, warme, entgehende Welle des Herzens –;
weh mir: wir *sinds* doch. Schmeckt denn der Weltraum,
in den wir uns lösen, nach uns? Fangen die Engel
wirklich nur Ihriges auf, ihnen Entströmtes,
oder ist manchmal, wie aus Versehen, ein wenig
unseres Wesens dabei? Sind wir in ihre

Züge so viel nur gemischt wie das Vage in die Gesichter
schwangerer Frauen? Sie merken es nicht in dem Wirbel
ihrer Rückkehr zu sich. (Wie sollten sie's merken.)

Liebende könnten, verstünden sie's, in der Nachtluft
wunderlich reden. Denn es scheint, daß uns alles
verheimlicht. Siehe, die Bäume *sind*; die Häuser,
die wir bewohnen, bestehn noch. Wir nur
ziehen allem vorbei wie ein luftiger Austausch.
Und alles ist einig, uns zu verschweigen, halb als
Schande vielleicht und halb als unsägliche Hoffnung.

Liebende, euch, ihr in einander Genügten,
frag ich nach uns. Ihr greift euch. Habt ihr Beweise?
Seht, mir geschiehts, daß meine Hände einander
inne werden oder daß mein gebrauchtes
Gesicht in ihnen sich schont. Das giebt mir ein wenig
Empfindung. Doch wer wagte darum schon zu *sein*?
Ihr aber, die ihr im Entzücken des anderen
zunehmt, bis er euch überwältigt
anfleht: nicht *mehr* –; die ihr unter den Händen
euch reichlicher werdet wie Traubenjahre;
die ihr manchmal vergeht, nur weil der andre
ganz überhand nimmt: euch frag ich nach uns. Ich weiß,
ihr berührt euch so selig, weil die Liebkosung verhält,
weil die Stelle nicht schwindet, die ihr, Zärtliche,
zudeckt; weil ihr darunter das reine
Dauern verspürt. So versprecht ihr euch Ewigkeit fast
von der Umarmung. Und doch, wenn ihr der ersten
Blicke Schrecken besteht und die Sehnsucht am Fenster,
und den ersten gemeinsamen Gang, *ein* Mal durch den
  Garten:
Liebende, *seid* ihrs dann noch? Wenn ihr einer dem andern
euch an den Mund hebt und ansetzt –: Getränk an Getränk:
o wie entgeht dann der Trinkende seltsam der Handlung.

Erstaunte euch nicht auf attischen Stelen die Vorsicht
menschlicher Geste? war nicht Liebe und Abschied
so leicht auf die Schultern gelegt, als wär es aus amderm

Stoffe gemacht als bei uns? Gedenkt euch der Hände,
wie sie drucklos beruhen, obwohl in den Torsen die Kraft steht.
Diese Beherrschten wußten damit: so weit sind wirs,
dieses ist unser, uns *so* zu berühren; stärker
stemmen die Götter uns an. Doch dies ist Sache der Götter.

Fänden auch wir ein reines, verhaltenes, schmales
Menschliches, einen unseren Streifen Fruchtlands
zwischen Strom und Gestein. Denn das eigene Herz übersteigt uns
noch immer wie jene. Und wir können ihm nicht mehr
nachschaun in Bilder, die es besänftigen, noch in
göttliche Körper, in denen es größer sich mäßigt.

DIE DRITTE ELEGIE

Eines ist, die Geliebte zu singen. Ein anderes, wehe,
jenen verborgenen schuldigen Fluß-Gott des Bluts.
Den sie von weitem erkennt, ihren Jüngling, was weiß er
selbst von dem Herren der Lust, der aus dem Einsamen oft,
ehe das Mädchen noch linderte, oft auch als wäre sie nicht,
ach, von welchem Unkenntlichen triefend, das Gotthaupt
aufhob, aufrufend die Nacht zu unendlichem Aufruhr.
O des Blutes Neptun, o sein furchtbarer Dreizack,
o der dunkele Wind seiner Brust aus gewundener Muschel.
Horch, wie die Nacht sich muldet und höhlt. Ihr Sterne,
stammt nicht von euch des Liebenden Lust zu dem Antlitz
seiner Geliebten? Hat er die innige Einsicht
in ihr reines Gesicht nicht aus dem reinen Gestirn?

Du nicht hast ihm, wehe, nicht seine Mutter
hat ihm die Bogen der Braun so zur Erwartung gespannt.
Nicht an dir, ihn fühlendes Mädchen, an dir nicht
bog seine Lippe sich zum fruchtbarern Ausdruck.
Meinst du wirklich, ihn hätte dein leichter Auftritt
also erschüttert, du, die wandelt wie Frühwind?
Zwar du erschrakst ihm das Herz; doch ältere Schrecken
stürzten in ihn bei dem berührenden Anstoß.
Ruf ihn … du rufst ihn nicht ganz aus dunkelem Umgang.
Freilich, er *will*, er entspringt; erleichtert gewöhnt er
sich in dein heimliches Herz und nimmt und beginnt sich.
Aber begann er sich je?
Mutter, *du* machtest ihn klein, du warsts, die ihn anfing;
dir war er neu, du beugtest über die neuen
Augen die freundliche Welt und wehrtest der fremden.
Wo, ach, hin sind die Jahre, da du ihm einfach
mit der schlanken Gestalt wallendes Chaos vertratst?
Vieles verbargst du ihm so; das nächtlich-verdächtige Zimmer
machtest du harmlos, aus deinem Herzen voll Zuflucht
mischtest du menschlichern Raum seinem Nacht-Raum hinzu.
Nicht in die Finsternis, nein, in dein näheres Dasein
hast du das Nachtlicht gestellt, und es schien wie aus
Freundschaft.

Nirgends ein Knistern, das du nicht lächelnd erklärtest,
so als wüßtest du längst, *wann* sich die Diele benimmt …
Und er horchte und linderte sich. So vieles vermochte
zärtlich dein Aufstehn; hinter den Schrank trat
hoch im Mantel sein Schicksal, und in die Falten des Vorhangs
paßte, die leicht sich verschob, seine unruhige Zukunft.

Und er selbst, wie er lag, der Erleichterte, unter
schläfernden Lidern deiner leichten Gestaltung
Süße lösend in den gekosteten Vorschlaf –:
schien ein Gehüteter … Aber *innen*: wer wehrte,
hinderte innen in ihm die Fluten der Herkunft?
Ach, da *war* keine Vorsicht im Schlafenden; schlafend,
aber träumend, aber in Fiebern: wie er sich einließ.
Er, der Neue, Scheuende, wie er verstrickt war,
mit des innern Geschehens weiterschlagenden Ranken
schon zu Mustern verschlungen, zu würgendem Wachstum, zu tierhaft
jagenden Formen. Wie er sich hingab –. Liebte.
Liebte sein Inneres, seines Inneren Wildnis,
diesen Urwald in ihm, auf dessen stummem Gestürztsein
lichtgrün sein Herz stand. Liebte. Verließ es, ging die
eigenen Wurzeln hinaus in gewaltigen Ursprung,
wo seine kleine Geburt schon überlebt war. Liebend
stieg er hinab in das ältere Blut, in die Schluchten,
wo das Furchtbare lag, noch satt von den Vätern. Und jedes
Schreckliche kannte ihn, blinzelte, war wie verständigt.
Ja, das Entsetzliche lächelte … Selten
hast du so zärtlich gelächelt, Mutter. Wie sollte
er es nicht lieben, da es ihm lächelte. *Vor* dir
hat ers geliebt, denn, da du ihn trugst schon,
war es im Wasser gelöst, das den Keimenden leicht macht.

Siehe, wir lieben nicht, wie die Blumen, aus einem
einzigen Jahr; uns steigt, wo wir lieben,
unvordenklicher Saft in die Arme. O Mädchen,
dies: daß wir liebten *in* uns, nicht Eines, ein Künftiges, sondern

das zahllos Brauende; nicht ein einzelnes Kind,
sondern die Väter, die wie Trümmer Gebirgs
uns im Grunde beruhn; sondern das trockene Flußbett
einstiger Mütter –; sondern die ganze
lautlose Landschaft unter dem wolkigen oder
reinen Verhängnis –: *dies* kam dir, Mädchen, zuvor.

Und du selber, was weißt du –, du locktest
Vorzeit empor in dem Liebenden. Welche Gefühle
wühlten herauf aus entwandelten Wesen. Welche
Frauen haßten dich da. Was für finstere Männer
regtest du auf im Geäder des Jünglings? Tote
Kinder wollten zu dir … O leise, leise,
tu ein liebes vor ihm, ein verläßliches Tagwerk, – führ ihn
nah an den Garten heran, gieb ihm der Nächte
Übergewicht ……
Verhalt ihn ……

DIE VIERTE ELEGIE

O Bäume Lebens, o wann winterlich?
Wir sind nicht einig. Sind nicht wie die Zug-
vögel verständigt. Überholt und spät,
so drängen wir uns plötzlich Winden auf
und fallen ein auf teilnahmslosen Teich.
Blühn und verdorrn ist uns zugleich bewußt.
Und irgendwo gehn Löwen noch und wissen,
solang sie herrlich sind, von keiner Ohnmacht.

Uns aber, wo wir Eines meinen, ganz,
ist schon des andern Aufwand fühlbar. Feindschaft
ist uns das Nächste. Treten Liebende
nicht immerfort an Ränder, eins im andern,
die sich versprachen Weite, Jagd und Heimat.
  Da wird für eines Augenblickes Zeichnung
ein Grund von Gegenteil bereitet, mühsam,
daß wir sie sähen; denn man ist sehr deutlich
mit uns. Wir kennen den Kontur
des Fühlens nicht: nur, was ihn formt von außen.
  Wer saß nicht bang vor seines Herzens Vorhang?
Der schlug sich auf: die Szenerie war Abschied.
Leicht zu verstehen. Der bekannte Garten,
und schwankte leise: dann erst kam der Tänzer.
Nicht *der*. Genug! Und wenn er auch so leicht tut,
er ist verkleidet und er wird ein Bürger
und geht durch seine Küche in die Wohnung.
  Ich will nicht diese halbgefüllten Masken,
lieber die Puppe. Die ist voll. Ich will
den Balg aushalten und den Draht und ihr
Gesicht und Aussehn. Hier. Ich bin davor.
Wenn auch die Lampen ausgehn, wenn mir auch
gesagt wird: Nichts mehr –, wenn auch von der Bühne
das Leere herkommt mit dem grauen Luftzug,
wenn auch von meinen stillen Vorfahrn keiner
mehr mit mir dasitzt, keine Frau, sogar
der Knabe nicht mehr mit dem braunen Schielaug:
Ich bleibe dennoch. Es giebt immer Zuschaun.

Hab ich nicht recht? Du, der um mich so bitter
das Leben schmeckte, meines kostend, Vater,
den ersten trüben Aufguß meines Müssens,
da ich heranwuchs, immer wieder kostend
und, mit dem Nachgeschmack so fremder Zukunft
beschäftigt, prüftest mein beschlagnes Aufschaun, –
der du, mein Vater, seit du tot bist, oft
in meiner Hoffnung, innen in mir, Angst hast,
und Gleichmut, wie ihn Tote haben, Reiche
von Gleichmut, aufgiebst für mein bißchen Schicksal,
hab ich nicht recht? Und ihr, hab ich nicht recht,
die ihr mich liebtet für den kleinen Anfang
Liebe zu euch, von dem ich immer abkam,
weil mir der Raum in eurem Angesicht,
da ich ihn liebte, überging in Weltraum,
in dem ihr nicht mehr wart …: wenn mir zumut ist,
zu warten vor der Puppenbühne, nein,
so völlig hinzuschaun, daß, um mein Schauen
am Ende aufzuwiegen, dort als Spieler
ein Engel hinmuß, der die Bälge hochreißt.
Engel und Puppe: dann ist endlich Schauspiel.
Dann kommt zusammen, was wir immerfort
entzwein, indem wir da sind. Dann entsteht
aus unsern Jahreszeiten erst der Umkreis
des ganzen Wandelns. Über uns hinüber
spielt dann der Engel. Sieh, die Sterbenden,
sollten sie nicht vermuten, wie voll Vorwand
das alles ist, was wir hier leisten. Alles
ist nicht es selbst. O Stunden in de Kindheit,
da hinter den Figuren mehr als nur
Vergangnes war und vor uns nicht die Zukunft.
Wir wuchsen freilich und wir drängten manchmal,
bald groß zu werden, denen halb zulieb,
die andres nicht mehr hatten, als das Großsein.
Und waren doch, in unserem Alleingehn,
mit Dauerndem vergnügt und standen da
im Zwischenraume zwischen Welt und Spielzeug,
an einer Stelle, die seit Anbeginn
gegründet war für einen reinen Vorgang.

Wer zeigt ein Kind, so wie es steht? Wer stellt
es ins Gestirn und giebt das Maß des Abstands
ihm in die Hand? Wer macht den Kindertod
aus grauem Brot, das hart wird, – oder läßt
ihn drin im runden Mund, so wie den Gröps
von einem schönen Apfel? . . . . . . Mörder sind
leicht einzusehen. Aber dies: den Tod,
den ganzen Tod, noch *vor* dem Leben so
sanft zu enthalten und nicht bös zu sein,
ist unbeschreiblich.

DIE FÜNFTE ELEGIE

Frau Hertha Koenig zugeeignet

Wer aber *sind* sie, sag mir, die Fahrenden, diese ein wenig
Flüchtigern noch als wir selbst, die dringend von früh an
wringt ein *wem, wem* zu Liebe
niemals zufriedener Wille? Sondern er wringt sie,
biegt sie, schlingt sie und schwingt sie,
wirft sie und fängt sie zurück; wie aus geölter,
glatterer Luft kommen sie nieder
auf dem verzehrten, von ihrem ewigen
Aufsprung dünneren Teppich, diesem verlorenen
Teppich im Weltall.
Aufgelegt wie ein Pflaster, als hätte der Vorstadt-
Himmel der Erde dort wehe getan. Und kaum dort,
aufrecht, da und gezeigt: des Dastehns
großer Anfangsbuchstab ..., schon auch, die stärksten
Männer, rollt sie wieder, zum Scherz, der immer
kommende Griff, wie August der Starke bei Tisch
einen zinnenen Teller.

Ach und um diese
Mitte, die Rose des Zuschauns:
blüht und entblättert. Um diesen
Stampfer, den Stempel, den von dem eignen
blühenden Staub getroffnen, zur Scheinfrucht
wieder der Unlust befrucheten, ihrer
niemals bewußten, – glänzend mit dünnster
Oberfläche leicht scheinlächelnden Unlust.

Da: der welke, faltige Stemmer,
der alte, der nur noch trommelt,
eingegangen in seiner gewaltigen Haut, als hätte sie früher
zwei Männer enthalten, und einer
läge nun schon auf dem Kirchhof, und er überlebte den
andern,
taub und manchmal ein wenig
wirr, in der verwitweten Haut.

Aber der junge, der Mann, als wär er der Sohn eines Nackens
und einer Nonne: prall und strammig erfüllt
mit Muskeln und Einfalt.

Oh ihr,
die ein Leid, das noch klein war,
einst als Spielzeug bekam, in einer seiner
langen Genesungen …

Du, der mit dem Aufschlag,
wie nur Früchte ihn kennen, unreif,
täglich hundertmal abfällt vom Baum der gemeinsam
erbauten Bewegung (der, rascher als Wasser, in wenig
Minuten Lenz, Sommer und Herbst hat) –
abfällt und anprallt ans Grab:
manchmal, in halber Pause, will dir ein liebes
Antlitz entstehn hinüber zu deiner selten
zärtlichen Mutter; doch an deinen Körper verliert sich,
der es flächig verbraucht, das schüchtern
kaum versuchte Gesicht … Und wieder
klatscht der Mann in die Hand zu dem Ansprung, und eh dir
jemals ein Schmerz deutlicher wird in der Nähe des immer
trabenden Herzens, kommt das Brennen der Fußsohln
ihm, seinem Ursprung, zuvor mit ein paar dir
rasch in die Augen gejagten leiblichen Tränen.
Und dennoch, blindlings,
das Lächeln . . . . .

Engel! o nimms, pflücks, das kleinblütige Heilkraut.
Schaff eine Vase, verwahrs! Stells unter jene, uns *noch* nicht
offenen Freuden; in lieblicher Urne
rühms mit blumiger schwungiger Aufschrift: ›*Subrisio*
Saltat.‹.
Du dann, Liebliche,
du, von den reizendsten Freuden
stumm Übersprungne. Vielleicht sind
deine Fransen glücklich für dich –,
oder über den jungen
prallen Brüsten die grüne metallene Seide

fühlt sich unendlich verwöhnt und entbehrt nichts.
Du,
immerfort anders auf alle des Gleichgewichts schwankende
Waagen
hingelegte Marktfrucht des Gleichmuts,
öffentlich unter den Schultern.

Wo, o *wo* ist der Ort – ich trag ihn im Herzen –,
wo sie noch lange nicht *konnten*, noch voneinander
abfieln, wie sich bespringende, nicht recht
paarige Tiere; –
wo die Gewichte noch schwer sind;
wo noch von ihren vergeblich
wirbelnden Stäben die Teller
torkeln . . . . .

Und plötzlich in diesem mühsamen Nirgends, plötzlich
die unsägliche Stelle, wo sich das reine Zuwenig
unbegreiflich verwandelt –, umspringt
in jenes leere Zuviel.
Wo die vielstellige Rechnung
zahlenlos aufgeht.

Plätze, o Platz in Paris, unendlicher Schauplatz,
wo die Modistin, *Madame Lamort*,
die ruhlosen Wege der Erde, endlose Bänder,
schlingt und windet und neue aus ihnen
Schleifen erfindet, Rüschen, Blumen, Kokarden, künstliche
Früchte –, alle
unwahr gefärbt, – für die billigen
Winterhüte des Schicksals.
. . . .

Engel!: Es wäre ein Platz, den wir nicht wissen, und dorten,
auf unsäglichem Teppich, zeigten die Liebenden, die's hier
bis zum Können nie bringen, ihre kühnen
hohen Figuren des Herzschwungs,
ihre Türme aus Lust, ihre
längst, wo Boden nie war, nur an einander

lehnenden Leitern, bebend, – und *könntens*,
vor den Zuschauern rings, unzähligen lautlosen Toten:
  Würfen die dann ihre letzten, immer ersparten,
immer verborgenen, die wir nicht kennen, ewig
gültigen Münzen des Glücks vor das endlich
wahrhaft lächelnde Paar auf gestilltem
Teppich?

DIE SECHSTE ELEGIE

Feigenbaum, seit wie lange schon ists mir bedeutend,
wie du die Blüte beinah ganz überschlägst
und hinein in die zeitig entschlossene Frucht,
ungerühmt, drängst dein reines Geheimnis.
Wie der Fontäne Rohr treibt dein gebognes Gezweig
abwärts den Saft und hinan: und er springt aus dem Schlaf,
fast nicht erwachend, ins Glück seiner süßesten Leistung.
Sieh: wie der Gott in den Schwan....... Wir aber verweilen,
ach, uns rühmt es zu blühn, und ins verspätete Innre
unserer endlichen Frucht gehn wir verraten hinein.
Wenigen steigt so stark der Andrang des Handelns,
daß sie schon anstehn und glühn in der Fülle des Herzens,
wenn die Verführung zum Blühn wie gelinderte Nachtluft
ihnen die Jugend des Munds, ihnen die Lider berührt:
Helden vielleicht und den frühe Hinüberbestimmten,
denen der gärtnernde Tod anders die Adern verbiegt.
Diese stürzen dahin: dem eigenen Lächeln
sind sie voran, wie das Rossegespann in den milden
muldigen Bildern von Karnak dem siegenden König.

Wunderlich nah ist der Held doch den jugendlich Toten. Dauern
ficht ihn nicht an. Sein Aufgang ist Dasein; beständig
nimmt er sich fort und tritt ins veränderte Sternbild
seiner steten Gefahr. Dort fänden ihn wenige. Aber,
das uns finster verschweigt, das plötzlich begeisterte Schicksal
singt ihn hinein in den Sturm seiner aufrauschenden Welt.
Hör ich doch keinen wie *ihn*. Auf einmal durchgeht mich
mit der strömenden Luft sein verdunkelter Ton.

Dann, wie verbärg ich mich gern vor der Sehnsucht: O wär ich,
wär ich ein Knabe und dürft es noch werden und säße
in die künftigen Arme gestützt und läse von Simson,
wie seine Mutter erst nichts und dann alles gebar.

War er nicht Held schon in dir, o Mutter, begann nicht
dort schon, in dir, seine herrische Auswahl?
Tausende brauten im Schooß und wollten er sein,
aber sieh: er ergriff und ließ aus –, wählte und konnte.
Und wenn er Säulen zerstieß, so wars, da er ausbrach
aus der Welt deines Leibs in die engere Welt, wo er weiter
wählte und konnte. O Mütter der Helden, o Ursprung
reißender Ströme! Ihr Schluchten, in die sich
hoch von dem Herzrand, klagend,
schon die Mädchen gestürzt, künftig die Opfer dem Sohn.

Denn hinstürmte der Held durch Aufenthalte der Liebe,
jeder hob ihn hinaus, jeder ihn meinende Herzschlag,
abgewendet schon, stand er am Ende der Lächeln, - anders.

DIE SIEBENTE ELEGIE

Werbung nicht mehr, nicht Werbung, entwachsene Stimme,
sei deines Schreies Natur; zwar schrieest du rein wie der
Vogel,
wenn ihn die Jahreszeit aufhebt, die steigende, beinah
vergessend,
daß er ein kümmerndes Tier und nicht nur ein einzelnes
Herz sei,
das sie ins Heitere wirft, in die innigen Himmel. Wie er, so
würbest du wohl, nicht minder –, daß, noch unsichtbar,
dich die Freundin erführ, die stille, in der eine Antwort
langsam erwacht und über dem Hören sich anwärmt, –
deinem erkühnten Gefühl die erglühte Gefühlin.

O und der Frühling begriffe –, da ist keine Stelle,
die nicht trüge den Ton der Verkündigung. Erst jenen kleinen
fragenden Auflaut, den, mit steigernder Stille,
weithin umschweigt ein reiner bejahender Tag.
Dann die Stufen hinan, Ruf-Stufen hinan, zum geträumten
Tempel der Zukunft –; dann den Triller, Fontäne,
die zu dem drängenden Strahl schon das Fallen zuvornimmt
im versprechlichen Spiel ... Und vor sich, den Sommer.

Nicht nur die Morgen alles des Sommers –, nicht nur
wie sie sich wandeln in Tag und strahlen vor Anfang.
Nicht nur die Tage, die zart sind um Blumen, und oben,
um die gestalteten Bäume, stark und gewaltig.
Nicht nur die Andacht dieser entfalteten Kräfte,
nicht nur die Wege, nicht nur die Wiesen im Abend,
nicht nur, nach spätem Gewitter, das atmende Klarsein,
nicht nur der nahende Schlaf und ein Ahnen, abends ...
sondern die Nächte! Sondern die hohen, des Sommers,
Nächte, sondern die Sterne, die Sterne der Erde.
O einst tot sein und sie wissen unendlich,
alle die Sterne: denn wie, wie, wie sie vergessen!

Siehe, da rief ich die Liebende. Aber nicht *sie* nur
käme ... Es kämen aus schwächlichen Gräbern

Mädchen und ständen … Denn wie beschränk ich,
wie, den gerufenen Ruf? Die Versunkenen suchen
immer noch Erde. – Ihr Kinder, ein hiesig
einmal ergriffenes Ding gälte für viele.
Glaubt nicht, Schicksal sei mehr, als das Dichte der Kindheit;
wie überholtet ihr oft den Geliebten, atmend,
atmend nach seligem Lauf, auf nichts zu, ins Freie.

Hiersein ist herrlich. Ihr wußtet es, Mädchen, *ihr* auch,
die ihr scheinbar entbehrtet, versankt –, ihr, in den ärgsten
Gassen der Städte, Schwärende, oder dem Abfall
Offene. Denn eine Stunde war jeder, vielleicht nicht
ganz eine Stunde, ein mit den Maßen der Zeit kaum
Meßliches zwischen zwei Weilen –, da sie ein Dasein
hatte. Alles. Die Adern voll Dasein.
Nur, wir vergessen so leicht, was der lachende Nachbar
uns nicht bestätigt oder beneidet. Sichtbar
wollen wirs heben, wo doch das sichtbarste Glück uns
erst zu erkennen sich giebt, wenn wir es innen verwandeln.

Nirgends, Geliebte, wird Welt sein, als innen. Unser
Leben geht hin mit Verwandlung. Und immer geringer
schwindet das Außen. Wo einmal ein dauerndes Haus war,
schlägt sich erdachtes Gebild vor, quer, zu Erdenklichem
völlig gehörig, als ständ es noch ganz im Gehirne.
Weite Speicher der Kraft schafft sich der Zeitgeist, gestaltlos
wie der spannende Drang, den er aus allem gewinnt.
Tempel kennt er nicht mehr. Diese, des Herzens, Verschwendung
sparen wir heimlicher ein. Ja, wo noch eins übersteht,
ein einst gebetetes Ding, ein gedientes, geknietes –,
hält es sich, so wie es ist, schon ins Unsichtbare hin.
Viele gewahrens nicht mehr, doch ohne den Vorteil,
daß sie's nun *innerlich* baun, mit Pfeilern und Statuen, größer!

Jede dumpfe Umkehr der Welt hat solche Enterbte,
denen das Frühere nicht und noch nicht das Nächste gehört.
Denn auch das Nächste ist weit für die Menschen. *Uns* soll
dies nicht verwirren; es stärke in uns die Bewahrung

der noch erkannten Gestalt. – Dies *stand* einmal unter Menschen,
mitten im Schicksal stands, im vernichtenden, mitten
im Nichtwissen-Wohin stand es, wie seiend, und bog
Sterne zu sich aus gesicherten Himmeln. Engel,
dir noch zeig ich es, *da*! in deinem Anschaun
steht es gerettet zuletzt, nun endlich aufrecht.
Säulen, Pylone, der Sphinx, das strebende Stemmen,
grau aus vergehender Stadt oder aus fremder, des Doms.

War es nicht Wunder? O staune, Engel, denn *wir* sinds,
wir, o du Großer, erzähls, daß wir solches vermochten, mein Atem
reicht für die Rühmung nicht aus. So haben wir dennoch
nicht die Räume versäumt, diese gewährenden, diese
unseren Räume. (Was müssen sie fürchterlich groß sein,
da sie Jahrtausende nicht unseres Fühlns überfülln.)
Aber ein Turm war groß, nicht wahr? O Engel, er war es, –
groß, auch noch neben dir? Chartres war groß –, und Musik
reichte noch weiter hinan und überstieg uns. Doch selbst nur
eine Liebende –, oh, allein am nächtlichen Fenster …
reichte sie dir nicht ans Knie –?
Glaub *nicht*, daß ich werbe.
Engel, und würb ich dich auch! Du kommst nicht. Denn mein
Anruf ist immer voll Hinweg; wider so starke
Strömung kannst du nicht schreiten. Wie ein gestreckter
Arm ist mein Rufen. Und seine zum Greifen
oben offene Hand bleibt vor dir
offen, wie Abwehr und Warnung,
Unfaßlicher, weitauf.

DIE ACHTE ELEGIE

Rudolf Kassner zugeeignet

Mit allen Augen sieht die Kreatur
das Offene. Nur unsre Augen sind
wie umgekehrt und ganz um sie gestellt
als Fallen, rings um ihren freien Ausgang.
Was draußen *ist*, wir wissens aus des Tiers
Antlitz allein; denn schon das frühe Kind
wenden wir um und zwingens, daß es rückwärts
Gestaltung sehe, nicht das Offne, das
im Tiergesicht so tief ist. Frei von Tod.
Ihn sehen wir allein; das freie Tier
hat seinen Untergang stets hinter sich
und vor sich Gott, und wenn es geht, so gehts
in Ewigkeit, so wie die Brunnen gehen.
 Wir haben nie, nicht einen einzigen Tag,
den reinen Raum vor uns, in den die Blumen
unendlich aufgehn. Immer ist es Welt
und niemals Nirgends ohne Nicht: das Reine,
Unüberwachte, das man atmet und
unendlich *weiß* und nicht begehrt. Als Kind
verliert sich eins im Stilln an dies und wird
gerüttelt. Oder jener stirbt und *ists*.
Denn nah am Tod sieht man den Tod nicht mehr
und starrt *hinaus*, vielleicht mit großem Tierblick.
Liebende, wäre nicht der andre, der
die Sicht verstellt, sind nah daran und staunen …
Wie aus Versehn ist ihnen aufgetan
hinter dem andern … Aber über ihn
kommt keiner fort, und wieder wird ihm Welt.
Der Schöpfung immer zugewendet, sehn
wir nur auf ihr die Spiegelung des Frein,
von uns verdunkelt. Oder daß ein Tier,
ein stummes, aufschaut, ruhig durch uns durch.
Dieses heißt Schicksal: gegenüber sein
und nichts als das und immer gegenüber.

Wäre Bewußtheit unsrer Art in dem
sicheren Tier, das uns entgegenzieht
in anderer Richtung –, riß es uns herum
mit seinem Wandel. Doch sein Sein ist ihm
unendlich, ungefaßt und ohne Blick
auf seinen Zustand, rein, so wie sein Ausblick.
Und wo wir Zukunft sehn, dort sieht es Alles
und sich in Allem und geheilt für immer.

Und doch ist in dem wachsam warmen Tier
Gewicht und Sorge einer großen Schwermut.
Denn ihm auch haftet immer an, was uns
oft überwältigt, – die Erinnerung,
als sei schon einmal das, wonach man drängt,
näher gewesen, treuer und sein Anschluß
unendlich zärtlich. Hier ist alles Abstand,
und dort wars Atem. Nach der ersten Heimat
ist ihm die zweite zwitterig und windig.
O Seligkeit der *kleinen* Kreatur,
die immer *bleibt* im Schooße, der sie austrug;
o Glück der Mücke, die noch *innen* hüpft,
selbst wenn sie Hochzeit hat: denn Schooß ist Alles.
Und sieh die halbe Sicherheit des Vogels,
der beinah beides weiß aus seinem Ursprung,
als wär er eine Seele der Etrusker,
aus einem Toten, den ein Raum empfing,
doch mit der ruhenden Figur als Deckel.
Und wie bestürzt ist eins, das fliegen muß
und stammt aus einem Schooß. Wie vor sich selbst
erschreckt, durchzuckts die Luft, wie wenn ein Sprung
durch eine Tasse geht. So reißt die Spur
der Fledermaus durchs Porzellan des Abends.

Und wir: Zuschauer, immer, überall,
dem allen zugewandt und nie hinaus!
Uns überfüllts. Wir ordnens. Es zerfällt.
Wir ordnens wieder und zerfallen selbst.

Wer hat uns also umgedreht, daß wir,
was wir auch tun, in jener Haltung sind
von einem, welcher fortgeht? Wie er auf
dem letzten Hügel, der ihm ganz sein Tal
noch einmal zeigt, sich wendet, anhält, weilt –,
so leben wir und nehmen immer Abschied.

DIE NEUNTE ELEGIE

Warum, wenn es angeht, also die Frist des Daseins
hinzubringen, als Lorbeer, ein wenig dunkler als alles
andere Grün, mit kleinen Wellen an jedem
Blattrand (wie eines Windes Lächeln) –: warum dann
Menschliches müssen – und, Schicksal vermeidend,
sich sehnen nach Schicksal? …
Oh, *nicht*, weil Glück *ist*,
dieser voreilige Vorteil eines nahen Verlusts.
Nicht aus Neugier, oder zur Übung des Herzens,
das auch im Lorbeer *wäre* .....

Aber weil Hiersein viel ist, und weil uns scheinbar
alles das Hiesige braucht, dieses Schwindende, das
seltsam uns angeht. Uns, die Schwindendsten. Ein Mal
jedes, nur *ein* Mal. *Ein* Mal und nichtmehr. Und wir auch
ein Mal. Nie wieder. Aber dieses
ein Mal gewesen zu sein, wenn auch nur *ein* Mal:
irdisch gewesen zu sein, scheint nicht widerrufbar.

Und so drängen wir uns und wollen es leisten,
wollens enthalten in unsern einfachen Händen,
im überfüllteren Blick und im sprachlosen Herzen.
Wollen es werden. – Wem es geben? Am liebsten
alles behalten für immer … Ach, in den andern Bezug,
wehe, was nimmt man hinüber? Nicht das Anschaun, das hier
langsam erlernte, und kein hier Ereignetes. Keins.
Also die Schmerzen. Also vor allem das Schwersein,
also der Liebe lange Erfahrung, – also
lauter Unsägliches. Aber später,
unter den Sternen, was solls: *die* sind *besser* unsäglich.
Bringt doch der Wanderer auch vom Hange des Bergrands
nicht eine Hand voll Erde ins Tal, die Allen unsägliche, sondern
ein erworbenes Wort, reines, den gelben und blaun
Enzian. Sind wir vielleicht *hier*, um zu sagen: Haus,
Brücke, Brunnen, Tor, Krug, Obstbaum, Fenster, –
höchstens: Säule, Turm … aber zu *sagen*, verstehs,

oh zu sagen so, wie selber die Dinge niemals
innig meinten zu sein. Ist nicht die heimliche List
dieser verschwiegenen Erde, wenn sie die Liebenden drängt,
daß sich in ihrem Gefühl jedes und jedes entzückt?
Schwelle: was ists für zwei
Liebende, daß sie die eigne ältere Schwelle der Tür
ein wenig verbrauchen, auch sie, nach den vielen vorher
und vor den Künftigen…., leicht.

Hier ist des *Säglichen* Zeit, *hier* seine Heimat.
Sprich und bekenn. Mehr als je
fallen die Dinge dahin, die erlebbaren, denn,
was sie verdrängend ersetzt, ist ein Tun ohne Bild.
Tun unter Krusten, die willig zerspringen, sobald
innen das Handeln entwächst und sich anders begrenzt.
Zwischen den Hämmern besteht
unser Herz, wie die Zunge
zwischen den Zähnen, die doch,
dennoch, die preisende bleibt.

Preise dem Engel die Welt, nicht die unsägliche, *ihm*
kannst du nicht großtun mit herrlich Erfühltem; im Weltall,
wo er fühlender fühlt, bist du ein Neuling. Drum zeig
ihm das Einfache, das von Geschlecht zu Geschlechtern
 gestaltet,
als ein Unsriges lebt, neben der Hand und im Blick.
Sag ihm die Dinge. Er wird staunender stehn; wie du standest
bei dem Seiler in Rom, oder beim Töpfer am Nil.
Zeig ihm, wie glücklich ein Ding sein kann, wie schuldlos
 und unser,
wie selbst das klagende Leid rein zur Gestalt sich entschließt,
dient als ein Ding, oder stirbt in ein Ding –, und jenseits
selig der Geige entgeht. – Und diese, von Hingang
lebenden Dinge verstehn, daß du sie rühmst; vergänglich,
traun sie ein Rettendes uns, den Vergänglichsten, zu.
Wollen, wir sollen sie ganz im unsichtbarn Herzen
 verwandeln
in – o unendlich – in uns! Wer wir am Ende auch seien.

Erde, ist es nicht dies, was du willst: *unsichtbar*
in uns erstehn? – Ist es dein Traum nicht,
einmal unsichtbar zu sein? – Erde! unsichtbar!
Was, wenn Verwandlung nicht, ist dein drängender Auftrag?
Erde, du liebe, ich will. Oh glaub, es bedürfte
nicht deiner Frühlinge mehr, mich dir zu gewinnen –, *einer*,
ach, ein einziger ist schon dem Blute zu viel.
Namenlos bin ich zu dir entschlossen, von weit her.
Immer warst du im Recht, und dein heiliger Einfall
ist der vertrauliche Tod.

Siehe, ich lebe. Woraus? Weder Kindheit noch Zukunft
werden weniger . . . . . Überzähliges Dasein
entspringt mir im Herzen.

DIE ZEHNTE ELEGIE

Daß ich dereinst, an dem Ausgang der grimmigen Einsicht,
Jubel und Ruhm aufsinge zustimmenden Engeln.
Daß von den klar geschlagenen Hämmern des Herzens
keiner versage an weichen, zweifelnden oder
reißenden Saiten. Daß mich mein strömendes Antlitz
glänzender mache; daß das unscheinbare Weinen
blühe. O wie werdet ihr dann, Nächte, mir lieb sein,
gehärmte. Daß ich euch knieender nicht, untröstliche
Schwestern,
hinnahm, nicht in euer gelöstes
Haar mich gelöster ergab. Wir, Vergeuder der Schmerzen.
Wie wir sie absehn voraus, in die traurige Dauer,
ob sie nicht enden vielleicht. Sie aber sind ja
unser winterwähriges Laub, unser dunkeles Sinngrün,
eine der Zeiten des heimlichen Jahres –, nicht nur
Zeit –, sind Stelle, Siedelung, Lager, Boden, Wohnort.

Freilich, wehe, wie fremd sind die Gassen der Leid-Stadt,
wo in der falschen, aus Übertönung gemachten
Stille, stark, aus der Gußform des Leeren der Ausguß
prahlt: der vergoldete Lärm, das platzende Denkmal.
O, wie spurlos zerträte ein Engel ihnen den Trostmarkt,
den die Kirche begrenzt, ihre fertig gekaufte:
reinlich und zu und enttäuscht wie ein Postamt am Sonntag.
Draußen aber kräuseln sich immer die Ränder von Jahrmarkt.
Schaukeln der Freiheit! Taucher und Gaukler des Eifers!
Und des behübschten Glücks figürliche Schießstatt,
wo es zappelt von Ziel und sich blechern benimmt,
wenn ein Geschickterer trifft. Von Beifall zu Zufall
taumelt er weiter; denn Buden jeglicher Neugier
werben, trommeln und plärrn. Für Erwachsene aber
ist noch besonders zu sehn, wie das Geld sich vermehrt,
anatomisch,
nicht zur Belustigung nur: der Geschlechtsteil des Gelds,
alles, das Ganze, der Vorgang –, das unterrichtet und macht
fruchtbar ....
.... Oh aber gleich darüber hinaus,

hinter der letzten Planke, beklebt mit Plakaten des ›Todlos‹,
jenes bitteren Biers, das den Trinkenden süß scheint,
wenn sie immer dazu frische Zerstreuungen kaun …,
gleich im Rücken der Planke, gleich dahinter, ists *wirklich.*
Kinder spielen, und Liebende halten einander, – abseits,
ernst, im ärmlichen Gras, und Hunde haben Natur.
Weiter noch zieht es den Jüngling; vielleicht, daß er eine junge
Klage liebt . . . . . Hinter ihr her kommt er in Wiesen. Sie sagt:
– Weit. Wir wohnen dort draußen … Wo? Und der Jüngling
folgt. Ihn rührt ihre Haltung. Die Schulter, der Hals –, vielleicht
ist sie von herrlicher Herkunft. Aber er läßt sie, kehrt um,
wendet sich, winkt … Was solls? Sie ist eine Klage.

Nur die jungen Toten, im ersten Zustand
zeitlosen Gleichmuts, dem der Entwöhnung,
folgen ihr liebend. Mädchen
wartet sie ab und befreundet sie. Zeigt ihnen leise,
was sie an sich hat. Perlen des Leids und die feinen
Schleier der Duldung. – Mit Jünglingen geht sie
schweigend.

Aber dort, wo sie wohnen, im Tal, der Älteren eine, der Klagen,
nimmt sich des Jünglings an, wenn er fragt: – Wir waren,
sagt sie, ein Großes Geschlecht, einmal, wir Klagen. Die Väter
trieben den Bergbau dort in dem großen Gebirg; bei Menschen
findest du manchmal ein Stück geschliffenes Ur-Leid
oder, aus altem Vulkan, schlackig versteinerten Zorn.
Ja, der stammte von dort. Einst waren wir reich. –

Und sie leitet ihn leicht durch die weite Landschaft der Klagen,
zeigt ihm die Säulen der Tempel oder die Trümmer
jener Burgen, von wo Klage-Fürsten das Land
einstens weise beherrscht. Zeigt ihm die hohen
Tränenbäume und Felder blühender Wehmut,
(Lebendige kennen sie nur als sanftes Blattwerk);
zeigt ihm die Tiere der Trauer, weidend, – und manchmal

schreckt ein Vogel und zieht, flach ihnen fliegend durchs
 Aufschaun,
weithin das schriftliche Bild seines vereinsamten Schreis. –
Abends führt sie ihn hin zu den Gräbern der Alten
aus dem Klage-Geschlecht, den Sibyllen und Warn-Herrn.
Naht aber Nacht, so wandeln sie leiser, und bald
mondets empor, das über Alles
wachende Grab-Mal. Brüderlich jenem am Nil,
der erhabene Sphinx –: der verschwiegenen Kammer
Antlitz.
Und sie staunen dem krönlichen Haupt, das für immer,
schweigend, der Menschen Gesicht
auf die Waage der Sterne gelegt.

Nicht erfaßt es sein Blick, im Frühtod
schwindelnd. Aber ihr Schaun,
hinter dem Pschent-Rand hervor, scheucht es die Eule.
 Und sie,
streifend im langsamen Abstrich die Wange entlang,
jene der reifesten Rundung,
zeichnet weich in das neue
Totengehör, über ein doppelt
aufgeschlagenes Blatt, den unbeschreiblichen Umriß.

Und höher, die Sterne. Neue. Die Sterne des Leidlands.
Langsam nennt sie die Klage: – Hier,
siehe: den *Reiter*, den *Stab*, und das vollere Sternbild
nennen sie: *Fruchtkranz*. Dann, weiter, dem Pol zu:
Wiege; Weg; Das Brennende Buch; Puppe; Fenster.
Aber im südlichen Himmel, rein wie im Innern
einer gesegneten Hand, das klar erglänzende ›*M*‹,
das die Mütter bedeutet . . . . . . –

Doch der Tote muß fort, und schweigend bringt ihn die ältere
Klage bis an die Talschlucht,
wo es schimmert im Mondschein:
die Quelle der Freude. In Ehrfurcht
nennt sie sie, sagt: – Bei den Menschen
ist sie ein tragender Strom. –

Stehn am Fuß des Gebirgs.
Und da umarmt sie ihn, weinend.

Einsam steigt er dahin, in die Berge des Ur-Leids.
Und nicht einmal sein Schritt klingt aus dem tonlosen Los.

*

Aber erweckten sie uns, die unendlich Toten, ein Gleichnis,
siehe, sie zeigten vielleicht auf die Kätzchen der leeren
Hasel, die hängenden, oder
meinten den Regen, der fällt auf dunkles Erdreich im
Frühjahr. –

Und wir, die an *steigendes* Glück
denken, empfänden die Rührung,
die uns beinah bestürzt,
wenn ein Glückliches *fällt*.

Dank

Für die Hilfe bei der Erstellung eines Textes aus den Mitschnitten der Vorlesung sowie die Beschaffung der Bilder danke ich meinen Mitarbeiterinnen Elke Dünisch bzw. Patricia Obermeier, für die kritische Durchsicht des gesamten Manuskripts, zahlreiche Anregungen und Korrekturen danke ich ganz besonders meiner Frau, Dr. Regina von Brück.

Bildverzeichnis

ABBILDUNGEN:

1: Rainer Maria Rilke (1875–1926), Archiv Herder Verlag; **2:** Lou Andreas-Salomé (1861–1937), Archiv Herder Verlag; **3:** Der »lächelnde Engel« der Verkündigung im Dom zu Regensburg, http://medien.merian.de/bildarchiv/2011-11/lachende-engel-dom-regensburg.jpg; **4:** Ein lächelnd-schweigender Buddha, Patricia Obermeier; **5:** Attische Grabstele, Archiv Herder Verlag; **6:** Der indische Gott Shiva als Ardhanarīshvara (androgyn), vom Autor; **7:** Nishitani Keiji (1900–1990), http://www.worldwisdom.com/public/authors/Keiji-Nishitani.aspx; **8:** Vajra und Ganthā (Diamantszepter und Glocke), tibet. Buddhismus, http://www.arcimboldo.cz/media/sorl_cache/d3/4a/d34a3b6e004c13972345a6eaf71c4e84.jpg; **9:** Blüte/Frucht des Feigenbaums, Quelle unbekannt; **10:** Simson reißt das Gebäude ein, Archiv Herder Verlag; **11:** Torso vom Belvedere (zwischen 200 u. 50 v. Chr.), wikicommons; **12:** Weibliche Statue im Sanjūsangendō (Kyoto, Japan) 13. Jh., vom Autor; **13:** Kathedrale von Chartres (um 1200), Patricia Obermeier; **14:** Apollo und Daphne (Gian Lorenzo Bernini, 1622–1625), Archiv Herder Verlag; **15:** Lorbeerblätter, Quelle unbekannt; **16:** Der Sphinx von Gizeh, Ägypten, Archiv Herder Verlag; **17:** Narasimha (Mensch-Löwe), ein Beschützer, klassische Inkarnation (avatāra) des Gottes Vishnu, Patricia Obermeier

FARBTAFELN:

Tafel 1: *Wassily Kandinsky (1866–1944), One Center (1924, Guggenheim Museum, New York), Quelle unbekannt;* ***Tafel 2:*** *Schloß Duino, Adria/Italien, http://f.hikr.org/files/262165l.jpg;* ***Tafel 3:*** *Château de Muzot, Wallis/Schweiz, vom Autor;* ***Tafel 4:*** *Engel und Sonnenuhr, Kathedrale von Chartres, http://www.epifania-delsenor.org/gotik/chartres/1westeno6dscf8733.jpg;* ***Tafel 5:*** *Tizian (Tiziano Vecellio, um 1490–1576), Raphael und Tobias, (ca. 1507/08, Venedig, Galleria dell' Accademia), wikicommons;* ***Tafel 6:*** *Edvard Munch (1863–1944), Madonna (1894/95, Ohara Museum of Art), wikicommons;* ***Tafel 7:*** *Kathedrale zu Bath (England), Himmelsleiter (Westfassade, 12. Jh.), https://www.pinterest.com/pin/337910778265575158;* ***Tafel 8:*** *Pablo Picasso (1881–1973), Les Saltimbanques (1905, National Gallery of Art, Washington D. C.), Quelle unbekannt;* ***Tafel 9:*** *Bad Doberan, Münster, Kreuz-Altar (um 1360), http://www.muenster-doberan.de/typo3temp/pics/f227ed9f53.jpg;* ***Tafel 10:*** *Enzian, Patricia Obermeier*

Literatur

WERKE

Rilke, Rainer M.: Duineser Elegien. Sonette an Orpheus. Mit den Erläuterungen von Katharina Kippenberg, Zürich: Manesse 1951.
Rilke, Rainer M.: Werke in drei Bänden, hrsg. von Horst Nalewski, Leipzig: Insel-Verlag 1978.
Rilke, Rainer M.: Das Testament, Frankfurt a. M.: Suhrkamp 1976.
Fülleborn, Ulrich u. Manfred Engel (Hrsg.): Materialien zu Rilkes Duineser Elegien, Bd. 1: Selbstzeugnisse, Frankfurt a. M.: Suhrkamp 2009 [1983].

BRIEFWECHSEL UND ERINNERUNGEN

Bomhard, Bettina von (Hrsg.): Rainer Maria Rilke – Katharina Kippenberg. Briefwechsel 1910 bis 1926, Wiesbaden: Insel-Verlag 1954.
Glauert-Hesse, Barbara (Hrsg.): Ich sehne mich sehr nach Deinen blauen Briefen. Rainer Maria Rilke – Claire Goll, Briefwechsel, Göttingen: Wallstein 2000.
Hirsch, Rudolf u. Ingeborg Schnack (Hrsg.): Hugo von Hofmannsthal – Rainer Maria Rilke. Briefwechsel 1899–1925, Frankfurt a. M.: Insel-Verlag 1978.
Pfeiffer, Ernst (Hrsg.): Rainer Maria Rilke – Lou Andreas-Salomé. Briefwechsel, Zürich/Wiesbaden: Max Niehans/Insel-Verlag 1952.
Sieber-Rilke, Hella (Hrsg.), Rainer Maria Rilke. Weihnachtsbriefe an die Mutter, Frankfurt a. M./Leipzig: Insel-Verlag 1995
Briefwechsel Rainer Maria Rilke – Anita Forrer, Frankfurt a. M.: Insel-Verlag 1982
Rilke, Rainer M.: Mitten im Lesen schreib ich Dir. Ausgewählte Briefe, hrsg. von Rätus Luck, Frankfurt a. M./Leipzig: Insel-Verlag 1996.
Thurn und Taxis-Hohenlohe, Marie von: Erinnerungen an Rainer Maria Rilke, hrsg. von Georg H. Blokesch, Frankfurt a. M.: Insel-Verlag 1966 [1932].

SEKUNDÄRLITERATUR ZU RILKE

Dettmering, Peter: Dichtung und Psychoanalyse, Bd. 1. Thomas Mann, Rainer Maria Rilke, Richard Wagner, München: Nymphenburger Verlagsbuchhandlung 1969.
Engel, Manfred (Hrsg.): Rilke Handbuch, Stuttgart: Metzler 2004.
Fülleborn, Ulrich u. Manfred Engel (Hrsg.): Materialien zu Rilkes Duineser Elegien, Bd. 2: Forschungsgeschichte, Frankfurt a. M.: Suhrkamp 2010 [1982].
Guardini, Romano: Rainer Maria Rilkes *Deutung* des Daseins. Eine Interpretation der Duineser Elegien, München: Kösel 1953.
Hecker, Hellmuth: Buddhistischer Umgang mit Rilke. Eine existentielle Studie, Stammbach: Beyerlein & Steinschulte 2007.
Heiner, Johannes: »Rainer Maria Rilke als Mystiker«, in: Peter Lengsfeld (Hrsg.): Mystik – Spiritualität der Zukunft. Erfahrungen des Ewigen. Freiburg: Herder 2005, 390–404.
Kuschel, Karl-Josef: Rilke und der Buddha. Die Geschichte eines einzigartigen Dialogs, Gütersloh: Gütersloher Verlagshaus 2010.

Lee, Youngnam: Rainer Maria Rilke jenseits der reflektierten Gedanken. Ein Beitrag zur Poetik Rilkes aus interkultureller Perspektive: Taoismus, Zen-Buddhismus, Osnabrück: Der Andere Verlag 2002.

Leppmann, Wolfgang: Rilke. Sein Leben, seine Welt, sein Werk, Wiesbaden: VMA-Verlag 1996.

Ludwig, Annette (Hrsg.): Auguste Rodin – Rainer Maria Rilke. Augenblicke der Leidenschaft, Frankfurt a. M./Leipzig: Insel-Verlag 2000.

Park, Jinhyung: Rainer Maria Rilkes Selbstwerdung in buddhistischer Sicht. Ein literatur- und religionswissenschaftlicher Beitrag zu einem neuen Rilke-Verständnis, Frankfurt a. M./Bern: Peter Lang 1990.

Raddatz, Fritz J.: Rilke. Überzähliges Dasein. Eine Biographie, Zürich/Hamburg: Arche 2009.

Renger, Almut-Barbara: »Buddha in Meudon. Rodin und Rilke, Meister und Schüler«, in: Heinrich Detering u. a. (Hrsg.): Der Buddha in der deutschen Dichtung, Göttingen: Wallstein 2014, 103–139.

Schank, Stefan: Rainer Maria Rilke, München: dtv 1999 [1998].

Schnack, Ingeborg: Rainer Maria Rilke, Chronik seines Lebens und seines Werkes, 2 Bd., Frankfurt a. M.: Insel 1975.

Sepp, Hans Rainer: »Seinsarmut. Eugen Finks Übersetzung der Duineser Elegien in philosophische Reflexion«, in: Trigon 8, Kunst, Wissenschaft und Glaube im Dialog, 2009, 159–168.

Steiner, Jacob: Rilkes Duineser Elegien, Bern/München: Francke 1969 [1962].

Unseld, Siegfried (Hrsg.): Das ›Tagebuch‹ Goethes und Rilkes ›Sieben Gedichte‹, Frankfurt a. M.: Insel-Verlag 1978.

Wagner-Egelhaaf, Martina: »Kultbuch und Buchkult. Die Ästhetik des Ichs in Rilkes ›Cornet‹.« Zeitschrift für deutsche Philologie 107, 4/1988, 541–556.

Wegener-Stratmann, Martina: Über die ›unerschöpfliche Schichtung unserer Natur‹. Totalitätsvorstellungen der Jahrhundertwende. Die Weltbilder von Rainer Maria Rilke und C. G. Jung im Vergleich, Frankfurt a. M.: Peter Lang 2002.

SONSTIGE

Anonymus: Christliche Religions-Gesänge für die öffentliche und häusliche Gottesverehrung, gesammelt von dem geistlichen ministerio des Danziger Freistaates, Danzig: [o. Verlag] 1810.

App, Urs: Richard Wagner und der Buddhismus. Liebe – Tragik, Zürich: Museum Rietberg, 1997

App, Urs: Schopenhauers Kompass. Die Geburt einer Philosophie, Rorschach/Kyoto: University Media 2011.

Assmann, Aleida: Ist die Zeit aus den Fugen? Aufstieg und Fall des Zeitregimes der Moderne, München: Hanser 2013.

Beisel, Marie-Christine: Schopenhauer und die Spiegelneurone. Eine Untersuchung der Schopenhauer'schen Mitleidsethik im Lichte der neurowissenschaftlichen Spiegelneuronentheorie, Würzburg: Königshausen & Neumann 2012.

Brück, Michael von: Bhagavad Gītā. Der Gesang des Erhabenen, Frankfurt a. M.: Verlag der Weltreligionen 2007.

Brück, Michael von: »Christliche Mystik und Zen. Synkretistische Zugänge«, in: Wolfgang Greive u. Raul Niemann (Hrsg.): Neu Glauben? Religionsvielfalt und neue religiöse Strömungen als Herausforderung an das Christentum, Gütersloh: Mohn 1990, 146–166.

Brück, Michael von: Einheit der Wirklichkeit. Gott, Gotteserfahrung und Meditation im hinduistisch-christlichen Dialog, München: Chr. Kaiser 1987 [1986].

Brück, Michael von: »Mystische Erfahrung, religiöse Tradition und die Wahrheitsfrage«, in: Reinhold Bernhardt (Hrsg.), Horizontüberschreitung. Die Pluralistische Theologie der Religionen, Gütersloh: Mohn 1991, 81–103.

Brück, Michael von: »Mythos als Resonanz«, in: Hans Werner Henze (Hrsg.): Musik und Mythos. Neue Aspekte der musikalischen Ästhetik, Bd. 5, Frankfurt a. M.: Fischer 1999, 31–44.

Brück, Michael von: »Polyvalence and Equivalence. Object- and Meta Language Concerning the Notion of »Mysticism« in Buddhist-Christian-Hindu Discourse«, in: Annette Wilke (Hrsg.): Constructions of Mysticism, Inventions and Interactions across the Borders, Wiesbaden: Harrassowitz Verlag (im Druck).

Brück, Michael von: »Religionswissenschaft und Religionsbegriff. Methoden und Programm«, in: Tobias Müller u. Thomas M. Schmidt (Hrsg.): Was ist Religion? Beiträge zur aktuellen Debatte um den Religionsbegriff, Paderborn: Schöningh 2013, 31–53.

Brück, Michael von: Weisheit der Leere. Wichtige Sutra-Texte des Mahayana-Buddhismus. Zürich: Benziger 1989.

Brück, Michael von: Wie können wir leben? Religion und Spiritualität in einer Welt ohne Maß, München: C. H. Beck 2002.

Brück, Michael von: Zen. Geschichte und Praxis, München: C. H. Beck 2007 [2004].

Brück, Michael von (zus. mit Günther Rager): Grundzüge einer modernen Anthropologie. Göttingen: Vandenhoeck & Ruprecht 2012.

Campbell, Joseph: The Hero with a Thousand Faces, Princeton: University Press 1949.

Chapin, David: Exploring Other Worlds. Margret Fox, Elisha Kent Kane and the Antebellum Culture of Curiosity, Boston: University of Massachusetts Press 2004.

Cleary, Thomas: The Flower Ornament Scripture. A Translation of the Avatamsaka Sutra. 3 Bde, Boulder/London: Shambhala 1984–1987.

Decker, Willy: »›… er sah mir in die Augen…‹ Ein Blick bringt die Welt zum Einsturz«, in: Programmheft Tristan und Isolde, Ruhr-Triennale Bochum 2011.

Dschuang Dsi: Das wahre Buch vom südlichen Blütenland, Düsseldorf/Köln: Diederichs 1977.

Goethe, Johann W. von: Faust, hrsg. von Ulrich Gaier, Stuttgart: Reclam 1999.

Goethe, Johann W. von: Gedichte, hrsg. und kommentiert von Erich Trunz, München: Beck 1982.

Guardini, Romano: Der Herr. Betrachtungen über die Person und das Leben Jesu Christi, Leipzig: St. Benno 1954 [1937].

Gundert, Wilhelm: Bi-Yän-Lu. Meister Yüan-wu's Niederschrift von der smaragdenen Felswand, Bd. 1, Leipzig: G. Kiepenheuer Verlag 1980 [Hanser 1960].

Hegel, Georg W. F.: Phänomenologie des Geistes, hrsg. von Johannes Hoffmeister, Leipzig: Meiner 1949.

Heidegger, Martin: Holzwege, Frankfurt a. M.: Klostermann 1963 [1950].

Herder, Johann Gottfried: Ideen zur Philosophie der Geschichte der Menschheit. Darmstadt: Joseph Melzer 1966 [1784–1791].

Hesse, Hermann: Sämtliche Werke, hrsg. von Volker Michels, Frankfurt: Suhrkamp 2002.

James, William: Die Vielfalt religiöser Erfahrung, hrsg. und übersetzt von Eilert Herms, Olten/Freiburg i.Br.: Walter 1979.

Jork, Klaus: Salutogenese und positive Psychotherapie, Bern: Huber 2003.

Kandinsky, Wassily: Über das Geistige in der Kunst, Bern: Benteli 1952.
Kant, Immanuel: Die Kritik der Urteilskraft. Werkausgabe Bd. 10, hrsg. von Wilhelm Weischedel, Frankfurt: Suhrkamp 1974.
Kapleau, Philip: The Three Pillars of Zen, Boston: Beacon Press 1967.
Kienzle, Ulrike: »Tönendes Nirvana. Von der musikalischen Aufhebung der Zeit in Wagners Tristan und Parsifal«, in: Wagner Spectrum 3, 2/2007, 35–53.
Kienzle, Ulrike: »Buddhismus«, in: S. Lorenz Sorner u. a. (Hrsg.): Wagner und Nietzsche. Kultur – Werk – Wirkung, Hamburg: Rowohlt 2008, 122–142.
Kienzle, Ulrike: »›… und sein Erbarmen ist kein Spott!‹ Religion in Leben und Werk Richard Wagners«, in: Zur Debatte. Themen der Katholischen Akademie in Bayern, 1/2014, 1–5.
Kienzle, Ulrike: ›… daß wissend würde die Welt!‹ Religion und Philosophie in Richard Wagners Musikdramen, Würzburg: Königshausen & Neumann 2005.
Kleist, Heinrich von: »Über das Marionettentheater«, in: Helmut Brandt (Hrsg.), Kleists Werke in Zwei Bänden, Bd.1, Berlin/Weimar: Aufbau 1971, 324–332.
Luther, Martin: Werke. Kritische Gesamtausgabe, Weimar: Hermann Böhlaus Nachfolger [ab 1883].
Meyer-Palmedo, Ingeborg (Hrsg.): Sigmund Freud – Anna Freud. Briefwechsel 1904–1938, Frankfurt a. M.: S. Fischer 2006.
Mohn, Jürgen: »Religion im Werden. Religionsverständnis und Buddhismusrezeption in Richard Wagners Schrift ›Kunst und Religion‹«, in: Zur Debatte. Themen der Katholischen Akademie in Bayern, 1/2014, 6–8.
Nietzsche, Friedrich: Also sprach Zarathustra. Ein Buch für Alle und Keinen, hrsg. von Philipp Reclam jun., Stuttgart: Reclam 1994.
Ohasama, Schuej u. August von Faust (Hrsg.): Zen, der lebendige Buddhismus in Japan, Gotha-Stuttgart: Perthes 1925.
Otto, Rudolf: Das Heilige. Über das Irrationale in der Idee des Göttlichen und sein Verhältnis zum Rationalen. Breslau: Trewendt & Granier 1917.
Perlwitz, Ronald: »Richard Wagners Indien-Mythos«, in: Helmut Loos (Hrsg.): Richard Wagner. Persönlichkeit, Werk und Wirkung (Leipziger Beiträge zur Wagner-Forschung, Sonderband), Leipzig: Sax-Verlag 2013, 241–248.
Platen, August von: Sämtliche Werke in zwölf Bänden, hrsg. von Max Koch u. Erich Petzet, Leipzig [o. Verlag, o. Jahr].
Rager, Günther u. Michael von Brück: s. Brück, Michael von.
Rosa, Hartmut: Beschleunigung. Die Veränderung der Zeitstrukturen in der Moderne, Frankfurt a. M.: Suhrkamp 2005.
Rudhyar, Dane: Die Magie der Töne. Musik als Spiegel des Bewusstseins, München/Kassel: dtv/Bärenreiter 1988.
Schiller, Friedrich: Werke, hrsg. von Ludwig Bellermann, Leipzig/Wien: Bibliographisches Institut [o. Jahr].
Schopenhauer, Arthur: Über die Grundlage der Moral, hrsg. von Peter Welsen, Hamburg: Meiner 2007.
Suneson, Carl: Richard Wagner und die Indische Geisteswelt, Leiden: Brill 1989.
Terzani, Tiziano: Noch eine Runde auf dem Karussell. Vom Leben und Sterben, München: Knaur 2007.
Ueda, Shizuteru: Die Gottesgeburt in der Seele und der Durchbruch zur Gottheit. Die mystische Apologie Meister Eckharts und ihre Konfrontation mit der Mystik des Zen-Buddhismus, Gütersloh: Mohn 1965.
Wagner, Richard: Die Musikdramen, Hamburg: Hoffman und Campe 1971.

Tafel 1 (zu S. 22): Wassily Kandinsky (1866–1944), One Center (1924)

Tafel 2 (zu S. 26): Schloß Duino, Adria/Italien

Tafel 3 (zu S. 27): Château de Muzot, Wallis/Schweiz

Tafel 4 (zu S. 53–62): Engel und Sonnenuhr, Kathedrale von Chartres

Tafel 5 (zu S. 81): Tizian (Tiziano Vecellio, um 1490–1576), Raphael und Tobias (ca. 1507/08)

Tafel 6 (zu S. 115): Edvard Munch (1863–1944), Madonna (1894/95)

Tafel 7 (zu S. 180): Kathedrale zu Bath (England), Himmelsleiter (Westfassade, 12. Jh.)

Tafel 8 (zu S. 153): Pablo Picasso (1881–1973), Les Saltimbanques (1905)

Tafel 9 (zu S. 205): Bad Doberan, Münster, Kreuz-Altar (um 1360)

Tafel 10 (zu S. 270 f.): Enzian